Peter Vary (Red.)

Barbara Nüesch
Andreas Rütti
Christian Scholz
Erwin Sebestyén
Reto Stocker

1006 Spiel- und Übungsformen im Basketball

CIP-Titelaufnahme der Deutschen Bibliothek

12 000 [Zwölftausend] Spiel- und Übungsformen /
hrsg. von Walter Bucher. – Schorndorf : Hofmann.
Früher u. d. T.: Zehntausend Spiel- und Übungsformen
NE: Bucher, Walter [Hrsg.]

1006 [Tausendsechs] Spiel- und Übungsformen
im Basketball. – 4., unveränd. Aufl. – 1990

1006 [Tausendsechs] Spiel- und Übungsformen im
Basketball / Peter Vary (Red.). Barbara Nüesch . . .
[Ill.: Pierre Kocher. Fotos: Daniel Nebiker]. –
4., unveränd. Aufl. – Schorndorf : Hofmann, 1990
(12 000 [Zwölftausend] Spiel- und Übungsformen)
ISBN 3-7780-6264-6
NE: Nüesch, Barbara [Mitverf.]

Bestellnummer 626

4., unveränderte Auflage 1990

Illustrationen: Pierre Kocher
Fotos: Daniel Nebiker

Gesamtherstellung in der Hausdruckerei des Verlags
Printed in Germany · ISBN 3-7780-6264-6

Inhaltsverzeichnis

Ein Vorwort in eigener Sache

Die Autoren dieses vorliegenden Buches haben eine sehr günstige Ausgangsbasis. Einerseits unterrichten sie alle an derselben Schule, am Gymnasium Münchenstein in Basel-Land/CH, und andererseits gestalten sie seit Jahren gemeinsam verschiedene Fortbildungskurse für Lehrer und Sportlehrer aller Schulstufen in der Schweiz.
Neben diesen Gemeinsamkeiten sind sie "selbstverständlich" begeisterte und aktive Basketballer und haben langjährige Erfahrung im Training und in der Betreuung von Basketballmannschaften in den verschiedenen Ligen der Schweiz. Ausserdem sind Barbara Nüesch, Christian Scholz sowie der Unterzeichnende jahrelang in der Sportlehrer-Ausbildung am Institut für Sport der Universität Basel und an der ETH Zürich tätig. Andreas Rütti, erfolgreicher Leiter in Fortbildungskursen, betreute mehrere Jahre Rollstuhl-Basketballer. Reto Stocker ist neben seiner Basketballbegeisterung am Institut für Sport der Universität Basel im Fach Geräteturnen tätig. Erwin Sebestyén ist Leiter der Basketballabteilung im allgemeinen Hochschulsport der Universität Basel und Betreuer des Nationalmannschaftskaders der Hürdensprinter.
Die klaren und übersichtlichen Illustrationen stammen von Pierre Kocher, der Zeichenlehrer an unserem Gymnasium und nebenbei aktiver Basketballer, Spielertrainer und Inhaber des A-Trainerscheins im Basketball ist.
Unser Team wurde durch Anna Sebestyén ergänzt, die mit viel Liebe und Geduld unseren oft "schwierigen" Rohentwürfen mit der Schreibmaschine zu Ansehnlichkeit und Uebersichtlichkeit verholfen hat.

Das Erstellen dieses Buches, neben unserem sonst recht ausgelasteten Arbeitspensum, hat viel Schweiss gefordert, aber auch sehr viel Freude gebracht. Hiermit möchte ich nun, nach getaner Arbeit, allen Beteiligten meinen herzlichsten Dank aussprechen.

Basel, September 1982 Peter Vary

Einleitung

Das Basketballspiel bietet durch die komplizierten situativen (Spielidee, Regeln) und personalen (Technik, Taktik) Begebenheiten eine enorme Vielfalt an Handlungssituationen. Innerhalb dieser Situationen entstehen Spielhandlungen, für deren Zustandekommen ein entsprechendes Handlungsrepertoire (technisch-taktische Fertigkeiten) und ein für das Basketballspiel typisches Spielgedächtnis vorhanden sein muss.
Das Erkennen aktueller Handlungssituationen und die Wahl der erfolgsversprechendsten Spielhandlung setzt ein entsprechendes Spielgedächtnis voraus. Dieses Spielgedächtnis wird durch Spielhandlung, welche positive und negative Erfahrungen, Einsichten und Erkenntnisse ermöglicht, erworben.
Demnach könnte das Zustandekommen einer Spielhandlung von den folgenden Faktoren abhängig sein:

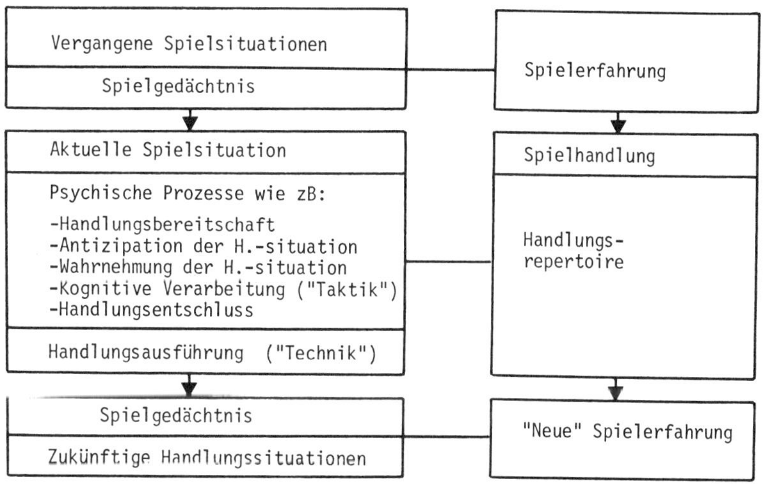

Da das Basketballspiel aus verschiedenen voraussehbaren und überraschenden Spielsituationen besteht, muss der Spieler (Schüler) ein möglichst <u>vielseitiges Handlungsrepertoire</u> besitzen und eine <u>reichhaltige basketballtypische</u>

Spielerfahrung aufweisen können, um die Ausführung seiner Spielhandlungen erfolgsversprechend gestalten zu können. Um diese basketballspezifische Spielerfahrung zu ermöglichen, sollten dem Spieler (dem Schüler) entsprechende Erfahrungsmöglichkeiten (Erfahrungsräume) angeboten werden.
In diesem Buch wird versucht, dieser Forderung Rechnung zu tragen, wobei die Uebungs- und Spielformen etwa nach den folgenden Prinzipien zusammengestellt und dargeboten werden:

1. Erlernen einer technisch-taktischen Fertigkeit.
2. Erproben in einem Raum, der durch Hindernisse die Bewegungsfreiheit einschränkt.
3. Erproben gegen "bewegliche Hindernisse" (andere Mitspieler als "imaginäre Gegner").
4. Erproben gegen "halb-aktive Gegner" (evtl. auch "Ueberzahl-Spiele").
5. Erproben gegen einen (oder mehrere) "realen" ("reale") Gegner.

Aufbau und Gliederung der Uebungen sollten dem Spieler die notwendigen Kompetenzen vermitteln, wobei durch verschiedene selbstgestaltende Uebungs- und Spielformen die Erfahrung und Freude am Spiel geweckt werden soll.
Da das Buch in erster Linie eine Uebungssammlung sein sollte, findet der Leser auch eine ziemlich grosse Auswahl sogenannter reiner Uebungsformen vor. Diese bedeuten eine Auswahl und sollen eine Anregung zu möglichen Variationen sein. Im Grunde genommen aber sollte man, wie eigentlich in jedem Kapitel berücksichtigt, dem Schüler (Spieler) einen möglichst grossen Raum zur Selbstgestaltung des Spiels gewähren.
Der Aufbau des Buches trägt den wachsenden Schwierigkeiten im technisch-taktischen Bereich eines Anfängers Rechnung. In den ersten beiden Kapiteln werden allgemeine und basketballspezifische konditionelle Faktoren sowie eine spezielle ballbezogene Geschicklichkeit berücksichtigt. Im folgenden werden die Elemente der Grundtechnik und des Spielverhaltens vermittelt, mit deren Hilfe das Basketballspiel freilich erst auf einem einfachen Niveau betrieben werden kann.
Die Kapitel 5., 6. und 7. behandeln die technisch anspruchsvolleren Fertigkeiten und die vortaktischen Elemente des Basketballspiels.
Im Kapitel 8. wird dann versucht, Beispiele für die kollektiven Angriffs- und Verteidigerverhalten (Mannschaftstaktik) zu geben.
Im Kapitel 9. werden - von der Grundidee des Basketballspiels ausgehend - verschiedene alternative und basketballspezifische Spielformen aufgezeigt. Diese können einerseits wertvolle methodische Hilfen geben, andererseits aber Ab-

wechslung in die Unterrichts- und Trainingsgestaltung bringen. Darüber hinaus erlauben sie in vielen Fällen eine günstige Einstiegsmotivation in das Sportspiel Basketball.
Das letzte Kapitel soll verschiedene Anregungen für die Unterrichts- und Trainingsgestaltung geben. Es werden hier Probleme des Einlaufens, des Einstimmens, des Vorbereitens besprochen, sowie Beispiele für das Konditionstraining und für das, den Spielsituationen gerechte, Wurftraining dargeboten.
Weiterhin wird ein besonderer Lehrgang für den Basketball-Anfänger in der Schule, sowie ein prozessorientierter Vermittlungsweg (vom Bekannten zum Unbekannten) ausführlich behandelt.
Wir haben versucht, in diesem vorliegenden Buch den vielfältigen Problemen der Vermittlung im Sportspiel Basketball gerecht zu werden. Das Wort "versucht", deutet schon an, dass das Buch keinen Anspruch auf Vollständigkeit erheben kann. Vielmehr soll es zum Finden von neuen Formen und von neuen Vermittlungswegen anregen.
In diesem Sinne hoffen wir, einen kleinen (möglichst positiven) Beitrag zur Verbesserung der Unterrichts- und Trainingsgestaltung im Sportspiel Basketball geleistet zu haben.

Im Namen des Autorenteams

Peter Vary

Legende

A, B...	Angreifer
A', B'	Verteidiger
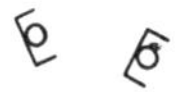	Blickrichtung des Verteidigers
	Spieler mit Ball
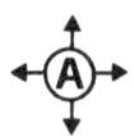	Sternschritt
	Sternschrittäuschung und Durchbruch
	Lehrer
	Bodenmarkierung
	Malstab
	Reifen
	Laufweg des Spielers
	Dribbling
	Passweg
	Sprungwurf, Standwurf
	Zweierrhythmus und Korbleger (Hakenwurf)
	Block
	Schirm
1, 2, 3...	Reihenfolge der Aktionen
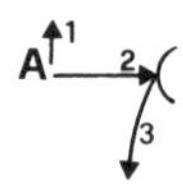	Täuschung - Block - Abrollen

Kapitel 1

Übungs- und Spielformen (mit und ohne Ball) für die konditionellen Fähigkeiten

1. Übungs- und Spielformen (mit und ohne Ball) für die konditionellen Fähigkeiten

Einleitung

Die Gestaltung der Einleitung entscheidet oft über den weiteren Verlauf einer Lektion.
Die Uebungs- und Spielformen in Kapitel 1. sollen Anregungen zu einem lustbetonten Stundenbeginn sein.
Bei der Auswahl aus dem Uebungsangebot ist den 4 nachfolgenden Punkten Beachtung zu schenken:

Einstimmen

Der Einstimmungsaspekt steht im Vordergrund. Geschicklichkeits- oder Partnerübungen wollen das gedankliche Loslösen vom Schulalltag erwirken, wollen durch den Spielanreiz zur Bewegung verführen und zugleich physiologisch auf die Stundenbelastung vorbereiten. - Zielgerichtete Auswahl treffen!

Variationen

Die vorliegenden Uebungen können immer variiert oder untereinander kombiniert werden.

Organisationsformen

Sie sind, wo notwendig, anhand von Beispielen aufgeführt, müssen jedoch der Klasse sowie der Tageszeit angepasst sein, d.h. entsprechend verändert werden.

Beispiel: Es kann sein, dass Sie am späten Nachmittag Vierzehnjährige mit einer Partnerübung zu Stundenbeginn bereits überfordern.

Konditionelle Faktoren

Die in diesem Kapitel aufgeführten Möglichkeiten können nicht nur von der Spielidee her, sondern auch in bezug auf die Verbesserung konditioneller Faktoren (wie Stehvermögen, Schnellkraft, Sprungkraft, usw.), durch Intensitätssteigerung oder Erhöhung der Ausführungszahl variiert werden.

Der Aspekt der Leistungssteigerung wird in Kapitel 10. eingehend aufgegriffen.

NR.	BESCHREIBUNG	ORGANISATION
1.	Signal-Reaktionsspiel: 1 Gruppe, 1 Anführer Auf bestimmte, vorher abgesprochene Signale oder Zurufe (z.B. "Sprung") des Anführers, haben die restlichen Schüler entsprechend zu reagieren. Beispiel: - Signal "Sprung", d.h. alle Schüler springen - Signal "Sitz", d.h. alle Schüler sitzen. Wenn der Anführer selbst beim Signal "Sitz" springt, muss derjenige Schüler, welcher den Anführer nachgeahmt hat (also auch gesprungen ist), die Rolle des Anführers übernehmen. Variation:- Ausführung ist auch ohne "Signal-Vorankündigung" möglich. Wer sich täuschen lässt, übernimmt die Anführerrolle.	
2.	Blind-Laufen: A führt den blinden B an der Hand kreuz und quer durch die Halle. Dabei variiert A Lauf- und Hüpfformen.	
3.	Paar-Intervall-Fangis (zu viert): A und B geben sich die Hand und versuchen, C oder D zu berühren. Der "gefangene" löst denjenigen, von dem er berührt worden ist, ab. Hinweis: - Feldgrösse je nach Alter der Schüler einschränken.	
4.	Intervallfangis (drei Schüler pro Gruppe): Die Schüler werden mit A, B und C bezeichnet. A fängt B, während C "Pause" hat. Ist B gefangen, fängt dieser C, A hat Pause. C fängt dann A, B hat Pause usw. Spielzeit: mindestens 4 Minuten. Variationen: - Berührungsarten reglementieren; - dasselbe mit 4 Schülern; - Feldgrösse variieren.	

1.1 Allgemeines Aufwärmen ohne Ball

NR.	BESCHREIBUNG	ORGANISATION
5.	Linienfangis: Die "Linienfänger" (Fänger, welche sich auf einer Linie aufgestellt haben) versuchen, die im Kreis laufenden Schüler zu berühren, ohne die vorgeschriebene Linie zu verlassen. Der "Berührte" übernimmt die Rolle des "Linienfängers". Variation: - dito, aber mit Ballprellen.	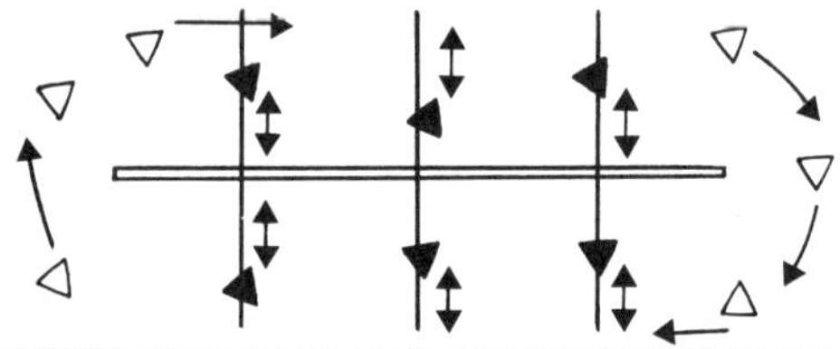
6.	Galopphüpfen seitwärts mit Springen über Reifen. Auf dem Spielfeld ist eine Reifenbahn ausgelegt.	
7.	Sprung über die 1. Langbank, Zweierrhythmus zum Sprung über die 2. Langbank zur beidbeinigen Landung in einem Reifen. Variation: - Abstände und Sprünge ändern.	
8.	Slalomläufe um Malstäbe vorwärts, rückwärts und seitwärts.	
9.	Langbank mit Schmalseite nach oben (up-side down): Einbeinhüpfen über die Bank hin und zurück.	
10.	Die vorangehenden 4 Uebungen zu einem Parcours zusammensetzen.	
11.	Zu zweit: Gemeinsame Hüpfformen finden. A beginnt mit Scherhüpfen vorwärts und rückwärts. B beginnt mit Grätschhüpfen seitwärts. A und B hüpfen immer zurück zur Ausgangsstellung (Beine geschlossen), die Partner fassen einander an den Schultern. Rollenabtausch usw.. Variation: - verschiedene Hüpfformen.	

NR.	BESCHREIBUNG	ORGANISATION
12.	<u>Partnerschlepp</u>: A umfasst die Hüften von B, seine Beine sind gegrätscht. B versucht wegzulaufen. A versucht, B zu bremsen (A darf nie anfersen!).	
13.	<u>Abschlepp-Sprint</u> (zu zweit): A zieht B mit einem Schlauch, B steht dabei auf einem alten Putzlappen. <u>Variationen</u>: - A zieht B und prellt dabei einen Ball; - A zieht zwei Schüler mit einem Schlauch.	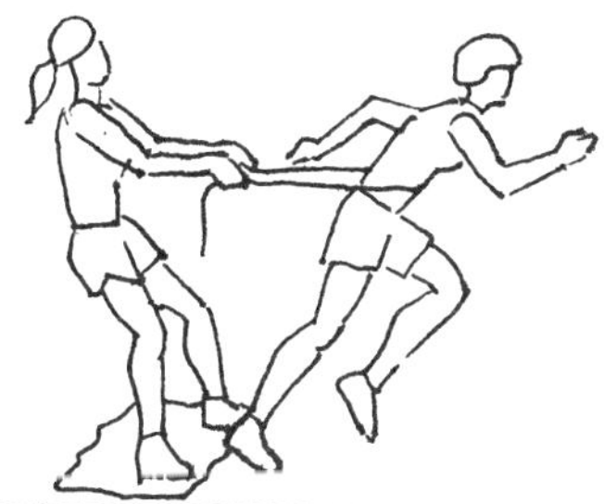
14.	A und B stehen einander gegenüber und halten sich mit gestreckten Armen an den Schultern. Beide "sprinten" mit Anfersen vorwärts, ohne die Arme zu beugen (gegeneinander stossen).	

1.1 Allgemeines Aufwärmen ohne Ball

NR.	BESCHREIBUNG	ORGANISATION
15.	Kauertandem (zu zweit): A drückt mit den Armen auf die Schultern von B. Beide gehen im Kauergang vorwärts. Variationen: - Kauerhüpfen vorwärts. - Kauergehen rückwärts.	
16.	Vorwärtsgehen wie eine Raupe: Liegestütz vorlings: Mit gestreckten Beinen zwischen die Hände "laufen", dann mit den Händen nach vorne wieder in den Liegestütz "gehen".	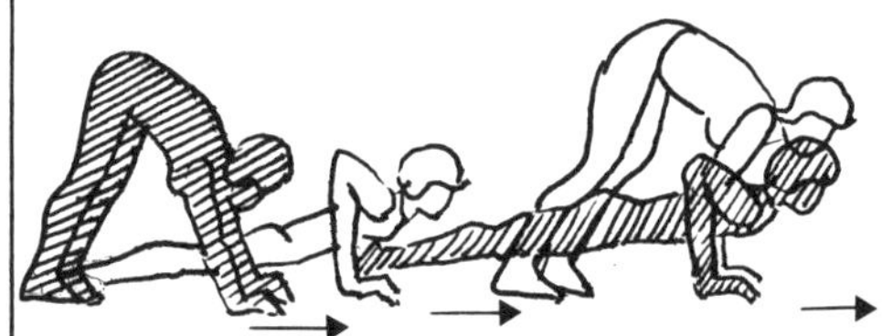
17.	Zu zweit: B hält seine gestreckten Arme auf die Schultern von A. A läuft langsam rückwärts weg. B versucht, völlig gespannt, die Fersen möglichst lange auf dem Boden haltend, sich langsam nach vorne bis in eine Extremstellung zu "senken" (Gewicht vorne!). Variation: - in Extremstellung Hüfte gegen Boden führen.	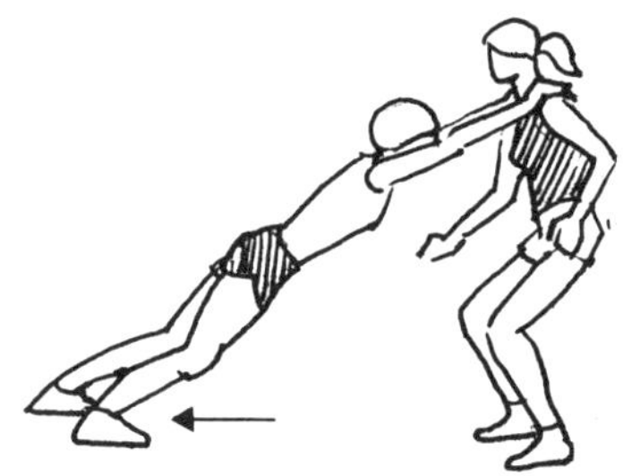

NR.	BESCHREIBUNG	ORGANISATION
18.	Liegestütz rücklings. Schiebekampf seitwärts. Zwei Schüler, die Hände auf einer gemeinsame Linie, versuchen, einander durch Schulterdruck seitwärts von der Linie wegzustossen.	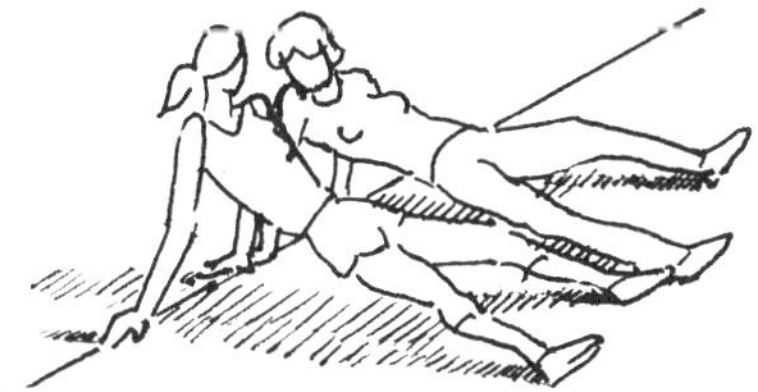
19.	<u>Liegestützdehnen</u>: A im Fersensitz; B im Liegestütz vorlings, die Füsse auf den Schultern von A. A geht langsam in den Kniestand. (Rumpfspannung!)	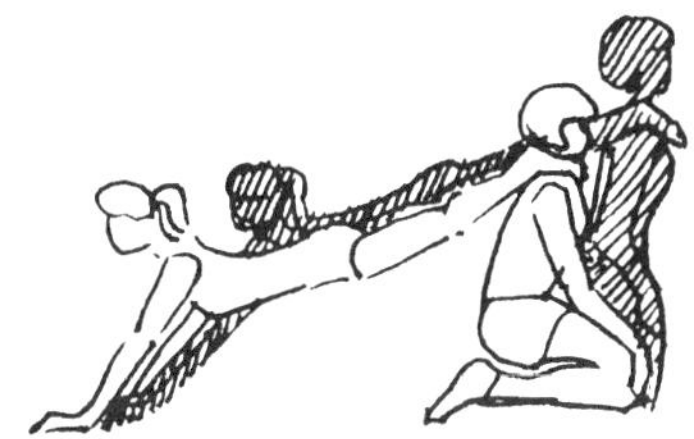
20.	Beide Füsse gegeneinander, mit ca. 40 - 50 cm Abstand, im Liegestütz vorlings. a) Beide versuchen, ihre Fussohlen flach auf den Boden zu stellen, indem sie mit den Händen näher zu den Füssen rücken. b) Beide führen diese Bewegung mit möglichst gestreckten Beinen solange weiter, bis sich ihre Gesässe berühren.	**20.**  1 2
21.	<u>Partner-Armkreisen</u>: Seitstand zum Partner, Innenhand gefasst. Gemeinsames Mühlkreisen vorwärts, wobei vorwärts gelaufen wird. <u>Variation</u>: - Die inneren, gefassten Arme kreisen, mit der äusseren Hand wird ein Ball geprellt.	

1.2 Allgemeines Aufwärmen mit Ball

NR.	BESCHREIBUNG	ORGANISATION
1.	Es liegt für jeden Schüler ein Ball in der Halle. Slalomlauf um die Bälle; auf ein Signal müssen 4 verschiedene Bälle berührt werden; anschliessend Fortsetzung des Slalomlaufes.	
2.	Freies Dribbeln in der Halle. Bei Partnerkontakt: Drehen um die eigene Achse mit Ballprellen. Nach der Drehung Ballübergabe (Abtausch). Abtausch-Variation: - im Sprung übergeben; - durch die Beine zuprellen etc..	
3.	Raum-Reifen-Prellfangis (2er-Gruppen, Ballprellen): A und B prellen. A versucht, B zu berühren. Dabei dürfen die Reifen nie berührt werden. Variation: - Die Reifen dürfen auch nicht übersprungen werden (Täuschen).	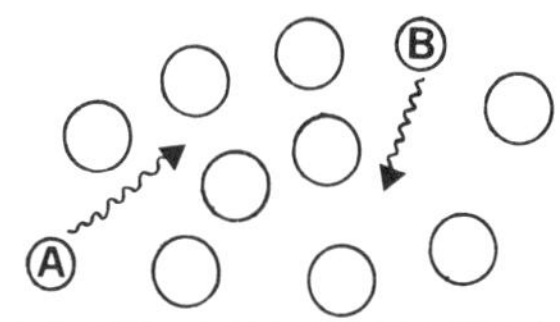
4.	Die Hälfte der Klasse hält Reifen senkrecht, verteilt in der Halle Alle anderen Schüler haben einen Ball und prellen frei in der Halle. Treffen sie hierbei auf einen Reifen, kriechen sie durch diesen hindurch, ohne dabei das Prellen zu unterbrechen.	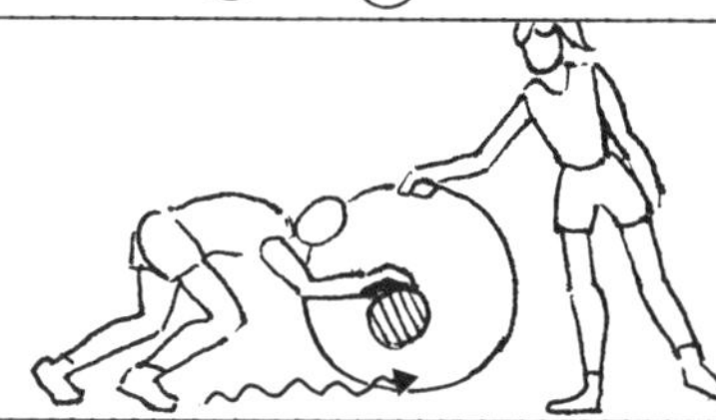
5.	Zwei Schüler berühren sich gegenseitig am Oberarm und prellen mit der Aussenhand. Bei Oberarmkontaktaufgabe oder Verlust starten sie zu einem Korb. Welcher Schüler hat zuerst 2 Treffer erzielt?	

NR.	BESCHREIBUNG	ORGANISATION
6.	Prellfangis: Fänger: Er hat den Ball unter dem Arm, was ihn kennzeichnet. Gejagte: Sie müssen prellen. Bei Ballverlust, oder wenn jemand vom Fänger berührt wird, wechselt der Abgeschlagene die Rolle mit dem Fänger. Auf 20 Schüler 5-6 Fänger. Variation: - 2 Bälle für den Fänger, wobei beide getragen werden müssen.	
7.	Zu viele Spieler: Beispiel: - 10 Schüler, wovon 6 einen Ball und 4 keinen Ball besitzen. Spielsektor: 1/2 Halle. Die Schüler ohne Ball versuchen, ohne dabei die Basketballregeln zu verletzen, den ballbesitzenden Schülern den Ball fair herauszuspielen und dann solange wie möglich im Ballbesitz zu bleiben. Variation: - Bei Ballgewinn wird in einen andern Spielsektor gewechselt.	
8.	Linienlauf-Prellen: Den Linien entlang am Boden prellen. Beispiel: - Dunkle Linien: langsam; helle Linien: schnell; dabei gilt Rechtsvortritt. Variationen: - Ballabtausch beim Kreuzen eines Partners; - Prellart für die verschiedenen Linienfarben festlegen (z.B. Handwechsel); - eigene Prellarten suchen, bei jeder Richtungsänderung wechseln; - eigene Prellart beim Kreuzen eines Partners aufgeben und zugleich dessen Form übernehmen.	

1.2 Allgemeines Aufwärmen mit Ball

NR.	BESCHREIBUNG	ORGANISATION
9.	Auf den Linien werden Hindernisse aufgestellt, welche nicht berührt werden dürfen. Die Schüler sollen dennoch ihren Ball möglichst den Linien entlang prellen. Beispiel für Hindernisse: Langbänke/Matten/Hürden (hoch/tief)/ Malstäbe/ andere Bälle usw..	
10.	Vier-Füssler-Torball: Drei bis vier Schüler pro Mannschaft. Fortbewegung auf allen vieren, ohne mit den Knien den Boden zu berühren. Die Bälle dürfen nur gerollt werden (nie werfen!). Es gilt, den Ball durchs gegnerische Tor zu rollen. Sich nach dem Ball werfen, ist nur dann erlaubt, wenn von allen vier Extremitäten abgesprungen wird. Feldgrösse: ca. Volleyballfeld Spielzeit : bis 5 Minuten (sehr intensiv)	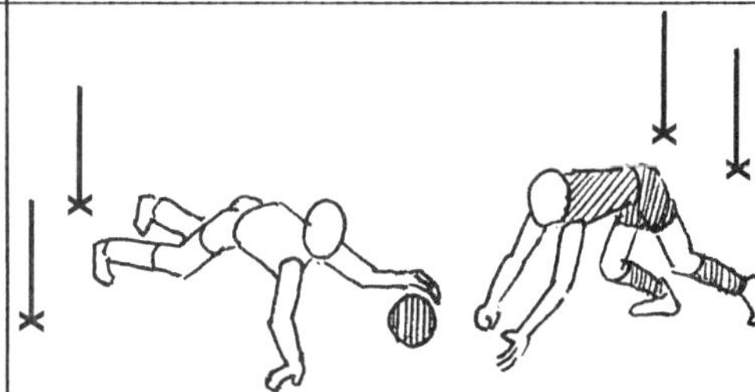
11.	Spiegel-Tätigkeitsprellen: A erfindet (sucht) möglichst viele Prellvariationen. B muss dazu jeweils eine gegenteilige Form zeigen. Beispiel: - A prellt in Kauerstellung schnell, B prellt im Zehenstand langsam; - A prellt im Zehenstand schnell, B prellt in Kauerstellung langsam.	
12.	Täuschen: Die Schüler versuchen, den Ball prellend, eine Hallenbreite zurückzulegen, ohne von einem Verteidiger berührt zu werden. Die Verteidiger dürfen sich nur seitwärts und rückwärts, nie aber vorwärts bewegen. Variation: - Die Verteidiger müssen auch einen Ball prellen.	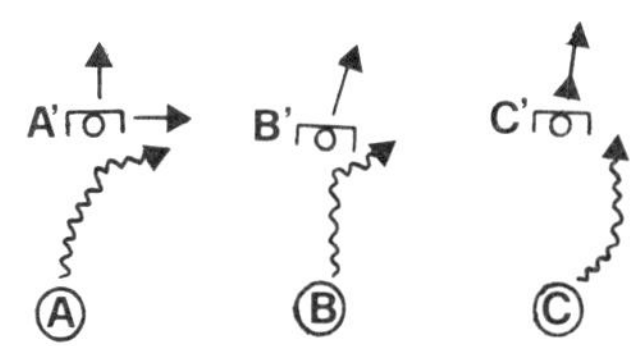

NR.	BESCHREIBUNG	ORGANISATION
13.	Ausbrechen durch Täuschen: Begrenzter Raum in der Hallenmitte, alle Schüler prellen. Eine Gruppe muss versuchen, die andere Gruppe im begrenzten Feld zu halten. Wer "ausbrechen" kann, ohne berührt zu werden, kann zweimal auf den Korb werfen (max. 2 Punkte) und kehrt dann ins Feld zurück: neuer Versuch. - Welche Gruppe kann in einer bestimmten Zeit mehr erfolgreiche Korbwürfe (Punkte) erzielen? - In einer bestimmten Zeit müssen x Punkte erzielt werden, sonst Rollenwechsel. - Welche Gruppe kann x Punkte in kürzester Zeit erzielen?	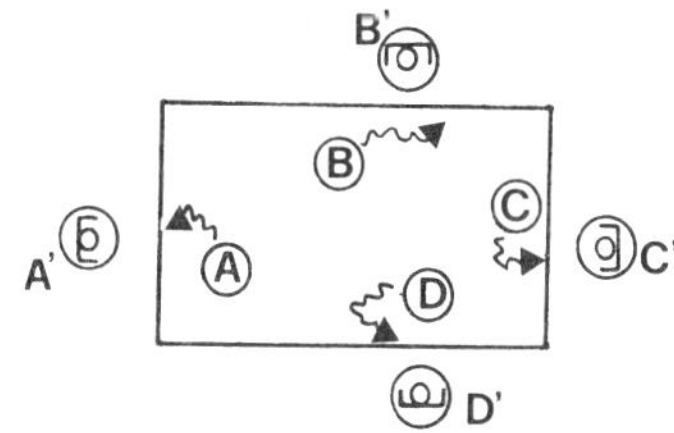
14.	Bälle-Decken: Schüler A hat 2 Bälle in ca. 1 m Abstand zu bewachen. Schüler B versucht, durch Täuschen einen der Bälle zu berühren, ohne dabei selbst von A berührt zu werden. Einschränkung: - A darf sich nur seitwärts bewegen. Variation: - Ballabstand variieren.	
15.	Rhythmusprellen, klassen- oder gruppenweise: Verschiedene Prellrhythmen aufnehmen und daraus eine kleine Folge gestalten. Variationen: - A klatscht einen Rhythmus, B versucht, ihn zu prellen; - A prellt einen Rhythmus, B prellt ihn nach und führt ihn weiter; - die Klasse versucht, einen einfachen Kanon zu prellen; - prellen des Rhythmus eines bekannten, einfachen Liedes; - Einbeziehen von Roll- und Wurfformen.	

1.3 Übungs- und Spielformen für Beweglichkeit, „Wurfkraft“, „Stützkraft“

NR.	BESCHREIBUNG	ORGANISATION
1.	Ball zwischen beiden Füssen: versuchen, vorwärts und rückwärts zu gehen, ohne den Ball zu verlieren.	
2.	Ball zwischen den Beinen eingeklemmt: versuchen, vorwärts und rückwärts zu hüpfen, ohne den Ball zu verlieren.	
3.	<u>Spiel mit den Knien</u>: Grätschstand: versuchen, den Ball seitwärts von einem Bein zum anderen zu spielen, ohne die Füsse vom Boden zu lösen.	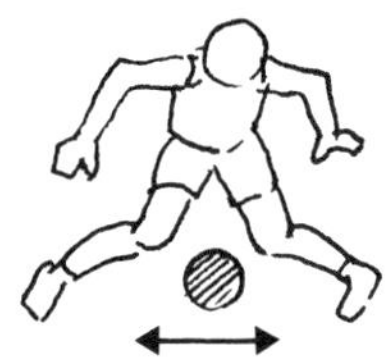
4.	Versuchen, den Ball mit dem Knie einem Partner frei im Raum zuzurollen. <u>Variation</u>: - zuerst stoppen, dann zurückspielen; - Direktabnahme.	

NR.	BESCHREIBUNG	ORGANISATION
5.	A prellt den Ball. A und B versuchen, den vom Boden wegspringenden Ball zwischen ihren Körpern in der Luft einzuklemmen, ohne ihn vorher mit den Händen zu berühren.	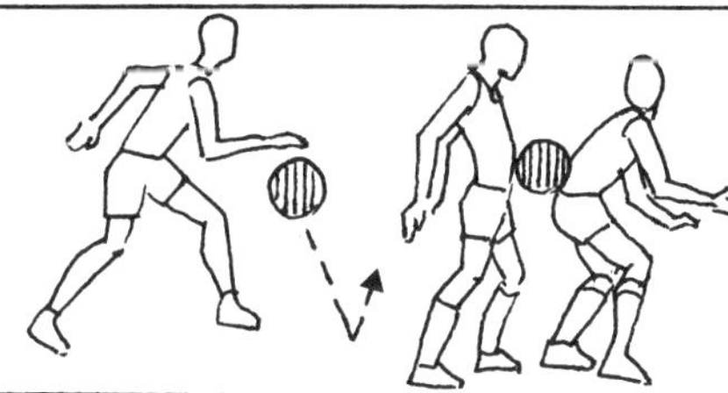
6.	Leichter Grätschstand: Der Schüler hält den Ball auf Brusthöhe mit beiden Händen, dreht den Oberkörper auf eine Seite so weit nach hinten wie möglich, ohne dass die Füsse am Boden mitdrehen. Der Ball wird fallen gelassen, der Schüler dreht sich rasch auf die andere Seite und versucht, den Ball zu fangen, bevor dieser den Boden berührt.	
7.	Zu zweit mit einem Ball: Der Ball wird zwischen den Gesässen der Partner eingeklemmt. Nun versuchen beide Schüler, mit den Händen den Boden zu berühren, ohne den Ball zu verlieren. Variationen: - Beine müssen gestreckt bleiben; - Beine dürfen gebeugt werden.	
8.	Hürdensitz: Das gestreckte Bein liegt auf einem Ball (Wadenhöhe). Beide Hände rechts und links neben dem Oberschenkel des gestreckten Beines aufgestützt. Gesäss anheben; das Bein rutscht auf dem rollenden Ball fusswärts nach vorn und zurück.	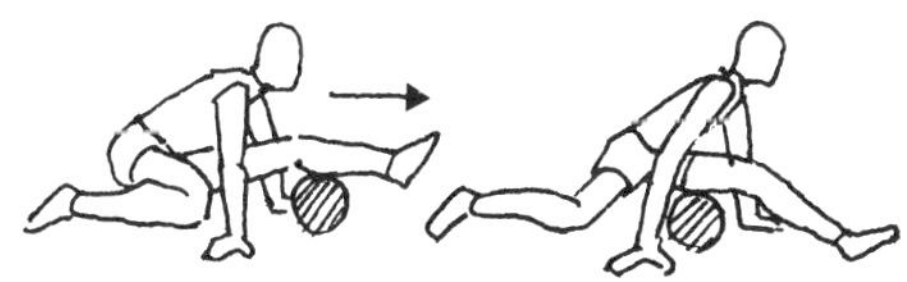

1.3 Übungs- und Spielformen für Beweglichkeit, „Wurfkraft“, „Stützkraft“

NR.	BESCHREIBUNG	ORGANISATION
9.	Liegestütz rücklings: Füsse auf einem Ball, Füsse drücken den Ball nach unten. Ueber den Ball nach vorne rollen, dabei die Zehen in Richtung Knie anziehen. Variation: - im Sitz, d.h. "ohne Stützkraft".	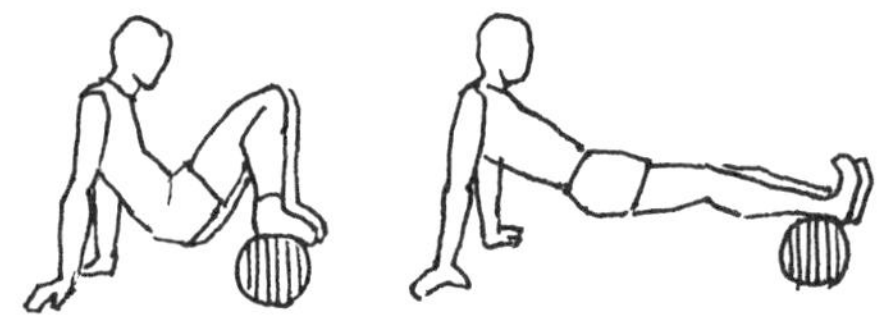
10.	Liegestützhüpfen (pro Schüler 1 Ball): Stütz auf dem Ball; abdrücken vom Ball zum Stütz auf dem Boden, abdrücken zum Stütz auf dem Ball usw.. Variation: - kein Stützen auf dem Ball dafür beidhändiges Zuspielen zu einem Partner.	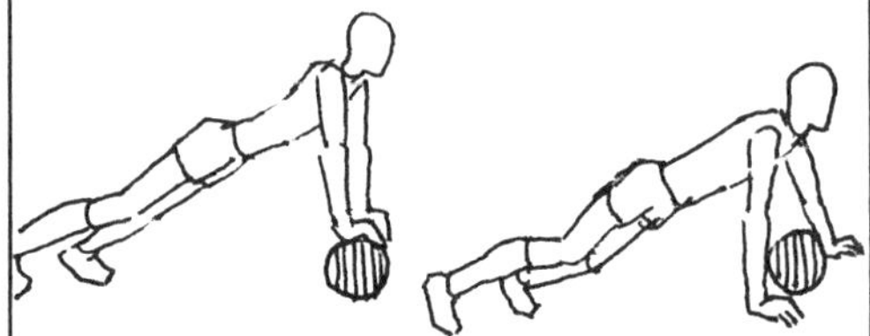
11.	Unterschenkel-Ballrollen: Schwebesitz, Arme aufgestützt, Ball auf den Unterschenkeln vor und zurück rollen. Der Ball soll dabei (ohne Handhilfe) nie herunterfallen.	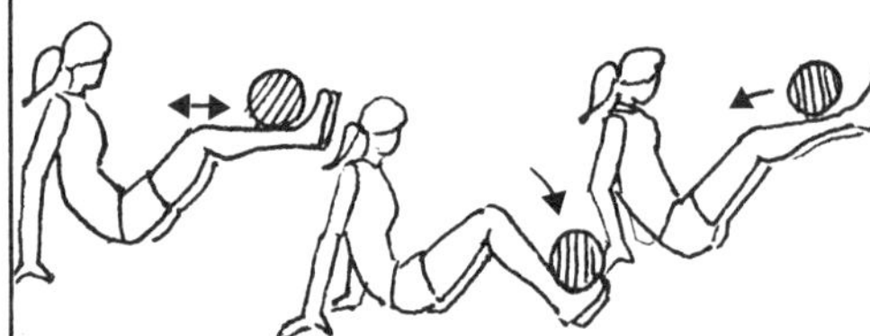
12.	Ball-Umstützeln: Liegestütz vorlings mit den Unterschenkeln auf dem Ball. Es wird versucht, eine Runde um den Ball herum auf den Händen zu stützeln, ohne vom Ball zu fallen (ohne Hohlkreuz).	

NR.	BESCHREIBUNG	ORGANISATION
13.	Ballrollen: Die Hand bleibt immer am Ball. Kniestand: Den Ball so weit wie möglich nach vorne rollen und über den Ball mit den Fingerspitzen den Boden berühren. Fersensitz: Nach vorn geneigter Oberkörper. Der Schüler versucht, mit dem Unterarm den Boden zu berühren, ohne die Hand vom Ball zu nehmen.	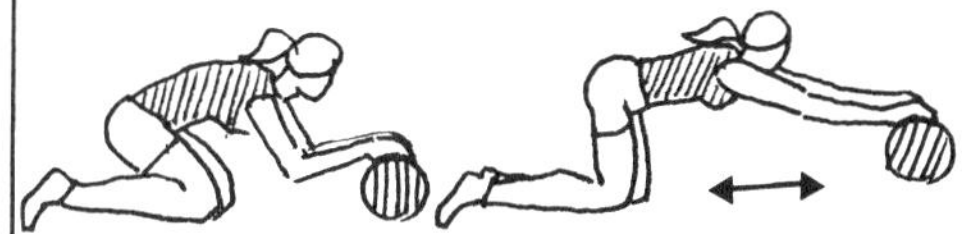
14.	Zu zweit 1 Ball: Beide Schüler im Liegestütz vorlings. Einander den Ball zuwerfen. (Beide Füsse und 1 Hand bleiben immer am Boden.) Variation: - versuchen, den Partner zu überwerfen.	
15.	Schwebesitz, Arme aufgestützt, Beine gebeugt: Ball mit den Füssen hochwerfen und wieder fangen. Variation: - Ball mit beiden Füssen zu den Händen werfen und umgekehrt.	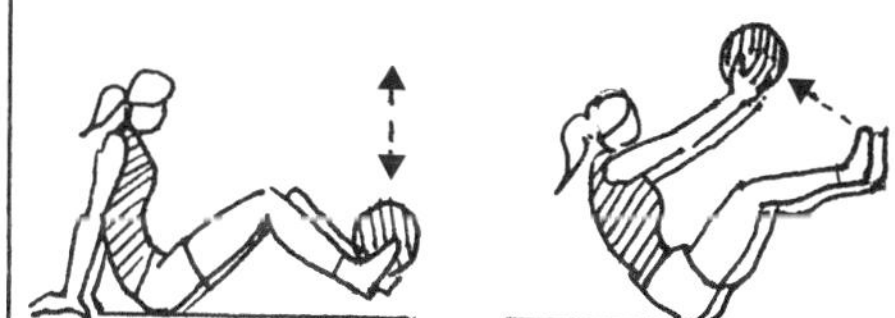

1.3 Übungs- und Spielformen für Beweglichkeit, „Wurfkraft“, „Stützkraft“

NR.	BESCHREIBUNG	ORGANISATION
16.	Bauchlage, Ball in den Händen, Arme gestreckt in Hochhalte: Drehen des ganzen Körpers um die Längsachse auf den Rücken, Ball via Schwebesitz den Füssen übergeben, ganze Drehung um die Körperlängsachse, Ball mit den Füssen den Händen übergeben, 1/2 Drehung in die Bauchlage. Während der gesamten Uebung sollen weder die Füsse noch die Beine den Boden berühren.	
17.	Schwebesitz, Hände aufgestützt, Beine gebeugt: Versuchen, den Ball mit den Füssen vorwärts/rückwärts zu drehen (möglichst viele Drehungen), ohne den Ball zu verlieren.	
18.	Liegen ohne Ruhe: A in Rückenlage auf dem Boden. B in ca. 3 m Entfernung rollt den Ball gegen A, welcher den entsprechenden Körperteil vom Boden abhebt, damit der Ball unter ihm durchrollen kann. In der Zwischenzeit läuft B um A herum, um den Ball zu stoppen. (Wechsel nach ca. 1 Minute)	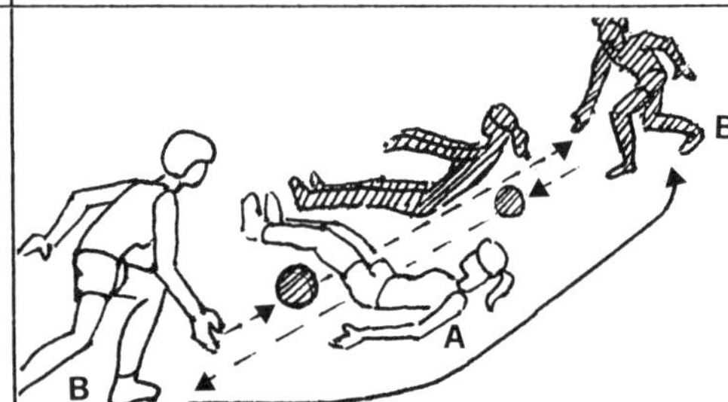

NR.	BESCHREIBUNG	ORGANISATION
1.	Entlang von Linien einbeinig hüpfen, wobei das Spielbein den Ball rollend mitführt. Bei jedem Richtungswechsel den Fuss wechseln. Variationen: - bei jedem Richtungswechsel neuen Hüpfrhythmus suchen; - bei Kreuzen mit Partnern Ball- und Fusswechsel; - bei jeder Kreuzung mit oder ohne Partner (= Linienkreuzung) von vorwärts auf rückwärts und umgekehrt wechseln; - A macht vor, B ahmt auf der gleichen Linie nach.	
2.	"Umsteigehüpfen" über einen Reifen: Den Ball dauernd vor dem Reifen prellen. Variationen: - beidhändig prellen; - einhändig prellen rechts und links; - abwechslungsweise rechts und links prellen; - blind durchführen.	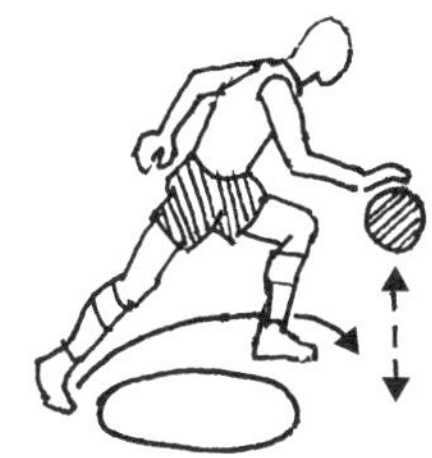
3.	Beidbeiniger Absprung. Der Ball wird unter den Oberschenkeln hindurch in die andere Hand gereicht.	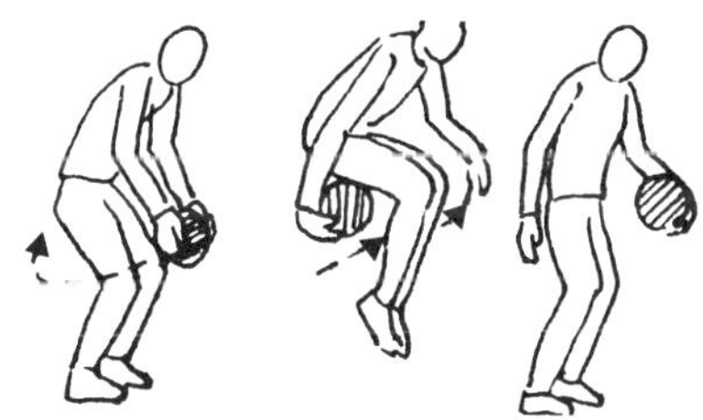

1.4 Übungs- und Spielformen für Sprungkraft

NR.	BESCHREIBUNG	ORGANISATION
4.	Kosakentanz mit Ball: Liegestütz rücklings, Stütz auf dem Ball. Abwechslungsweise rechts und links hüpfend den Fuss vom Boden anheben und dabei die Unterschenkel nach vorne schleudern.	
5.	Grätschhüpfen in/aus dem Reifen, dabei einen Ball prellen. Variationen: - Prellen ausserhalb/innerhalb des Reifens; - Wechsel ausserhalb/innerhalb entsprechend dem Hüpfen (Bsp.: Beine ausserhalb, Ball innerhalb und umgekehrt).	
6.	Ball gegen die Wand werfen, vorwärts laufen und den von der Wand zurückspringenden Ball mit Grätschsprung überspringen. Variationen: - Distanz zur Wand variieren; - nach dem Ueberspringen den Ball fangen, bevor der Ball den Boden berührt hat; - dito, nachdem der Ball den Boden einmal berührt hat; - gehockt überspringen.	

NR.	BESCHREIBUNG	ORGANISATION
1.	Sprint zum Sitz: Zu zweit, jeder hat einen Ball. Beide Partner rollen ihren Ball, von einer gemeinsamen Linie aus gleichzeitig geradeaus. Sofort nach Ballabgabe versucht jeder, den Ball des Partners vor Erreichen einer festgelegten Linie durch Daraufsitzen zu stoppen. Variationen: - Zusatzaufgaben vor dem Daraufsitzen Bsp.: - 1x den Ball umlaufen; - Boden mit den Händen berühren; - sich auf den Bauch legen etc..	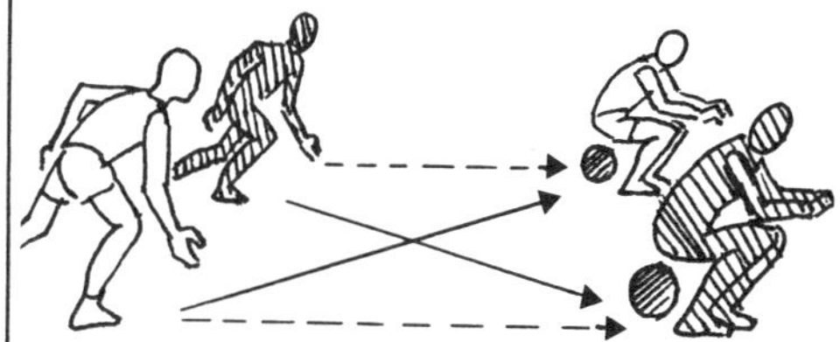
2.	Zick-Zack-Sitzlauf: Verfolgungslauf: A läuft zu einem Ball und berührt diesen mit dem Gesäss. Diese erste Berührung ist das Startzeichen für B. B versucht, es A gleichzutun, A einzuholen, ohne aber von C eingeholt zu werden usw..	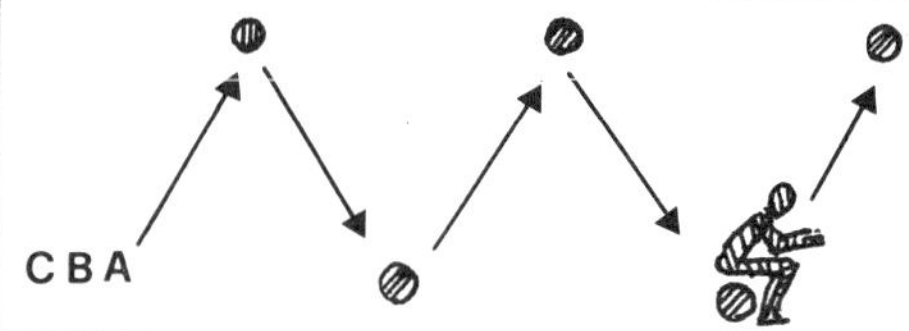
3.	Kauerhüpfen (zu zweit, 1 Ball): Versuchen, den Partner aus dem Gleichgewicht zu bringen. Während des "Spiels" wird immer in Kauerstellung gehüpft. Variationen: - Hüpfen nur auf den Fussballen; - Hüpfen auf den ganzen Fussohlen.	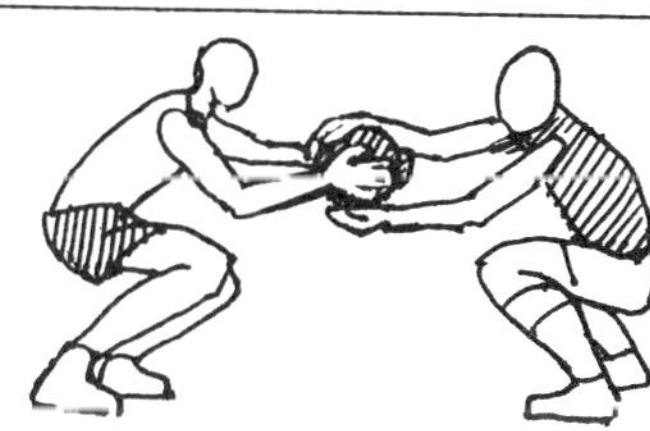
4.	Der Schüler klemmt einen Ball zwischen sich und der Wand ein (er steht mit dem Rücken zur Wand). Er versucht, den Ball dem Rücken entlang vom Genick bis zum Gesäss und zurück zu rollen, ohne ihn hierbei zu verlieren.	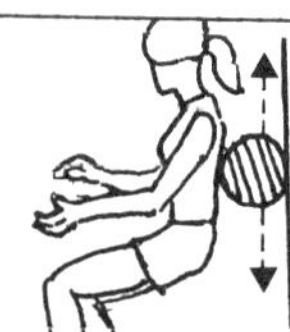

1.5 Übungs- und Spielformen für Reaktion, Schnelligkeit, Geschicklichkeit

NR.	BESCHREIBUNG	ORGANISATION
5.	Zwei Schüler, Rücken an Rücken, klemmen zwischen sich einen Ball ein und versuchen, eine bestimmte Figur zu laufen. Die Oberschenkel stehen zu den Unterschenkeln in einem Winkel von 90°. Beispiel: - Zahlen, Wörter, Namen, einzelne Buchstaben, geometrische Formen.	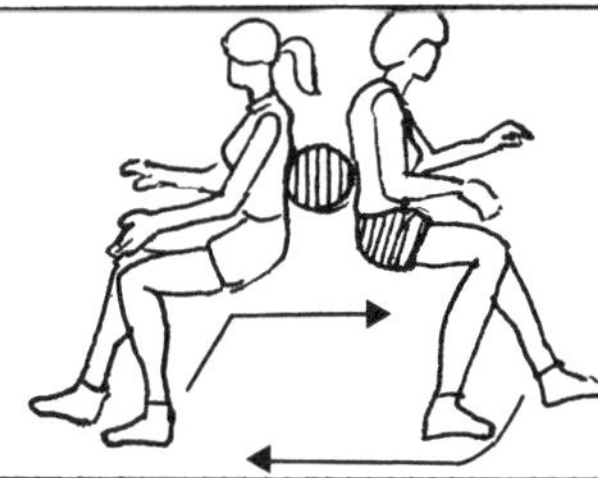
6.	Wie Uebung 5., aber nun sollen die Schüler bei der Ausführung der Aufgabe nicht sprechen.	
7.	Wie Uebung 5., an den Wendepunkten (bei jeder Richtungsänderung) wird eine halbe Drehung versucht; Drehung um sich selber, d.h.: Stützen mit dem Rücken, 1/2 Drehung, stützen mit dem Bauch, 1/2 Drehung, stützen mit dem Rücken etc..	
8.	Umsteigehüpfen quer zur Langbank: Der innere Fuss wird immer auf der Bank aufgesetzt. Prellen auf einer Seite. Variationen: - Ballseitenwechsel bei jedem "Umsteigen".	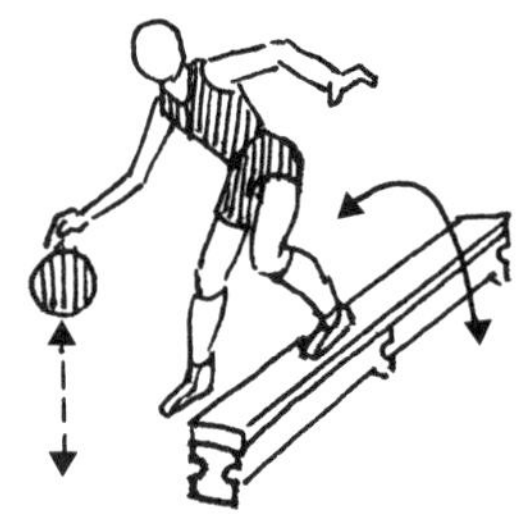

NR.	BESCHREIBUNG	ORGANISATION
9.	Zu zweit, 1 Ball: A versucht, den Ball, welcher hinter seinem Rücken am Boden liegt, so zu decken, dass B diesen nicht berühren kann. Variation: - Mit zwei Bällen: A versucht, zwei Bälle so zu decken, dass B keinen davon berühren kann.	
10.	Drei-Reifen-Zuspiel: A und B versuchen, sich auf verschiedene Arten (direkt, indirekt) einen Ball zuzuspielen, ohne dass ihn C berühren kann. Regel: - alle 3 müssen mit mindestens einem Fuss in einem Reifen stehen; - steht C mit beiden Füssen in seinem Reifen, darf er beim anschliessenden Sprung den Reifen verlassen. - A und B werden jeweils bei einem Fehlwurf von C abgelöst.	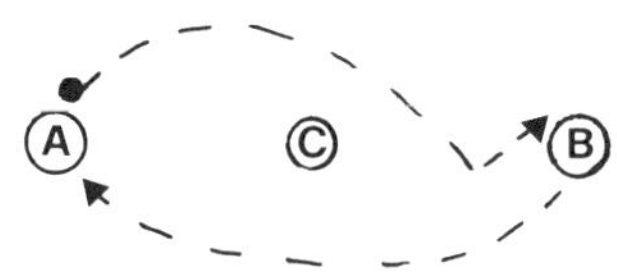
11.	Wandball (zu zweit, 1 Ball): A spielt mit einem Sprungwurf gegen die Wand (begrenztes Zielgebiet). A und B versuchen, den Ball im Sprung zu fangen. Fängt B, erhält er 2 Punkte. Fängt A, erhält er einen Punkt. Bei eigenem Wurf ist also nur 1 Punkt möglich; fängt B, muss er den nächsten Ball werfen. Bei einem Fehlwurf, d.h. wenn der Ball, von A geworfen, ausserhalb des Zielgebietes an die Wand trifft, bekommt B einen Punkt.	

Kapitel 2

Übungs- und Spielformen für die allgemeine und spezielle Ballgeschicklichkeit

2. Übungs- und Spielformen für die allgemeine und spezielle Ballgeschicklichkeit

In diesem Kapitel geht es in erster Linie darum, den Ball als Spielobjekt und Spielpartner kennenzulernen. Auf verschiedenste Weise soll der Lernende mit den Eigenschaften und Eigenheiten des Balles vertraut werden und Freude am Umgang mit ihm entwickeln.

Die Uebungs- und Spielformen zielen einerseits auf eine allgemeine Geschicklichkeit im Umgang mit dem Ball hin und andererseits auf eine basketballspezifische Geschicklichkeit, wovon der Spieler in der jeweiligen Spielsituation profitieren kann.

Es müssen dafür nicht immer Basketbälle zur Verfügung stehen; es ist in vielen Fällen sogar einfacher, mit kleineren Bällen zu beginnen.

Diese Formen sind als eine Auslese zu verstehen, die je nach Könnensstand der Lernenden beliebig erweitert und abgeändert werden können.

NR.	BESCHREIBUNG	ORGANISATION
1.	Den Ball von Kopf bis Fuss (ein- oder beidhändig) über den Körper rollen.	
2.	Den Ball mit Füssen, Händen und Kopf mit möglichst vielen Richtungsänderungen und Rhythmuswechseln am Boden rollen.	
3.	Aus Vorschrittstellung: Offene Hand auf den stehenden Ball legen, nach vorne rollen lassen, und sobald die Hand unter dem Ball ist, ihn hochwerfen. Variation: - dasselbe beidhändig mit zwei Bällen.	

NR.	BESCHREIBUNG	ORGANISATION
4.	Wie Uebung 3.: Dem rollenden Ball nachlaufen, ihn in die angewinkelte Hand rollen lassen und ihn von hinten nach vorne hochspielen.	
5.	Der Ball liegt in der offenen Hand. Er wird neben dem Körper, mit starker Schulterunterstützung, ein- und ausgedreht (Achterbewegung).	
6.	Kombination der beiden vorangegangenen Uebungen. Am Schluss liegt der Ball in der Handfläche vor dem Körper. Der Oberkörper muss den Bewegungsablauf während der ganzen Form unterstützen.	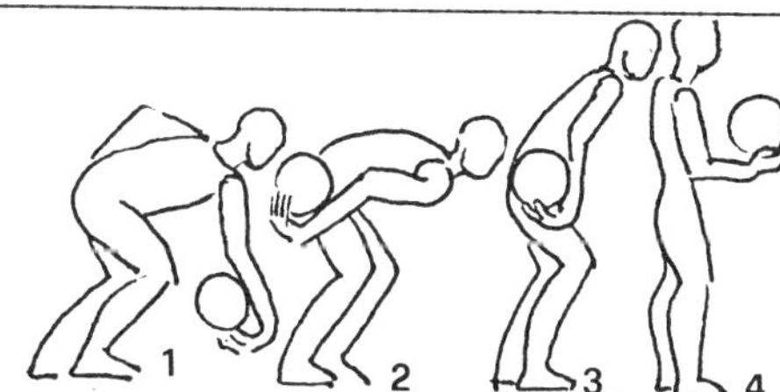
7.	Den Ball mit der Fussohle auf den Rist rollen; Hochheben zum Fassen mit den Händen.	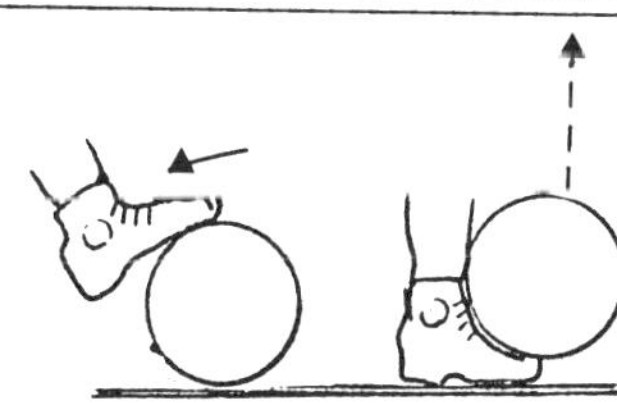

2. Übungs- und Spielformen für die allgemeine und spezielle Ballgeschicklichkeit

NR.	BESCHREIBUNG	ORGANISATION
8.	Der Ball ist zwischen den Füssen eingeklemmt: Durch Hochschnellen der Unterschenkel den Ball hinter dem Körper aufwerfen und mit den Händen fassen. Variation: - Zu zweit: Der Ballbesitzer wendet dem Partner den Rücken zu und spielt ihm den Ball in die Hände.	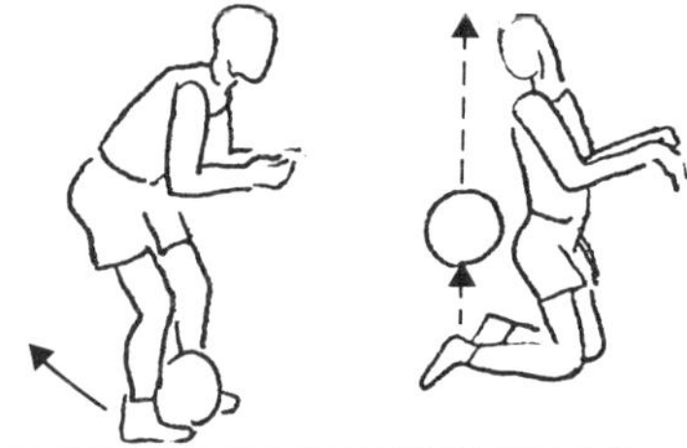
9.	Ball mit beiden Händen von vorne über den Kopf nach hinten werfen, hinter dem Rücken auffangen und zurückwerfen (der Ball muss nicht hoch, sondern nur knapp über den Scheitel geworfen werden).	
10.	Den Ball in einer Achterbewegung zwischen den gegrätschten Beinen durchgeben (Ball im stark angewinkelten Handgelenk halten).	
11.	Wie Uebung 10., aber zu zweit: Die Partner stehen mit gegrätschten Beinen Rücken an Rücken. Ballübergabe zwischen den Beinen und auf beiden Seiten.	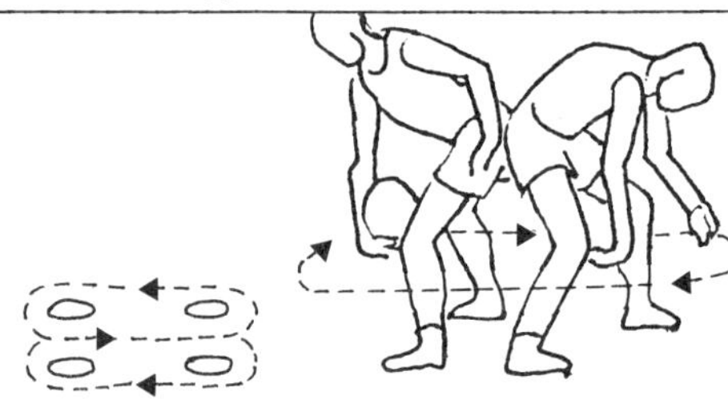

NR.	BESCHREIBUNG	ORGANISATION
12.	Ball um die Hüfte kreisen lassen, ohne dass er den Körper berührt. Variation: - möglichst schnell und mit ständiger Richtungsänderung.	
13.	Kombination von Uebung 10. und 12.: Ball zwischen den Beinen durchgeben und um die Hüfte kreisen lassen. Verschiedene Variationen suchen.	
14.	In Grätschstellung den Ball zwischen den Beinen halten. Eine Hand hält ihn von vorne, die andere von hinten. Möglichst schnell den Griff wechseln, ohne dass der Ball zu Boden fällt.	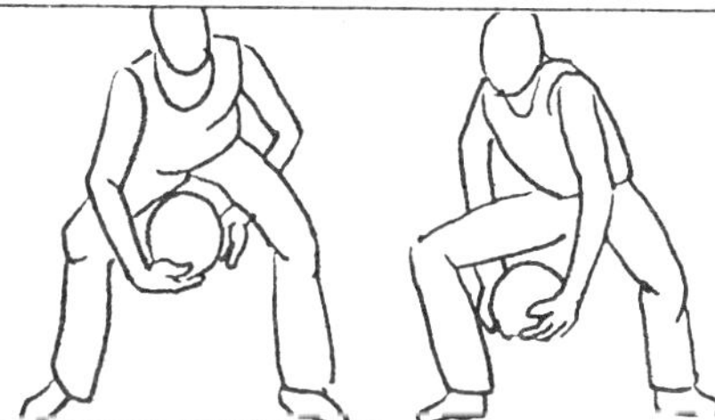
15.	Wie Uebung 14., bei der Grätschstellung leicht in die Knie gehen: Beide Hände greifen den Ball von hinten und wechseln nach vorne.	

2. Übungs- und Spielformen für die allgemeine und spezielle Ballgeschicklichkeit

NR.	BESCHREIBUNG	ORGANISATION
16.	Einen Ball vor dem Körper, den zweiten hinter dem Rücken halten Gleichzeitiger Handwechsel (die Bälle bleiben an Ort). Die Uebung wird vereinfacht, wenn die Bälle vor dem Handwechsel leicht angehoben werden.	
17.	Ball im Genick in leichter Vorlage: Ball über den Rücken rollen lassen und auf Kreuzhöhe wieder fassen.	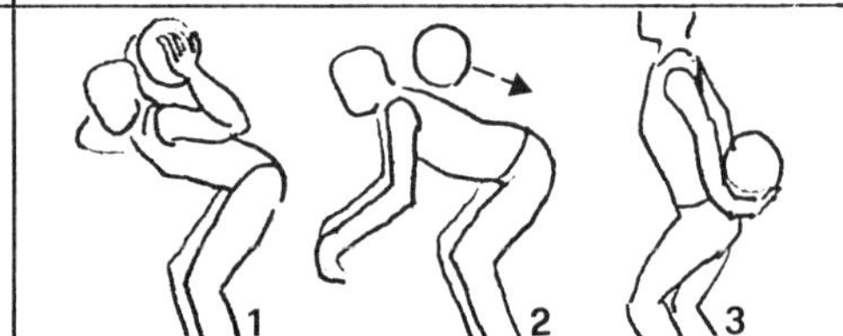
18.	Ball aufwerfen und ihn im Schulter-Nacken-Dreieck blockieren (durch Abfedern in Beinen und Oberkörper).	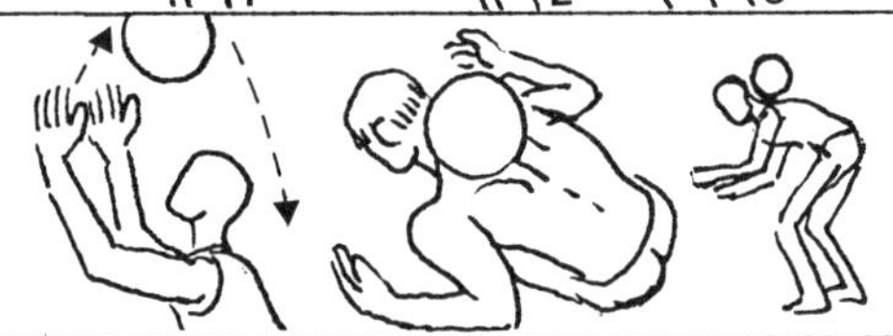
19.	Ball in Hochhalte über dem Kopf, ihn nach hinten fallen lassen und blitzschnell auf Gesässhöhe wieder auffangen.	
20.	Ausgangslage wie Uebung 19.: Den Ball aber erst zwischen den gegrätschten Beinen auf Kniehöhe wieder fassen. Man darf sich aber nicht zu früh bücken, da der Ball sonst am Rücken abprallt.	

NR.	BESCHREIBUNG	ORGANISATION
21.	Den Ball im Langsitz schwungvoll die Beine hinabrollen lassen. Durch Heben der Beine den Ball in die Hände zurückspielen (die Beine bilden eine "Rollschiene").	
22.	Ausgangslage wie Uebung 21.: Durch Heben oder Senken von Hüfte und Beinen den Ball hin- und herrollen lassen.	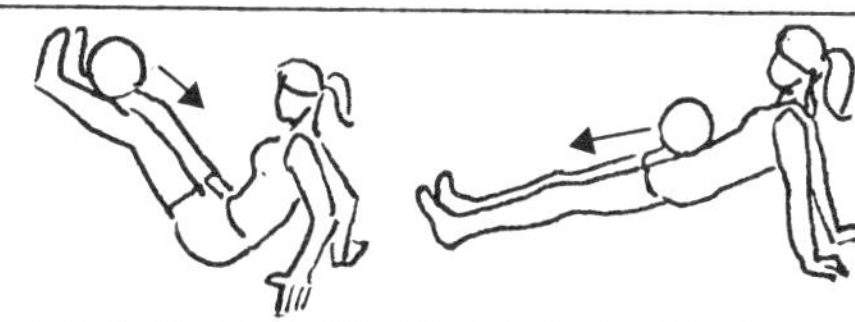
23.	Den Ball auf den Bauch legen: Sich im Krebsgang in alle Richtungen bewegen, ohne dass der Ball zu Boden fällt.	
24.	Den Ball auf die Stirne legen und solange als möglich dort durch Ausbalancieren halten.	

2. Übungs- und Spielformen für die allgemeine und spezielle Ballgeschicklichkeit

NR.	BESCHREIBUNG	ORGANISATION
25.	Den Ball auf dem Kopf (Stirn) fortgesetzt springen lassen (nicht zu hoch wegen der Härte des Balles).	
26.	Den Ball auf dem Oberschenkel springen lassen. Dies auch wechselseitig versuchen.	
27.	Durch Hochziehen der Schulter den Ball springen lassen; der Arm selbst bleibt unten. Auch dies ist wechselseitig möglich.	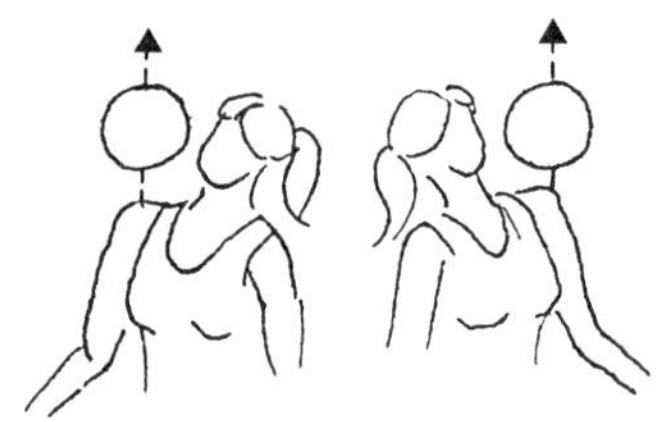
28.	Den Ball mit einer schwungvollen Bewegung von hinten über die Schulter nach vorne werfen; mit der anderen Hand vorne auffangen.	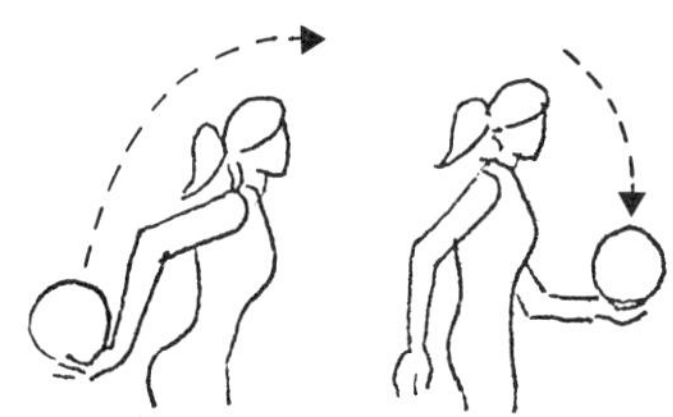

NR.	BESCHREIBUNG	ORGANISATION
29.	Wie Uebung 28., aber den Ball wieder mit der Wurfhand auffangen.	
30.	Den Ball in der stark angewinkelten Hand halten. Durch eine Rollbewegung den Ball auf den Handrücken heben.	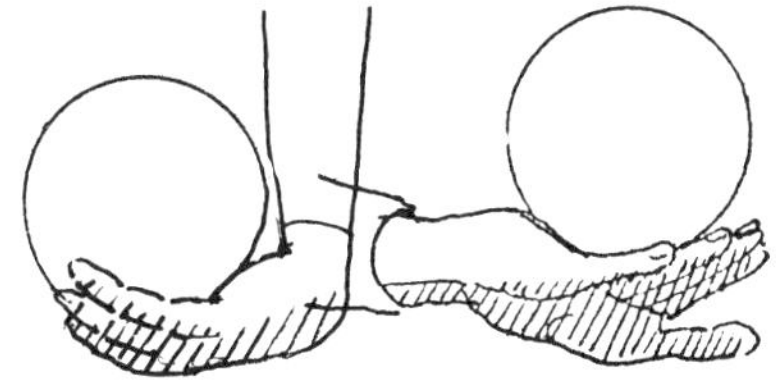
31.	Wie Uebung 30., nun aber die Rollbewegung nicht abbrechen, sondern den Ball auf dem Arm nach oben rollen lassen.	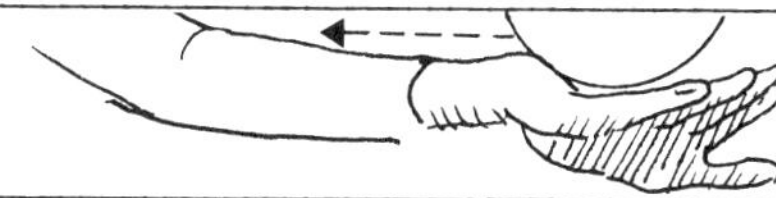
32.	Durch Vorlage im Oberkörper kann man den Ball auch über Schulter, Nacken und den andern Arm weiterrollen lassen.	
33.	Den Ball abwechslungsweise auf den Handflächen vorwärts rollend jonglieren.	

2. Übungs- und Spielformen für die allgemeine und spezielle Ballgeschicklichkeit

NR.	BESCHREIBUNG	ORGANISATION
34.	Den Ball mit der Hand in eine Eigenrotation versetzen und ihn auf dem gestreckten Zeigefinger kreisen lassen (auch mit den anderen Fingern versuchen).	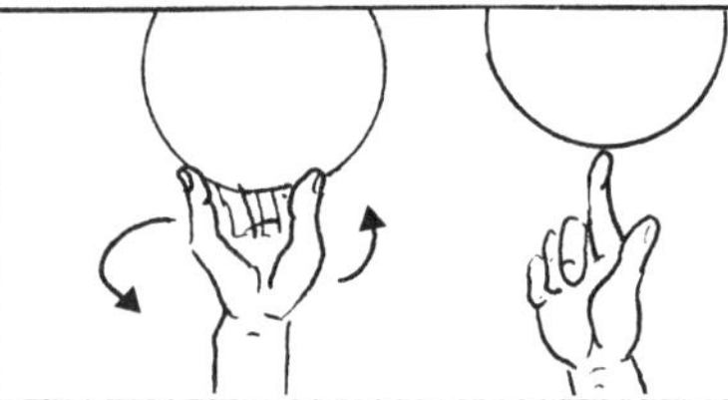
35.	Den Ball vor dem Körper nur aus den Handgelenken hin- und herspielen. Die Distanz zwischen den Händen ständig vergrössern, bis der Ball über den Kopf von einer Hand in die andere gespielt wird.	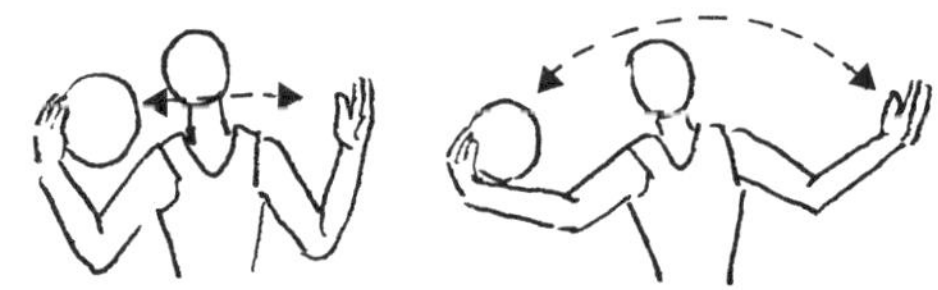
36.	In jeder Hand einen Ball. Von rechts nach links werden die Bälle übergeben, von links nach rechts geworfen; auch umgekehrt.	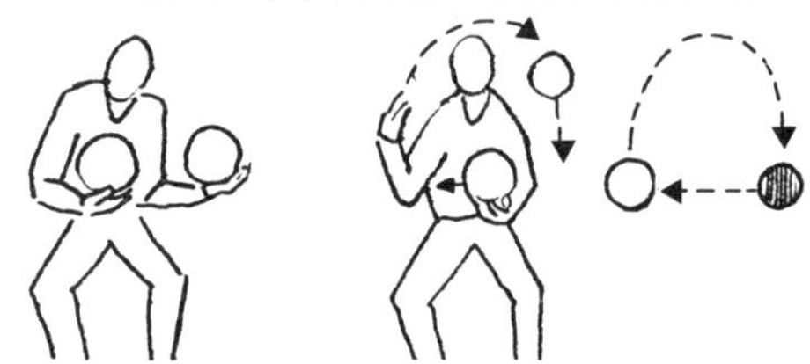
37.	Ausgangslage wie Uebung 36.: Den ersten Ball in die andere Hand werfen; bevor man diesen fängt, den zweiten Ball werfen (für einen Moment befinden sich beide Bälle in der Luft).	

NR.	BESCHREIBUNG	ORGANISATION
38.	Uebung 37. kann auch via Wand versucht werden (indirektes Zuspiel).	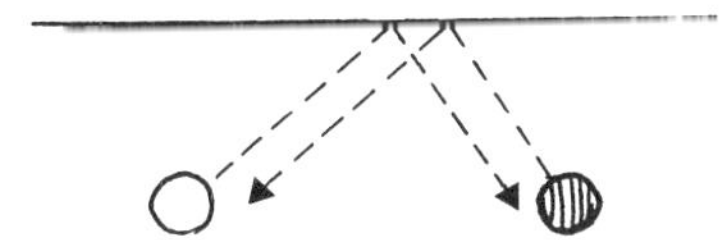
39.	Jonglieren mit drei Bällen: Mit derjenigen Hand beginnen, die zwei Bälle hält oder festklemmt. Ein Ball befindet sich nachher immer in der Luft (evtl. zuerst mit kleinen Bällen versuchen).	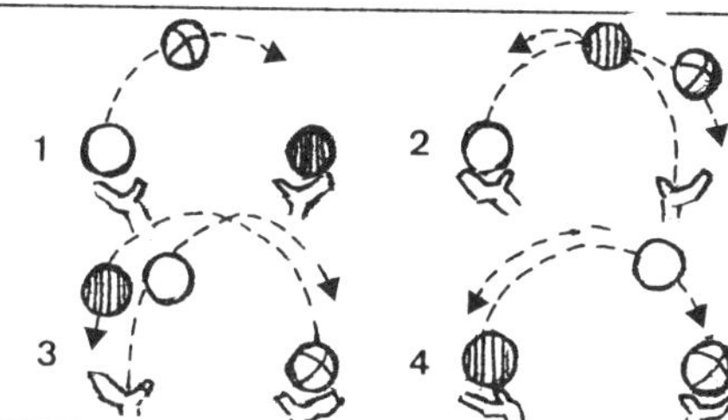
40.	Versuchen, einen ruhenden Ball durch Prellen vom Boden wegzubekommen.	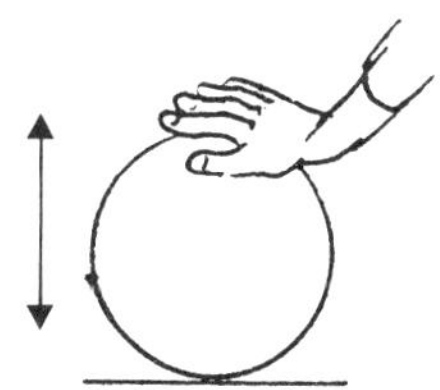
41.	Achterprellen: In einer Grätschstellung den Ball immer zwischen den Beinen nach vorne prellen.	

2. Übungs- und Spielformen für die allgemeine und spezielle Ballgeschicklichkeit

NR.	BESCHREIBUNG	ORGANISATION
42.	Sitzend prellen: Während des Prellens sich auf den Rücken legen sich auf den Bauch rollen und wieder aufsetzen.	
43.	Ausgangslage wie Uebung 42.: 4x hoch, 8x tief prellen (auf korrekten Handgelenkeinsatz achten).	
44.	Im Sitzen versuchen, unter den gestreckten, abgehobenen Beinen hindurchzuprellen.	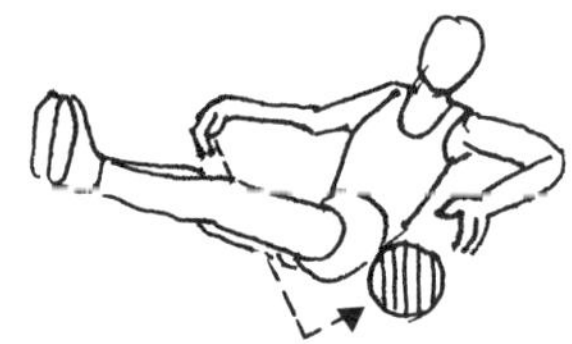
45.	Einbeiniger Kniestand: Mehrmaliges Dribbeln links und rechts; dazwischen unter dem vorgestellten Bein durchprellen.	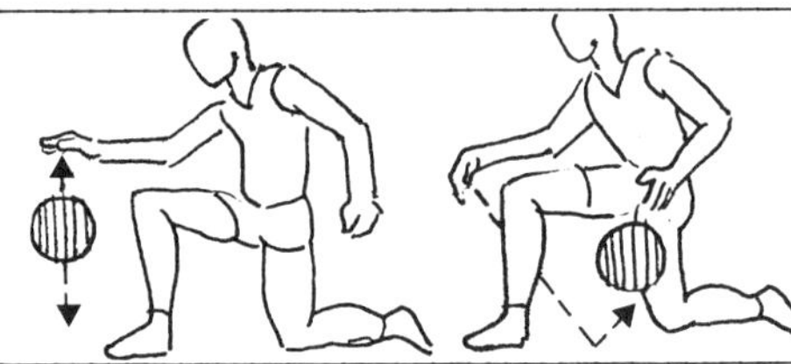
46.	Den Ball marschierend prellen; dabei versuchen, den Ball zwischen den Beinen durchzuprellen.	
47.	Gleiche Ausgangslage; den Ball aber hinter dem Rücken durch nach vorne prellen (mit möglichst gestrecktem Arm).	

NR.	BESCHREIBUNG	ORGANISATION
48.	Dribbling mit zwei Bällen gleichzeitig. Variationen: - mit Hoch- und Tiefgehen; - mit gegengleichem Dribbling; - im Lauf.	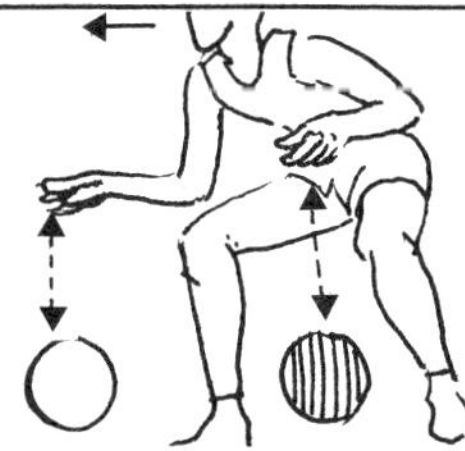
49.	Der Spieler bewegt sich mit 2 Bällen vorwärts, wobei der eine mit der Hand geprellt, der andere mit den Füssen gedribbelt wird.	
50.	Während des Dribblings sich die beiden Bällen übergeben.	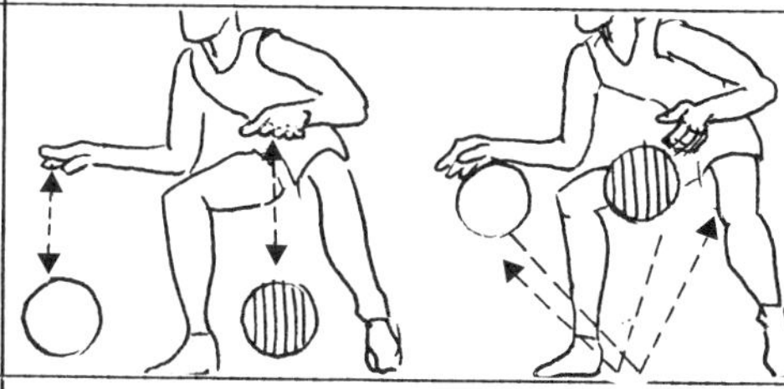
51.	Wie Uebung 50., aber zu zweit mit 3, später mit 4 Bällen. Während des Dribblings versuchen die Partner, sich einen Ball (später zwei gleichzeitig) zu übergeben.	
52.	Huckepackprellen: Die beiden Partner versuchen, sich prellend durch die Halle zu bewegen (je einen Ball).	

2. Übungs- und Spielformen für die allgemeine und spezielle Ballgeschicklichkeit

NR.	BESCHREIBUNG	ORGANISATION
53.	Den Ball von hinten, unter dem leicht gehobenen Bein hindurch, an die Wand spielen. Er wird immer derart an die Wand gespielt, dass er in die andere Hand zurückprellt.	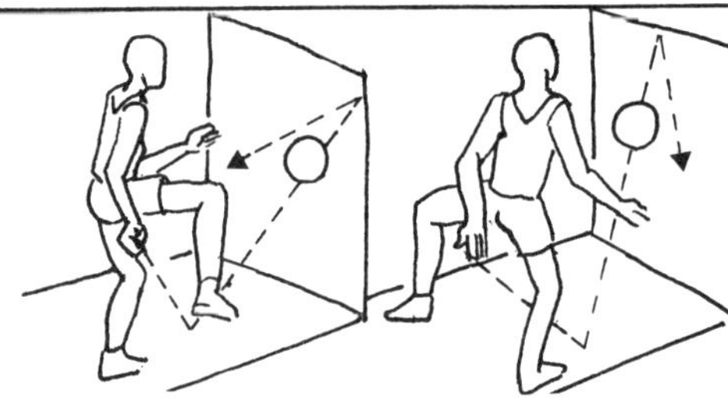
54.	Die linke Hand hält den Ball auf der rechten Seite des Oberkörpers. Der rechte Ellbogen stösst nach hinten und schlägt einen Pass zum bereitstehenden Partner (der linke Arm anfangs vor dem Oberkörper, später hinter dem Rücken).	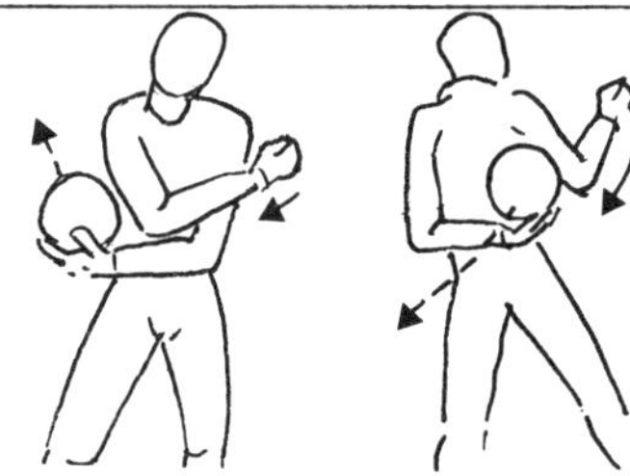
55.	Wie Uebung 54., nur damit beginnen, dass man den Ball zuerst um die Hüfte kreisen lässt, bevor die in Uebung 54. beschriebene Ausgangsstellung eingenommen wird.	
56.	Stand schräg zum Korb: Der Wurf erfolgt ein- oder beidhändig hinter dem Körper (am besten via Brett).	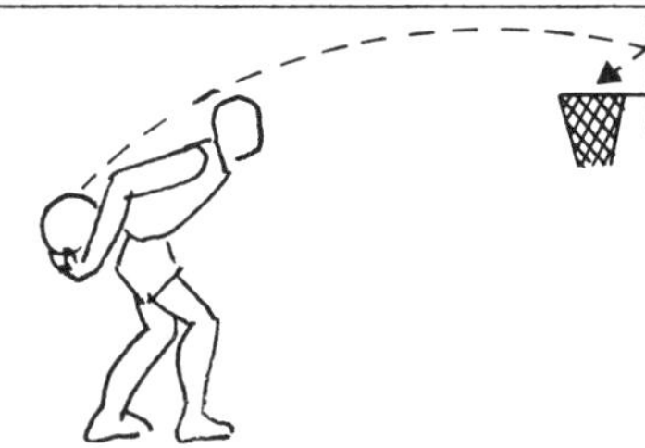

NR.	BESCHREIBUNG	ORGANISATION
57.	Zu zweit: Den Ball aus Stand einhändig hin- und herspielen (immer in die Wurfhand des Mitspielers werfen). Variation: - alleine gegen Wand aus kurzer Distanz (auch mit ständigem Handwechsel).	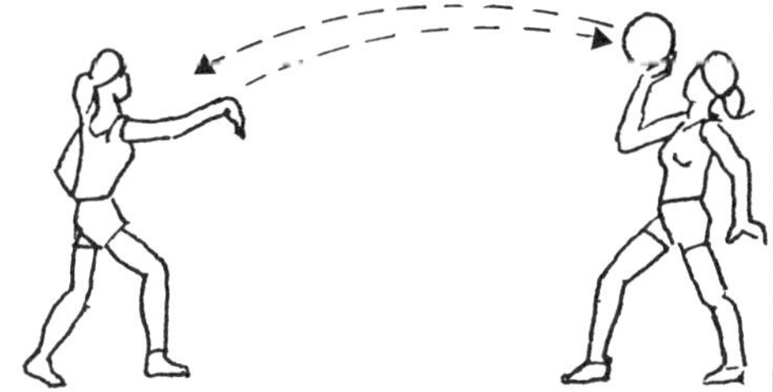
58.	Wie Uebung 57., aber mit Absprung sowohl beim Fangen wie beim Werfen. Zuerst beidhändig, nachher mit einer Hand.	
59.	Wie Uebung 58., aber mit Ballannahme und -abgabe während desselben Sprunges. Achtung: - kein Volleyballzuspiel, sondern mit kurzem Auffangen des Balles.	
60.	Einerkolonne vor dem Brett: Der erste wirft den Ball gegen das Brett und schliesst hinten wieder an. Der zweite fängt den zurückprallenden Ball in der Luft, landet und wirft ihn wieder ans Brett usw.	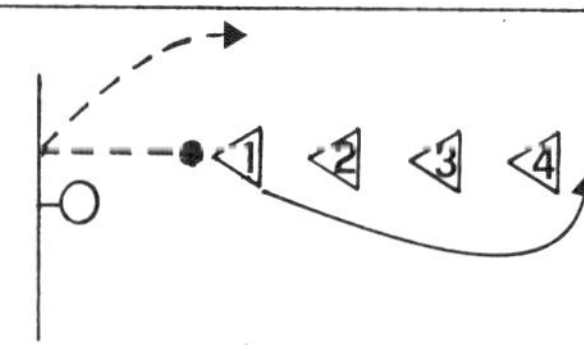
61.	Wie Uebung 60., nur wird der Ball im selben Sprung gefangen wie geworfen (der Abstand zum Brett richtet sich nach der Wurfstärke).	

Kapitel 3

Übungs- und Spielformen für die technischen Grundelemente

In diesem Kapitel werden die einfachsten Grundelemente des Basketballspiels behandelt, die dazu dienen sollen, nach möglichst kurzer Zeit, freilich noch auf einem einfachen Niveau, Basketball spielen zu können.
Die Auswahl und Formen der Uebungen sowie die Spielformen sind so gewählt worden, dass der Anfänger auf spielerische und vor allem im Spielaufbau auf selbstgestaltende Art und Weise (besonders durch Ausschaltung einer direkten Gegnerbedrohung) spielimmanente Kompetenzen erwerben kann. Beim Anfängerunterricht ist es empfehlenswert, den Basketball-Lehrgang für Anfänger in Kapitel 9. , wo dieser Grundgedanke in kompakter Form präsentiert wird, zu beachten.

Dribbling

Beim Dribbling wird der Ball mit leicht gewölbter Hand (Finger gespreizt) und mit Hilfe des Unterarmes zu Boden gedrückt und nicht geschlagen. Der Ball wird neben dem Körper geführt, wobei der Blick stets frei sein muss (peripheres Sehen), um jederzeit stoppen, zuspielen oder seine Richtung ändern zu können.

Hohes Dribbling: Dabei wird der Ball im Laufschritt an den Gegner herangeführt.

Niedriges Dribbling: Das niedrige Dribbling wird im Kampf mit dem direkten Gegner angewendet, wobei der Körper leicht nach vorne gebeugt ist und durch die Vorschrittstellung der Ball gesichert wird.

(Vorschrittstellung: Wenn rechts gedribbelt wird, ist das linke Bein vorne und umgekehrt.)

NR.	BESCHREIBUNG	ORGANISATION
1.	Dribbeln in verschiedenen Körperstellungen. Beispiele: - sitzend, kniend, liegend, auf allen vieren usw.	
2.	Nahe bei der Wand stehen oder sitzen. Den Ball mit der Hand auf Kopfhöhe gegen die Wand prellen.	
3.	Frei in der Halle dribbeln, auch mit Handwechsel. Beispiel: - 2x rechts dribbeln, 2x links usw.	
4.	Eine Hälfte der Klasse dribbelt in Vorschrittstellung an Ort (links und rechts), die andere Hälfte dribbelt im Laufschritt um sie herum.	
5.	In Vorschrittstellung an Ort dribbeln (rechts und links). Sich dann langsam in dieser Vorschrittstellung nach vorne nach hinten oder seitwärts bewegen.	
6.	Frei in der Halle in Vorschrittstellung nach rechts, nach links, vorwärts, rückwärts an Ort dribbeln.	
7.	Reifen frei in der Halle verteilt: Freies Dribbling, zwischendurch um einen Reifen herumdribbeln (links und rechts). Variationen: - mit dem Gesicht zum Reifen; - mit dem Rücken zum Reifen; - in den Reifen hinein- und wieder heraushüpfen.	
8.	Reifen frei in der Halle verteilt: Freies Dribbling, zwischendurch bei einem Reifen anhalten und 2 bis 3x im Reifen dribbeln.	

3.1 Dribbling

NR.	BESCHREIBUNG	ORGANISATION
9.	Ein Schüler oder der Lehrer steht vor einer Gruppe. Durch Zurufen gibt er nun an, in welche Richtung die Schüler dribbeln sollen. Variation: - Richtungswechsel nach Handzeichen. Dabei werden die Schüler gezwungen, den Blick vom Ball zu lösen.	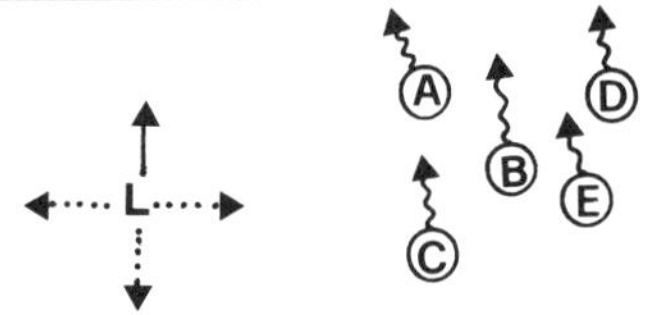
10.	Freies Dribbling in der ganzen Halle: Auf ein bestimmtes Zeichen dribbeln alle nur noch in einer Hallenhälfte, in einem Viertel der Halle usw. (Uebersicht, Raum- und Zeitgefühl).	
11.	Jeder gegen jeden: In einem begrenzten Raum dribbeln etwa 6 bis 8 Schüler. Jeder versucht nun, den Ball eines anderen Mitspielers zu berühren (nicht nach dem Ball schlagen und nur von vorne "angreifen"), wobei aber gleichzeitig jeder seinen eigenen Ball schützen muss.	
12.	Beinfechten: A und B stehen in Vorschrittstellung einander gegenüber. Jeder versucht nun, mit der Hand einen Oberschenkel seines Partners zu berühren. Es ist dabei nur erlaubt, sich vor- oder rückwärts zu bewegen. Variationen: - einer der beiden dribbelt; - beide dribbeln.	
13.	Zwei Spieler stehen einander gegenüber (Abstand ca 3 m). Der Ballbesitzer dribbelt nach vorne, sein Partner weicht mit schnellen Gleitschritten zurück (Verteidigungsstellung).	

NR.	BESCHREIBUNG	ORGANISATION
14.	Wie Uebung 13., der Ballbesitzer wechselt nun aber zwischen schnellem und langsamem Dribbling, zwischen Prellen im Lauf und an Ort.	
15.	Wie Uebung 14., der "Verteidiger " versucht nun jedoch, den Ball zu berühren (nur von vorne!). Ballführer: Sichere Ballführung und Decken des Balls mit dem eigenen Körper.	
16.	Dribbling-Fangis: Alle Schüler dribbeln frei in der ganzen Halle. 1 bis 2 Fänger versuchen, jemanden "abzuschlagen". Wer "abgeschlagen" wird, wird Fänger. Das Spiel dauert so lange, bis alle Fänger geworden sind. Variation: - Fänger haben keinen Ball.	
17.	Wie Uebung 16., die Spieler können aber nicht "abgeschlagen" werden, wenn sie 3x an Ort tief dribbeln.	
18.	Wie Uebung 16., aber jeder Spieler hat ein Spielabzeichen in den Hosenbund am Rücken gesteckt. Ein Fänger beginnt und versucht, eines dieser Spielabzeichen zu erjagen. Wer sein Spielabzeichen verliert, wird auch Fänger. (Skalpjagd)	
19.	Herr und Hund: Ein Schüler dribbelt mit häufigen Richtungsänderungen und Rhythmuswechseln frei in der Halle, sein Partner folgt ihm dribbelnd.	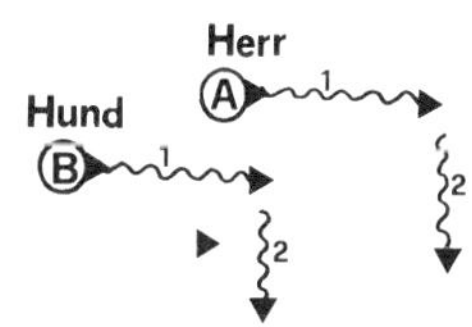

3.1 Dribbling

NR.	BESCHREIBUNG	ORGANISATION
20.	Wie Uebung 19., die beiden Schüler stehen sich nun aber frontal gegenüber. Dribbelt der führende Spieler nach hinten, so folgt ihm der andere, indem er vorwärts dribbelt; dribbelt der führende Spieler nach links, so folgt ihm sein Partner, indem er nach rechts (von sich aus gesehen) dribbelt usw. (Augenkontakt aufrechterhalten!)	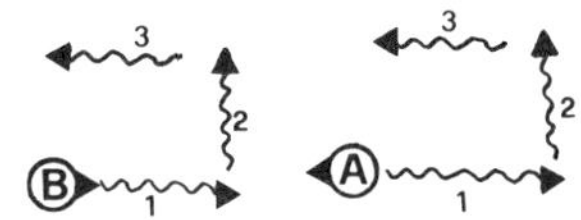
21.	Wie Uebung 20., dribbelt der führende Spieler aber nach vorne, so dribbelt sein Partner auch nach vorne (von sich aus gesehen, also spiegelbildlich).	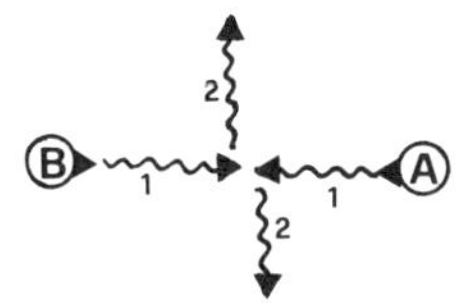
22.	Herr und Hund mit den verschiedenen Varianten in unterschiedlichen Raumaufteilungen und Gruppengrössen spielen lassen, wobei in einer bestimmten Reihenfolge, auf ein Zeichen oder instinktiv die Führung übernommen wird. (Harmonisches Funktionieren einer Gruppe.)	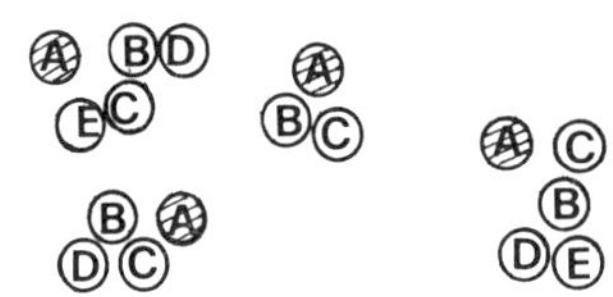
23.	Herr und Hund mit 3 Gruppen: Die "Herren" sind in der mittleren Gruppe, die "Hunde" übernehmen ihrer Aufstellung entsprechend die Bewegungsrichtung.	
24.	Reifenspiel (zu zweit): Zwei Reifen liegen in einem Abstand von ca. 6 m auf dem Boden. Der Ballbesitzer versucht nun, durch geschicktes Dribbling den Ball in einen der beiden Reifen zu legen (nicht werfen!). Sein Partner dagegen versucht, ihn daran zu hindern (Foul-Regel beachten!).	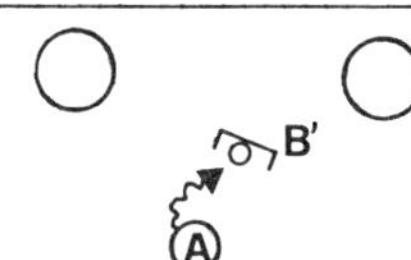

Der einhändige Kegelwurf aus dem Dribbling eignet sich für kurze und mittlere sowie für überraschende Zuspiele. Der Ball wird nach dem letzten Prellen einhändig in der Luft aufgenommen, leicht nach hinten geführt und mit einer dem Kegelwurf ähnlichen Bewegung nach vorne gespielt.

3.2 Einhändiger Kegelwurf aus dem Dribbling

NR.	BESCHREIBUNG	ORGANISATION
1.	Prellen an Ort in Vorschrittstellung. Zwischendurch den Ball einhändig aufnehmen, indem man die Hand von hinten unter den Ball führt. Dann wieder prellen. Diese Uebung links und rechts ausführen.	
2.	Etwa 2 m von der Wand entfernt an Ort in Vorschrittstellung dribbeln. Den Ball aufnehmen und ihn mit einem Kegelwurf zur Wand spielen (links und rechts).	
3.	2 Schüler stehen sich gegenüber, Abstand etwa 8m: Sie spielen sich den Ball mit einem Kegelwurf zu, indem sie zuerst immer 1 bis 2x an Ort prellen (links und rechts).	
4.	Zu dritt mit einem Ball (give and go): A und C stehen etwa 10m von B entfernt. A dribbelt nun bis zur Mitte, hält an, dribbelt 1 bis 2x an Ort und spielt mit einem Kegelwurf zu B. A läuft dann zu B und B dribbelt bis zur Mitte usw.	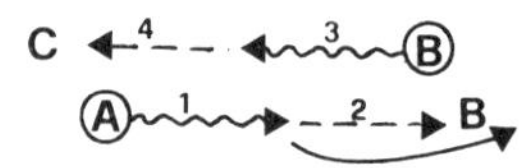
5.	Wie Uebung 4., aber ohne in der Mitte an Ort zu prellen. Das Zuspiel erfolgt nun also aus dem Lauf.	
6.	Zu dritt mit einem Ball: Die Spieler dribbeln frei in der Halle und spielen sich den Ball zu. Vor jedem Zuspiel dribbeln sie 1 bis 2x an Ort und passen dann mit einem Kegelwurf den Ball zu einem der Partner.	

NR.	BESCHREIBUNG	ORGANISATION
7.	Wie Uebung 6., aber das Zuspiel erfolgt jetzt direkt aus dem Lauf.	
8.	Zu zweit mit einem Ball: A beginnt zu dribbeln, B läuft mit und bekommt ein Kegelzuspiel von A. Nun dribbelt B schräg nach vorne auf die Seite von A, A läuft hinter B schräg nach vorne und bekommt dann ein Zuspiel von B usw.	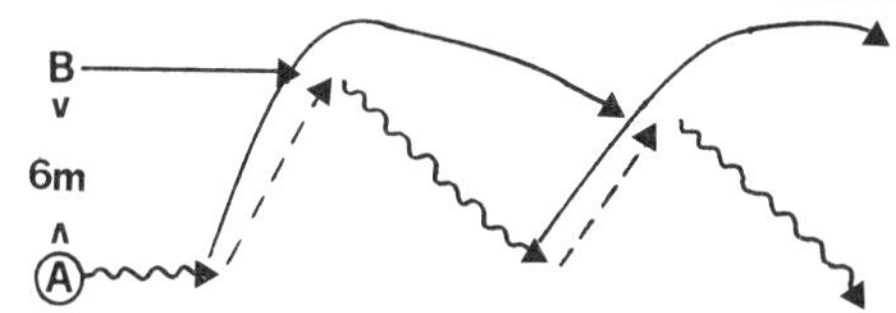
9.	Slalomdribbling mit anschliessendem Kegelzuspiel an die Wand (auch mit Handwechsel beim Dribbling).	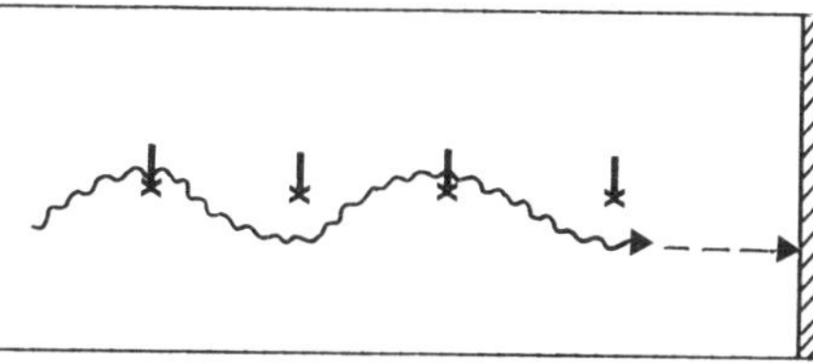
10.	Zu zweit oder zu dritt mit einem Ball frei in der Halle dribbeln und einander den Ball mit Kegelwurf zuspielen. Auf bestimmte Zeichen des Lehrers wird die Raumgrösse verändert. Also sich z.B. nur noch in einer Hallenhälfte oder in einem Viertel der Halle bewegen, dann wieder in der ganzen Halle.	

3.3 Zweierrhythmus aus dem Dribbling mit einfacher Zuspielart (Kernwurf)

Zweierrhythmus:

Mit dem im Stand gefangenen Ball ist nur noch ein Schritt erlaubt (ein Kontakt). Bevor aber der hintere Fuss den Boden verlässt (Beginn des zweiten Schrittes), muss ein Zuspiel, ein Korbwurf oder ein Dribbling erfolgen.

Fängt der Spieler den Ball in der Luft, so darf er 2 Schritte ausführen (links-rechts oder rechts-links). Diese beiden Schritte benützt der Spieler zum Stoppen (zur Grund- oder Vorschrittstellung) oder zum erneuten Absprung, bei dem er entweder zuspielt oder auf den Korb wirft.

Kernwurf:

Der Ball wird mit einer Hand, nach einer leichten Ausholbewegung nach hinten, abgegeben.

Zweierrhythmus

Kernwurf

3.3 Zweierrhythmus aus dem Dribbling mit einfacher Zuspielart (Kernwurf)

NR.	BESCHREIBUNG	ORGANISATION
1.	Linke Vorschrittstellung (für Rechtshänder) 4m vor der Wand: Leichtes Hochziehen des rechten Knies, strecken des linken Standbeines und Kernwurf an die Wand.	
2.	Wie Uebung 1., aber mit leichtem Sprung in die Höhe.	
3.	Rechte Vorschrittstellung 6m vor der Wand: Absprungschritt links vorwärts, Sprung und Kernwurf an die Wand. (Achtung: nur als Uebung möglich!)	
4.	Ohne Ball etwa 6m in linker Vorschrittstellung vor der Wand: Ueber linken Fuss abrollen, Sprung auf rechts, Sprung auf links und in die Höhe abspringen.	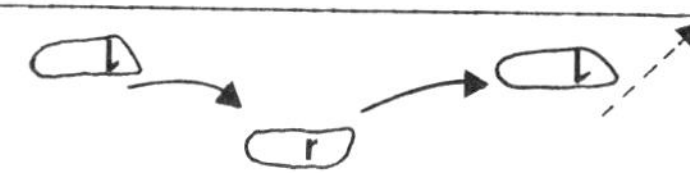
5.	Mit Ball in Grundstellung etwa 8m vor der Wand: Zuerst 2 bis 3x an Ort prellen, dann einen Schritt auf links nach vorne und gleichzeitig den Ball 1x nach vorne prellen, den Ball aufnehmen, dann Sprung auf rechts, Sprung auf links, in die Höhe abspringen und Kernwurf an die Wand.	
6.	Frei in der Halle in linker Vorschrittstellung dribbeln, wobei darauf geachtet werden soll, dass das Prellen mit dem Aufsetzen des linken Fusses koordiniert wird.	
7.	Frei in der Halle dribbeln, wobei sich nun jeder Schüler eine bestimmte Bodenmarkierung als Zeichen nimmt, um einen betonten Schritt nach vorne (mit gleichzeitigem Prellen) auszuführen, dann wieder weiterdribbeln.	

3.3 Zweierrhythmus aus dem Dribbling mit einfacher Zuspielart (Kernwurf)

NR.	BESCHREIBUNG	ORGANISATION
8.	Abstand zur Wand etwa 15m: 2 bis 3x in Vorschrittstellung nach vorne dribbeln, Ball aufnehmen, Zweierrhythmus und Kernwurf an die Wand.	
9.	Slalomdribbling um Malstäbe mit anschliessendem Zweierrhythmus und Kernwurf an die Wand (auch mit Handwechsel beim Dribbling).	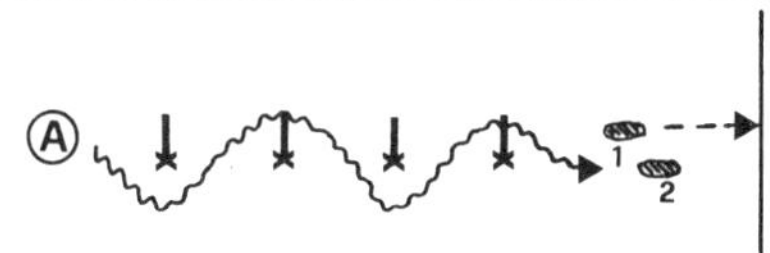
10.	Alle Schüler dribbeln frei in der Halle. Zwischendurch dribbeln sie in Richtung Wand, schliessen mit Zweierrhythmus und einem Kernwurf gegen die Wand ab. Sofort springen sie nach dem Ball und dribbeln weiter.	
11.	3 Spieler verteilen sich auf die Länge der Halle im Abstand von etwa 6m. D passt nun zu A und läuft an der Reihe der Spieler A,B,C entlang. Er bekommt den Ball im Lauf von A zurückgespielt, passt weiter zu B usw. (Zweierrhythmus nach Ballannahme in der Luft!) Nach dem letzten Zuspiel dribbelt D wieder zu seiner Gruppe.	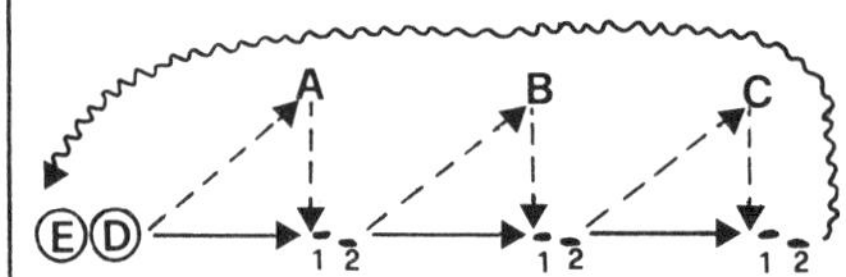
12.	A spielt den Ball zum anlaufenden E, der sofort weiter zu B passt, der den Ball zu A zurückspielt. E läuft weiter, bekommt einen Pass von C, spielt den Ball zu D usw. (Zweierrhythmus nach Ballannahme in der Luft!)	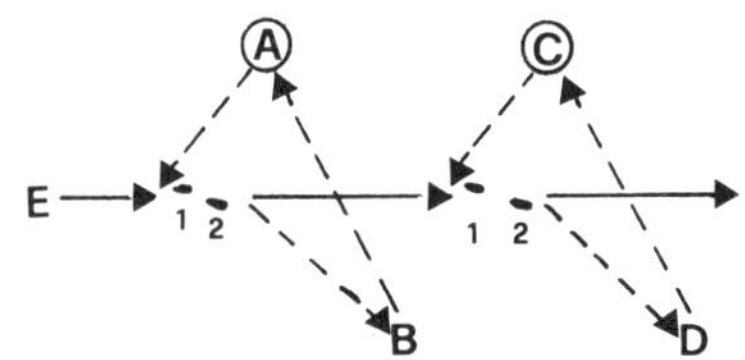

NR.	BESCHREIBUNG	ORGANISATION
13.	A und B laufen in leichtem Trab (später evtl. auch schneller) nebeneinander und spielen sich den Ball zu. Die Zuspiele (Kernwurf) von rechts nach links erfolgen nach einem Zweierrhythmus, diejenigen von links nach rechts mit einem Kegelwurf aus dem Dribbling. (Für Rechtshänder ist es anfangs etwas schwierig, nach einem Zweierrhythmus von links nach rechts zu passen.)	
14.	A spielt zu B, B dribbelt schräg nach vorne auf die Seite von A, A läuft hinter B durch auf die Seite von B. B schliesst sein Dribbling mit einem Zweierrhythmus ab und spielt zu A. A dribbelt nun schräg nach vorne, B läuft hinter ihm durch auf die andere Seite usw. (Für Rechtshänder: Zuspiel von rechts nach links!)	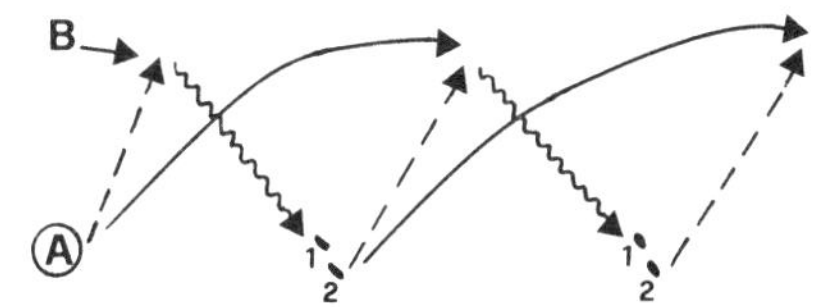
15.	Zu zweit mit einem Ball: Frei in der Halle dribbeln und einander den Ball nach einem Zweierrhythmus zuspielen.	
16.	Wie Uebung 15., zwischendurch aber auch mit einem Kegelwurf aus dem Dribbling seinem Partner den Ball zuspielen.	
17.	Die Schüler dribbeln in 2er-Gruppen frei in der Halle und spielen sich den Ball nach einem Zweierrhythmus mit einem Kernwurf oder mit einem Kegelwurf aus dem Dribbling zu. Auf ein Zeichen des Lehrers bewegen sie sich nur noch in einer Hallenhälfte, in einem Viertel der Halle usw. Später können die Gruppen auch auf 3 oder 4 Spieler erweitert werden.	

3.4 Weitere Zuspielformen

Beidhändiger Druckwurf

Dieser Wurf eignet sich für kurze, schnelle, kräftige und überraschende Zuspiele. Der Ball wird beidhändig mit angezogenen Armen vor dem Oberkörper gehalten. Er wird durch lockeres, schnelles Vorwärtsstrecken der Arme und mit kraftvoller nach seitwärts unten gerichteter Handgelenkbewegung nach vorne gespielt. Unterstützt wird der Wurf durch einen Schritt vorwärts, wobei das Körpergewicht auf das vordere Bein verlagert wird.

Beidhändiger Druckwurf als Bodenpass

Angetäuschtes Zuspiel zu einem den Verteidiger überlaufenden Mitspieler. Kräftiger Wurf aus den Handgelenken, wobei der Ball gedrückt und nicht geschlagen wird. Die Bodenberührung des Balls erfolgt etwa 1m vor dem Partner.

Zuspiel über den Kopf (beidhändig)

Dieses Zuspiel eignet sich als Abspielmöglichkeit, wenn der Spieler von mehreren Verteidigern angegriffen wird, bei einem Out-Einwurf oder manchmal auch als weites Zuspiel. Der Ball wird mit beiden Händen über dem Kopf gehalten und wird mit einer kraftvollen Handgelenkbewegung nach vorne gespielt.

Bemerkung: Bei den nachfolgenden Uebungen ist es selbstverständlich möglich, auch andere Zuspielarten als die angegebenen zu verwenden. Wo keine Zuspielarten angegeben sind, sei die Wahl dem Lehrer überlassen.

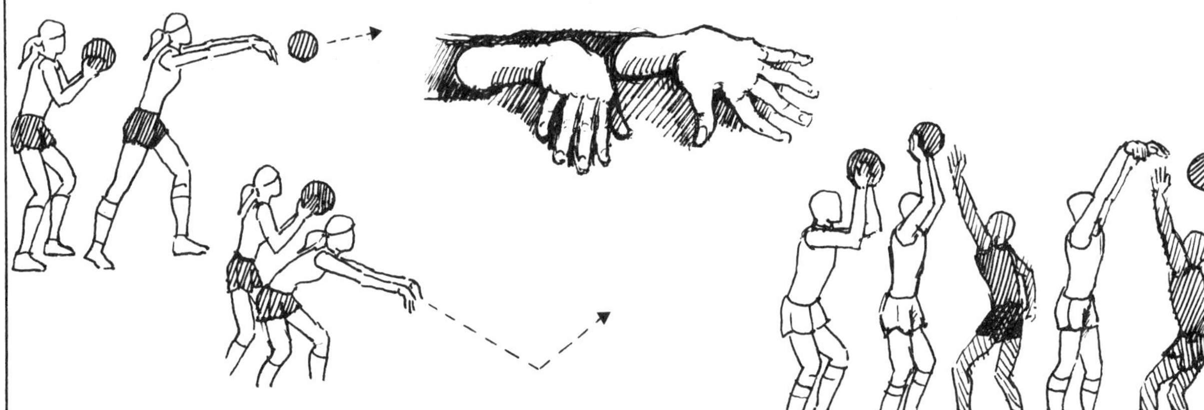

NR.	BESCHREIBUNG	ORGANISATION
1.	Jeder Schüler hat einen Ball und stellt sich etwa 5m von der Wand entfernt auf. Der Ball wird mit den verschiedenen Zuspielarten gegen die Wand geworfen und wieder gefangen.	
2.	Wie Uebung 1., aber im Sitzen oder im Kniestand. Betonung der Arm- und Handgelenkbewegung.	
3.	Wie Uebung 1., aber es wird gegen die Sprossenwand geworfen. Da der Ball nun nach verschiedenen Richtungen abprallt, muss der Schüler versuchen, ihn durch schnelles Reagieren wieder zu fangen.	
4.	Zu zweit einen Ball einander zuspielen. (Abstand ca.8m)	
5.	Zu zweit mit zwei Bällen: A und B stehen einander gegenüber (Abstand ca. 8m), A spielt mit einem Bodenpass zu B, B spielt mit einem beidhändigen Druckwurf zu A usw..	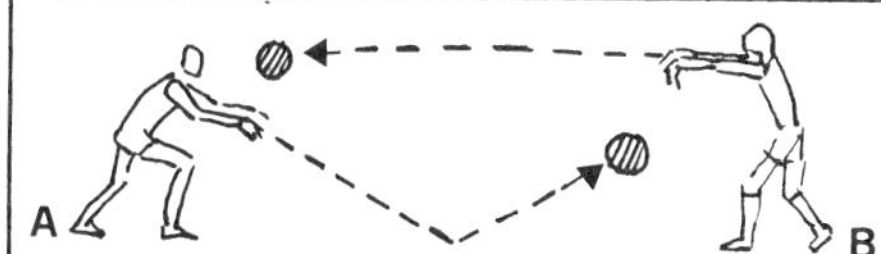
6.	Zu zweit einander den Ball via Wand oder Sprossenwand zuspielen.	
7.	Zu zweit im Dreieck: A passt zu B, B spielt zurück und läuft sofort zu einer Markierung, wo er wieder ein Zuspiel von A bekommt. Er passt zu A zurück usw..	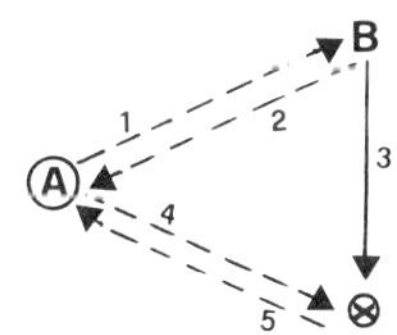

3.4 Weitere Zuspielformen

NR.	BESCHREIBUNG	ORGANISATION
8.	Zu zweit einander gegenüber: A täuscht vor jedem Zuspiel zu B (und umgekehrt) ein Zuspiel nach links oder rechts an.	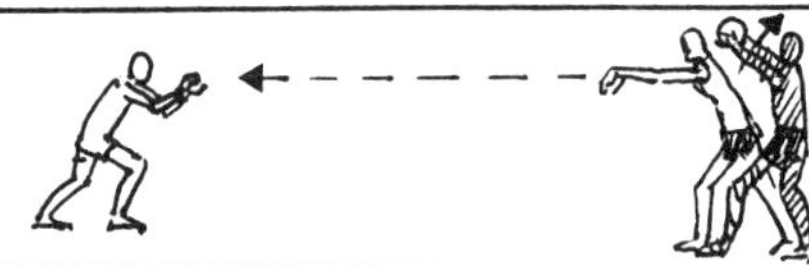
9.	Give and go (zu dritt): A spielt den Ball zu B und läuft zu B, B spielt den Ball zu C und läuft zu C usw. (Auch zu viert möglich.)	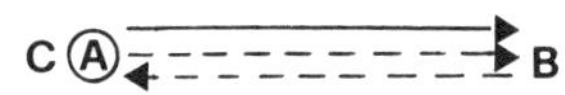
10.	Zu dritt mit 2 Bällen: A spielt zu C, der sofort wieder zu A zurückspielt. Nun läuft C zu einer Markierung, wo er von B einen Pass bekommt. C spielt den Ball wieder zu B und läuft zur Ausgangsposition usw.	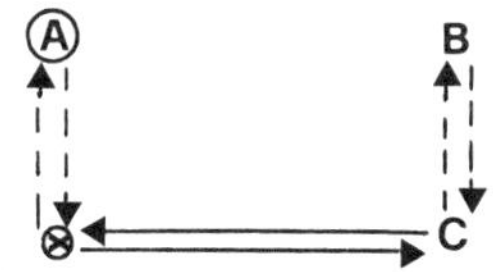
11.	Zu dritt im Dreieck mit 2 Bällen: C wird von B angespielt, C spielt sofort zu A zurück. Nun bekommt C von B ein Zuspiel, C passt zu B zurück usw.	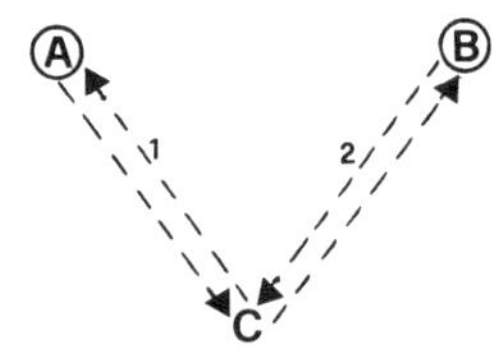
12.	Zu viert im Dreieck: A passt zu B und läuft zu B, B passt zu C und läuft zu C, C passt zu D und läuft zu D usw.	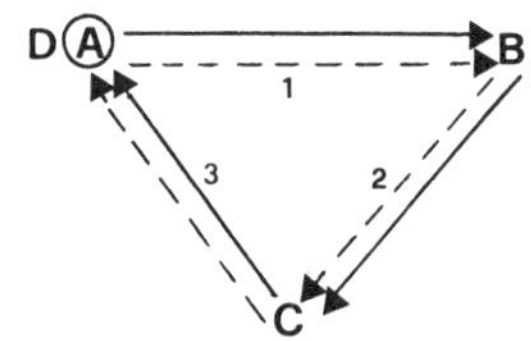

NR.	BESCHREIBUNG	ORGANISATION
13.	Viereck zu dritt: A spielt zu C, C spielt zu B und läuft zu einer Markierung, wo er von B den Ball wieder bekommt, C spielt zu A und läuft wieder zur Ausgangsposition. Beispiel: - A und B spielen mit Druckpässen und C mit Kernwürfen zu.	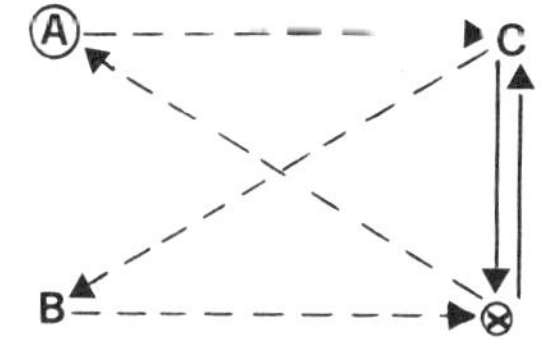
14.	Zwei Vierecke in einem Kreis: Jede Mannschaft versucht, den Ball des Gegners einzuholen.	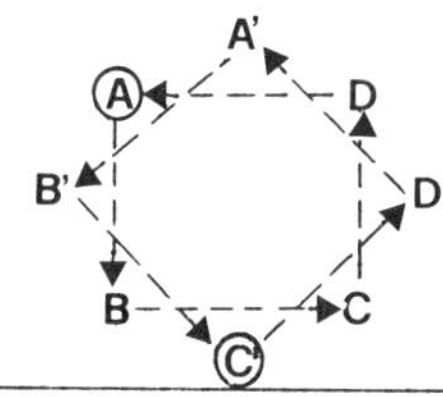
15.	Passen im Kreis mit Platzwechsel: Jeder Spieler folgt seinem Zuspiel, das er einem beliebigen Spieler im Kreis gibt.	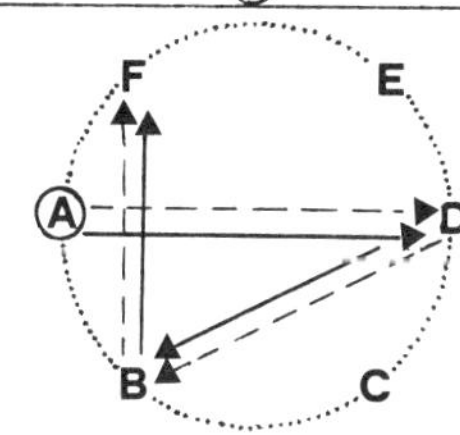
16.	Kreisschnappball: Die Spieler auf einem Kreis spielen sich den Ball zu, wobei Bodenpässe nicht erlaubt sind. In der Mitte des Kreises versuchen 1 bis 2 Spieler, den Ball zu schnappen. Variation: - mit 2 Bällen.	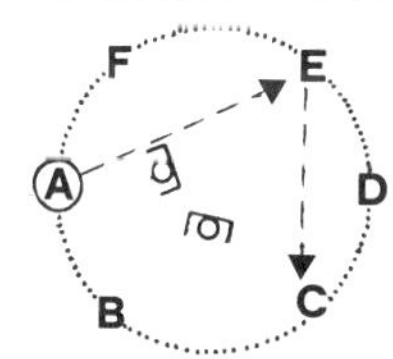

3.4 Weitere Zuspielformen

NR.	BESCHREIBUNG	ORGANISATION
17.	Reifenspiel 2 gegen 1: 2 Reifen liegen im Abstand von 3 bis 4m auf dem Boden. Ein Spieler versucht, die beiden Reifen gegen 2 Angreifer zu verteidigen. Die beiden Angreifer spielen sich den Ball ohne Dribbling zu und versuchen, den Ball in einen Reifen zu legen (nicht werfen!).	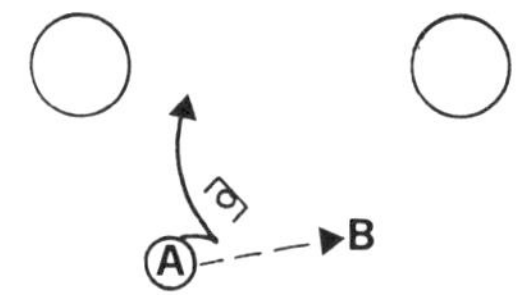
18.	Erproben der erlernten Zuspielarten aus dem Dribbling (Kernwurf, Kegelzuspiel, Druckpass, Ueberkopfzuspiel): Die Schüler dribbeln frei in der Halle und passen zwischendurch mit den verschiedenen Zuspielarten gegen die Wand, holen den Ball wieder ab und dribbeln weiter.	
19.	Zu zweit oder zu dritt mit einem Ball: Diese Gruppen laufen und dribbeln frei in der Halle und spielen sich den Ball aus dem Dribbling auf die verschiedenen Arten zu.	
20.	Wie Uebung 19., aber in verschiedenen Raumaufteilungen (Hallenhälfte, ein Viertel der Halle usw.). Damit sollen spielgerechte Situationen geschaffen werden, wo die Schüler selbst entscheiden müssen, welche Zuspielart sie wählen.	

Zweierrhythmus

Mit dem im Stand gefangenen Ball ist nur noch ein Schritt erlaubt (Kontakt). Bevor aber der hintere Fuss den Boden verlässt (Beginn des zweiten Schrittes), muss ein Zuspiel, ein Korbwurf oder ein Dribbling erfolgen. Fängt der Spieler den Ball in der Luft, so darf er 2 Schritte ausführen (links-rechts oder rechts-links). Diese beiden Schritte benützt der Spieler zum Stoppen (zur Grund- oder Vorschrittstellung) oder zum erneuten Absprung, bei dem er entweder zuspielt oder auf den Korb wirft.

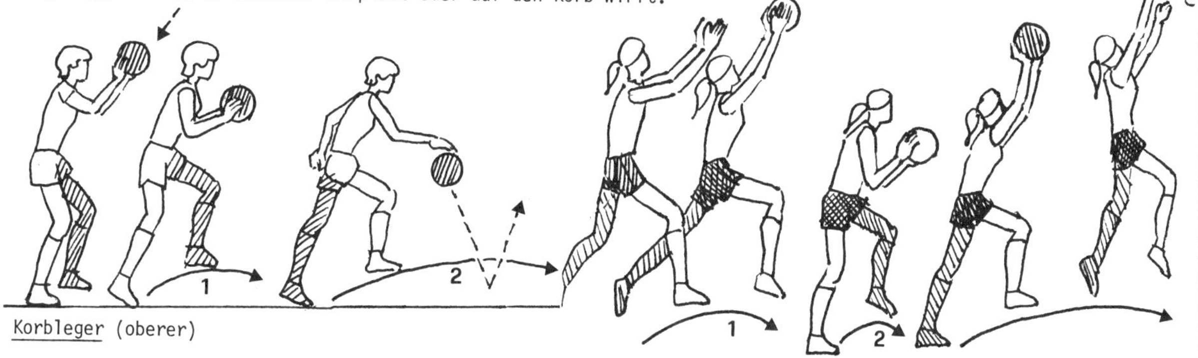

Korbleger (oberer)

Die Wurfhand ist hinter dem Ball, die unterstützende Hand seitlich am Ball. Beim Wurf liegt der Ball so in der Wurfhand, dass der Ellbogen sich unter dem Ball befindet. Gleichzeitig wird das Schwungbein (rechte Wurfhand-rechtes Schwungbein) angezogen. Der Wurfarm wird gestreckt und das Handgelenk bei der Ballabgabe nach unten gedrückt, wobei darauf zu achten ist, dass der Ball im höchsten Punkt der Streckung abgegeben wird. Die Fingerspitzen geben dem Ball einen Rückwärtsdrall, wobei die Ballabgabe hauptsächlich über den Mittel- und Zeigefinger erfolgt.

Zielhilfen beim Korb

A. Aus kurzer Distanz und schrägem Anlauf wird der Ball an die obere nähere Ecke des kleinen Vierecks gespielt.

B. Bei geradem Anlauf ohne Brettberührung wird der vordere Korbrand anvisiert.

C. Bei geradem Anlauf mit Brettberührung zielt man mit dem Ball etwa eine Handbreite unter die obere Längslinie des kleinen Vierecks.

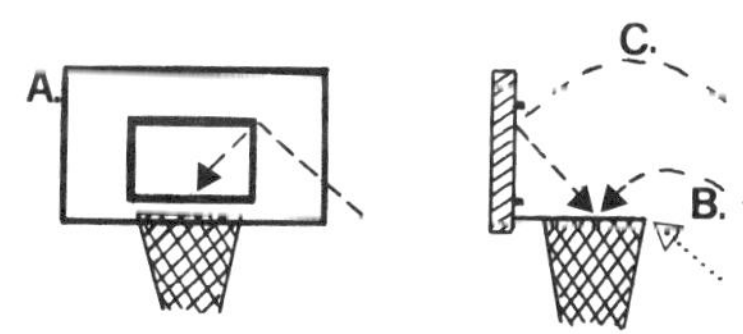

3.5 Zweierrhythmus und Korbleger

NR.	BESCHREIBUNG	ORGANISATION
1.	Linke Vorschrittstellung (für Rechtshänder) 1 bis 2m vor der Wand. Hochziehen des rechten Knies, strecken des linken Standbeines, Korbleger an die Wand. (Armstreckung und Handgelenkeinsatz bei der Ballabgabe beachten!)	
2.	Wie Uebung 1., aber mit leichtem Sprung in die Höhe.	
3.	Vorschrittstellung rechts 4m vor der Wand: Absprungschritt links vorwärts, Sprung und Korbleger an die Wand. Hochziehen des rechten Knies!	
4.	Ohne Ball etwa 6m in linker Vorschrittstellung vor der Wand: Ueber den linken Fuss abrollend: Sprung auf rechts, Sprung auf links und in die Höhe abspringen.	
5.	Mit Ball in Grundstellung etwa 6m vor der Wand: Zuerst 2 bis 3x an Ort prellen, dann einen Schritt auf links nach vorne und gleichzeitig den Ball 1x (auf links) nach vorne prellen und im Sprung auf rechts den Ball beidhändig aufnehmen, Schritt auf links, in die Höhe abspringen und Korbleger an die Wand.	
6.	Frei in der Halle in linker Vorschrittstellung dribbeln, wobei darauf geachtet werden soll, dass das Prellen mit dem Aufsetzen des linken Fusses koordiniert wird.	
7.	Frei in der Halle dribbeln, wobei sich nun jeder Schüler eine bestimmte Bodenmarkierung als Zeichen nimmt, um einen betonten Schritt nach vorne (mit gleichzeitigem Prellen) auszuführen , dann wieder weiterdribbeln.	
8.	Abstand zur Wand etwa 10m, linke Vorschrittstellung: 2 bis 3x mit Nachstellschritten vorwärts prellen, Zweierrhythmus mit Korbleger gegen die Wand.	

NR.	BESCHREIBUNG	ORGANISATION
9.	Frei in der Halle dribbeln, zwischendurch mit Zweierrhythmus und Korbleger auf einen Korb oder gegen die Wand werfen.	
10.	Slalomdribbling um Malstäbe mit anschliessendem Zweierrhythmus und Korbleger.	
11.	Unter dem Korb werden Hindernisse (Malstäbe) aufgestellt: Die Spieler dribbeln vor den Hindernissen an Ort, brechen plötzlich zum Korb durch und schliessen mit Zweierrhythmus und Korbleger ab. Variation: - Die Schüler dribbeln von der Mittellinie her auf die Hindernisse zu und brechen dann plötzlich durch.	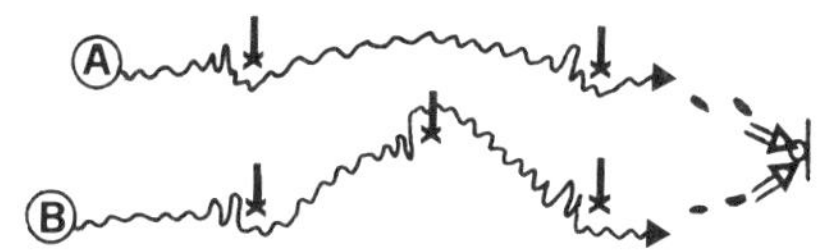
12.	Drei Verteidiger bewegen sich unter dem Korb in Verteidigerstellung (Abstand zum Korb etwa 3m, Abstand untereinander etwa 2m) ständig seitwärts nach links und nach rechts. A und B dribbeln ausserhalb des Freiwurfraumes an Ort und versuchen, in einem für sie günstigen Moment zum Korb durchzubrechen. Variation: A und B dribbeln von der Mittellinie her auf die Verteidiger zu und brechen plötzlich durch.	Var.: 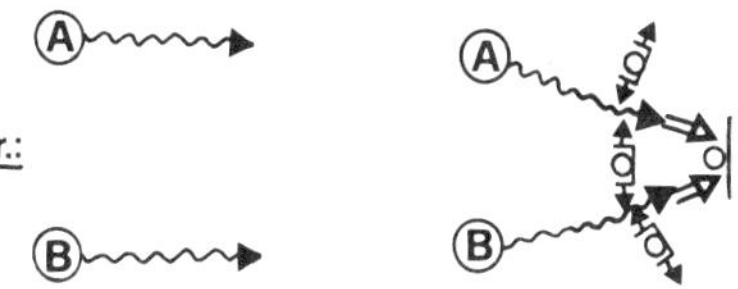
13.	Zu zweit oder zu dritt unter einem Korb, jeder Spieler hat einen Ball: Freies Dribbling mit Zweierrhythmus und Korbleger. Nach jedem Korbversuch wird der Ball abgeholt und wieder bis zu einer bestimmten Markierung hinausgedribbelt. Sobald der Weg zum Korb frei ist, kann wieder ein neuer Korbversuch gestartet werden.	
14.	Zu zweit mit einem Ball: A steht etwa 4m von einem Korb entfernt und hält den Ball mit ausgestrecktem Arm auf Schulterhöhe, B läuft an, holt den Ball im Sprung ab, führt einen Zweierrhythmus aus und schliesst mit Korbleger ab.	

3.5 Zweierrhythmus und Korbleger

NR.	BESCHREIBUNG	ORGANISATION
15.	Wie Uebung 14., der Ball wird aber jetzt von A leicht zugeworfen.	
16.	Zu zweit mit einem Ball: B passt zu A und läuft in Richtung Korb. A passt zu B, der mit Zweierrhythmus zum Korb durchbricht und wirft. A holt den Ball ab und dribbelt hinaus.	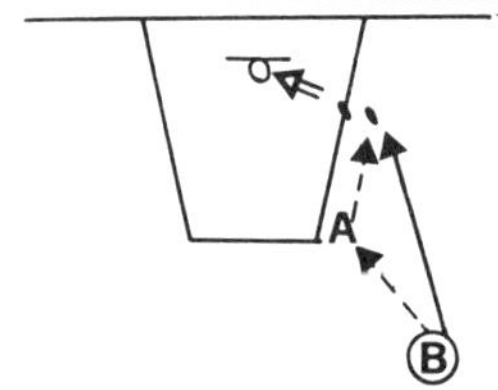
17.	A steht auf der Freiwurflinie. Dort bekommt er von B einen Pass. B läuft an, bekommt von A wieder einen Pass, dribbelt in Richtung Korb und schliesst mit Zweierrhythmus und Korbleger ab, holt sich den Ball und schliesst hinter C_3 an.	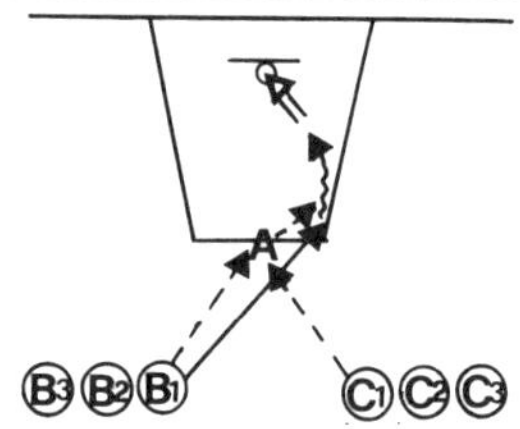
18.	A steht auf der Freiwurflinie und bekommt einen Pass von B. B und C starten sofort, kreuzen sich vor A, der nun B oder C den Ball übergibt, welcher dann mit Zweierrhythmus zum Korb durchbricht und mit einem Korbleger abschliesst.	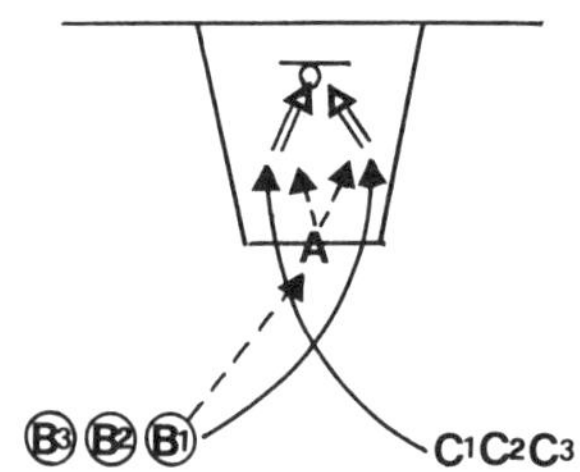

NR.	BESCHREIBUNG	ORGANISATION
19.	A und D dribbeln in Richtung Korb und schliessen mit einem Zweierrhythmus und Korbleger ab. Gleichzeitig starten B und C in Richtung Korb und holen den Ball ab. A und D schliessen sich (ohne Ball) hinter der Gruppe C resp. B, B und C (mit Ball) hinter der Gruppe D resp. A an.	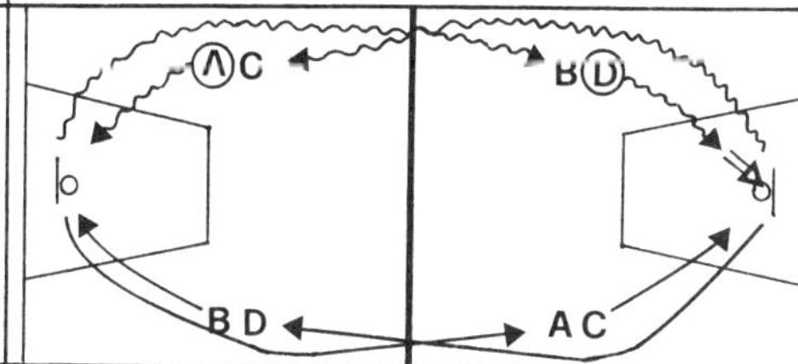
20.	A passt zu B und läuft sofort in Richtung Korb, wo er ein Zuspiel von B bekommt. Den Ball fängt er dabei in der Luft, führt einen Zweierrhythmus aus und wirft mit einem Korbleger auf den Korb. B läuft nach, holt den Ball ab und dribbelt zur Gruppe A, A dagegen schliesst hinter der Gruppe B an.	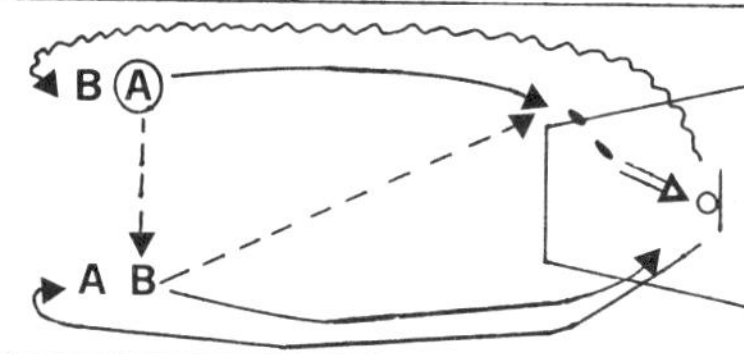
21.	2er-Lauf mit Dribbling: B dribbelt in Richtung Korb, A läuft mit, bekommt einen Pass von B usw. Als Abschluss wirft A oder B mit Korbleger auf den Korb. (Zweierrhythmus!) <u>Variation</u>: - 2er-Lauf <u>ohne</u> Dribbling: A und B laufen nebeneinander und spielen sich den Ball zu. Als Abschluss wirft A oder B auf den Korb.	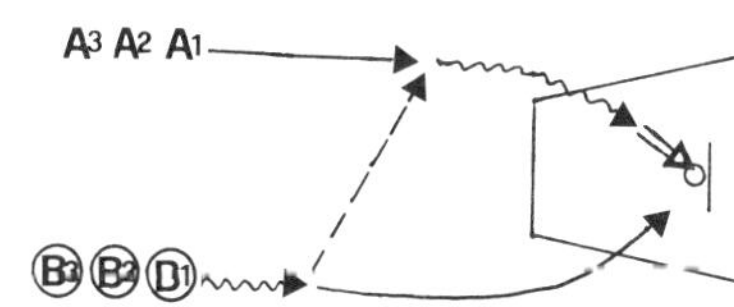
22.	3er-Lauf mit Dribbling: B dribbelt in Richtung Korb, A und C laufen mit. B passt zu A (oder C), A dribbelt und passt zu B zurück, B dribbelt und passt zu C, der sein Dribbling mit Zweierrhythmus und Korbleger abschliesst.	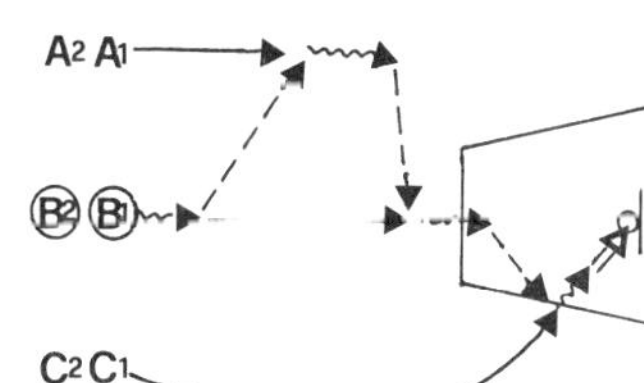

3.5 Zweierrhythmus und Korbleger

NR.	BESCHREIBUNG	ORGANISATION
23.	3er-Lauf ohne Dribbling: A, B und C laufen in Richtung Korb und spielen sich den Ball ohne zu dribbeln zu. A, B oder C schliessen mit Zweierrhythmus und Korbleger ab.	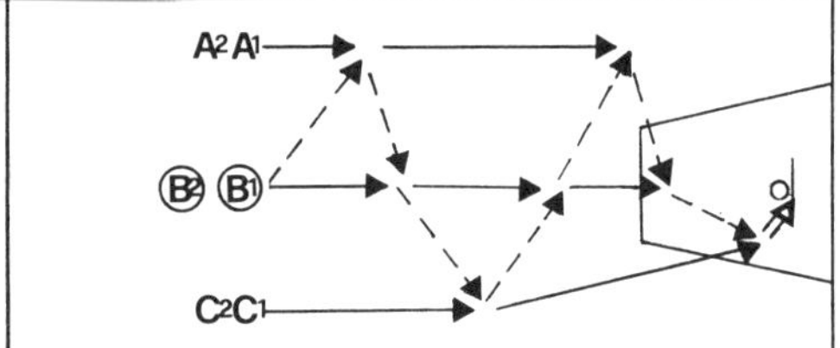
24.	3er-Lauf mit Kreuzen: B dribbelt in Richtung Korb, A und C laufen mit. B passt zu A (oder C), der schräg nach vorne zur Mitte dribbelt. B läuft hinter ihm durch nach vorne, C läuft weiter. A passt nun zu B (oder C) der den Ball in der Luft fängt und mit Zweierrhythmus und Korbleger abschliesst.	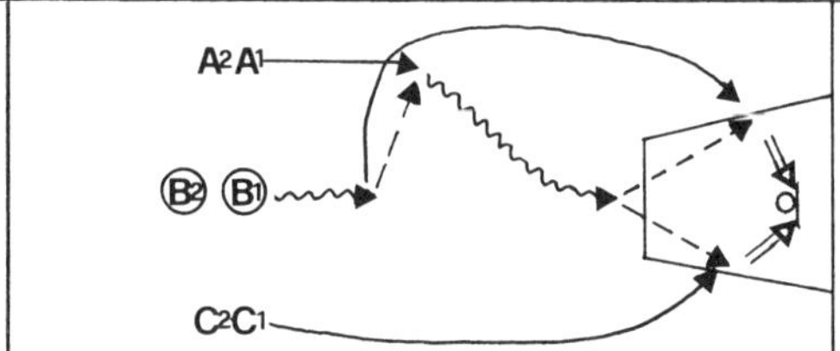
25.	Nachdem nun den Schülern einige Grundmuster des 2er- und 3er-Laufs vermittelt worden sind, suchen sie nach eigenen Mustern. Diese Aufgabe kann noch erschwert werden, indem unter dem Korb Hindernisse wie Kasten oder Malstäbe aufgestellt werden. Variation: - An die Stelle der Hindernisse treten nun 2 (später 3) Verteidiger, die die Angreifer von der Mittellinie weg an ihrem Durchbruch zu hindern versuchen. (Verteidiger: zuerst halb-aktiv, dann aktiv.)	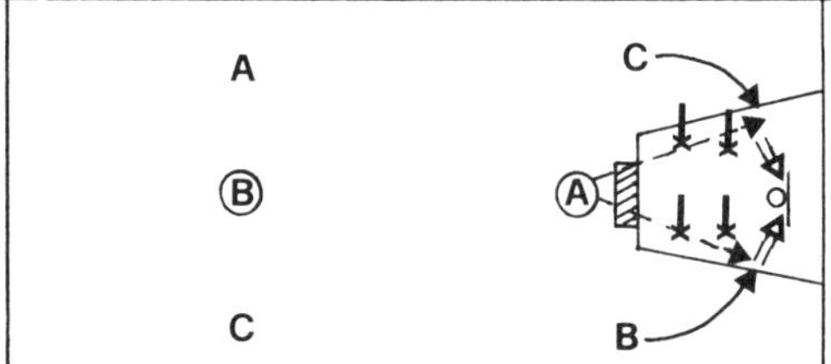
26.	Die Klasse wird in 3er-Gruppen aufgeteilt. Unter jedem Korb stehen 3 Verteidiger. Nun greift auf jeden Korb eine Mannschaft an. Sobald diese einen Wurfversuch abgeschlossen hat, kommt die nächste "Angreifergruppe" ins Spiel. Die "Angreifergruppen" warten immer in einem bestimmten Raum auf ihren Einsatz.	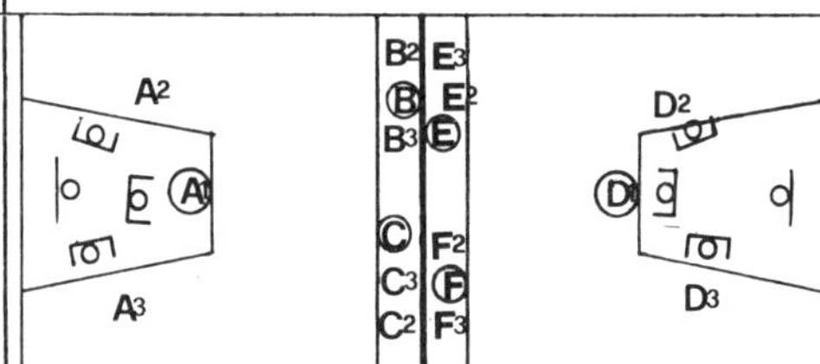

Stoppen

Das Stoppen ohne Ball kann ohne grosse Probleme ausgeführt werden und ist verhältnismässig einfach. Das Stoppen mit Ball dagegen ist schwieriger, da die Schrittregeln beachtet werden müssen. Bei der Ballannahme haben die Füsse keinen Bodenkontakt. Bei der "Landung" ist ein beidbeiniges Stoppen, d.h. beide Füsse berühren gleichzeitig den Boden, oder ein Stoppen auf zwei Zeiten, d.h. die Füsse kommen nacheinander mit dem Boden in Berührung, möglich.
Beim beidbeinigen Stoppen kann das Standbein für einen Sternschritt freigewählt werden, es ist aber für das Stoppen bei grosser Geschwindigkeit etwas problematisch. Das Stoppen auf zwei Zeiten ermöglicht ein sicheres Anhalten, dagegen muss für einen allfälligen Sternschritt das zuerst aufgesetzte Bein als Standbein gebraucht werden.

3.6 Stoppen und Sternschritt

Sternschritt

Beim Sternschritt wird ein Fuss (Standbein) am Boden gehalten, während der andere sich in alle Richtungen bewegen kann.
Der Sternschritt dient dem Sichern des Balles, der besseren Uebersicht, ist aber auch als Täuschung zu verwenden.

NR.	BESCHREIBUNG	ORGANISATION
1.	Freies Nachstellschritthüpfen (ohne Ball), plötzlich in Vorschrittstellung stoppen und wieder weiterlaufen mit Nachstellschritthüpfen.	
2.	Wie Uebung 1., aber nach dem beidbeinigen (parallelen) Stoppen ein Standbein auswählen, darauf eine 1/2 Drehung ausführen und wieder weiterlaufen. (Vorzugsweise ist dabei für Rechtshänder das rechte Bein zu wählen. Bedenke die Rotationsbewegung!)	
3.	Freies Laufen (ohne Ball); zwischendurch von einem Bein abspringen und stoppen auf zwei Zeiten, auf dem Standbein eine 1/2 Drehung ausführen und weiterlaufen.	
4.	Einen Ball hochwerfen, nachspringen, fangen und beidbeinig landen. Variation: - Landen auf zwei Zeiten (einen Fuss nach dem anderen aufsetzen).	
5.	Jeder Spieler steht etwa 1m vor einem Reifen. Nun dribbelt er 1x in Vorschrittstellung nach vorne, nimmt den Ball im Sprung auf und landet beidbeinig im Reifen.	
6.	Wie Uebung 5., nun landet er aber auf zwei Zeiten, d.h. ein Fuss wird im Reifen aufgesetzt, der andere ausserhalb.	
7.	Wie Uebung 6., nun führt er aber noch einen Sternschritt an, wobei nur das Standbein im Reifen bleibt, das andere Bein sich in alle Richtungen ausserhalb des Reifens bewegt (z.B. ganze Drehung um das Standbein).	

3.6 Stoppen und Sternschritt

NR.	BESCHREIBUNG	ORGANISATION
8.	Reifen frei in der Halle verteilt. Die Schüler dribbeln um die Reifen, zwischendurch halten sie in einem Reifen an und dribbeln aber ausserhalb des Reifens weiter.	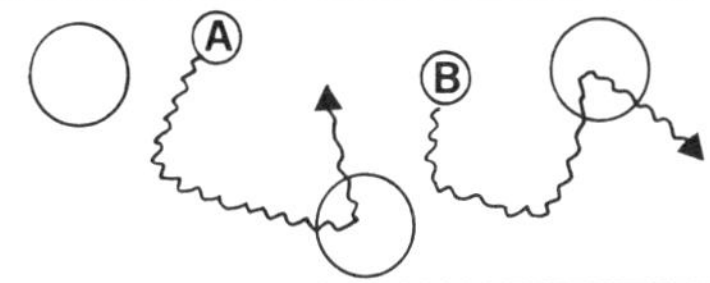
9.	Reifen frei in der Halle verteilt. Die Schüler dribbeln um die Reifen, zwischendurch stoppen sie in einem Reifen, nehmen den Ball auf, führen einen Sternschritt aus und dribbeln weiter. (Nur als Uebung möglich!)	
10.	Wie Uebung 9., sie stoppen aber auf ein bestimmtes Zeichen in einem Reifen und suchen sich mit Hilfe eines Sternschritts einen Partner, mit dem sie durch ein Zuspiel den Ball wechseln können.	
11.	Freies Dribbling in der Halle. Begegnet einem ein Partner, stoppen, Sternschritt und aneinander vorbeidribbeln. (Nur als Uebung möglich!)	
12.	Zu zweit mit einem Ball: A passt zu B, B führt einen Sternschritt aus, passt zu A zurück, läuft zu einer bestimmten Markierung, bekommt dort wieder den Ball usw.	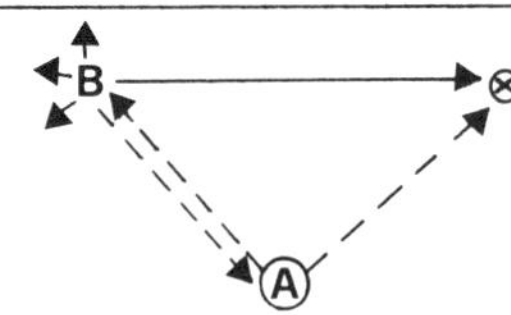
13.	Zu dritt mit einem Ball: A und C stehen sich in einem Abstand von etwa 10m gegenüber. A dribbelt bis zur Mitte, stoppt, führt einen Sternschritt aus, passt zu B und läuft zu B, B dribbelt bis zur Mitte usw.	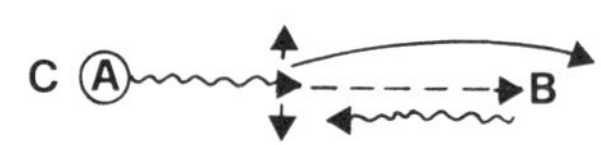

NR.	BESCHREIBUNG	ORGANISATION
14.	Zu viert mit 2 Bällen: A und B stehen in einem Abstand von etwa 10m C und D gegenüber. A und C dribbeln gleichzeitig zur Mitte, stoppen und führen einen Sternschritt aus. A spielt dann zu D, C zu B; A schliesst hinter D an, C hinter B. Nun dribbeln B und D zur Mitte usw.	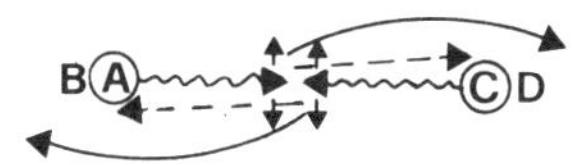
15.	Die Schüler werfen ihren Ball gegen die Wand, springen hoch, fangen ihn und führen anschliessend einen Sternschritt aus, werfen den Ball wieder an die Wand usw. Variation: - Der Ball wird gegen die Sprossenwand geworfen.	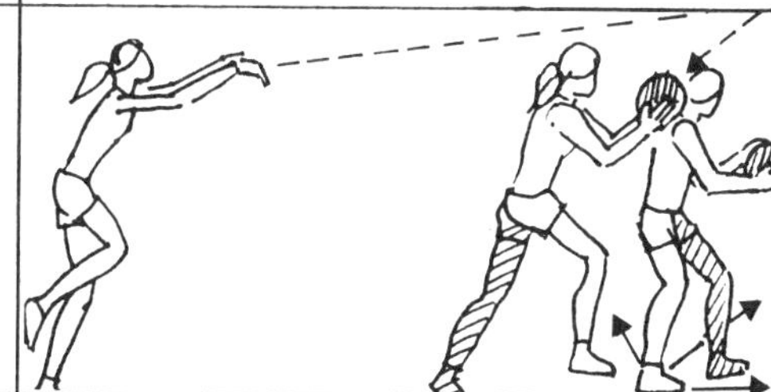
16.	Die Schüler dribbeln frei in der Halle (evtl. auch um Hindernisse herum), stoppen zwischendurch bei der Wand/Sprossenwand, nehmen den Ball auf, werfen ihn dagegen, holen ihn wieder ab, führen einen Sternschritt aus und dribbeln weiter.	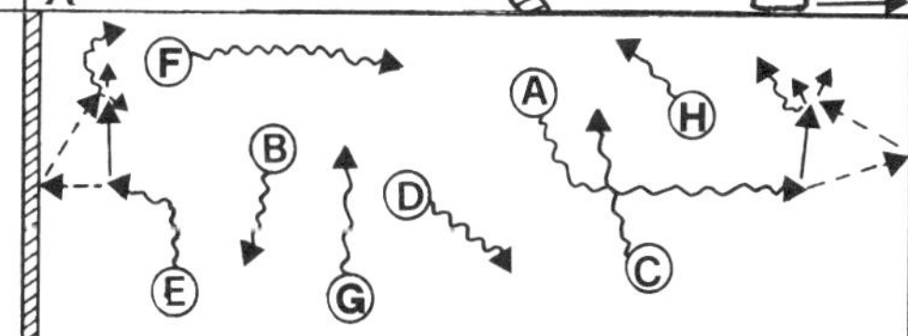
17.	Zu zweit mit einem Ball: Frei in der Halle dribbeln, stoppen, Ball aufnehmen und mit Hilfe des Sternschrittes seinen Partner für ein Zuspiel suchen. Variation: - in verschiedenen Raumgrössen.	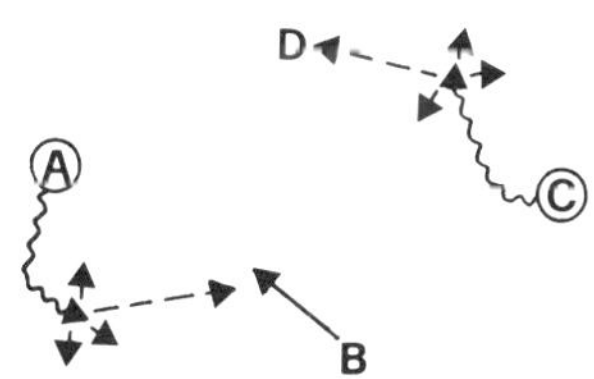

3.6 Stoppen und Sternschritt

NR.	BESCHREIBUNG	ORGANISATION
18.	Zu zweit mit einem Ball (ohne Dribbling): A führt einen Sternschritt aus, B versucht, den Ball zu berühren. Rollentausch. Achtung: Foul-Regeln erklären!	
19.	Zu dritt mit einem Ball (ohne Dribbling): A versucht, sich durch einen Sternschritt von B' zu lösen, um C anspielen zu können. Hat C den Ball bekommen, so wartet er bis B' bei ihm ist und versucht nun seinerseits, sich von C zu lösen, um A anspielen zu können. Achtung: Sich freistellen auch ohne Ball, d.h. aus dem Schatten des Verteidigers heraustreten.	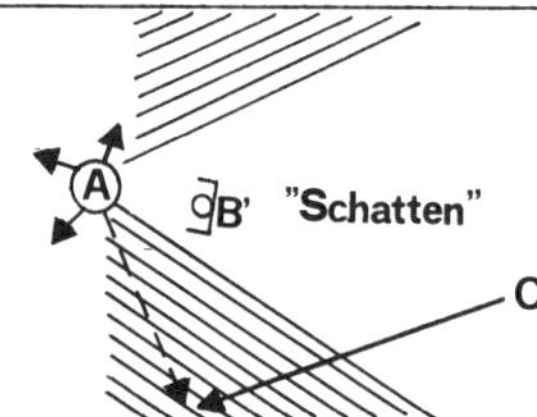
20.	Zwei gegen zwei ohne Dribbling: A löst sich mittels Sternschritt von seinem "Verteidiger", um seinen sich freistellenden Mitspieler B anspielen zu können.	
21.	Links und rechts vom Korb steht je ein Malstab (Abstand zum Korb etwa 8m), A und B führen vor dem Malstab eine Sternschrittäuschung aus, dribbeln in Richtung Korb und schliessen mit Zweierrhythmus und Korbleger ab, holen den Ball ab, spielen ihn zu ihrem Partner und schliessen wieder an.	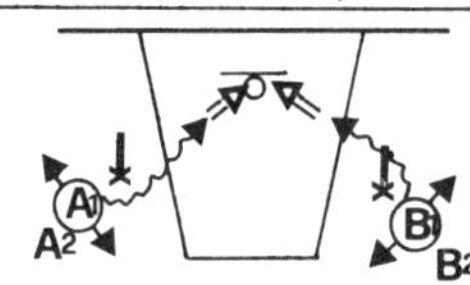

NR.	BESCHREIBUNG	ORGANISATION
22.	Pass an einen Kasten, Fangen in leicht geöffneter Grundstellung, Sternschritt links (rechtes Standbein), Durchbruch rechts am Kasten vorbei. Variation: - Sternschritt rechts und Durchbruch links am Kasten vorbei.	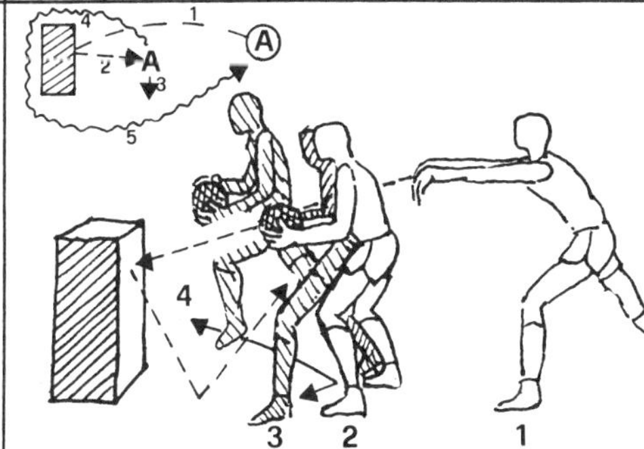
23.	Dribbling, Pass an den Kasten, Fangen in Grundstellung, Sternschritt links, Durchbruch rechts und Korbleger. Variation: - Sternschritt rechts, Durchbruch links.	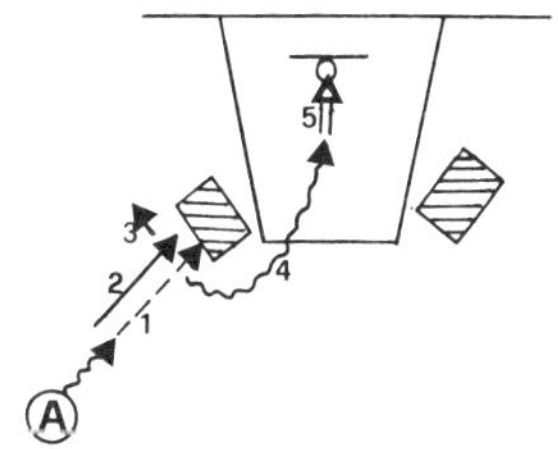
24.	Verschiedene Kasten stehen in der Halle, teils in Korbnähe, teils frei verstreut. Wie Uebung 23., aber nach Korbwurf Dribbling zu anderem Kasten, Pass, Fangen, Sternschritt links, Durchbruch rechts. Je nachdem, ob der Kasten in Korbnähe steht, folgt auf den Durchbruch ein Korbwurf oder ein Weiterdribbeln zu einem anderen Kasten. Variation: - Durchbruch links und rechts.	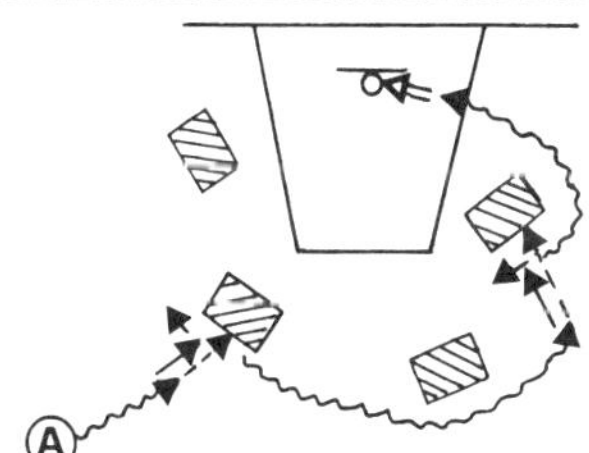

3.6 Stoppen und Sternschritt

NR.	BESCHREIBUNG	ORGANISATION
25.	A steht mit dem Rücken zum Korb vor einem Reifen vor der Strafraumlinie. A spielt zu B, der eine Sternschrittäuschung (nach links oder rechts) ausführt und zum Korb durchbricht. A holt den Ball ab, dribbelt zur Position von B und B nimmt den Platz von A ein.	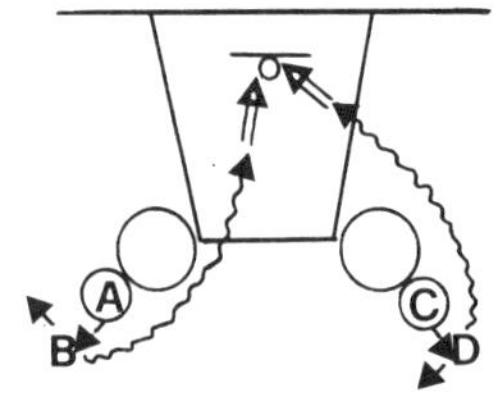
26.	Wie Uebung 25., aber anstelle des Reifens sind Malstäbe im Freiwurfraum aufgestellt.	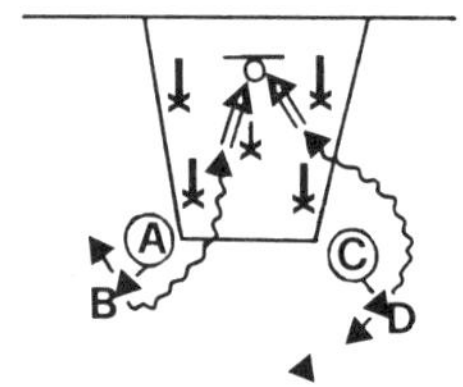
27.	Wie Uebung 25., es bewegen sich nun aber 3 Verteidiger in Verteidigerstellung unter dem Korb (Abstand untereinander etwa 2m) ständig seitwärts nach links und rechts.	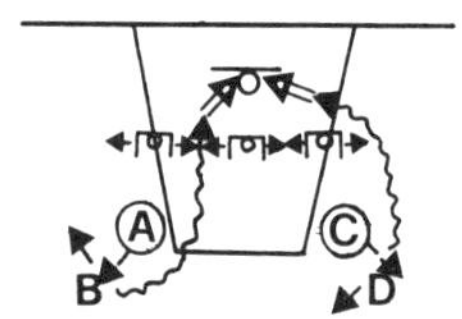

NR.	BESCHREIBUNG	ORGANISATION
28.	Zwei gegen zwei mit Dribbling: Sich mittels Sternschritt von seinem Verteidiger lösen, um seinen sich freistellenden Partner anspielen zu können. Dabei kann auch auf eine Linie oder auf 2 Reifen gespielt werden (den Ball auf eine bestimmte Linie oder in einen der beiden Reifen legen). Variationen: - 3 gegen 3; - 4 gegen 4; - 3 gegen 3 auf einen Korb.	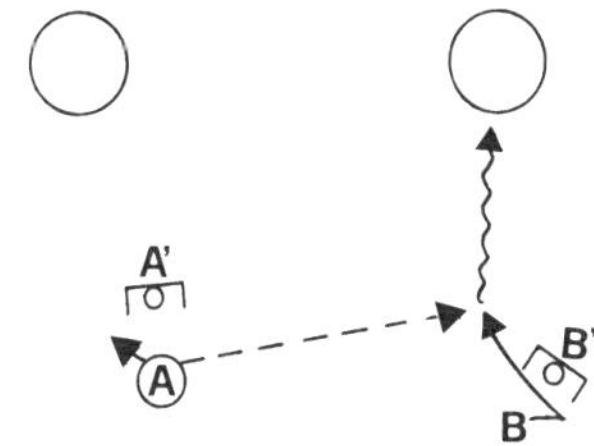
29.	Eine mögliche Variation der Sternschrittäuschung: Zwei Spieler stehen einander gegenüber, der Ballbesitzer in mittelgrosser Grätschstellung, den Ball in der rechten Hand: Schnelles Uebergeben des Balles in die linke Hand mit gleichzeitigem Stern(=Ausfall)-Schritt nach links seitwärts. Von da aus führt die linke Hand den Ball hinter dem Rücken in die rechte Hand; der Spieler macht gleichzeitig einen Stern(=Ausfall)-Schritt von links nach rechts vorne neben seinem Gegner vorbei und beginnt ein Dribbling mit der rechten Hand.	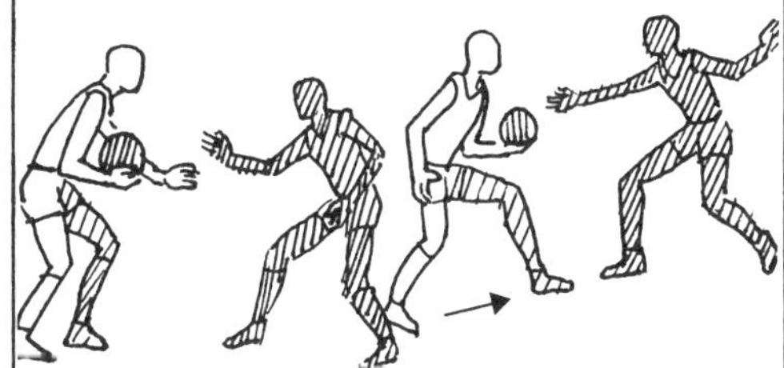

3.7 Standwurf

Der einhändige Standwurf kann auch beidhändig ausgeführt werden. Wegen des geringeren Kraftaufwandes wird er von Damen bevorzugt. Die Schwierigkeit beim beidhändigen Wurf liegt in der Koordination von beiden Händen und der damit erschwerten Wurfgenauigkeit.
Die Aufbaureihe für den beidhändigen Standwurf erfolgt im wesentlichen auf die gleiche Weise wie für den einhändigen Standwurf. Der Standwurf wird vor allem für Freiwürfe und für Weitwürfe verwendet.

Fusstellung:

Beine leicht gegrätscht (etwa 40cm) nebeneinander, Füsse zum Korb gerichtet.
Der Fuss auf der Wurfseite kann auch etwas vorgeschoben sein (etwa 10 bis 20cm).
Der beidhändige Standwurf erfolgt aber nur in der Basketball-Grundstellung parallel.

Handstellung:

Die Wurfhand ist hinter dem Ball, die unterstützende Hand seitlich am Ball.

Körperstellung und Bewegungsablauf:

Ball auf Brusthöhe gehalten, leichtes Beugen der Knie. Gleichzeitig die Beine strecken und die Arme hochführen. Der Ball liegt nun so in der Wurfhand, dass der Ellbogen sich unter dem Ball befindet. Der Wurfarm wird gestreckt und das Handgelenk heruntergedrückt. Die Fingerspitzen geben dem Ball eine Rückwärtsdrehung, wobei die Ballabgabe hauptsächlich über den Mittel- und Zeigefinger erfolgt.

Zielhilfen beim Korb:

A. Aus kurzer Distanz (etwa 3m), von der Seite:
Der Ball wird an die obere nähere Ecke des kleinen Vierecks gespielt.

B. Aus mittlerer Distanz, von der Seite:
Den Ball zwischen die obere nähere Ecke des Brettes und die obere nähere Ecke des kleinen Vierecks spielen.

C. Von vorne: Ohne Brettberührung wird der vordere Korbrand anvisiert.

D. Von vorne: Beim Einwurf mit Brettberührung zielt man mit dem Ball etwa eine Handbreite unter die obere Längslinie des kleinen Vierecks.

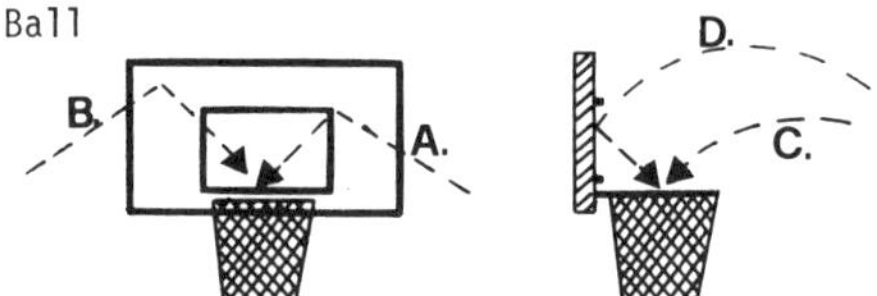

NR.	BESCHREIBUNG	ORGANISATION
1.	Im Sitzen: Den Ball in die Wurfhand legen. Arm strecken, Handgelenk herunterdrücken und werfen. Diese Uebung wird ohne Stützhand ausgeführt und soll nur dazu dienen, das Herunterdrücken des Handgelenks und die richtige Ballabgabe (Rückwärtsdrehung) zu schulen. Variationen: - im Liegen; - im Kniestand; - gegen die Wand.	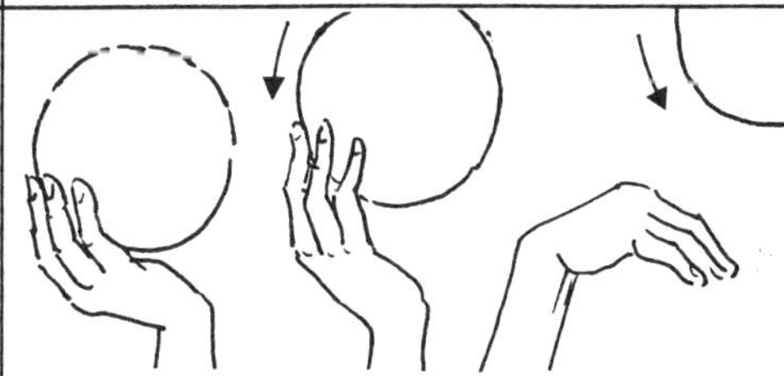
2.	Zu zweit einander gegenüber sitzen (Abstand 1 bis 2 m) und sich den Ball zuwerfen (Stützhand beachten). Diese (und die folgende) Uebung kann auch alleine gegen die Wand ausgeführt werden.	
3.	Wie Uebung 2., aber im Kniestand.	
4.	Wie Uebung 2., aber im Stand. Der Abstand wird nun etwas vergrössert; die Beinstreckung muss jetzt miteinbezogen werden.	
5.	Zu zweit einander gegenüber: A dribbelt 1 bis 3x an Ort, nimmt den Ball, mit der dribbelnden Hand auf und der anderen Hand seitlich am Ball, auf, streckt die Arme und wirft zu B.	
6.	Die Schüler sitzen oder knien auf einem Kasten (Höhe des Kastens hängt von der Grösse der Spieler ab), der im Trapez aufgestellt ist und werfen auf den Korb. Immer zu zweit; einer wirft, der andere holt den Ball ab.	

3.7 Standwurf

NR.	BESCHREIBUNG	ORGANISATION
7.	Zu zweit unter einem Korb: A wirft auf den Korb und verschiebt sich sofort zur nächsten Markierung (Reifen, Spielabzeichen, Malstab). In dieser Zeit holt B den Ball ab und spielt ihn zu A, A wirft auf den Korb usw.	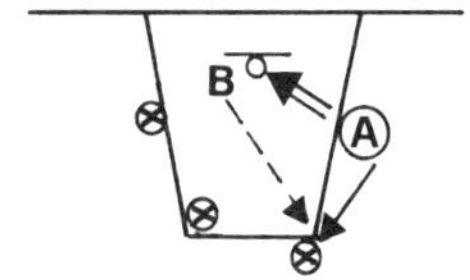
8.	Der Spieler dribbelt bis zur Zone, stoppt, führt einen Sternschritt aus und wirft. Darauf holt er den Ball ab, dribbelt aus dem Strafraum usw.	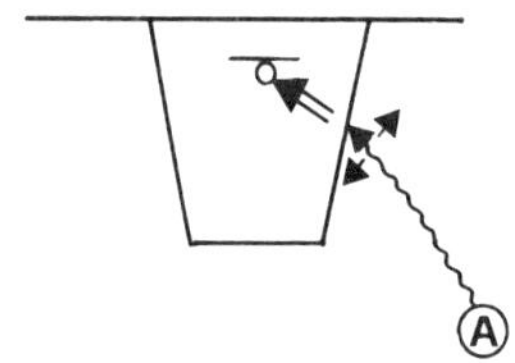
9.	Der Spieler steht mit dem Rücken zum Korb an irgendeiner Stelle der Zonenbegrenzung. Mit einer Sternschrittäuschung dreht er sich zum Korb und wirft. Darauf holt er den Ball ab, dribbelt aus dem Strafraum usw.	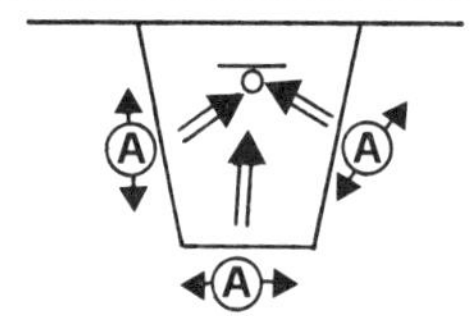

Kooperation, Selbstgestaltung nach gruppendynamischen Gesichtspunkten im Sportspiel BASKETBALL

Eine Möglichket für den methodischen Aufbau.

Ziele der Methode:
1. Freude am Spiel wecken
2. Durch Spiel spielen lernen
3. Kooperation statt Konkurrenzkampf
4. Entwickeln des Antizipationsvermögen
5. Aufbau der Spielgruppe nach den Prinzipien der Interaktion
6. Selbstgestaltung des Spiels mit den jeweiligen spieltechnischen Fertigkeiten
7. Spiel miteinander (nebeneinander), statt nur gegeneinander, erleben (und vor allem erlernen!)

Die Voraussetzungen für diesen Spielaufbau sind die technischen Grundelemente des Basketballspiels.

NR.	BESCHREIBUNG	ORGANISATION
1.	Zu zweit oder zu dritt unter einem Korb. Jeder Schüler hat einen Ball. Freies Dribbling und Wurf (Korbleger, Sprungwurf etc.) auf den Korb. Es wird nach jedem Dribbling nur einmal auf den Korb geworfen, nachher wird das Dribbling fortgesetzt (über eine bestimmte Linie, einen bestimmten Kreis etc.), bis der Weg zu einem weiteren Wurfversuch frei wird. Ziel: Schulung des Dribblings und des Wurfes, wobei auf die anderen Schüler Rücksicht genommen werden soll. Orientierung und schnelles Erfassen der jeweiligen Spielsituation.	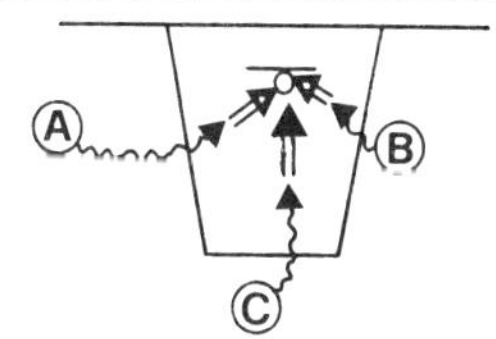

3.8 Spielaufbau

NR.	BESCHREIBUNG	ORGANISATION
2.	Zu zweit unter einem Korb. Freies Dribbling und Zuspiel untereinander zum Wurf auf den Korb. Der Ball muss nach einem Wurfversuch zum Partner über eine vorher festgelegte Distanz hinausgespielt werden. Ziel: Freies, ungezwungenes Zuspiel, Dribbling und Wurf. Ohne Gegner. Freude am Erfinden und Erproben eigener Kombinationen.	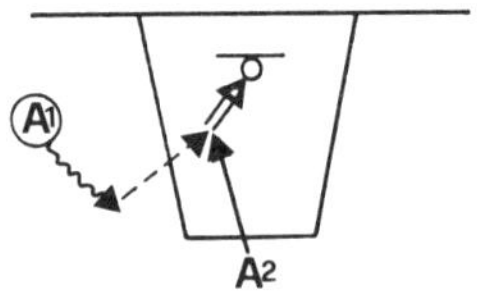
3.	Wie Uebung 2., aber zu dritt unter einem Korb.	
4.	Zwei 3er-Gruppen unter einem Korb. Jede Gruppe hat einen Ball. Wie Uebung 3., aber durch die Hinzunahme einer zweiten Gruppe entstehen erschwerte Bedingungen. Ziel: Die Schüler sollen aus eigener Erfahrung lernen, ihre Kombinationen so auszuführen, dass sie sich gegenseitig nicht behindern. Es entsteht eine imaginäre Verteidiger- bzw. Gegnerrolle, die zwar zu vermehrter Konzentration führt, aber keine Hemmungen bzw. Aggressionen hervorruft.	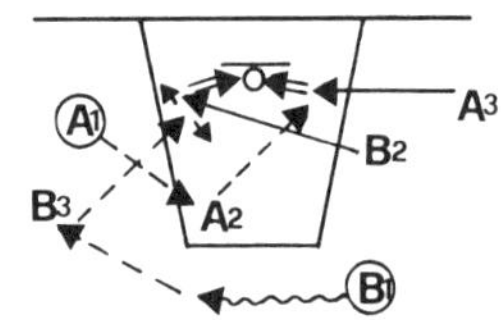
5.	Wie Uebung 4., aber zwei 4er-Gruppen unter einem Korb. Jede Gruppe hat einen Ball.	
6.	Wie Uebung 5., aber neben der Aufgabe zusammenspielend Körbe zu erzielen, kommt eine Aufgabe der Abwehr hinzu. Jede Gruppe versucht, gleichzeitig mit ihrem Angriff auf den Korb, die andere Gruppe an diesem Vorhaben zu hindern. Es kann vorkommen, dass eine Gruppe zeitweise zwei Bälle besitzt, dann soll sie versuchen, mit beiden Bällen Körbe zu erzielen. Die andere Gruppe muss dann versuchen, wieder in den Besitz von mindestens einem Ball zu kommen. Ziel: Langsame Einführung in das Verteidigungs- und Angriffspiel. Vermehrte Aufmerksamkeit beim Zusammenspiel, schnelles Erfassen der jeweiligen Spielsituation. Die Gruppe erarbeitet ihre Rollenfunktionen selbständig. Das schnelle Ueberwechseln von Angriff auf Verteidigung wird angedeutet bzw. eingeführt.	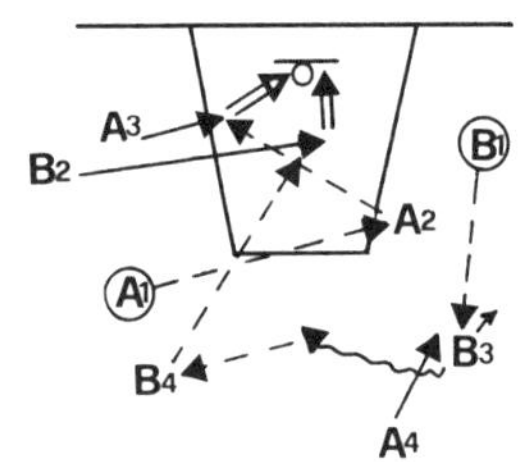

NR.	BESCHREIBUNG	ORGANISATION
7.	Wie Uebung 5., aber mit zwei 5er-Gruppen.	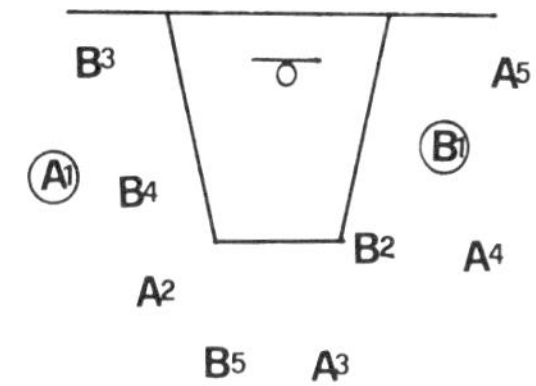
8.	Zwei Gruppen à 5 Spieler spielen auf einen Korb (nur mit einem Ball). Eine Gruppe greift an, die andere verteidigt. Bei Ballverlust oder Korberfolg erfolgt ein Wechsel der Rollen bzw. des Ballbesitzes. Die neue ballbesitzende Partei muss den Ball über eine vorher bestimmte Linie (Distanz) hinausspielen, bevor sie mit dem Angriff beginnen darf. Ziel: Erlernen einer schulmässigen Uebungsspielform des Basketballspieles. Freier Angriff gegen eine Raum-Mannverteidigung.	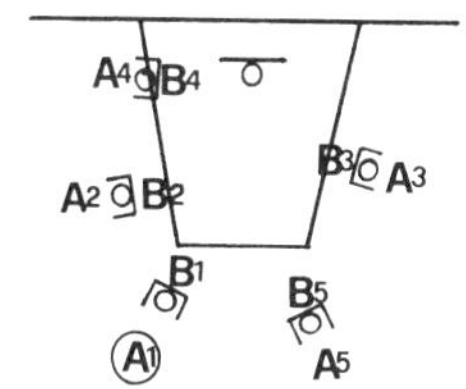
	Organisatorische Hinweise: Diejenigen Spieler, die bei den verschiedenen Uebungen übrigbleiben, können in der Hallenmitte durch Zusatzaufgaben beschäftigt werden. Nach einer gewissen Zeit werden sie in die Gruppen hineingewechselt. Sind nicht genügend Körbe in der Halle, so können Reifen an der Wand befestigt oder Zielvierecke an die Wand gezeichnet werden.	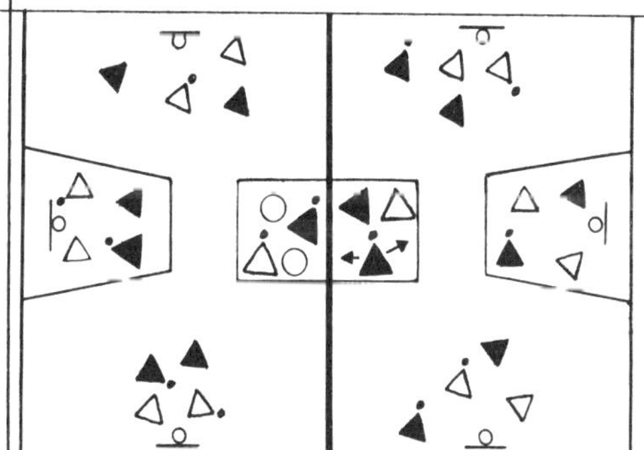

Kapitel 4

Übungs- und Spielformen für die erweiterten Grundelemente

4.1 Rebound (Abpraller)

In diesem Kapitel werden erweiterte Formen der Grundelemente des Basketballspiels dargestellt.
Ziel ist es, dem Spielanfänger, der mit den im vorangegangenen Kapitel erworbenen Fertigkeiten seine ersten positiven Erfahrungen mit dem Basketballspiel gesammelt hat, nun noch weitere Formen und Möglichkeiten zur Gestaltung und Belebung des Spiels zu präsentieren.
Der Einbau dieser erweiterten Fertigkeiten in das Spiel kann (sollte) nach Möglichkeit auf ähnliche Art und Weise geschehen, wie es im vorangegangenen Kapitel hauptsächlich beim Spielaufbau geschildert wurde.

Dieser Hinweis sei deshalb angebracht, weil in den nachfolgenden Uebungs- und Spielformen, um zu viele Wiederholungen zu vermeiden, nicht immer ausdrücklich auf diese Möglichkeiten hingewiesen wird.

A. Rebound (Abpraller)

Das Herunterholen eines vom Brett oder vom Ring zurückspringenden Balles ist sowohl für den Verteidiger als auch für den Angreifer wichtig. Der Angreifer verschafft sich eine neue Angriffsmöglichkeit, für den Verteidiger ist der Gewinn des Rebounds der Ansatz zu einem Gegenangriff.
Der Spieler beobachtet, noch während der Ball zum Korb fliegt, den Ring. Er erkennt, falls der Wurf nicht erfolgreich war, rasch den neuen Ballweg des Abprallers und kann entsprechend reagieren. Vor allem soll er dabei den Weg des Angreifers abschneiden.
Der Ball wird mit beiden Händen gleichzeitig oder mit einer Hand und raschem Nachfassen der zweiten gefangen.
Beim Rebound mit einer Hand gewinnt der Spieler etwas an Reichhöhe.
Beim Aufspringen soll der Spieler die Beine leicht spreizen, um den Gegner abzuhalten.
Der Ball wird sofort zur Brust heruntergeholt. Der Rücken wird dabei leicht gebeugt.

NR.	BESCHREIBUNG	ORGANISATION
1.	Den Ball hochwerfen, beidbeinig abspringen und versuchen, den Ball im höchsten Punkt beidhändig zu fangen. <u>Variationen</u>: - den Ball gegen die Wand werfen; - den Ball gegen die Sprossenwand werfen (als Reaktionsübung). <u>Achtung</u> : Nachdem der Ball gefangen worden ist, ihn sofort zur Brust herunterholen, wobei der Rücken leicht gebeugt wird.	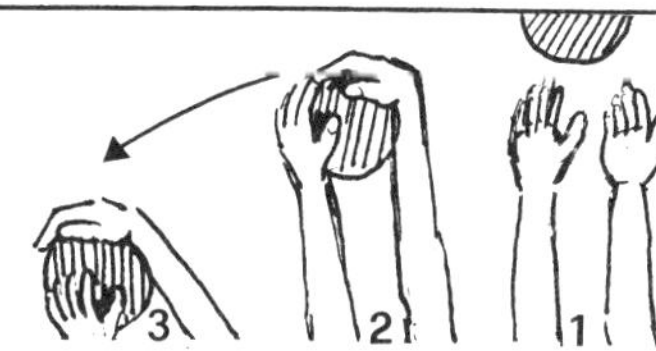
2.	Zwei Spieler stehen vor der Wand (Abstand etwa 5m), wobei sie hintereinander und mit Blick zur Wand aufgestellt sind. A wirft den Ball an die Wand; B springt nach und versucht, den Ball im höchsten Punkt zu fangen.	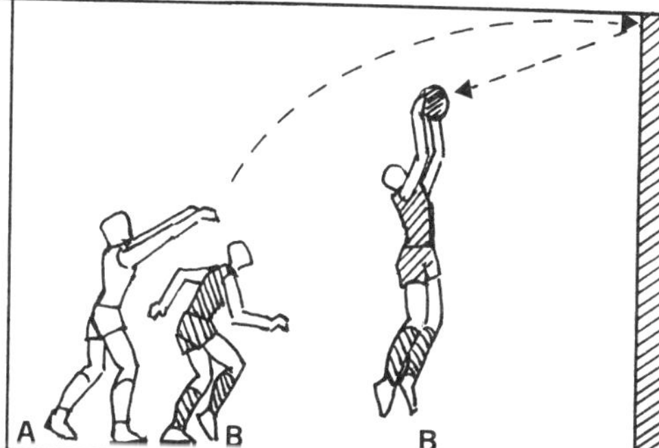
3.	<u>Wie Uebung 4.</u>, aber B steht mit dem Rücken zur Wand. Sobald A den Ball abgegeben hat, dreht sich B sofort um und springt nach dem Ball.	

4.1 Rebound (Abpraller)

NR.	BESCHREIBUNG	ORGANISATION
4.	Zwei Spieler stehen nebeneinander mit Blick zur Wand, ein dritter stent hinter ihnen. A wirft den Ball an die Wand, B und C springen nach und versuchen, den abprallenden Ball zu fangen. Derjenige Spieler, dem dies gelungen ist, tritt an die Stelle von A.	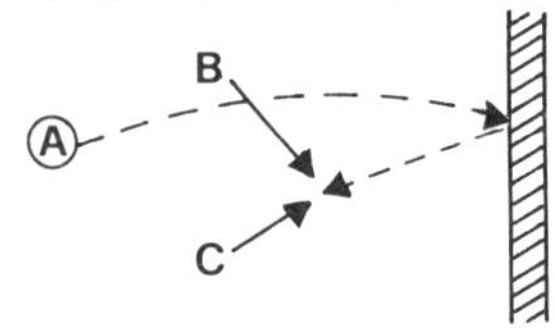
5.	Wie Uebung 4., B und C stehen aber mit dem Rücken zur Wand. Sobald A den Ball abgegeben hat, drehen sich B und C um und versuchen, den abprallenden Ball zu fangen.	
	Die Uebungen 1. bis 5. konnen auch via Brett ausgeführt werden.	
6.	Wie Uebung 5., bekommt aber nun z.B. C den Ball, schützt er ihn mit seinem Körper. Gleichzeitig läuft B etwas zur Seite, A kommt zu C und versucht, C, der sich mit einem Sternschritt von A lösen will, an einem Seitenpass zu B zu hindern. (A evtl. zuerst als halb-aktiver Verteidiger mit den Händen auf dem Rücken.)	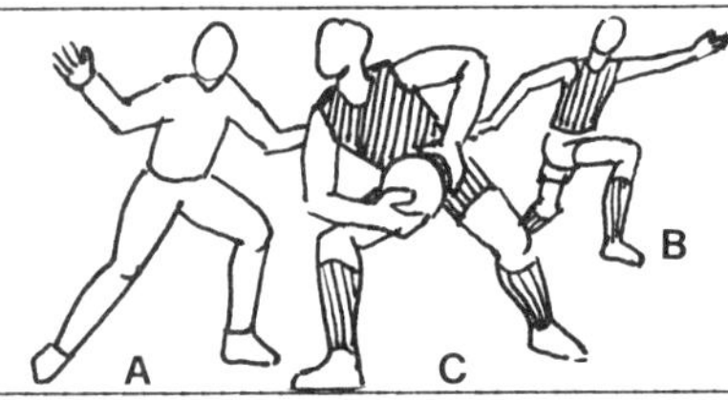
7.	2 Spieler mit einem Ball unter dem Korb spielen sich den Ball zu, dribbeln und versuchen auch zu werfen. Sobald einer auf den Korb geworfen hat, stellt sich der andere in die richtige Position und versucht, den Rebound zu holen, sein Partner läuft an die Seitenlinie, um einen Pass zu bekommen.	
8.	Wie Uebung 7., nun versuchen aber beide, den Rebound zu holen; derjenige Spieler, der den Ball nicht bekommt, läuft zur Seite, um angespielt zu werden.	

NR.	BESCHREIBUNG	ORGANISATION
9.	Zu zweit mit einem Ball: A steht an der Freiwurflinie, B auf gleicher Höhe an der Seitenlinie. B läuft an, bekommt von A einen Pass und wirft nach einem Zweierrhythmus auf den Korb. A läuft sofort zum Korb und versucht, den Rebound abzuholen, B läuft zur Seitenlinie und bekommt einen Pass.	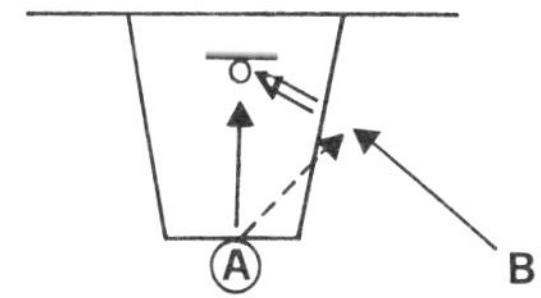
10.	Wie Uebung 9., aber beide (A und B) versuchen, den Rebound abzuholen; wer den Rebound nicht bekommt, läuft zur Seitenlinie usw.	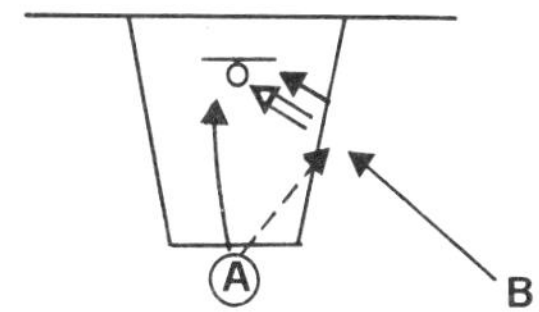
11.	Zu dritt mit einem Ball unter dem Korb sich den Ball zuspielen, dribbeln und werfen. Sobald einer geworfen hat, stellen sich die beiden anderen in die richtigen Positionen und versuchen, den Rebound zu holen. Der dritte Spieler läuft an die Seitenlinie und bietet sich als erste Anspielposition an.	
12.	Wie Uebung 11., aber alle drei versuchen, den Rebound abzuholen, indem sie ein Dreieck bilden; die beiden, die den Rebound nicht bekommen, laufen zur Seitenlinie usw.	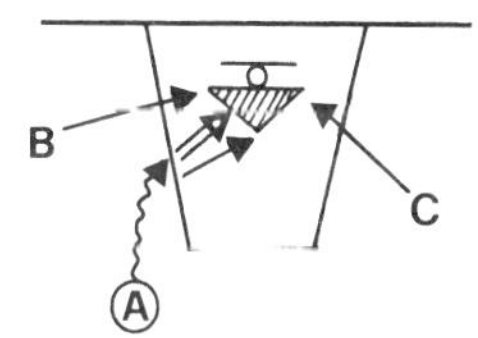

4.1 Rebound (Abpraller)

NR.	BESCHREIBUNG	ORGANISATION
13.	Zu dritt: B' und C' stehen als halb-aktive Verteidiger (sie bewegen sich miteinander seitwärts nach links und rechts) mit dem Rücken zum Korb im Freiwurfraum. A dribbelt ausserhalb an Ort und bricht zum Korb durch oder wirft aus mittlerer Distanz auf den Korb. B' und C' drehen sich danach sofort um und versuchen, den Rebound abzuholen; A läuft an die Seitenlinie und bekommt dort einen Pass.	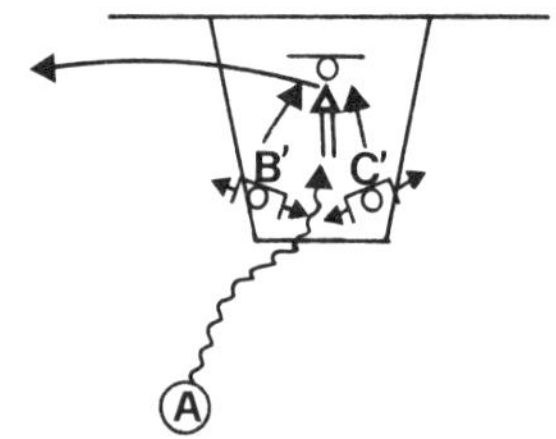
14.	Wie Uebung 13., aber auch der "Angreifer" A versucht, den Rebound abzuholen.	
15.	Spiel 2 gegen 2 auf einen Korb: Nach einem Würfversuch stellen sich nur die Verteidiger in die richtige Position und versuchen, den Rebound abzuholen, und die Angreifer verhalten sich passiv.	
16.	Wie Uebung 15., nun versuchen auch die Angreifer, den Rebound zu sichern, wobei sie darauf achten müssen, nicht von den Verteidigern vom Korb abgedrängt zu werden.	

NR.	BESCHREIBUNG	ORGANISATION
17.	Drei Spieler bewegen sich mit dem Rücken zum Korb (Abstand zum Korb etwa 3m, Abstand untereinander etwa 2m) ständig nach vorne und zurück, seitwärts nach links und nach rechts. Ein Spieler (oder der Lehrer) wirft plötzlich den Ball ans Brett. Nun drehen sich die 3 "Verteidiger" sofort um, bilden ein Dreieck und holen den Rebound ab. Derjenige Spieler, der den Ball hat, sichert ihn. Die beiden anderen laufen zur Seitenlinie. Der Ball wird nun zu einem der beiden gespielt, welcher dann zur Mitte dribbelt. Die beiden anderen laufen auf der Seite mit. Die nächste 3er-Gruppe stellt sich nun als "Verteidiger" auf.	I. 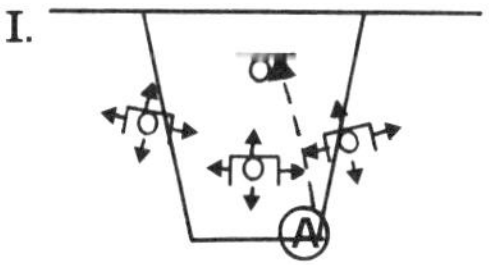 II. 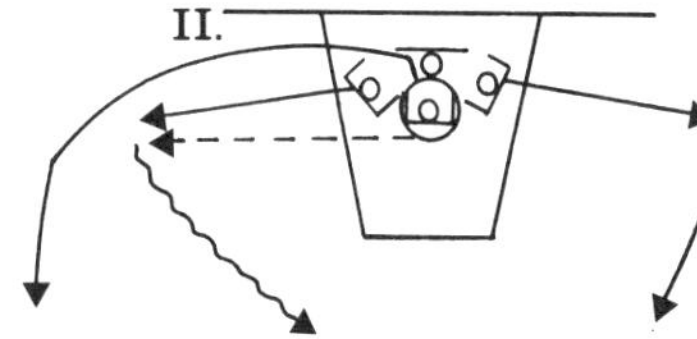
18.	Die beiden Angreifer spielen sich den Ball zu, dribbeln und werfen auch. Nach einem Wurfversuch reagieren die Verteidiger wie bei Uebung 17.	
19.	3 gegen 3 auf einen Korb. Nach einem Wurfversuch der Angreifer reagieren die Verteidiger wie bei Uebung 17., führen diesen 3er-Lauf aber weiter zum gegenüberliegenden Korb und werfen dort ein. Die Angreifer werden Verteidiger und die nächste 3er-Gruppe wird Angreifer.	

4.2 Ein- und beidhändiger unterer Korbleger

Diese Würfe werden genauso ausgeführt wie der obere Korbleger, nur tragen die Hände (die Hand) den Ball so, dass die Handrücken nach unten schauen. Auch ist die Distanz anders: Man springt weiter vom Korb entfernt ab und "legt" durch Strecken der Arme (von unten nach oben führend) und mit einer leichten Handgelenkbewegung (Vorwärtsdrall) den Ball in den Korb.

NR.	BESCHREIBUNG	ORGANISATION
	Der folgende Aufbau kann auch für den einhändigen unteren Korbleger angewendet werden, wobei die rechte Hand unter dem Ball und die linke Hand seitlich am Ball liegt. Weitere Uebungs- und Spielformen siehe auch Kapitel 3.3.5.	
1.	Der Spieler steht etwa 1,5m rechts-seitlich vom Korb in linker Vorschrittstellung. Er fasst den Ball beidhändig, führt ihn mit gestreckten Armen von unten nach oben, wobei sich das Gewicht auf den linken Fuss verlagert und das rechte Bein nach vorne angewinkelt wird, und wirft auf den Korb.	
2.	Der Spieler steht etwa 2,5m schräg-seitlich vom Korb in rechter Vorschrittstellung. Er führt nun einen Schritt auf links aus und wirft wie bei Uebung 1.	
3.	Wie Uebung 2., aber mit einem Sprungschritt.	
4.	Der Spieler steht etwa 4m schräg-seitlich vom Korb entfernt in linker Vorschrittstellung. Nun prellt er 1x nach vorne, nimmt den Ball auf, führt einen Zweierrhythmus aus und wirft mit einem unteren Korbleger auf den Korb. Variationen: - Die Distanz zum Korb etwas vergrössern und vor dem Zweierrhythmus 2 bis 3x frei dribbeln. - 2 bis 3 Spieler dribbeln frei unter einem Korb und werfen zwischendurch mit Zweierrhythmus und unterem Korbleger auf den Korb. Nach einem Wurfversuch wird wieder aus dem Strafraum hinausgedribbelt.	

4.3 Ein- und beidhändiger Sprungwurf

Der Vorteil beim Sprungwurf liegt im hohen Wurfansatz, allerdings leidet durch die Abgabe in der Luft die Präzision. Der Bewegungsablauf ähnelt demjenigen des Standwurfes.

Wichtig ist, dass der Spieler beim Aufspringen keine Vor- bzw. Rücklage einnimmt. Ausserdem sollten das Aufspringen und das Hochführen des Balles so miteinander koordiniert werden, dass erstens das Hochführen der Arme das Aufspringen unterstützt (vgl. Hochsprung!) und zweitens der Ball im höchsten Punkt des Sprunges in der richtigen Auswurflage fixiert wird (Wurfhand unter dem Ball, Winkel zwischen Unter- und Oberarm, Stellung des Ellbogens).

Bei der Einführung muss man diesen Forderungen besonders Rechnung tragen, damit diese eigentliche Ausholbewegung soweit beherrscht wird, dass der Spieler seine Konzentration voll der Ballabgabe, dem eigentlichen Wurf, widmen kann. Die Ballabgabe erfolgt hauptsächlich über den Zeig- und Mittelfinger (Rückwärtsdrall).

Beim einhändigen Sprungwurf kann die Fussstellung parallel sein, oder aber der Fuss der Wurfhand ist leicht vorgestellt.

Beim beidhändigen Sprungwurf stehen die Füsse in Basketball-Grundstellung parallel. Die Schwierigkeit beim beidhändigen Sprungwurf liegt in der Koordination beider Hände im Moment der Ballabgabe, was sich auf die Wurfgenauigkeit auswirkt.

NR.	BESCHREIBUNG	ORGANISATION
	Der folgende Aufbau kann auch für den beidhändigen Sprungwurf angewandt werden.	
1.	Etwa 1m von der Wand entfernt auf dem Boden sitzen, Ball mit beiden Händen in Bauchhöhe gefasst: Hochführen der Arme, wobei die Wurfhand nun unter dem Ball und die unterstützende Hand seitlich am Ball liegt, und werfen gegen die Wand.	
2.	Wie Uebung 1., aber im Fersensitz. Beim Hochführen der Arme richtet sich der Körper in den Kniestand auf.	5. 
3.	Wie Uebung 2., aber zu zweit einander gegenüber (Abstand etwa 2m).	
4.	Wie Uebung 3., aber im Stand, Beine in Basketball-Grundstellung parallel.	
5.	Wie Uebung 3., aber in leichter Vorschrittstellung (Rechtshänder rechtes Bein).	
6.	Beine in Basketball-Grundstellung parallel, Ball in Bauchhöhe mit beiden Händen gefasst: Beidbeiniges Abspringen und Hochführen des Balles. Den Ball im höchsten Punkt fixieren, die Arme sind dabei gebeugt (ohne zu werfen), beidbeinig landen.	

4.3 Ein- und beidhändiger Sprungwurf

NR.	BESCHREIBUNG	ORGANISATION
7.	Wie Uebung 6., aber etwa 1/2m vor der Wand stehen. Der Ball wird nun im höchsten Punkt mit der Wurfhand kurz gegen die Wand gedrückt.	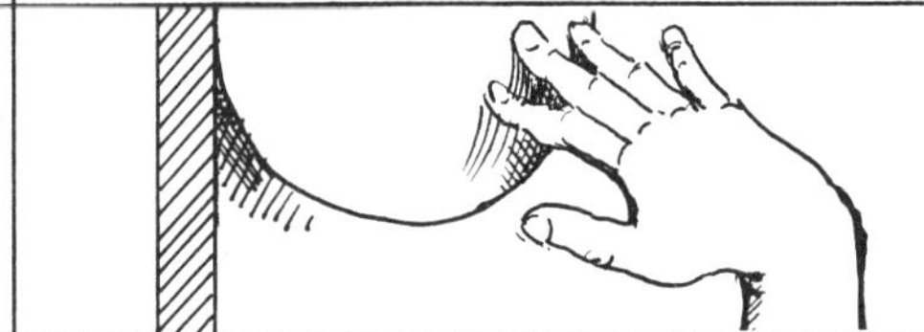
8.	Wie Uebung 6., den Ball nun aber gegen die Wand werfen (Abstand etwa 2m). Variation: - in leichter Vorschrittstellung (Rechtshänder rechtes Bein).	
9.	Weichsprungmatte zwischen Barrenholmen ca. 3m von der Wand entfernt hochgestellt. Sprungwurf aus Stand über Matte hinweg auf markiertes Ziel an der Wand.	

NR.	BESCHREIBUNG	ORGANISATION
10.	Zu zweit: Ein Reifen wird an einem Ringpaar aufgehängt, Partner stehen sich auf beiden Seiten des Reifens gegenüber. Sprungwurf aus Stand durch den Reifen, Partner fängt, Sprungwurf zurück usw.	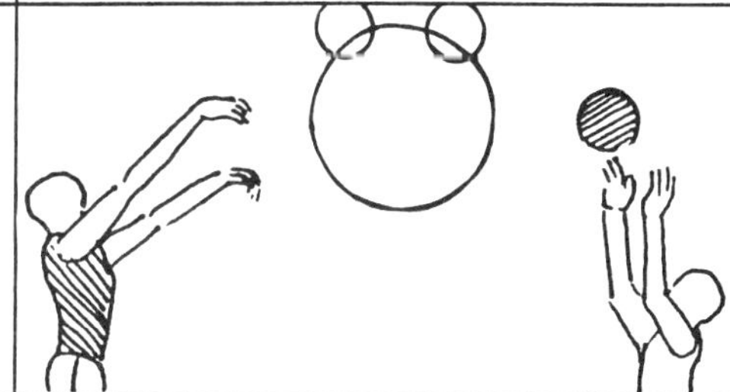
11.	Sprungwurf aus Stand auf den Korb (von vorne und von der Seite).	
12.	Dribbling, stoppen in leicht geöffneter Grundstellung (auf Fersen landen in leichter Rücklage) knapp vor der Wand (dadurch soll verhindert werden, dass nach vorne gesprungen wird), Sprungwurf gegen die Wand.	

4.3 Ein- und beidhändiger Sprungwurf

NR.	BESCHREIBUNG	ORGANISATION
13.	Wie Uebung 12., aber stoppen vor aufgestellter Matte (siehe Uebung 9.), Sprungwurf gegen die Wand. Variation: - aufgestellte Matte vor dem Korb (Abstand ca. 3m).	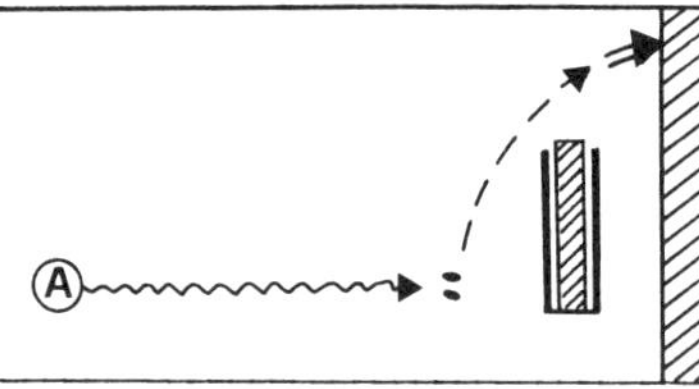
14.	Dribbling, stoppen, Sprungwurf auf den Korb.	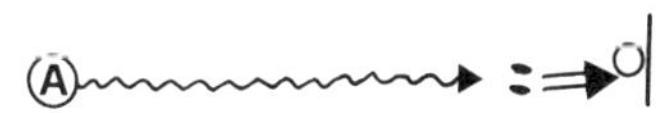
15.	Frei unter dem Korb dribbeln, zwischendurch stoppen, Ball aufnehmen und mit einem Sprungwurf werfen, den Ball abholen und wieder aus dem Strafraum hinausdribbeln usw. Variation: - zu zweit mit einem Ball frei unter dem Korb dribbeln, sich zuspielen und auch mit Sprungwurf werfen.	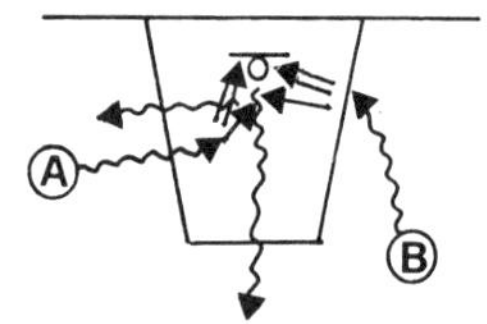
16.	1 gegen 1 auf einen Korb spielen. Nach einem Wurfversuch Rollenwechsel und ausserhalb des Strafraums beginnen. Variation: - 2 gegen 2, 3 gegen 3 auf einen Korb spielen. Die Punkte, die mit einem Sprungwurf erzielt werden, zählen doppelt.	

Die häufigste Art der Täuschung beim Zuspiel ist die Täuschung mit einer Kopfbewegung, mit dem Blick oder mit einem Sternschritt (Ausfallschritt): Blick und evtl. Körperdrehung oder Ausfallschritt nach rechts (links), Zuspiel nach links (rechts).

Die Täuschung mit Blick und Kopfbewegung ist auch aus dem Lauf oder im Sprung anwendbar, wozu jedoch ein gutes peripheres Sehvermögen erforderlich ist.

Das Zuspiel kann nach der Täuschung auch hinter dem Rücken durch erfolgen, was attraktiv und wirkungsvoll ist, aber auch ziemlich schwierig.

4.4 Täuschen beim Zuspiel

NR.	BESCHREIBUNG	ORGANISATION
1.	Geschicklichkeit: (siehe dazu auch Kapitel 2.) - Den Ball um die Hüfte kreisen. - Den Ball mit der rechten Hand hinter den Rücken führen und über die linke Schulter nach vorne werfen, dann dasselbe mit der linken Hand.	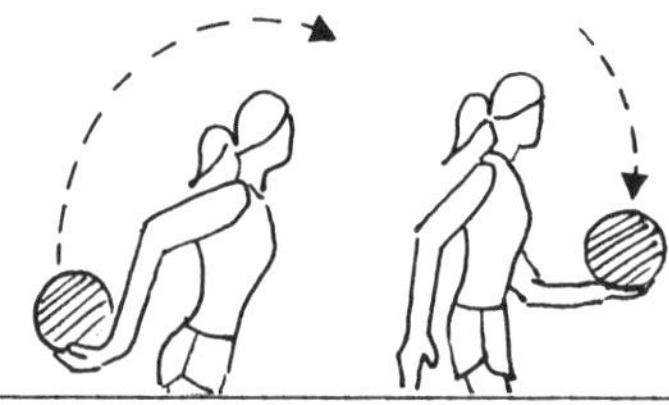
2.	Seitlich zur Wand (Abstand etwa 3m) in Grätschstellung: Blick und Körperdrehung nach links und Zuspiel nach rechts an die Wand (und umgekehrt). Dasselbe auch mit Zuspiel hinter dem Rücken durch.	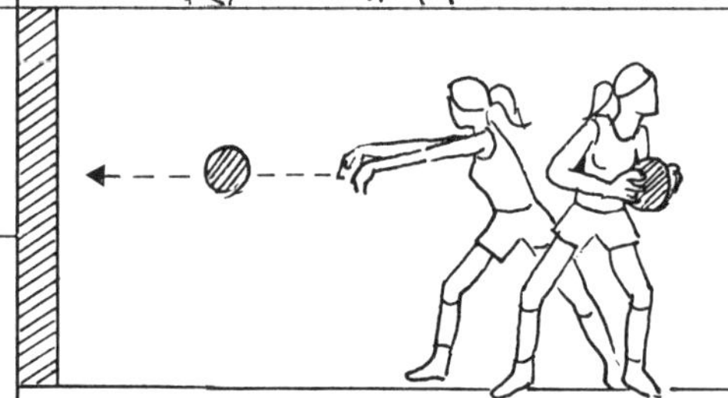
3.	Wie Uebung 2., aber mit Ausfallschritt.	
4.	Seitlich zur Wand (Abstand etwa 3m) in Grätschstellung: 2 bis 3x an Ort dribbeln, den Ball aufnehmen, antäuschen und Zuspiel an die Wand (auch mit Zuspiel hinter dem Rücken durch).	
5.	Frei in der Halle dribbeln, zwischendurch bei der Wand stoppen (Abstand etwa 4m), antäuschen, zur Wand spielen, den Ball abholen und weiterdribbeln.	

NR.	BESCHREIBUNG	ORGANISATION
6.	Etwa 6m von der Wand entfernt mit Blick zur Wand: 1x nach vorne dribbeln, Ball aufnehmen im Zweierrhythmus (rechts-links) beim Absprung auf links kurz nach links blicken und den Ball geradeaus an die Wand spielen. Variation: - Schon beim Schritt nach rechts nach rechts, dann bei links nach links schauen und Zuspiel geradeaus an die Wand.	
7.	Etwa 6m von der Wand entfernt: 1x der Wand entlang dribbeln, Ball aufnehmen, Zweierrhythmus und Zuspiel hinter dem Rücken durch an die Wand, Ball abholen und weiterdribbeln (links und rechts versuchen).	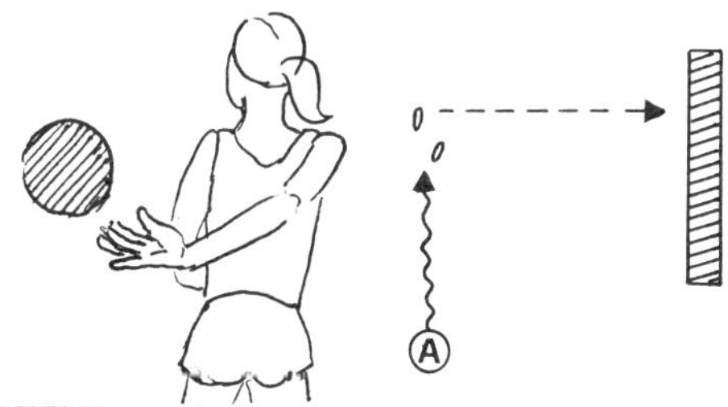
8.	Zu dritt frei in der Halle dribbeln und einander den Ball zuspielen. Zuspiele aus dem Lauf, aus dem Dribbling (Kegelzuspiel), Täuschen beim Zuspiel usw.. Variation: - In verschiedenen Raumgrössen, damit erprobt werden kann, wann welches Zuspiel am besten angewendet werden soll.	

4.5 Täuschen im Dribbling

Die Dribblingstäuschungen sind wesentliche Elemente des Basketballspiels. Nicht nur, dass sie zur Würze des Spiels gehören, sondern sie ermöglichen den einzelnen Spielern auch eine für die Spielgestaltung notwendige Handlungssicherheit.
Ausserdem bieten sie eine wertvolle Gelegenheit, dem Spiel eine besondere Betonung zu geben, was als wesentlicher Erlebnisfaktor anzusehen ist.

a.) <u>Täuschen mit dem Rücken zum Gegner</u>

Prellen im Lauf bis zum Gegner. Drehen um die prellende Hand bis der Rücken dem Verteidiger zugekehrt ist. Täuschen nach links, Handwechsel und Durchbrechen nach rechts, wobei der Kopf diesen Richtungswechsel unterstützt, indem er sich nach der Täuschung in die neue Richtung dreht.

b.) Täuschen mit dem Gesicht zum Gegner

Vorschrittstellung links, Prellen rechts im Stand. Mit dem rechten Fuss einige Male tänzerisch schnell vor- und zurückgehen, dann plötzlich mit einem Ausfallschritt nach vorne rechts am Gegner (mit dem Rücken zu ihm gewandt) vorbeidribbeln.

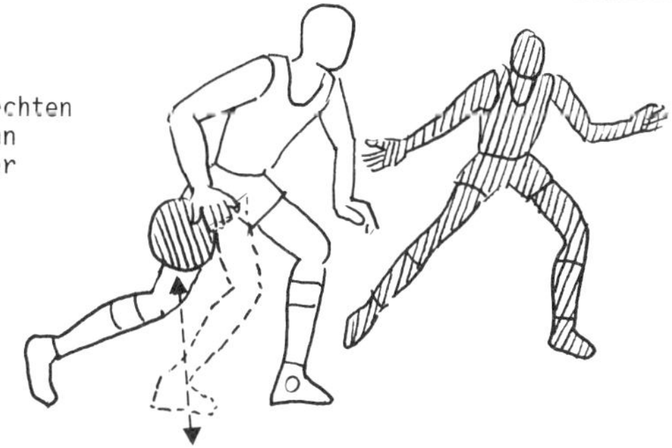

c.) Täuschen hinter dem Rücken durch

Dribbling in Vorschrittstellung. Der Ball wird nun im Dribbling um das hintere Bein auf die andere Körperseite geprellt; es erfolgt dabei ein Handwechsel. Von da aus schnelles Durchbrechen mit dem Ball.

d.) Täuschen seitwärts

Dribbling in der Vorschrittstellung. Kurzer Ausfallschritt seitwärts mit dem vorderen Bein - das Dribbling wird dabei nicht unterbrochen- begleitet mit einer Täuschungsbewegung des Oberkörpers und des Kopfes in diese Richtung. Von da aus erfolgt ein blitzschnelles Durchbrechen mit dem Ball in die andere Richtung, wobei der Rücken dem Gegner zugewandt ist (schützen des Balles!).

4.5 Täuschen im Dribbling

NR.	BESCHREIBUNG	ORGANISATION
	Die folgende Aufbaureihe kann für alle Täuschungen angewandt werden. Sind aber besondere Uebungen nötig oder kann eine Uebung für eine bestimmte Täuschung nicht verwendet werden, so wird dies speziell vermerkt.	
1.	Jeder Schüler dribbelt vor einem Reifen und übt die Täuschung praktisch an Ort.	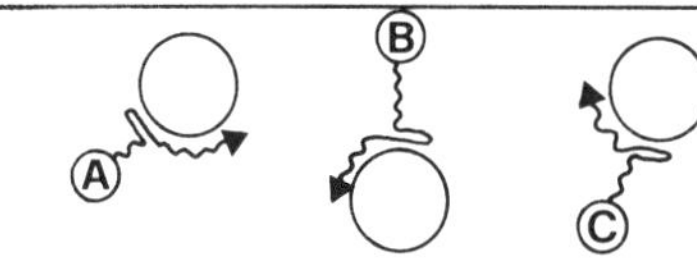
2.	<u>Zusatzübungen</u> für die Täuschung <u>hinter dem Rücken durch</u>: - Grundstellung : Prellen des Balles rund um den Körper. - Grätschstellung : Prellen des Balles in der Acht zwischen den Beinen durch. - Vorschrittstellung : Prellen des Balles rund um den Körper (nach links und nach rechts).	
3.	Die Schüler dribbeln langsam auf ihre Reifen zu, täuschen, dribbeln am Reifen vorbei und kehren nach etwa 2m wieder um usw.	
4.	<u>Wie Uebung 3.</u>, aber im Laufschritt.	
5.	Reifen (oder Malstäbe) werden in einer Reihe (Abstand etwa 8m) auf den Boden gelegt: Die Schüler dribbeln nun von Reifen zu Reifen, wobei sie bei jedem Reifen eine Täuschung ausführen.	

NR.	BESCHREIBUNG	ORGANISATION
6.	Reifen/ Malstäbe liegen in der Halle verteilt auf dem Boden. Die Schüler dribbeln frei um die Reifen, täuschen zwischendurch bei einem Reifen/ Malstab an und dribbeln wieder weiter.	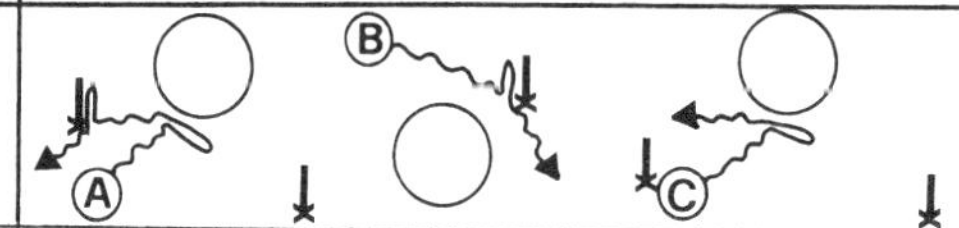
7.	Wie Uebung 6., aber an die Stelle der Reifen/ Malstäbe treten Schüler, die an Ort in rechter und linker Vorschrittstellung dribbeln. (Eine Hälfte der Klasse dribbelt an Ort, die andere Hälfte dribbelt um sie herum und täuscht an, dann Rollenwechsel).	
8.	Zu zweit einander gegenüber (Abstand etwa 10m), jeder hat einen Ball. Beide dribbeln gleichzeitig aufeinander zu, halten in einem Abstand von etwa 2m voreinander an, täuschen (Blickkontakt) und dribbeln mit dem Rücken zueinander weiter. Variation: - ohne anzuhalten.	
9.	Alle Schüler dribbeln frei in der Halle: Auf ein Zeichen des Lehrers hin bewegen sie sich nur noch in einem eng begrenzten Raum, wo sie versuchen, durch geschicktes Dribbling und Täuschen Kollisionen zu vermeiden.	
10.	2 Gruppen à 5(A) und 10(B) Spieler stehen einander gegenüber (Abstand etwa 20m), alle haben einen Ball. Beide Gruppen beginnen gleichzeitig gegeneinander zu dribbeln, wobei die Spieler der Gruppe A versuchen, die Spieler der Gruppe B zu berühren. Die Spieler der Gruppe B weichen diesen Berührungen durch geschicktes Dribbling und Täuschen aus. Alle Spieler dürfen sich nur vor- und seitwärts bewegen.	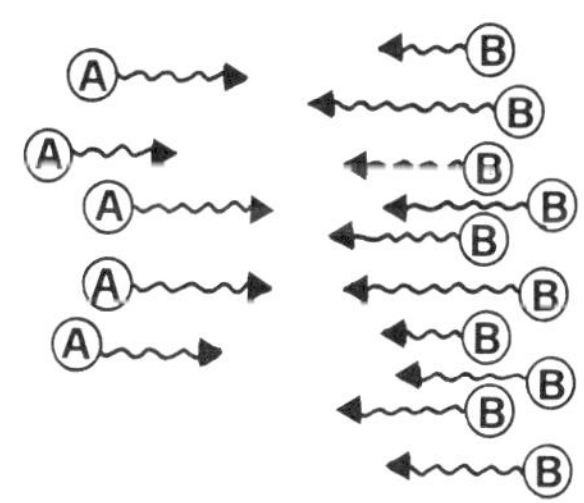

4.5 Täuschen im Dribbling

NR.	BESCHREIBUNG	ORGANISATION
11.	Spiel 1 gegen 1: Ein Spieler verteidigt 2 auf gleicher Höhe in einem Abstand von 3 bis 4m liegende Reifen. Der jeweilige Angreifer versucht, durch geschicktes Dribbling und Täuschen den Ball in einen der beiden Reifen zu legen (nicht werfen).	
12.	Wie Uebung 11., aber beide Spieler haben jetzt 2 Reifen zu verteidigen (Abstände: Schmalseite 3 bis 4m, Längsseite 8 bis 10m). Variation: - 2 gegen 2, 3 gegen 3, wobei der Ball auf eine bestimmte Linie gelegt werden muss.	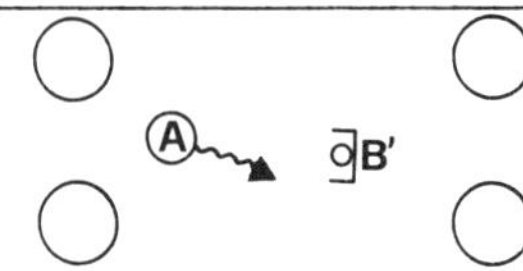
13.	2 Verteidiger stehen vor dem Strafraum. 2 Spieler dribbeln von der Mittellinie her in Richtung Korb (jeder hat einen Ball) und versuchen, durch geschicktes Dribbling und Täuschen an den Verteidigern vorbeizukommen und zu werfen. Die Verteidiger holen die Bälle, die Angreifer werden Verteidiger, stellen sich vor dem Strafraum auf, und die nächste 2er-Gruppe dribbelt in Richtung Korb usw. Variation: - in grösseren Gruppen (zu dritt, zu viert).	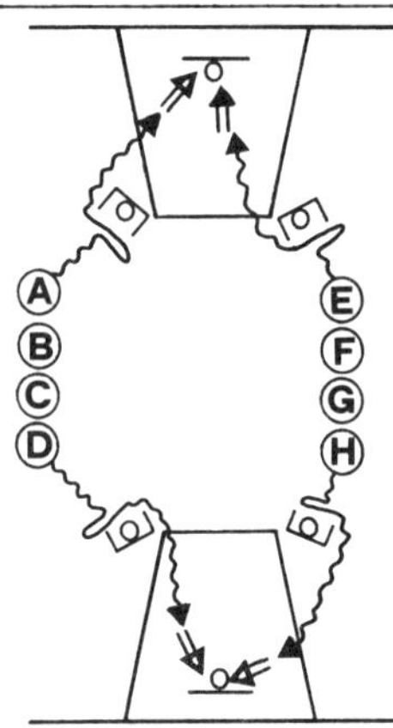

Der Hakenwurf eignet sich hauptsächlich für Center-Spieler und ist sehr schwer abzuwehren, da sich dabei der Angreifer beim Wurf zwischen Verteidiger und Ball befindet.

Der Hakenwurf kann aber auch nach einem seitlichen Durchbruch oder als Abschluss eines Gegenangriffs angewandt werden.

Beim Hakenwurf wird der Ball mit einer Hand über die Seithalte mit gestrecktem Arm nach oben geführt. Gleichzeitig wird das Sprungbein (bei einem Wurf mit der rechten Hand das rechte Bein) locker angewinkelt hochgezogen. Im höchsten Punkt verlässt der Ball durch eine Handgelenkbewegung die Hand. Der Bewegungsablauf des Hakenzuspiels entspricht im Grunde genommen dem des Hakenwurfs und wird vorzugsweise vor dem Hakenwurf eingeführt.

4.6 Hakenzuspiel und Hakenwurf

NR.	BESCHREIBUNG	ORGANISATION
1.	Mit dem Ball Armkreisen vorwärts und rückwärts. Der Ball kann dabei auch vorne von einer Hand in die andere übergeben werden.	
2.	Grätschstellung: Den Ball über den Kopf von einer Hand in die andere werfen; die Arme sind dabei gestreckt.	
3.	Kleine Grätschstellung (30cm), Arme in Seithalte, Ball in der rechten Hand. Mit dem gestreckten rechten Arm 1x leicht ausholen, ihn hochführen (sich dabei ganz strecken) und gleichzeitig das rechte Bein locker angewinkelt hochziehen, den Ball in die linke Hand werfen usw.	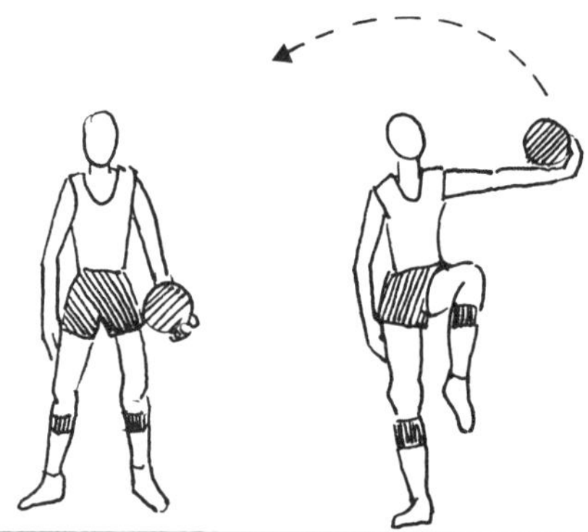

NR.	BESCHREIBUNG	ORGANISATION
4.	Kleine Grätschstellung (30cm), Ball mit beiden Händen vor dem Körper gefasst. Den Ball mit der rechten Hand über die Seithalte mit gestrecktem Arm nach oben führen (sich dabei ganz strecken) und gleichzeitig das rechte Bein locker angewinkelt hochziehen, den Ball in die linke Hand werfen usw.	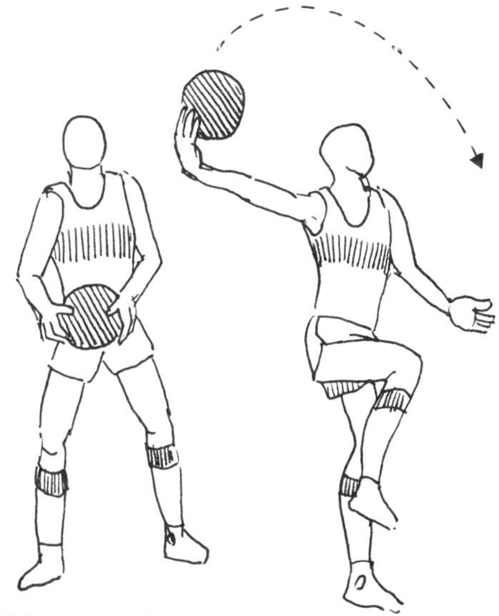
5.	Wie Uebung 4., aber etwa 3m von der Wand entfernt stehen (seitlich zur Wand) und den Ball an die Wand werfen; links und rechts.	
6.	Wie Uebung 5., aber eine bestimmte Markierung an der Wand treffen.	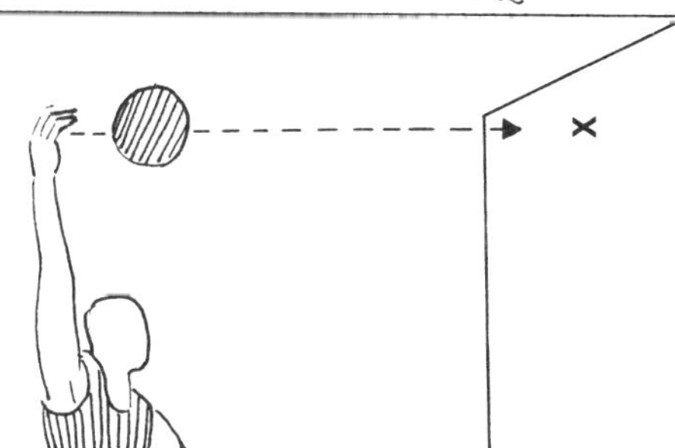

4.6 Hakenzuspiel und Hakenwurf

NR.	BESCHREIBUNG	ORGANISATION
7.	Etwa 3m von der Wand entfernt stehen (seitlich zur Wand), 1x der Wand entlang dribbeln, Zweierrhythmus, abspringen und den Ball an die Wand werfen, den Ball abholen, 1x dribbeln usw. (links und rechts!).	
8.	Zu zweit frei in der Halle dribbeln und einander den Ball mit Hakenzuspiel aus dem Dribbling zupassen.	
9.	Wie Uebung 8., aber mehrere 2er-Gruppen in einem eng begrenzten Raum.	
10.	Zu dritt frei in der Halle dribbeln und sich den Ball mit allen bisher bekannten Zuspielarten (mit Stoppen, aus dem Dribbling; siehe dazu auch Kapitel 3.:3.2,3.4) zupassen.	

NR.	BESCHREIBUNG	ORGANISATION
11.	In kleiner Grätschstellung (30cm) unter dem Korb stehen, den Ball mit beiden Händen vor dem Körper gefasst. Den Ball mit der rechten Hand über die Seithalte mit gestrecktem Arm nach oben führen (sich dabei ganz strecken) und gleichzeitig das rechte Bein locker angewinkelt hochziehen und auf den Korb werfen. (Zuerst direkt in den Korb, dann via Brett - rechte obere Ecke des kleinen Vierecks.) Links und rechts werfen!	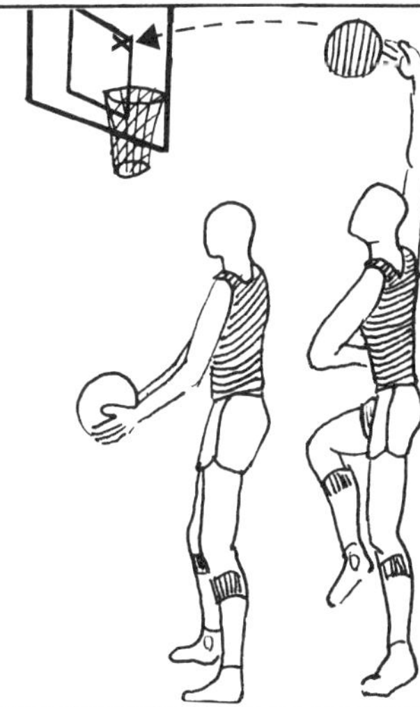
12.	Wie Uebung 11., aber mit leichtem Abspringen.	
13.	Von der Freiwurflinie her 1x dribbeln, Zweierrhythmus und Hakenwurf. Nachdem A geworfen hat, holt er den Ball ab und spielt ihn zu B usw. Variationen: - von der linken Seite her 1x dribbeln usw.; - dito, aber nach längerem Dribbling.	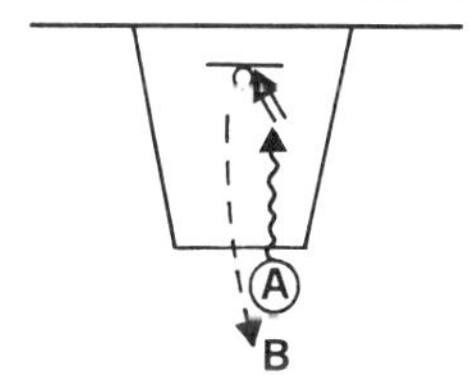

4.6 Hakenzuspiel und Hakenwurf

NR.	BESCHREIBUNG	ORGANISATION
14.	Der Spieler steht an der seitlichen Strafraumlinie mit dem Rücken zum Korb. Nun führt er einen Schritt nach links hinten aus, der Kopf dreht sich dabei zum Korb, er springt vom linken Bein ab, das rechte (Schwung-) Bein wird mitgeführt, wobei sich das Knie in Richtung Korb mitdreht. (Dasselbe auch von der anderen Seite und links werfen.)	
15.	Wie Uebung 14., aber ein halb-aktiver Verteidiger versucht nun, den Spieler an seinem Wurf zu hindern. (Z.B. nach 5 Wurfversuchen Rollenwechsel.)	
16.	Wie Uebung 15., aber mit aktivem Verteidiger. Nach einem Wurfversuch von A dreht sich B sofort um, holt den Rebound ab und dribbelt auf die Position von A usw..	
17.	Zu zweit mit einem Ball auf einen Korb: Die beiden Spieler dribbeln, spielen sich den Ball mit Hakenzuspielen zu und werfen auch auf den Korb (Hakenwurf), holen den Ball wieder ab, spielen oder dribbeln aus dem Strafraum hinaus usw.	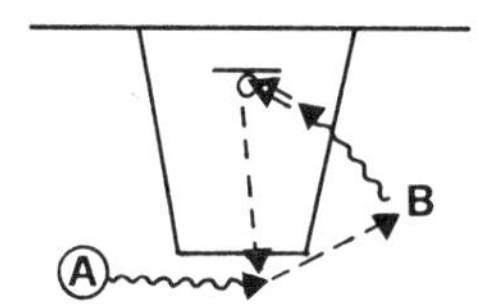
18.	Spiel 1 gegen 1 auf einen Korb: Nach jedem Wurfversuch (Hakenwurf) werden die Rollen gewechselt. Begonnen wird immer ausserhalb des Strafraums.	

Kapitel 5

Übungs- und Spielformen für spezielle Fertigkeiten im Basketball

Täuschungen vor und während des Korbwurfes

5.1 Täuschungen im Stand / Vorbemerkung

Täuschungen dienen dem Zweck, den Verteidiger zu einer Reaktion zu veranlassen, die den Weg für einen Durchbruch, Pass oder Wurf eröffnet. Hierbei können grundsätzlich fast alle Finten für dasselbe Ziel verwendet werden.
Ihre Anwendung ist allerdings abhängig von der Position des Ausführenden und sollte der Spielsituation entsprechend sinnvoll sein.

Die Täuschungen in diesem Kapitel sind immer mit Durchbruch oder Wurf präsentiert. Es ist im Lernprozess aber unbedingt darauf zu achten, dass die Täuschung nicht nur stereotyp angewendet wird, sondern der jeweiligen Situation angepasst ist. Das Erkennen der Situation und die darauf folgenden reaktiven Handlungen müssen durch entsprechende Erfahrungen angeeignet werden.
Hierzu kommt den Spielformen grösste Bedeutung zu.

In den folgenden Abschnitten sind jeweils ein paar Spielformen genannt, ohne jedoch jedes Mal in lückenloser Reihenfolge einen möglichen Spielaufbau von 1 gegen 1 bis zu 3 gegen 3 (bzw. noch mehr) auf einen Korb aufzuzeigen. Dies wurde aus Gründen der Repetition unterlassen. Zu jedem Abschnitt lassen sich aber Spielformen finden, die genausogut in einem anderen Abschnitt verwendet werden können.

Im folgenden sei eine mögliche Aufbaufolge der Spielformen auf einen Korb kurz aufgezeigt:

- Spiel 1 gegen 1
- Je zwei bis vier 2er-Gruppen spielen nebeneinander, d.h. es wird ohne direkten Gegner auf einen Korb gespielt, wobei die verschiedenen 2er-Gruppen gegenseitig eine gewisse Behinderung darstellen
- Spiel 2 gegen 2
- Spiel 2 gegen 2 + 1 freier Verteiler
- Zwei 3er-Gruppen spielen nebeneinander
- Spiel 3 gegen 3

5.1.1 Täuschung seitwärts

NR.	BESCHREIBUNG	ORGANISATION
1.	Basketball-Grundstellung mit Ball 2 bis 3m von der Wand entfernt. Täuschung seitwärts mit Ausfallschritt links. Schnelles Zurückführen des Fusses in Ausgangslage, Sprungwurf gegen die Wand.	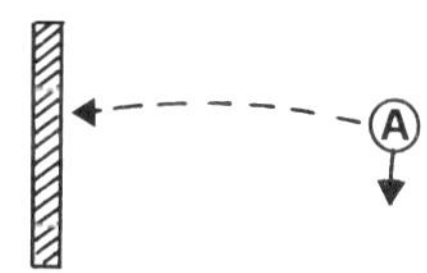

5.1.1 Täuschung seitwärts

NR.	BESCHREIBUNG	ORGANISATION
2.	Wie Uebung 1., aber Täuschung durch Antäuschen eines Passes nach links unterstützen.	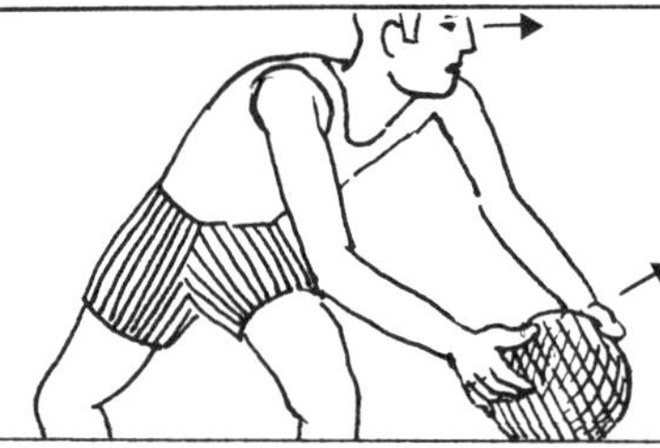
3.	Dribbling, stoppen in Grundstellung, Täuschung nach links, Sprung wurf gegen die Wand.	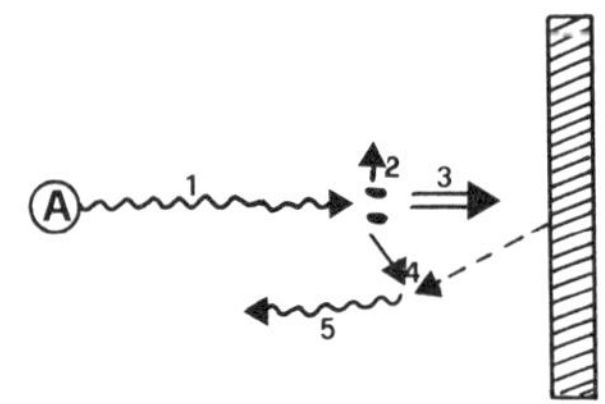
4.	Eine Hälfte der Gruppe dribbelt frei (Raum der Gruppengrösse angepasst), die andere Hälfte bewegt sich mit bestimmten Aufgaben an Ort (z.B. Springen an Ort, Sternschritt etc.). Die Ballbesitzenden dribbeln auf die Spieler ohne Ball zu, stoppen vor diesen, täuschen mittels Sternschritt und setzen zu einem imitierten Sprungwurf in die Luft an. Die Spieler ohne Ball unterbrechen ihre bisherige Tätigkeit und stellen sich als passive Verteidiger vor die Werfenden. Während des Wurfes drehen sie sich um und versuchen, den Ball noch in der Luft zu fangen. Damit werden sie zu Dribbelnden und die Werfer übernehmen deren bisherige Aufgabe usw.	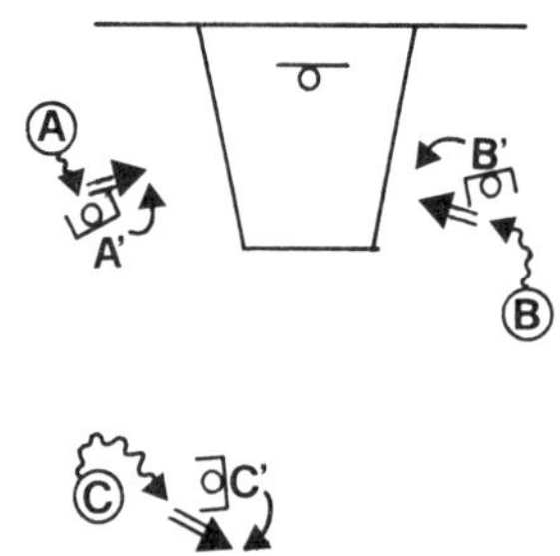

NR.	BESCHREIBUNG	ORGANISATION
5.	Dribbling, Pass an die Wand, fangen des Balles im Sprung, stoppen in Basketball-Grundstellung, Täuschung nach links, Sprungwurf gegen die Wand.	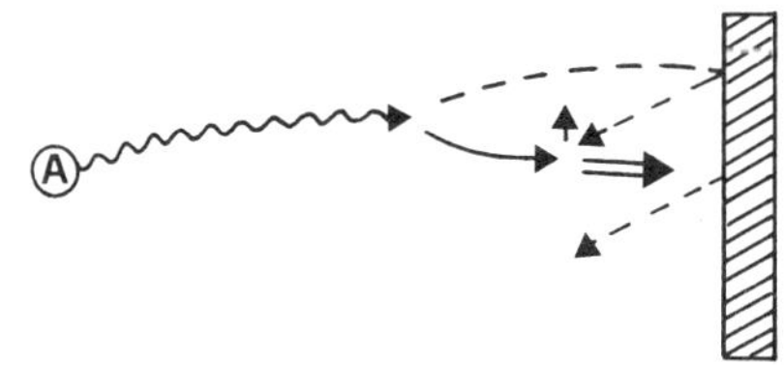
6.	Reifen sind in einer Distanz von ca. 4m von der Wand entfernt ausgelegt. Dribbling von Reifen zu Reifen (möglichst diagonal). Stoppen vor dem Reifen, Täuschung mit Sternschritt und Sprungwurf gegen die Wand (evtl. Markierung!). Den Ball möglichst noch in der Luft fangen usw.	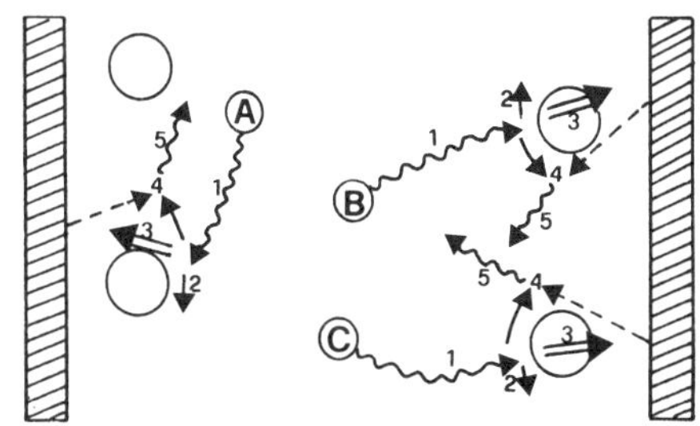
7.	Weichsprungmatte hochgestellt zwischen den Barrenholmen ca. 3m von der Wand entfernt. Dribbling, stoppen in Basketball-Grundstellung knapp vor der Matte, Täuschung nach links, Sprungwurf gegen die Wand. Variation: - Diese Uebung lässt sich natürlich beliebig ausbauen, indem z.B. ein zusätzlich ausgelegter Reifen als symbolischer Verteidiger zu präziser Körperführung bei Stoppen, Täuschen und anschliessendem Wurf (kein Springen nach vorne) zwingt.	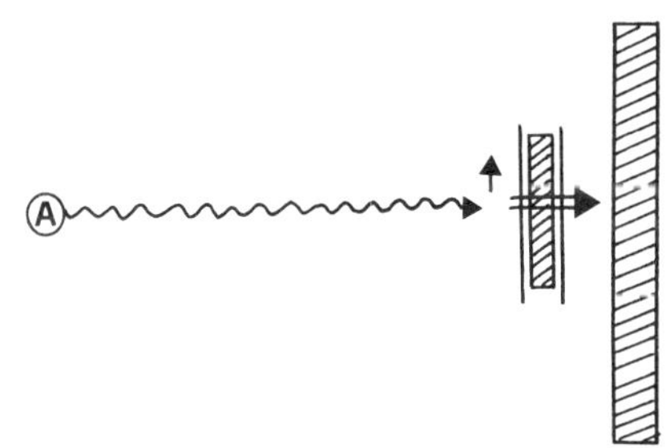

5.1.1 Täuschung seitwärts

NR.	BESCHREIBUNG	ORGANISATION
8.	Tief hängende Ringe: A dribbelt auf die Ringe zu, täuscht vor den Ringen nach links und wirft zwischen den Seilen durch. B fängt den Ball und führt die gleiche Uebung aus.	
9.	In Korbnähe ausgelegte Reifen: Aus Stand vor einem Reifen, Täuschung nach links, Sprungwurf auf den Korb, nachsetzen und Abpraller abholen, zum Reifen in Ausgangsposition zurückdribbeln, in Parallelstellung stoppen, täuschen, werfen usw. Variationen: - Anstelle zum eigenen Reifen zurückzudribbeln, dribbelt der Spieler zu einem anderen Reifen und wirft von der neuen Position aus.	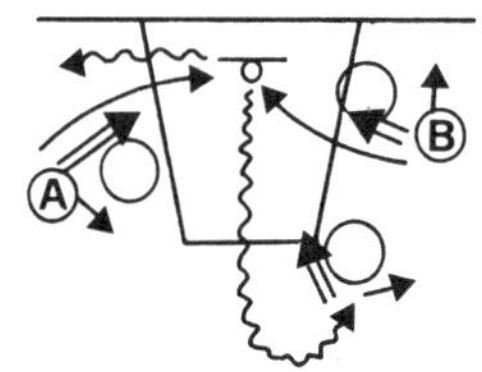
10.	Wie Uebung 9., aber als zusätzliche Erschwerung soll die Täuschung nun auf die andere Seite ausgeführt werden. (Bei der Umstellung auf Schrittfehler achten!)	

NR.	BESCHREIBUNG	ORGANISATION
11.	Zu zweit frei in der Halle zuspielen, dribbeln etc. Wenn einer den Ball aufnimmt und Sternschritt andeutet, kommt der Partner als passiver Verteidiger zu ihm, Täuschung und Sprungwurf in die Luft (ohne Korb), der andere holt den Ball ab und Rollenwechsel.	
12.	Passiver Verteidiger ca. 3m vor der Wand, grosszügige Zielmarkierung in Korbhöhe an der Wand. Angreifer dribbelt auf den Verteidiger zu, stoppt in Basketball-Grundstellung, täuscht nach links und wirft mittels Sprungwurf gegen die Wand. Der Verteidiger dreht sich im Moment des Wurfes sofort um, sichert den Rebound, dribbelt von der Wand weg und wird zum Werfer, bisheriger Angreifer wird passiver Verteidiger usw.	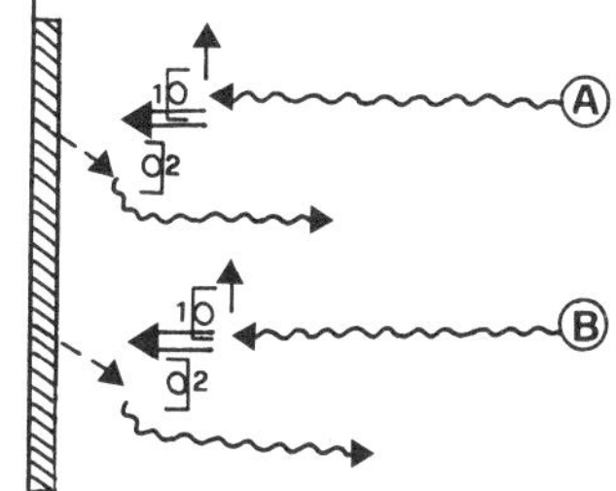
13.	Verschiedenste Hindernisse sind in der Halle aufgestellt oder ausgelegt (hochgestellte Matte in Korbnähe, Reifen, Kästen, Markierstäbe etc.). Die Schüler bewegen sich frei dribbelnd in der Halle. Kommen sie zu einem Kasten: Pass an den Kasten, fangen des Balles in Grundstellung, Täuschung seitwärts, Durchbruch am Kasten vorbei oder, falls der Kasten in Korbnähe steht, Täuschung und Wurf auf den Korb. Der Schüler soll hierbei Täuschungen in Verbindung mit Wurf oder Durchbruch der Situation entsprechend anwenden.	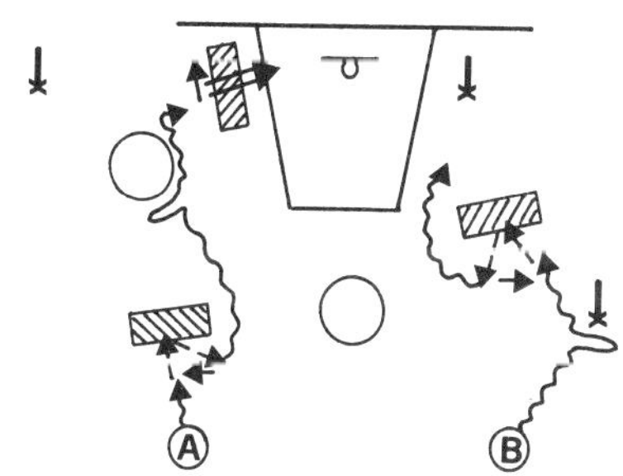

5.1.1 Täuschung seitwärts

NR.	BESCHREIBUNG	ORGANISATION
14.	Zu zweit: A dribbelt an B heran, der in Korbnähe steht, A täuscht nach links und wirft mit Sprungwurf auf den Korb. B, der als passiver Verteidiger gespielt hat, dreht sich dem Korb zu, holt den Ball ab und wird nun zum Angreifer.	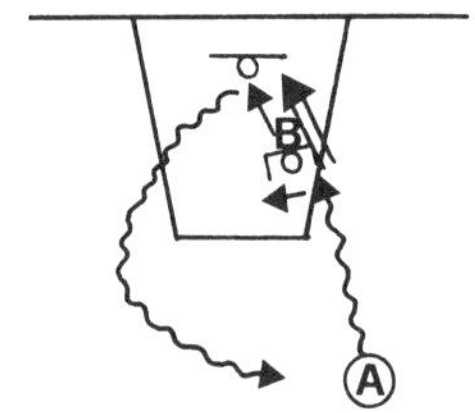
15.	Reifen sind als Korbersatz an Schaukelringen aufgehängt. Zusätzliche Zielobjekte können auf Barrenholmen aufliegende Kastenteile oder Zielmarkierungen an der Wand sein. Spiel 1 gegen 1: A passt zu B, B führt Sternschritt aus bis A als halb-aktiver Verteidiger herangelaufen kommt. Nun führt B eine Täuschung seitwärts aus und entschliesst sich blitzschnell: a.) zu einem Sprungwurf auf den Korb/Korbersatz oder b.) zu einem Durchbruch zum Korb/Korbersatz. Diesen Entscheid soll der Schüler anfänglich vor der Täuschung, dann aber schon bald auf Grund des Verteidigerverhaltens fällen. Als Regel gilt: - deckt der Verteidiger nah, dann Durchbruch; - deckt der Verteidiger weit (lose), dann Sprungwurf. Der Werfer B holt den Rebound sofort selber ab und passt zu A usw.	

Die Täuschung seitwärts kann durch das Herumführen des Balles um den Körper erweitert werden.
Diese Variante, die gerade wegen ihrer Attraktivität auch einen besonderen Reiz auf Schüler ausübt, wird meist einem Durchbruch vorausgehend angewendet (eine andere Möglichkeit stellt das Zuspiel hinter dem Rücken dar).
Sichere Balltechnik und das Beherrschen des Sternschrittes sind Voraussetzungen zur Erlernung dieser Täuschungsform.

Beschreibung (nach links dargestellt)

Auf den Ausfallschritt nach links wird der Ball mit beiden Händen links neben den Körper geführt. Mit dem Zurückgehen in die Parallelstellung schiebt die linke Hand den Ball hinter dem Rücken nach rechts und übergibt ihn der rechten Hand.
Folgt ein Durchbruch, so wird der linke Fuss nicht mehr in Parallelstellung aufgesetzt, sondern am rechten Fuss vorbei nach rechts vorne gesetzt. Gleichzeitig bringt die rechte Hand den Ball rechts neben den Körper und beginnt sofort mit dem Dribbling.

5.1.2 Täuschung seitwärts mit Herumführen des Balles um den Körper

NR.	BESCHREIBUNG	ORGANISATION
	Uebungsformen: - Jeder mit eigenem Ball frei in der Halle. Herumführen des Balles um den Körper ohne Ausfallschritt seitwärts. - Dito, aber mit Ausfallschritt seitwärts, zurück in die Ausgangsstellung. - Herumführen des Balles mit Sternschritt und anschliessendem Uebergang zum Dribbling (Durchbruch) verbinden. Dies erst frei in der Halle üben, dann vor einem Reifen stehend. Immer mit Durchbruch verbinden. Im übrigen sei auf die Uebungen zur Täuschung seitwärts verwiesen, die auch hier angewendet werden können (natürlich mit dem Unterschied, dass an den betreffenden Stellen, wo Sprungwürfe auf die Täuschung folgen, nun Durchbrüche und Korbleger eingesetzt werden).	

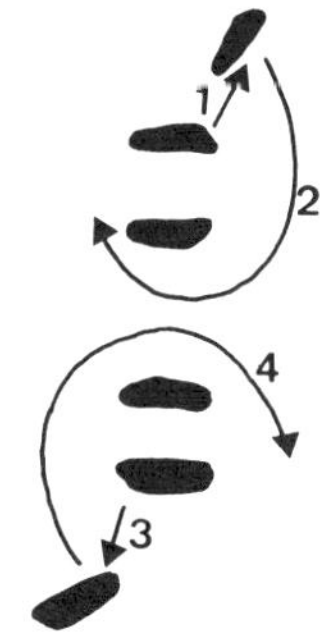

NR.	BESCHREIBUNG	ORGANISATION
1.	Spieler stehen mit Ball vor ausgelegten Reifen bei der Wand. Ausfallschritt links, dynamisches Rückführen des Beines mit halber Drehung rechts herum verbinden (das rechte Standbein behält ständigen Bodenkontakt), nochmals Ausfallschritt links mit halber Drehung rechts herum zur Ausgangslage zurück. Bei diesem Sternschritt mit ganzer Drehung soll der Reifen nicht betreten werden.	
2.	Wie Uebung 1., aber nach besonders dynamischer Rückführung des zweiten Ausfallschrittes mit halber Drehung, sofortiger beidbeiniger Absprung mit Hochführen des Balles in die Wurfstellung. Der Reifen darf auch bei der Landung nach den Sprung nicht betreten werden.	

5.1.3 Täuschung seitwärts mit ganzer Drehung

NR.	BESCHREIBUNG	ORGANISATION
3.	Dribbling in Richtung Wand, stoppen in leicht geöffneter Parallelstellung, Sternschritt mit ganzer Drehung rechts herum und Sprungwurf gegen die Wand. Den Abpraller möglichst noch in der Luft fangen und zur gegenüberliegenden Wand starten.	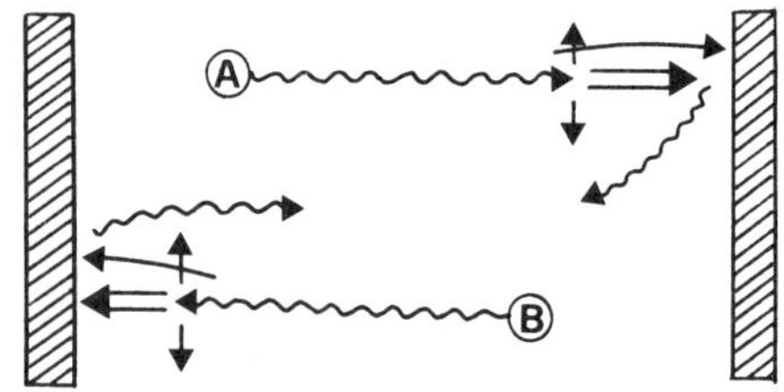
4.	Reifen sind ca. 3m vor der Wand ausgelegt. Spieler dribbeln kreuz und quer durch die Halle von Reifen zu Reifen, stoppen in Basketball-Grundstellung, führen eine Drehung mit Sternschritt nach rechts herum aus, werfen mittels Sprungwurf gegen die Wand, setzen dem Ball nach usw.	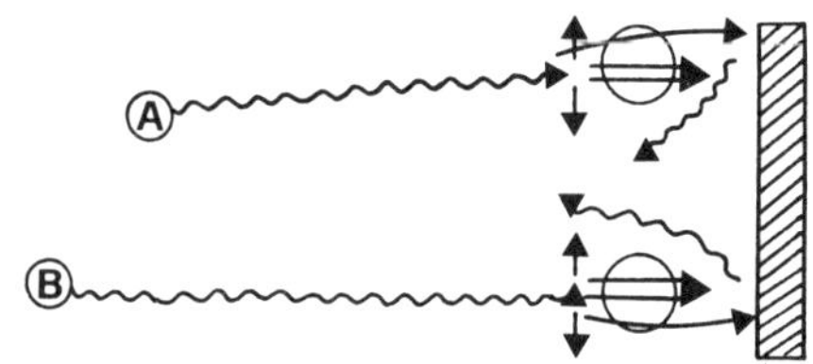
5.	Eine Hälfte der Gruppe dribbelt frei in einem der Gruppengrösse angepassten Feld, die andere Hälfte bewegt sich mit bestimmten Aufgaben an Ort (z.B. springen an Ort, Sternschritt, etc). Die Ballbesitzenden dribbeln auf die Spieler ohne Ball zu, stoppen vor diesen, führen Sternschritt mit ganzer Drehung (wie bei Uebung Nr. 1) aus und setzen zu einem imitierten Sprungwurf in die Luft an. Die Spieler ohne Ball unterbrechen ihre bisherige Tätigkeit und stellen sich als passive Verteidiger vor die Werfenden. Während des Wurfes drehen sie sich um und versuchen, den Ball noch in der Luft zu fangen. Damit werden sie zu Dribbelnden und die Werfer übernehmen die Aufgabe an Ort usw.	

5.1.4 Täuschung seitwärts mit halber Drehung

Nachdem der Sprungwurf nach Täuschungen mit ganzer Drehung erlernt ist, gibt die halbe Drehung kaum Probleme auf, ausser darin, dass das Zielobjekt nicht schon vor der Drehung fixiert werden kann.

5.1.4 Täuschung seitwärts mit halber Drehung

NR.	BESCHREIBUNG	ORGANISATION
1.	Spieler mit Rücken zur Wand, Sternschritt rechts (linkes Standbein), Drehung links herum, Sprungwurf gegen die Wand.	
2.	Tief hängende Ringe: A steht mit dem Rücken ca. 3m von den Schaukelringen entfernt, Täuschung rechts, 1/2 Drehung links herum und Sprungwurf, wobei der Ball zwischen den hängenden Seilen hindurch zu B gespielt werden soll. B fängt den Ball, dribbelt an den Platz von A und A läuft an den Platz von B usw.	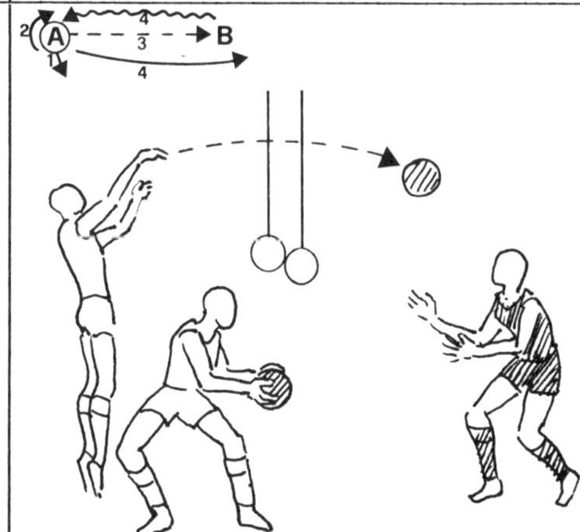
3.	Hochgestellte Matte als Hinderniss ca. 3m von der Wand entfernt aufgestellt, Spieler mit dem Rücken zur Matte. Täuschung rechts, 1/2 Drehung links und Sprungwurf über die Matte hinweg gegen die Wand.	
4.	Wie Uebung 3., aber Täuschung links, 1/2 Drehung rechts.	

NR.	BESCHREIBUNG	ORGANISATION
5.	Reifen ca. 3m von der Wand entfernt: Der Spieler bewegt sich, mit der rechten Hand dribbeln, parallel zur Wand (Rücken zur Wand) mit Gleitschritten nach links, bis er auf einen Reifen trifft, bei dem er, diesen im Rücken behaltend, stoppt, nach links täuscht, eine Drehung rechts herum ausführt und mit Sprungwurf an die Wand wirft.	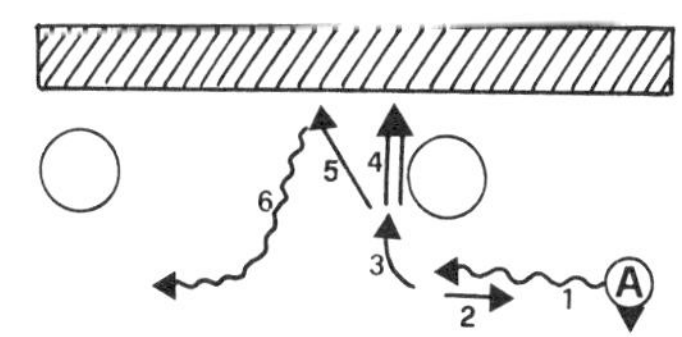
6.	Wie Uebung 5., aber mit linker Hand prellen, angleiten von links, Täuschung rechts und Drehung links herum.	
7.	Wie Uebung 6., aber mit Wurf auf Korb. Da das Treffen eine erhöhte Schwierigkeit darstellt, zuerst auf eine Drehrichtung konzentrieren.	
8.	Mit je drei Hindernissen (hochgestellte Matten, Reifen, Kästen) wird unter jedem Korb eine Dreieckaufstellung (Spitze an der Freiwurflinie) aufgebaut. 3 bis 4 Schüler pro Korb, jeder mit seinem eigenen Ball, dribbeln frei und werfen jedesmal nach ganzer oder halber Drehung auf den Korb. Kästen gelten grundsätzlich als Anspielmöglichkeit (Kästen als Partner); z.B. A dribbelt, stoppt vor einem Reifen, Täuschung mit ganzer Drehung, Wurf, nachsetzen und Rebound abholen Dribbling, Pass an einen Kasten, fangen des zurückprallenden Balles (Rücken immer noch zum Korb), Täuschung mit halber Drehung, Wurf usw. Variation: - Unter Hinzunahme weiterer Hindernisse kann eine weite 2-1-2 Verteidigungszone aufgebaut werden. Hierbei stehen die Kästen als Anspielmöglichkeit ausserhalb des Trapezes. (Die Hindernisse können natürlich auch auf dem gesamten Spielfeld postiert werden, was längere Dribblingswege, längere Zuspiele und Dribblingstäuschungen ermöglicht, was zu einer erhöhten physischen Belastung führen kann.)	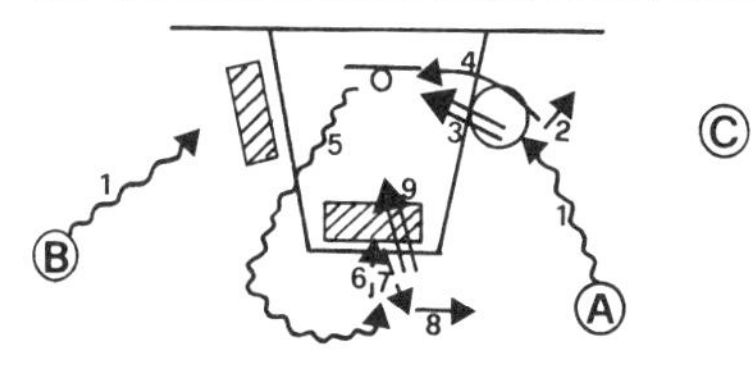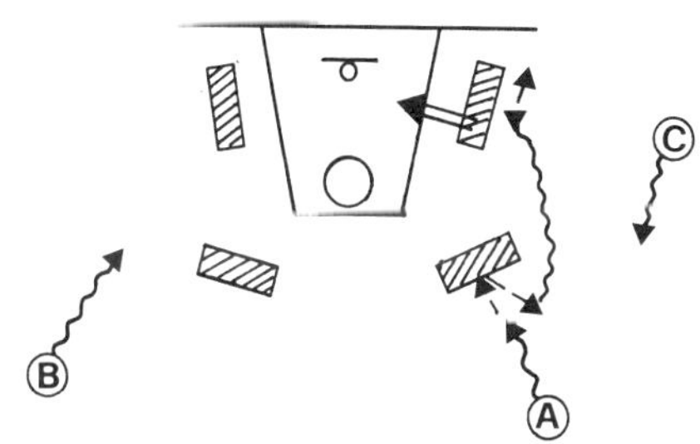

5.1.4 Täuschung seitwärts mit halber Drehung

NR.	BESCHREIBUNG	ORGANISATION
9.	Spiel zweier Partner auf einen Korb: Verschiedene Hindernisse stehen in Korbnähe (vgl. Uebung Nr. 8.). Partner spielen sich den Ball zu, dribbeln, werfen und täuschen (halbe oder ganze Drehung), wann immer sie auf ein Hindernis treffen. Die Anzahl der Zuspiele oder die Laufwege sind hierbei den Partnern nicht vorgeschrieben. Sie sollen unter Beachtung der Basketballregeln (z.B. 3sec-Regel) möglichst frei gegen den imaginären Gegner (Hindernisse) spielen. Nach jedem erfolgreichen Korbwurf muss der Ball wieder aus der Zone hinausgespielt werden, bevor zu einem neuen "Angriff" angesetzt werden kann.	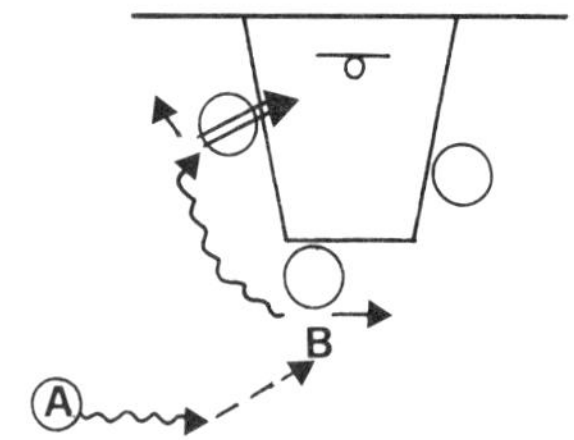
10.	Spiel 1 gegen 1 mit freiem Verteiler auf einen Korb: A greift an, B' verteidigt und C spielt freier Verteiler. C spielt dem Spieler den Ball zurück, von dem er ihn erhält, hat einen festen Standort (Halbkreis um die Freiwurflinie) und wirft selber nicht.	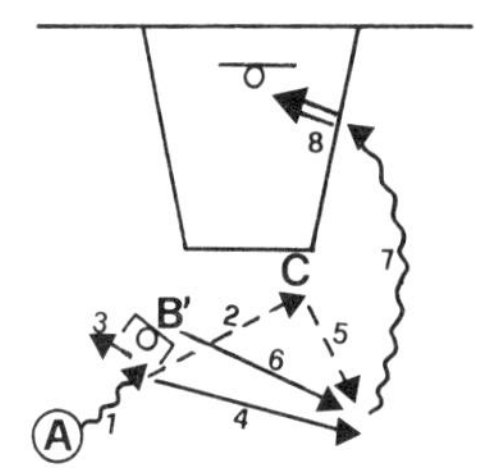

Bei der Durchbruchfinte wird durch einen schnellen Sternschritt nach vorn der Verteidiger veranlasst zurückzuweichen, was dem Angreifer, in die Basketballgrundstellung zurückgekehrt, ermöglicht, ungehinderter zu werfen.

5.1.5 Durchbruchfinte nach vorn

NR.	BESCHREIBUNG	ORGANISATION
1.	Reifen ca. 3m von der Wand entfernt ausgelegt: 1 Spieler mit Ball steht in Parallelstellung in jedem Reifen. Schneller Sternschritt links nach vorn (verlassen des Reifens), zurück in die Ausgangsstellung und Sprungwurf gegen die Wand, Offensivrebound und weiterführen der Uebung. (Achtung: Beim Sprung kein Verlassen des Reifens!) Variation: - Anstelle von Reifen können Gummimarkierungen oder Kreidekreise verwendet werden.	
2.	Zu zweit: Spielerpaare spielen sich frei in der Halle bewegend den Ball mittels Sprungwurf zu. Vor jedem Zuspiel soll gestoppt und Sternschritte (mit oder ohne Drehung, vor und zurück) ausgeführt werden.	
3.	Reifen in ca. 2m Entfernung zur Wand ausgelegt: Spieler dribbelt von Reifen zu Reifen, stoppt knapp vor dem Reifen, führt links Sternschritt nach vorn aus (wobei mit dem linken Fuss das vom Reifen begrenzte Feld betreten wird), geht rasch in die Parallelstellung zurück und wirft mittels Sprungwurf gegen die Wand. Rebound holen, Dribbling zum gegenüberliegenden Reifen usw. Variation: - Mit Wurf auf Zielmarkierung an der Wand.	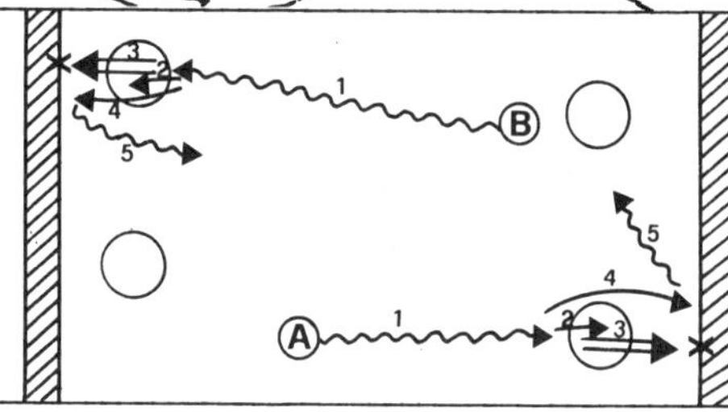
4.	Mehrere Spieler mit Bällen bei einem Korb. Jeder Spieler spielt für sich mit seinem Ball auf den Korb, wobei vor jedem Wurf pivotiert werden soll (Sternschritt, Wurf, Rebound, Dribbling, Sternschritt, Wurf usw.). Beachte die 3sec-Regel!	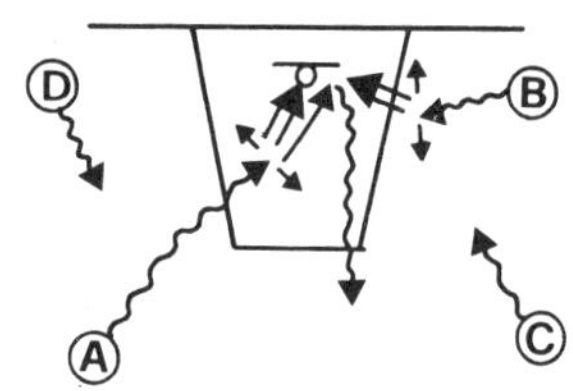

NR.	BESCHREIBUNG	ORGANISATION
5.	Je ein Reifen links und rechts vom Korb ausgelegt. Pro Reifen 2 bis 3 Spieler. Vor dem Reifen stoppen, Durchbruchfinte nach vorn (wobei Reifen wie bei Uebung Nr. 3. betreten wird) und Sprungwurf auf den Korb, sofort selber den Rebound sichern und weiter dribbeln zur zweiten Spielgruppe usw.	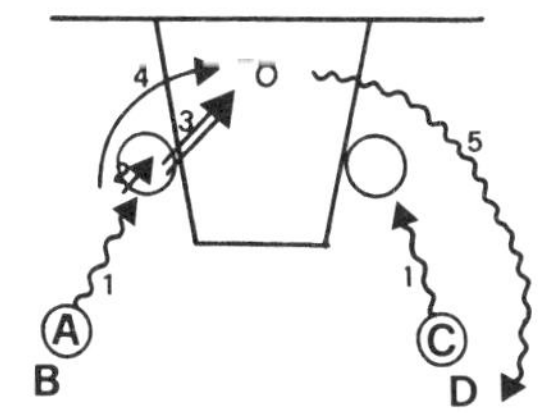
6.	Zu zweit beim Korb: A ist Angreifer, B' passiver Verteidiger. A täuscht einen Durchbruch an und wirft mittels Sprungwurf auf den Korb. B' holt den Rebound ab und wird zum Angreifer, A zum passiven Verteidiger. Variation: - A bricht nach seinem Wurf selber durch und sichert den Offensivrebound, spielt den Ball zu B' zurück und wird nunmehr Verteidiger.	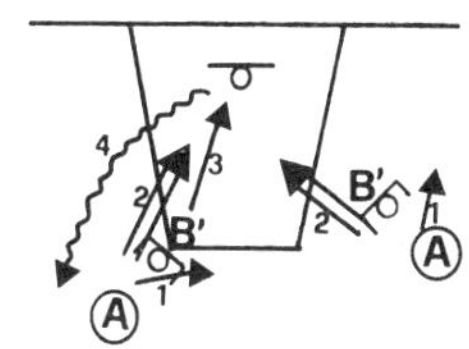
7.	Ausgangslage wie Uebung 6.: A Angreifer, B' aktiver Verteidiger. Der Angreifer hat nun die Aufgabe durchzubrechen, wenn der Verteidiger nicht zurückweicht. (Kein Dribbling bevor der Verteidiger herangelaufen ist.) Nach jedem Wurf Rollenwechsel.	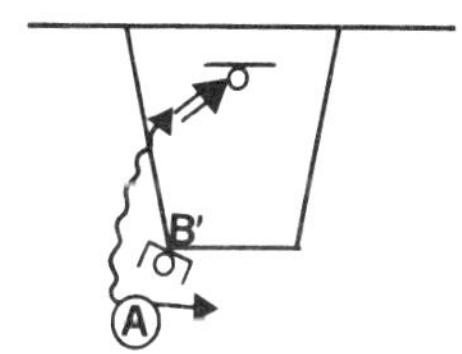

5.1.6 Täuschung vertikal (Wurftäuschung)

Durch Aufwärtsbewegen des Kopfes, des Oberkörpers und des Balles soll der Verteidiger zum Hochspringen veranlasst werden, was die Möglichkeit des Durchbruchs oder (während der Verteidiger landet) eines weniger behinderten Sprungwurfes erlaubt.

NR.	BESCHREIBUNG	ORGANISATION
1.	Reifen sind ca. 5m von der Wand entfernt ausgelegt: A täuscht vor dem Reifen stehend einen Sprungwurf an (ohne die Füsse vom Boden zu lösen), bricht am Reifen durch und wirft mittels "Korbleger" gegen die Wand, holt den Abpraller ab, passt zu B und läuft auf dessen Position, während B die Uebung ausführt. Achtung: Beim Durchbrechen den Ball schützen! (Stellung der Beine) Variation: - Anstelle des Reifens wird ein Malstab verwendet.	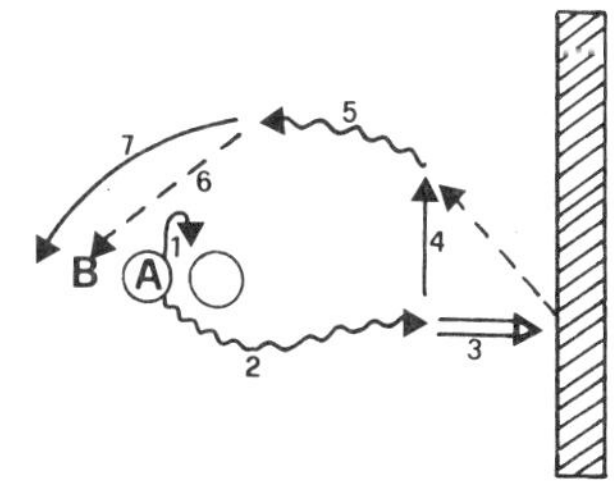
2.	B' passiver Verteidiger, A Angreifer, ca. 5m von der Wand entfernt: A täuscht einen Sprungwurf an (B' deckt nah), bricht an B' vorbei und wirft gegen die Wand, holt den Ball ab, passt zu B' und läuft nun als Verteidiger zu B'. Achtung: - B soll auf den "Verteidiger" A warten, bevor er mit der Täuschungsbewegung beginnt.	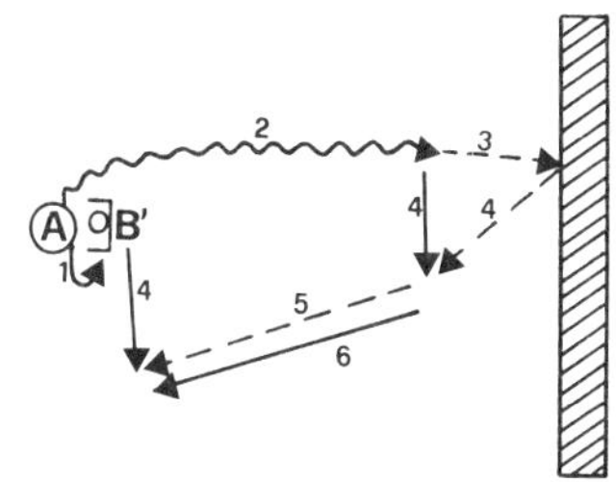
3.	Reifen ca. 5m von der Wand entfernt ausgelegt: Spieler dribbelt auf einen Reifen zu, spielt den Ball mit Druckwurf an die Wand, fängt ihn im Sprung knapp vor dem Reifen, stoppt, täuscht einen Wurf an und bricht zur Wand durch. Er holt den Ball sofort ab und dribbelt auf einen Reifen an der gegenüberliegenden Wand zu.	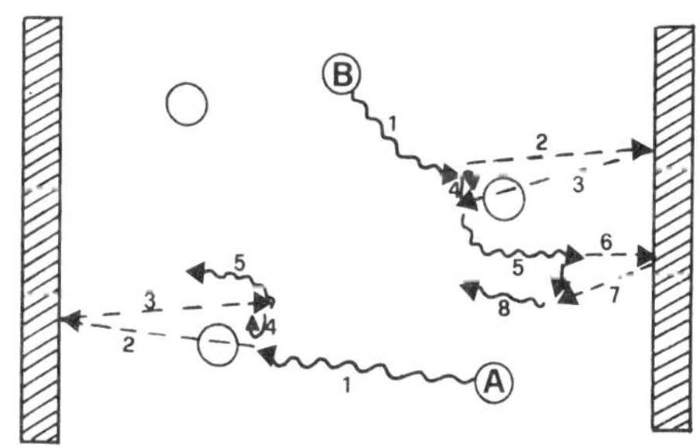

5.1.6 Täuschung vertikal (Wurftäuschung)

NR.	BESCHREIBUNG	ORGANISATION
4.	Zu zweit beim Korb: Zwei Malstäbe ca. 5m vom Korb entfernt, rechts vom Trapez. A und B stehen hinter den Malstäben, C und D auf gleicher Höhe, aber links vom Trapez. A täuscht einen Wurf an, bricht zum Korb durch und wirft, C holt den Rebound ab, spielt den Ball zu B und läuft auf die Position von B. Währenddessen hat sich A hinter D gestellt, der den von B geworfenen Ball abholt und zu C spielt usw. Variation: - Wurftäuschung mit anschliessendem Korbleger zu dritt bei einem an Schaukelringen aufgehängten Reifen.	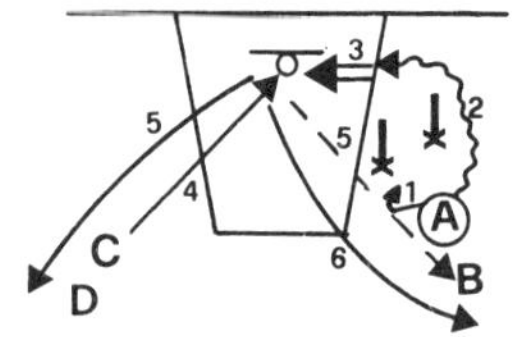
5.	Reifen ca. 4m von der Wand entfernt: Wurftäuschung mit anschliessendem Sprungwurf gegen die Wand (Wurftäuschung durch Hochführen des Balles bis in Kopfhöhe unterstützen, tiefgehen in die Ausgangslage und sofortiger beidbeiniger Absprung mit Wurf). Nicht nach vorne springen! Nach dem Wurf holt der Spieler den Rebound ab und dribbelt zur Ausgangsposition zurück. Variation: - Spieler dribbelt nach Reboundsicherung quer durch die Halle zu einem Reifen an der gegenüberliegenden Wand.	

NR.	BESCHREIBUNG	ORGANISATION
6.	Weichsprungmatte zwischen zwei Barrenholmen, welche auf Augenhöhe fixiert sind, hochgestellt ca. 4m von der Wand entfernt, mehrere Spieler pro Barren. Wurftäuschung, bei der ein Barrenholmen mit dem Ball berührt werden muss, Ausholbewegung ("Tiefgehen" od. Absenken des Körperschwerpunktes und des Balles bis auf Gürtelhöhe als natürliche Vorbereitung für den Absprung) und Sprungwurf über die Matte hinweg gegen die Wand, Ball abholen und zur Ausgangsposition zurückdribbeln.	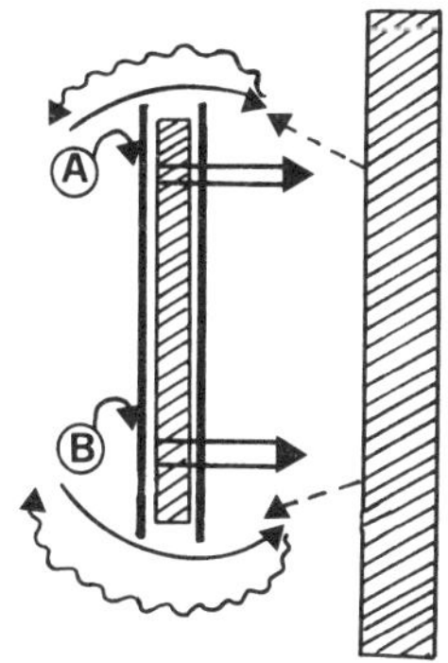
7.	Zu zweit: Schaukelringe auf Kopfhöhe fixiert, A und B stehen sich gegenüber, die Schaukelringe dazwischen. A dribbelt zu den Ringen, täuscht einen Wurf an und berührt dabei mit dem Ball einen Ring; Ausholbewegung und Sprungwurf zwischen den hängenden Seilen durch, B fängt den Ball, dribbelt auf die Schaukelringe zu, während A zurückweicht, und führt die Uebung, wie vorhin A, weiter.	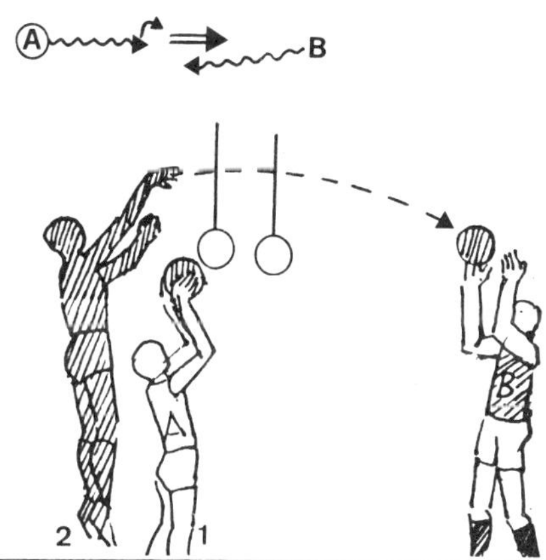

5.1.6 Täuschung vertikal (Wurftäuschung)

NR.	BESCHREIBUNG	ORGANISATION
8.	Zu zweit vor der Wand: A ist Angreifer, B passiver Verteidiger. A täuscht einen Wurf an, bei dem B springt. Während B landet, wirft A mittels Sprungwurf an die Wand. B holt den Rebound ab und dribbelt auf die Position von A. A wird zum passiven Verteidiger, während B täuscht und wirft usw. Achtung: Zuwarten mit der Täuschung, bis der "Verteidiger" in Stellung gelaufen ist. Variation: - Mit 3 Spielern: A wirft, B holt den Ball ab, während C hinter A wartet. B passt zu C; A wird Verteidiger, C Werfer und B hinter C Wartender usw.	
9.	Freies Spiel in Korbnähe mit Wurftäuschungen und anschliessenden Sprungwürfen. Drei bis vier Schüler spielen am selben Korb, wobei jeder mit seinem Ball dribbelt, stoppt, täuscht, wirft und Abpraller abholt, ohne seine Mitspieler bewusst zu behindern. Die 3sec-Regel soll beachtet werden!	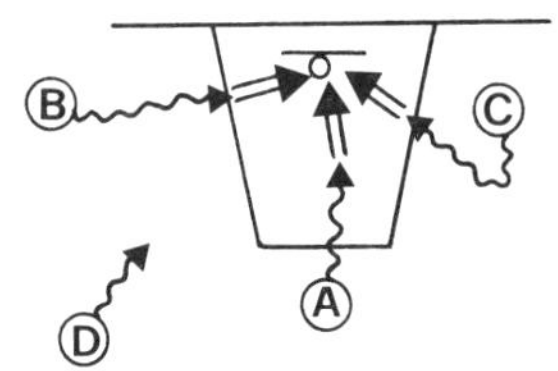
10.	Zu zweit beim Korb: A ist Angreifer, B' passiver Verteidiger. A täuscht einen Wurf an, bei dem B' hochspringt. Während B' landet, wirft A mittels Sprungwurf auf den Korb. B' holt den Rebound ab und dribbelt auf die Position von A. A wird zum passiven Verteidiger. Variation: - Wurf auf eng begrenztes Feld an der Wand.	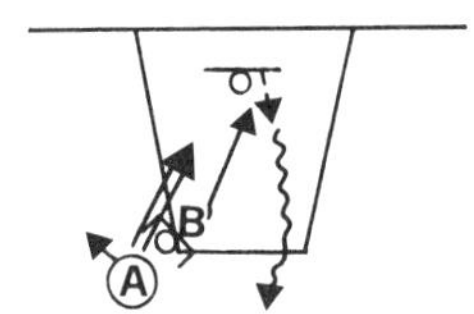

NR.	BESCHREIBUNG	ORGANISATION
11.	Zu zweit beim Korb: Ausgangslage wie bei Uebung 10., aber der eng deckende Verteidiger B' braucht nicht bei jeder Täuschung hochzuspringen. Angreifer A erhält die Aufgabe, seine Folgehandlung (Wurf oder Durchbruch) auf die Reaktion von B' abzustimmen: Springt B' in der Verteidigung hoch, soll A werfen; reagiert B' auf die Täuschung nicht, so soll A durchbrechen. A holt den Ball selber ab, spielt ihn zu B' und wird zum passiven Verteidiger.	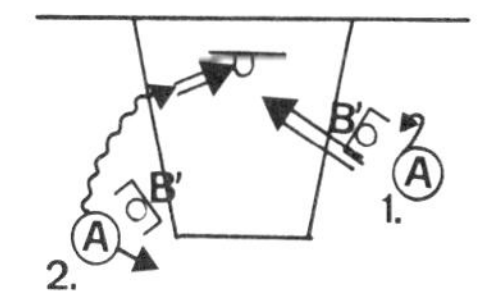
12.	Ausgangslage wie bei Uebung 11., nun aber mit aktivem Verteidiger. A muss seine Aktivitäten auf die jeweilige Reaktion von B' ausrichten (Durchbruch oder Sprungwurf).	
13.	Freie Täuschungsformen mit Wurf und Durchbruch an die Wand ohne Verteidiger. Schüler spielen frei für sich, wobei sie Dribblingsfinten, Täuschungen seitwärts, Täuschungen seitwärts mit halber und ganzer Drehung und Wurffinten zum Wurf und Durchbruch anwenden. Jeder Wurf gegen eine Zielmarkierung an der Wand soll aus einer Täuschung hervorgehen. Auf Doppelfang achten (Durchbruch nur nach Pass an die Wand!).	
14.	Wie Uebung 13., aber nun sind verschiedene Hindernisse vor der Wand (3 bis 6m) aufgestellt (Kästen, Weichsprungmatten, ausgelegte Reifen und Malstäbe). Täuschungen vor den Hindernissen, Wurf oder Durchbruch zur Wand. Kästen und Wände dienen als Anspielmöglichkeiten: Ball an den Kasten spielen, fangen, täuschen usw..	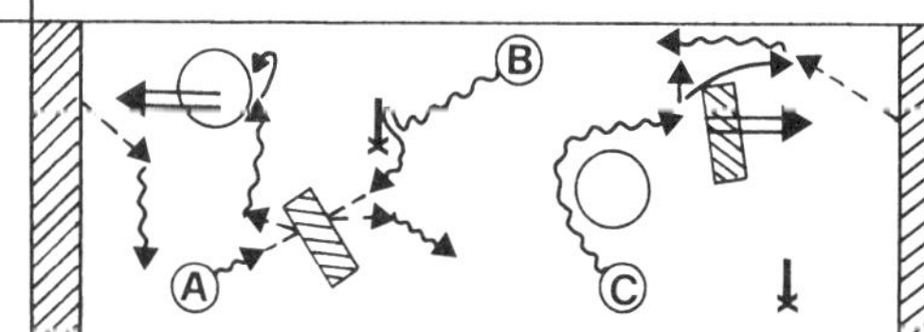
15.	Wie Uebung 14., aber mit Wurf auf Korb, wobei die Hindernisse in U-Form um den Korb aufgestellt sind. Da nur Kästen als Anspielmöglichkeit dienen können, ist allein bei diesen ein Durchbruch möglich. Bei allen anderen Hindernissen folgt auf eine Täuschung (Ausnahme: Dribblingstäuschung) ein Wurf.	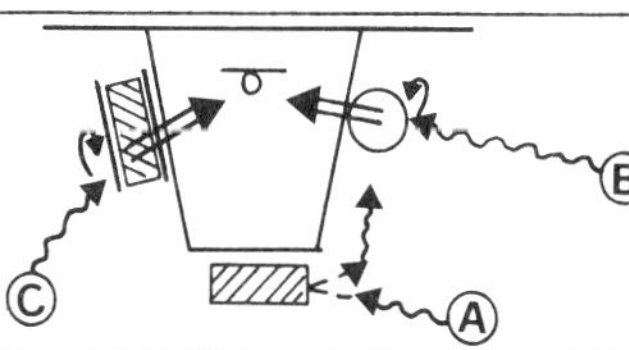

5.1.7 Sprungwurf aus der Drehung heraus (Centerwurf)

Aehnlich wie bei 5.1.4 "Täuschung seitwärts mit halber Drehung" besteht bei dieser Wurfvariante ein Hauptproblem darin, dass das Zielobjekt nicht schon vor der Drehung fixiert werden kann. Der Sprungwurf aus der Drehung heraus verlangt gute Koordination und Bewegungssicherheit, um erfolgreich zu sein, und bildet wegen seines Ueberraschungseffektes eine wirksame Wurfvariante.

Die folgende kurze Aufbaureihe kann natürlich beliebig durch Uebungen aus "Täuschung seitwärts mit halber Drehung" ergänzt werden.

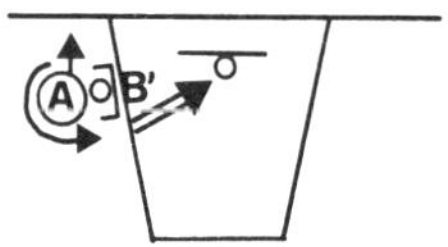

4 3 2 1

NR.	BESCHREIBUNG	ORGANISATION
1.	Ein Spieler mit Ball steht unmittelbar neben den links von ihm fixierten Schaukelringen (sprunghoch). Er springt hoch, mit 1/4 Drehung nach links und bringt den Ball in Wurfausgangslage. In dieser Haltung soll mit dem Ball ein Ring berührt werden. (Achtung: Arme gebeugt!) Variation: - Anstelle von Ringpaaren kann auch eine zwischen zwei Hochsprungständern gespannte Leine verwendet werden.	
2.	Wie Uebung 1., aber Rücken den Ringen resp. der Leine zugewandt. Absprung mit 1/2 Drehung.	
3.	Spieler mit Ball im Seitstand zur Wand. Abstand von dieser ca. 3m. Absprung mit 1/4 Drehung und Wurf gegen die Wand.	
4.	Wie Uebung 3., aber mit dem Rücken zur Wand. Absprung mit 1/2 Drehung und Wurf.	
5.	Tief hängende Ringe, zu zweit: A mit Ball im Seitstand ca. 2m von den Ringen entfernt. Absprung mit 1/4 Drehung und Wurf, wobei der Ball zwischen den hängenden Seilen hindurch gespielt werden soll. B fängt den Ball, Sternschritt mit 1/4 Drehung nach rechts, sofortiger Absprung mit 1/4 Drehung nach links und Wurf usw.	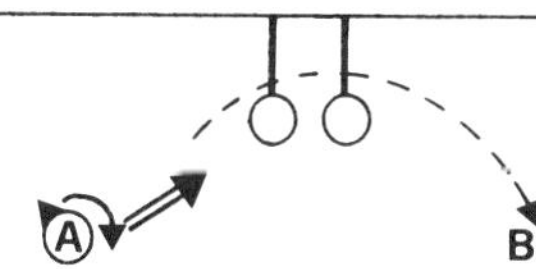
6.	Wie Uebung 5., aber A steht mit dem Rücken zu den Ringen. Absprung mit 1/2 Drehung, Wurf. B fängt, Sternschritt mit halber Drehung nach rechts (Rücken zu den Ringen), Absprung mit halber Drehung nach links usw.	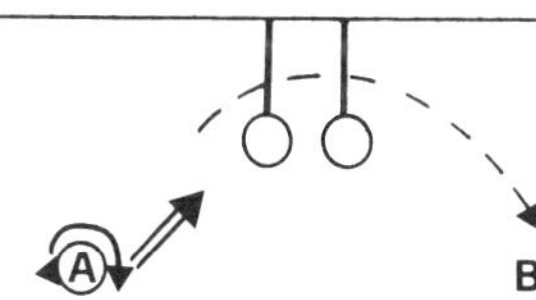

5.1.7 Sprungwurf aus der Drehung heraus (Centerwurf)

NR.	BESCHREIBUNG	ORGANISATION
7.	Ausgangslage wie bei Uebung 6.: A wirft aus der Drehung heraus mittels Sprungwurf zwischen den Seilen hindurch, B fängt den Ball, dribbelt an den Platz von A (während A an den Platz von B läuft), stoppt (Rücken zu den Ringen) und wirft aus der Drehung heraus zwischen den hängenden Seilen durch usw.	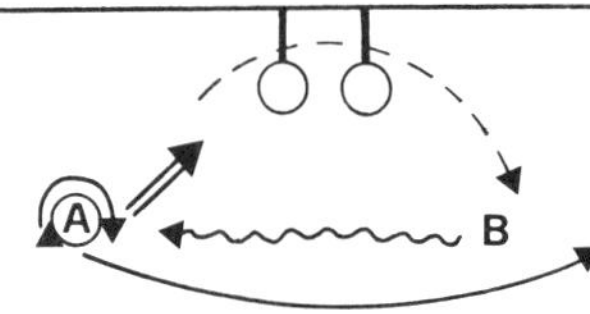
8.	Ringpaare, an denen jeweils ein Reifen befestigt ist, sind bis in ca. 3.50m Höhe aufgezogen. Wie Uebung 7., wobei nun versucht werden muss, den Ball aus der Drehung heraus durch den Reifen zu werfen. Variation: - Anstelle eines Reifens kann ein Gymnastikstab verwendet werden. Dieser wird durch die beiden Ringe (in ca. 3m Höhe) geschoben, wodurch eine Art American-Football-Tor entsteht.	
9.	Im Strafraum sind 3 Malstäbe aufgestellt: Pro Malstab übt ein Spieler mit Ball den Sprungwurf aus der Drehung heraus. Werfen, Ball abholen, zum Malstab zurückdribbeln, werfen usw.	
10.	Aufstellung wie bei Uebung 9., wobei die Malstäbe etwas weiter vom Korb entfernt werden. Nun wird nicht mehr nur von einem Platz aus geworfen, sondern die Spieler dribbeln nach jedem Rebound auf eine neue Position (Wechsel der Positionen im Uhrzeigersinn: A zu C, C zu B, B zu A).	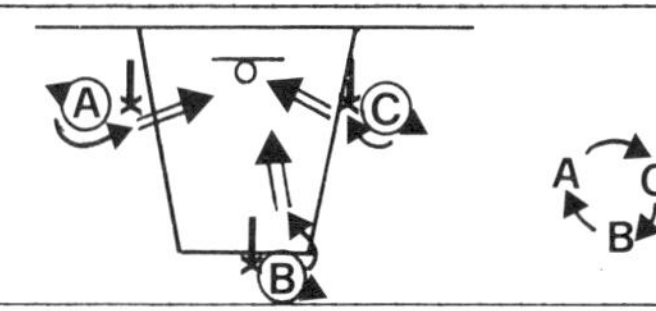
11.	Wie Uebung 10., aber nun wird nicht frontal zum Malstab gestoppt, sondern dieser umdribbelt, so dass er im Rücken des Spielers, als fiktiver Verteidiger, zu stehen kommt.	
12.	Ohne Markierungen und Hindernisse sollen die Spieler, jeder mit seinem Ball, von verschiedensten Positionen aus der Drehung heraus auf den Korb werfen.	

Der Hakenwurf, der in erster Linie ein Centerwurf ist, ist auch von einem gut deckenden Verteidiger sehr schwer abzuwehren, da der Ball mit der gegnerfernen Hand hochgeführt und abgeworfen wird, und der Werfer sich dabei noch zwischen Verteidiger und Ball befindet.
Er sollte mit der rechten und linken Hand geübt werden (siehe dazu auch Kapitel 4.4.6).

5.1.8 Täuschung zum Hakenwurf

NR.	BESCHREIBUNG	ORGANISATION
1.	Spieler mit dem Rücken zur Wand in Basketballgrundstellung. Das linke Bein in einem Bogen nach links hinten aufsetzen, Kopf zur Wand drehen, Absprung vom linken Bein und Hakenwurf gegen die Wand.	
2.	Wie Uebung 1., aber auf Zielmarkierung werfen.	
3.	Ausgangslage wie bei Uebung 1., den rechten Fuss aber zurücksetzen und links werfen.	
4.	Ausgangslage wie bei Uebung 1.: Körpertäuschung nach rechts, ohne dabei den rechten Fuss vom Boden zu lösen, Rückversetzen des linken Beines und Hakenwurf rechts gegen die Wand.	
5.	Wie Uebung 4., aber Täuschung nach links und Wurf links.	
6.	Kasten ca. 6m von der Wand entfernt aufgestellt: Spieler steht zwischen Kasten und Wand. Den Ball an den Kasten spielen, in Parallelstellung fangen, Täuschung nach rechts (Achtung: kein Abheben des rechten Fusses), den linken Fuss im Bogen nach hinten setzen, Absprung und Hakenwurf rechts. Rebound sichern, Pass an den Kasten usw..	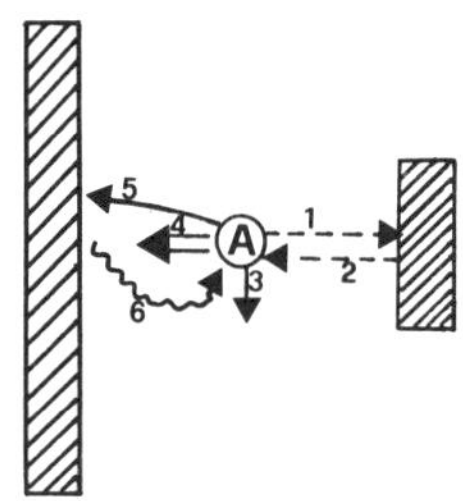

NR.	BESCHREIBUNG	ORGANISATION
7.	Tief hängende Ringe, zu zweit: A steht mit dem Rücken ca. 3m von den Schaukelringen entfernt. Täuschung rechts und Hakenwurf rechts (wie in Uebung 1. beschrieben) zwischen den hängenden Seilen hindurch. B fängt den Ball, dribbelt auf die Position von A, stoppt in Parallelstellung, täuscht und wirft mit Hakenwurf rechts. Inzwischen ist A an den ehemaligen Platz von B gelaufen usw.	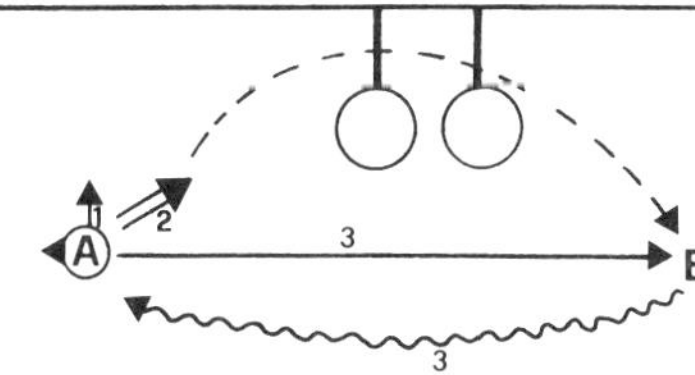
8.	Wie Uebung 7., aber Täuschung links und Wurf links.	
9.	Ein Spieler steht mit Ball ca. 2m vom Korb, Rücken zum Korb. Täuschung rechts und Hakenwurf rechts, Rebound sichern, zur linken Seitenwand durchbrechen, den Ball aus ca. 5m Distanz an die Wand spielen, den Ball in Basketballgrundstellung fangen, Sternschritt links mit halber Drehung um das rechte Standbein, Täuschung rechts (ohne Abheben des rechten Fusses) und Hakenwurf rechts gegen die Wand, Ball fangen und zum Korb zurückdribbeln, weiterdribbeln bis der Korb knapp im Rücken ist usw.	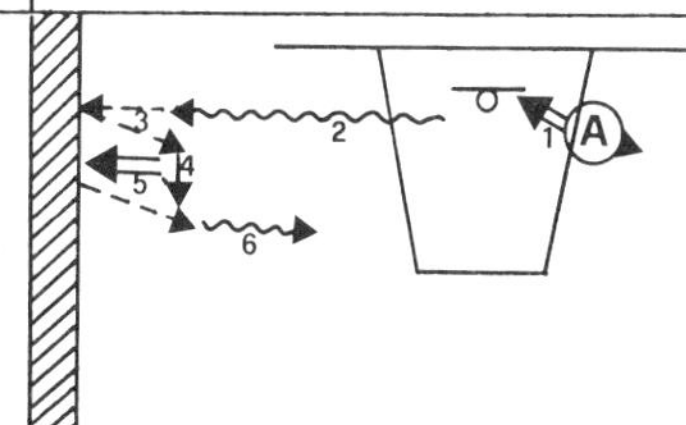
10.	Ein Spieler mit Ball vor Zielmarkierungen an der Wand und beim Korb (Abstand jeweils ca. 3m). Zwischen den Zielobjekten und den Rücken der Spieler stehen Malstäbe. Täuschung rechts, zurücksetzen des linken Beines (dabei den Malstab nicht umstossen) und Hakenwurf rechts gegen die Markierung (auf den Korb). Rebound fangen, in die Ausgangsstellung zurückdribbeln, Ball im Sprungstopp fangen (Parallelstellung mit dem Rücken zum Korb) usw.	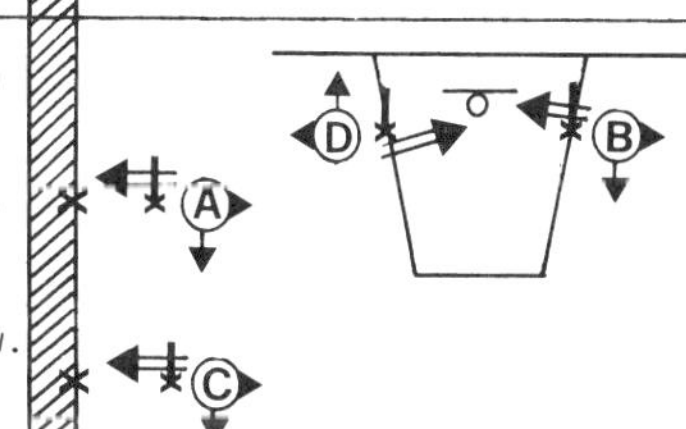
11.	Wie Uebung 10., aber Täuschung links und Wurf links.	

5.1.8 Täuschung zum Hakenwurf

NR.	BESCHREIBUNG	ORGANISATION
12.	Zu zweit beim Korb: A steht in Postposition. B spielt den Ball zu A, A täuscht nach rechts und wirft mit Hakenwurf rechts auf den Korb, er bricht selber sofort zum Korb durch, holt den Rebound ab, dribbelt aus dem Freiwurfraum in Richtung Mittellinie und spielt den Ball zu B, der auf die Postposition gelaufen ist usw. (Evtl. auch aus einer näheren Distanz zum Korb beginnen.)	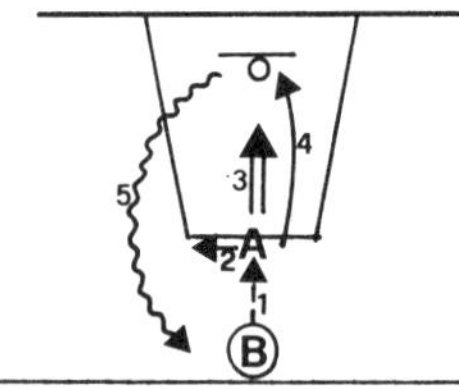
13.	Wie Uebung 12., aber Täuschung links und Wurf links. Variation zu Uebung 12. und 13. mit 3 Spielern: - Spieler A in Postposition, Rücken zu Verteidiger B. C spielt zu A, A täuscht nach rechts/links, dreht und wirft mit Hakenwurf. C holt den Rebound und passt zu A. A wird Zuspieler, B Angreifer in Postposition und C Verteidiger.	
14.	Zu zweit: A dribbelt auf die Freiwurflinie zu, B' stellt sich als passiver Verteidiger A in den Weg, A stoppt, führt zur Ballsicherung Sternschritt mit halber Drehung um den rechten Fuss aus, täuscht mit dem Körper nach rechts und wirft aus der Drehung um den schräg zurückgesetzten linken Fuss heraus mit Hakenwurf rechts auf den Korb. A bricht selber zum Korb durch, fängt den Ball und spielt ihn zum hinausgelaufenen B (Rollenwechsel). Spielformen (auf einen Korb): - je zwei bis vier 2er-Gruppen spielen nebeneinander; - 2 gegen 2 mit freiem Verteiler; - 2 gegen 2, 3 gegen 3.	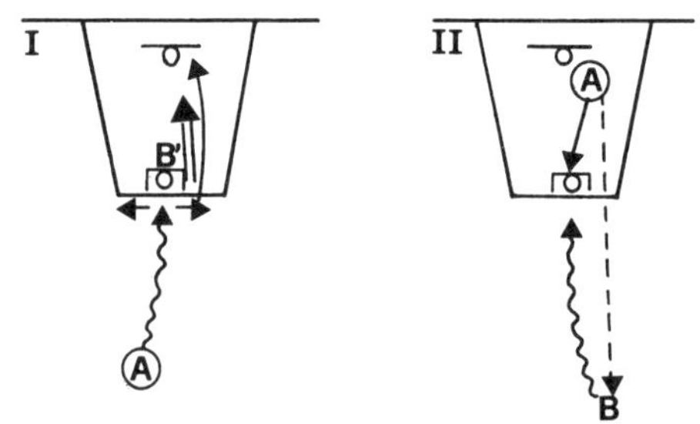

Alle Täuschungen während des Zweierrhythmus mit anschliessendem Korbwurf setzen das sichere Beherrschen des Korblegers aus dem Dribbling voraus.
Die Beherrschung dieses Bewegungsablaufes befähigt den Spieler nun durch Variation des Schrittmusters, durch Oberkörper-, Kopf- oder Armbewegung odcr durch entsprechende Ballführung den Gegner so zu verwirren, dass eine Abwehr zu spät kommt.

Methodischer Hinweis

Die Erlernung der nachfolgenden Täuschungen geschieht analog der bisher besprochenen Täuschungsarten wie folgt:

1. Erarbeiten der Grundform	: Aus dem Stand und rhythmischem Dribbeln, ohne bzw. mit einfachem Zielobjekt.
2. Festigen und Diversifizierung der Grundform:	Unter Hinzunahme eines zunehmend schwieriger zu treffenden Zielobjekts und verschiedenen Hindernissen (Reifen, Malstäbe, passiver Verteidiger). Variation der Anlaufrichtung und -geschwindigkeit, zunehmend komplexere Bewegungsaufgaben.
3.Automation der Bewegung	: Spiel mit Partner oder Partnern und in verschiedenen Gruppen auf einen Korb. Spiel 1 gegen 1, 2 gegen 1, 2 gegen 2, 3 gegen 3 auf einen Korb mit Spezialregeln, welche die erlernten Täuschungsarten eher wahrscheinlich machen.

Im folgenden ist anhand der Täuschung seitwärts während des Zweierrhythmus der obige Weg nochmals exemplarisch aufgezeigt, ohne aber auf die ganze Vielfalt von möglichen Zielobjekten, Hindernissen etc. einzugehen. Auf weitere Täuschungsarten wird danach nur mehr kurz hingewiesen.

5.2.1 Täuschung seitwärts während des Zweierrhythmus

NR.	BESCHREIBUNG	ORGANISATION
1.	Dribbling, Zweierrhythmus und Korbleger auf einen Korb, wobei der Zweierrhythmus (die beiden Schritte) weiträumig ausgeführt werden sollen (Achtung: kräftigen Absprung nicht vernachlässigen!). Rebound sichern, zum nächsten Korb weiterdribbeln usw.	
2.	Reifen 2m von der Wand entfernt ausgelegt: Ein Spieler steht mit Blick zur Wand ca. 1m vor dem Reifen, linke Vorschrittstellung mit rhythmischem Dribbling rechts an Ort. Letztes Dribbling etwas nach rechts vorne spielen, Spieler landet mit Ball auf rechts (wobei dieser Sprung rechts vom Reifen versetzt ist), Stemmschritt nach links vorne und Korbleger gegen die Wand, Ball abholen und zum Ausgangsort zurückdribbeln usw.	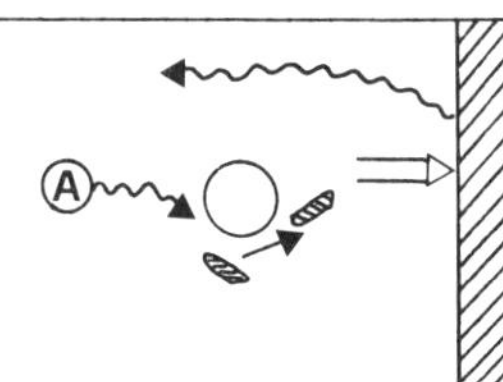

NR.	BESCHREIBUNG	ORGANISATION
3.	Wie Uebung 2., aber anstatt zum eigenen Ausgangsort zurückzudribbeln, dribbelt der Spieler mit Nachstellschritten (tiefes Dribbling) zum gegenüberliegenden Reifen und geht ohne Stoppen und Dribbling an Ort direkt zum versetzten Zweierrhythmus über.	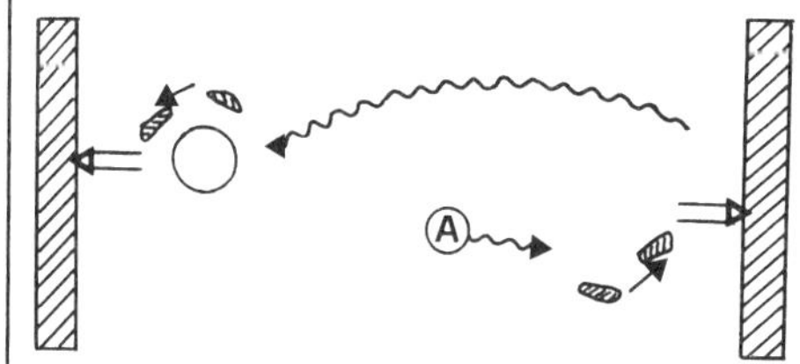
4.	Wie Uebung 3., aber Sprung nach rechts mit betontem Mitgehen des Oberkörpers und entsprechender Kopfdrehung (möglichst glaubhafte Täuschung nach rechts).	
5.	Wie Uebung 4., aber Wurf gegen Zielmarkierung an der Wand.	
6.	Zwei Malstäben sind vor der Wand aufgestellt (siehe Skizze), ebenso an der gegenüberliegenden Wand. Dann wie Uebung 5.	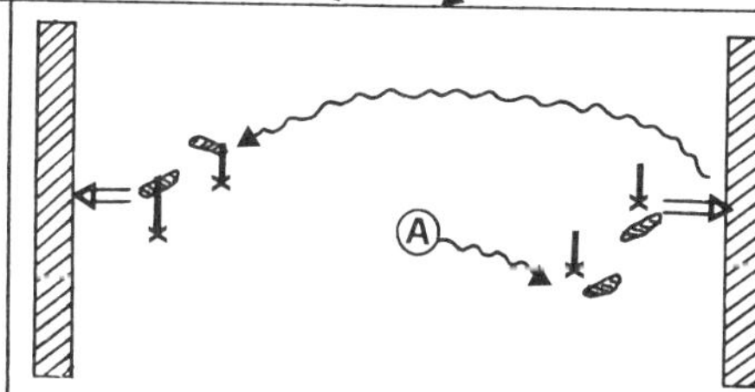
7.	Reifen ca. 1,5m von der Wand entfernt ausgelegt: Tiefes Dribbling mit Nachstellschritten, versetzter Zweierrhythmus vor dem Reifen (siehe Skizze), Korbleger gegen die Wand, Abpraller sichern und zum gegenüberliegenden Reifen dribbeln.	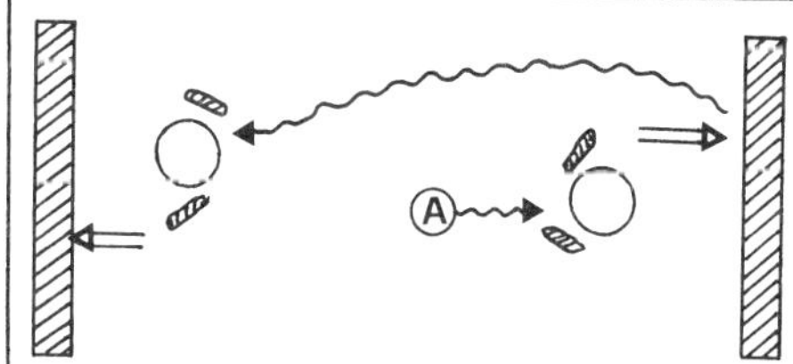

5.2.1 Täuschung seitwärts während des Zweierrhythmus

NR.	BESCHREIBUNG	ORGANISATION
8.	Drei bis vier Spieler mit je einem Ball unter einem Korb. Dribbling, versetzter Zweierrhythmus und Wurf (anfänglich von rechts, dann auch von links).	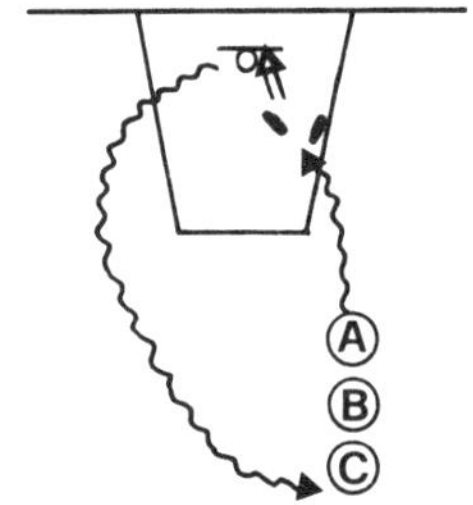
9.	Ein Reifen in ca. 2m Entfernung zum Korb: Dribbling von rechts, versetzter Zweierrhythmus um den Reifen herum, Korbleger, Ball abholen und zur Ausgangsposition zurückdribbeln.	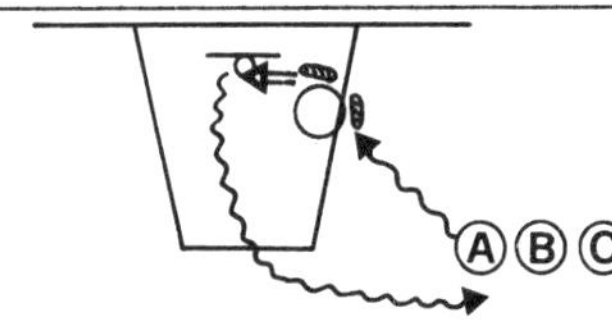
10.	Zwei leicht versetzte Malstäbe beim Korb: Dribbling auf den 1. Malstab zu, Sprung nach rechts vorne auf den 2. Malstab zu, Stemmschritt links und Korbleger rechts, Ball sichern und zur Ausgangsposition zurückdribbeln.	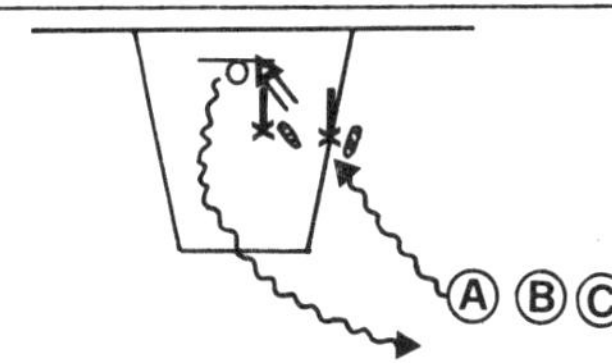
11.	Ein Reifen in ca. 1,5m Entfernung zum Korb: Dribbling rechts, versetzter Zweierrhythmus vor dem Reifen, Korbleger, Rebound sichern und zurückdribbeln.	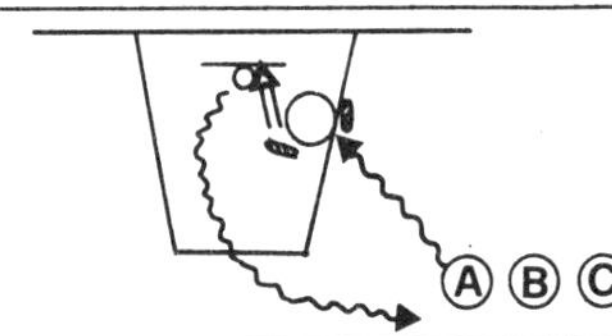

NR.	BESCHREIBUNG	ORGANISATION
12.	Zwei Malstäbe und ein Reifen beim Korb: Ein Spieler dribbelt auf den Reifen zu, macht versetzten Zweierrhythmus vor dem Reifen, wirft auf den Korb, sichert den Rebound und dribbelt auf die andere Seite, von wo er um die Malstäbe herum den Zweierrhythmus ausführt und wirft usw.	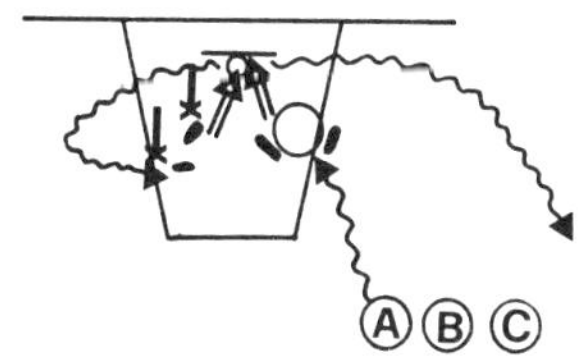
13.	Mehrere Spieler bei einem Korb: Jeder Spieler spielt für sich selber, bricht zum Korb durch, täuscht im Zweierrhythmus nach rechts und wirft mittels oberem Korbleger auf den Korb. Er dribbelt wieder aus dem Trapez heraus und startet einen neuen "Angriff" von veränderter Position aus (aus verschiedensten Positionen - links, rechts, Mitte usw. - üben).	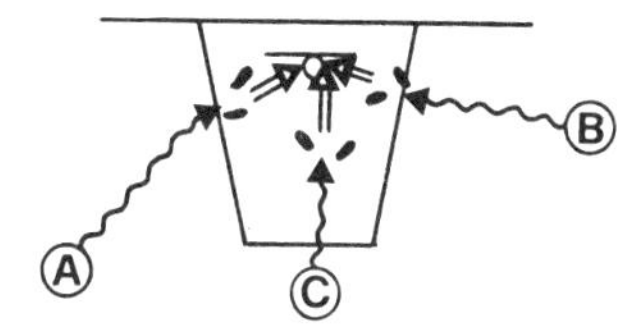
14.	Zu zweit beim Korb: A Angreifer, B' passiver Verteidiger. A dribbelt auf B' zu, täuscht vor B' im Zweierrhythmus nach rechts; Stemmschritt links von B' und Korbleger; A holt den Ball selber ab und spielt diesen zum inzwischen aus der Zone hinausgelaufenen B'; Rollenwechsel.	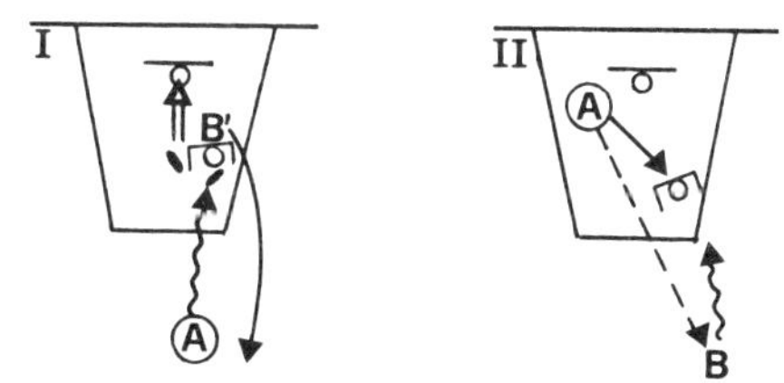
15.	Wie Uebung 14., aber knapp ausserhalb der Freiwurflinie ist ein Reifen ausgelegt: Dribbling, Dribblingstäuschung vor dem Reifen, Dribbling in Richtung Verteidiger, Täuschung seitwärts während des Zweierrhythmus, Korbleger, Reboundsicherung und Rollentausch.	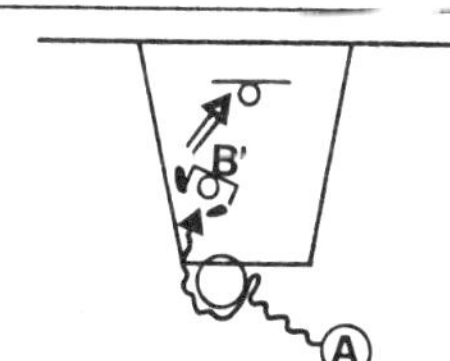

5.2.1 Täuschung seitwärts während des Zweierrhythmus

NR.	BESCHREIBUNG	ORGANISATION
16.	Drei 2er-Gruppen spielen mit je einem Ball unter einem Korb: Zuspiele, Dribbling, Täuschung während des Zweierrhythmus und Korblegers wechseln sich ab. Nach jedem Korbwurf muss aus dem Trapez herausgedribbelt oder -gespielt werden, bevor ein neuer Angriff gestartet werden kann.	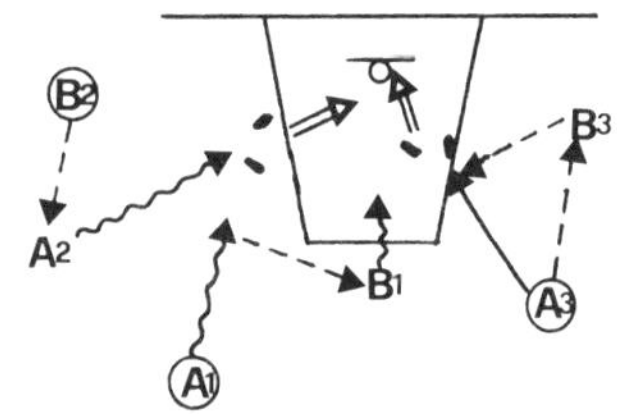
17.	Zwei Angreifer, ein passiver Verteidiger: A dribbelt auf den Verteidiger C' zu, täuscht im Zweierrhythmus nach rechts, wobei er den Ball zu B weiterspielt und bricht links an Verteidiger C' zum Korb durch, B wirft mittels Drehsprungwurf auf den Korb, A holt den Ball ab und spielt ihn zu C', der inzwischen aus der Zone hinausgelaufen ist und nun zum Angreifer wird, B wird Verteidiger und A Werfer.	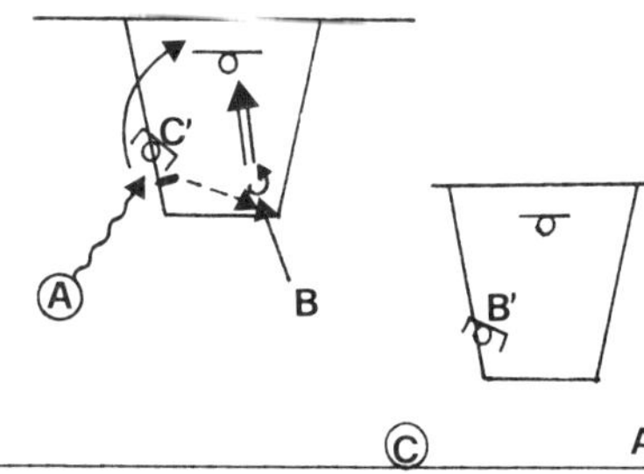
18.	Spiel zwei gegen zwei auf einen Korb: Alle bekannten Täuschungsarten sollen angewendet werden, wobei jedes Mal, wenn ohne Behinderung zum Korb durchgebrochen werden kann, während des Zweierrhythmus eine Täuschung seitwärts ausgeführt werden soll. Das Spielerpaar, das gepunktet hat, bleibt im Ballbesitz und startet von ausserhalb des Freiwurfraumes einen neuen Angriff. Der Defensivrebound muss erst aus der Zone hinausgespielt werden, bevor geworfen werden darf. Variation: - Spiel 2 gegen 2 auf einen Korb, wobei Körbe, welche auf eine Täuschung während des Zweierrhythmus folgen, 3 Punkte zählen.	

Die hier aufgeführten Formen sollten in der Regel, wie die Täuschung seitwärts während des Zweierrhythmus eingeführt werden.

Täuschung seitwärts während des Zweierrhythmus durch Armbewegung unterstützen

Die Täuschung seitwärts während des Zweierrhythmus kann für den Spieler wie für den Zuschauer noch attraktiver gestaltet werden, indem beim Sprung nach rechts vorne die Täuschung noch durch ein Ausstrecken des rechten Armes unterstützt wird.

Hierbei wird der Ball mit der linken Hand gegen den Körper gepresst, der Blick deutlich nach rechts gewendet und mit dem rechten Arm eine Handbewegung nach rechts getan (siehe Zeichnung B).

Für den Stemmschritt nach links vorne wird die rechte Hand an den Ball zum Körper zurückgezogen.

Hinweis: Diese zusätzliche Körperbewegung, die gerne als kleine Showeinlage angewendet wird, eignet sich gut dazu, guten Schülern eine ihrem höheren Leistungsstand entsprechende Zusatzaufgabe zu geben.

Die Attraktivität, wenn auch nicht unbedingt die Zweckmässigkeit, der beschriebenen Täuschung kann noch zusätzlich gesteigert werden, indem der Sprung nach links vorne (Stemmschritt) durch eine Kopfdrehung nach links und ein Ausstrecken des Armes nach links unterstützt wird (siehe Zeichnung A).

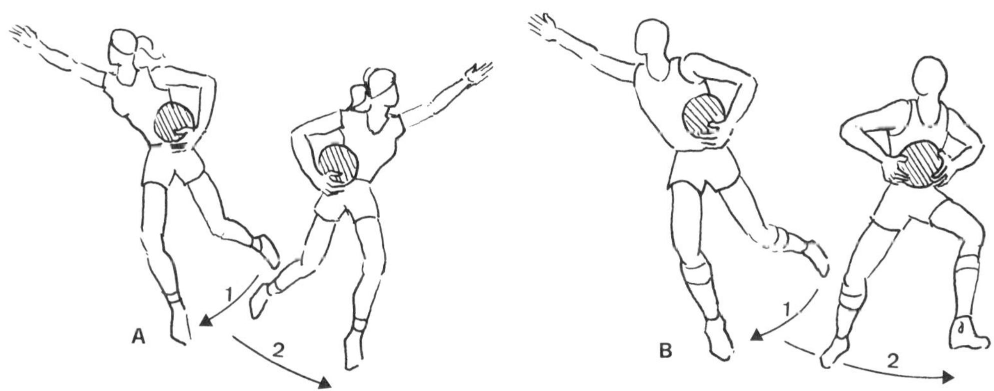

5.2.2 Variationen der Täuschung während des Zweierrhythmus

Ball während des Zweierrhythmus in Gegenuhrzeigersinn um den Körper führen

Diese nicht sehr wirksame aber umso attraktivere Täuschungsart setzt gute Balltechnik und ein sicheres Beherrschen des Zweierrhythmus voraus. Ihr kommt neben ihrem ästhetischen Wert vor allem die Bedeutung des Schützens des Balls vor dem Gegner zu.

Beschreibung: : Beim letzten Dribbling vor dem Zweierrhythmus (mit der rechten Hand auf links ausgeführt) wird der Ball vor dem Körper auf die linke Seite des Spielers geprellt. Der zurückspringende Ball wird mit der linken Hand neben dem Körper tief aufgenommen und hinter dem Rücken durch der rechten Hand übergeben. Inzwischen ist der Spieler auf rechts gelandet, führt den letzten Schritt aus und wirft mittels Korbleger.

Methodischer Hinweis : Für das Gelingen der Aktion ist das letzte Aufsetzen des Balles auf dem Boden besonders wichtig. Der Ball muss weit genug nach links und im richtigen Abstand zum Körper (abhängig von der Geschwindigkeit des Spielers) gespielt werden. Die Uebergabe des Balles von der linken in die rechte Hand geschieht auf Hüfthöhe. Jedes Höherbringen des Balles erschwert die Ausführung der Bewegung.

Mögliche Aufbaufolge : Erst aus dem Gehen üben, fortgesetzt Ball nach links prellen, aufnehmen, um den Körper führen und wieder prellen, dann mit eigentlichem Zweierrhythmus und Korblegerbewegung an die Wand.

Verzögerter einhändiger Wurf

Beschreibung: Zweierrhythmus, Absprung mit Hochführen des Balles in Wurfauslage zum oberen Korbleger, runterführen des Balles bis zur Wurfschulter (Ellbogen des Wurfarmes bleibt vor dem Körper) und einhändiger Wurf von der Schulter aus.

Methodischer Hinweis:

- Erst ohne eigentlichen Absprung, nur das Hoch-, Runterführen des Balles mit anschliessendem Wurf üben (links Vorschritt, Schwungbeineinsatz rechts, hoch-, runterführen des Balles und Wurf).
- Danach mit einem Schritt und Wurf und erst dann aus dem Prellen mit Absprung üben.

5.2.2 Variationen der Täuschung während des Zweierrhythmus

Verzögerter Wurf durch Hoch-, Runterführen des Balles im Sprung

Beschreibung: Zweierrhythmus, Absprung mit Hochführen des Balles in Wurfauslage zum beidhändigen unteren Korbleger, herunterführen des Balles mit beiden Händen (Arme strecken), gleichzeitig werden die Beine gestreckt hochgeführt, wodurch der Körper in eine leicht gebückte Haltung kommt (Klappmesser-Bewegung); der Ball befindet sich dadurch für einen Moment in der Nähe der Unterschenkel. Strecken des Körpers und beidhändiger Unterhandwurf auf den Korb.

Möglicher Aufbaufolge:

- linke Vorschrittstellung, Schwungbeineinsatz, Ball hoch- und runterführen, werfen;
- rechte Vorschrittstellung, links Schritt nach vorne, Schwungbein (1,2) hoch-, runterführen des Balles und Wurf;
- prellen, Zweierrhythmus, Absprung, Ball hoch-, runterführen;
- prellen, Zweierrhythmus, Absprung, Ball hoch-, runterführen, werfen (hierbei Handgelenkbewegung beachten);
- dito, aber beim Runterführen des Balles Beine anziehen;
- dito, aber mit "Klappmesser"-Bewegung.

Kapitel 6

Übungs- und Spielformen für die Grundelemente der Vortaktik

6.1 Allgemeines Verteidiger- und Angreiferverhalten

In diesem Kapitel werden einfache und basketballspezifische Interaktionsformen zweier Spieler behandelt. Das Zusammenspiel in freier und systematischer Form verlangt eine ganz spezielle Einstellung zum Spiel und zum Partner. Nicht die Zielobjektorientiertheit, der individuelle Erfolg sollten als Leitfaden dienen, sondern die Partnerorientiertheit und der durch spielerische Interaktion gemeinsam erzielte Erfolg.

Wichtiges Merkmal dieser Zusammenarbeit, dieses Zusammenspiels ist unter anderem das sich Freistellen, sich Anbieten. Freistellen bedeutet, sich partnerorientiert zu bewegen und das Zuspiel des Partners zu erleichtern, ja überhaupt zu ermöglichen. Dazu muss der Spieler aus dem Verteidigerschatten heraustreten und sich dem Partner anbieten. Dieser Grundgedanke wird in diesem Kapitel von den einfachen Prinzipien des Freilaufens bis hin zu den basketballspezifischen Interaktionsformen wie Schneiden und Blocken systematisch verfolgt.

a) Verteidigerverhalten (bei Manndeckung)

Der Verteidiger versucht, in erster Linie den Angreifer vom Zielobjekt abzudrängen, erst als zweites versucht er, in den Besitz des Balles zu gelangen. Dies geschieht in einer Vorschrittstellung, und zwar in spiegelbildlicher Stellung zum Angreifer, was diesem einen Durchbruch wesentlich erschwert (Angreifer führt rechts den Ball mit linker Vorschrittstellung und umgekehrt).

Solange der Angreifer sein Dribbling noch nicht begonnen hat (erste Ballaufnahme) oder er sich noch im Dribbling befindet, wird er auf Distanz verteidigt (als Faustregel gilt eine Armlänge als Abstand). Erst bei der zweiten Ballaufnahme geht der Verteidiger eng auf seinen Gegenspieler hinaus, da diesem ein Durchbruch, der Doppelfangregel wegen, nicht mehr möglich ist.

Jeder Körperkontakt ist grundsätzlich verboten. Der Verteidiger darf den Gegner weder von hinten noch von der Seite angreifen und ihn nicht mit ausgebreiteten Armen von vorne sperren.
Ebenso ist es untersagt, ihm den Weg durch eine seitliche Beinbewegung abzuschneiden.

Der Verteidiger sollte versuchen, ständig zwischen Gegner und Korb zu bleiben und sich nicht durch entsprechende Täuschungsversuche aus dieser Stellung herauslocken zu lassen (nicht Kopf oder Oberkörper, sondern Schwerpunkt des Angreifers beachten).

NR.	BESCHREIBUNG	ORGANISATION
1.	Beinfechten: A und B versuchen, ohne Rempeln, die Oberschenkel des Gegners zu berühren, gleichzeitig aber die eigenen durch geschicktes Ausweichen zu schützen.	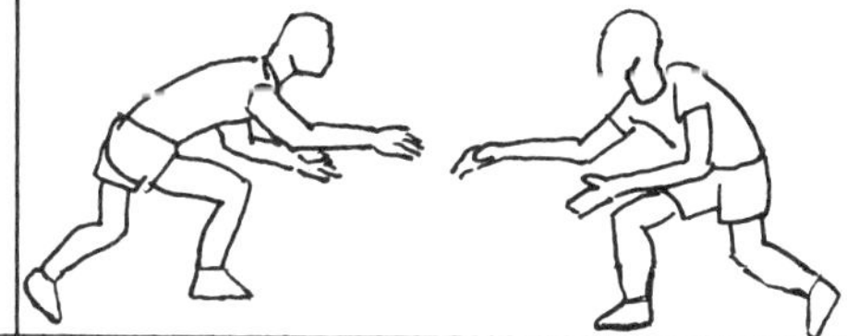
2.	Zwei sich gegenüberstehende Spieler halten einander die Hände: Jeder versucht, mit den Füssen diejenigen seines Partners von oben zu berühren.	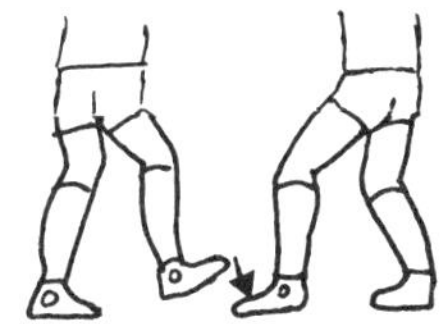
3.	A und B stehen sich gegenüber: B versucht, alle Bewegungen von A nachzuvollziehen (starten, stoppen, täuschen usw.).	
4.	A (ohne Ball) versucht, dem prellenden B den Ball ohne Körperkontakt abzunehmen.	

6.1.1 Allgemeines Verteidigerverhalten (bei Manndeckung)

NR.	BESCHREIBUNG	ORGANISATION
5.	Beide mit Ball: Prellend versuchen sie, sich gegenseitig den Ball wegzuspielen (kontinuierlich den eigenen Ball prellen und mit dem Körper schützen).	
6.	In der richtigen Verteidigungsstellung den Reifen entlang rückwärts auf die Seite zurückweichen (Blick bleibt nach vorne gerichtet; beim Zurückweichen nach links - rechtes Bein in Vorschrittstellung und umgekehrt).	
7.	Wie Uebung 6., die Richtungswechsel erfolgen aber schon nach 2, später nach einem Reifen, was einen schnelleren Beinwechsel bedingt.	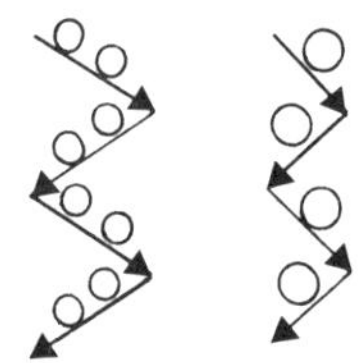
8.	Die vorangegangenen Uebungsformen können erschwert werden, indem in die Reifen Medizinbälle gelegt werden, die mit der Hand berührt werden müssen (linkes Bein vorne - linke Hand, rechtes Bein vorne - rechte Hand,...).	

NR.	BESCHREIBUNG	ORGANISATION
9.	Wie Uebung 8., aber mit Rhythmuswechseln variieren (Reifenplazierung weit - eng).	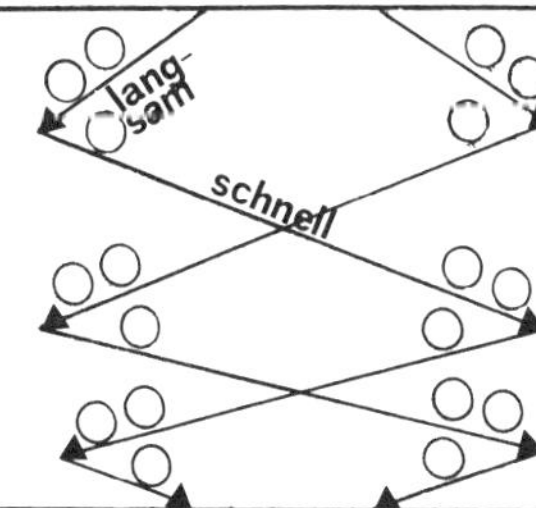
10.	Die Uebungen können weiter erschwert werden, indem Malstäbe in den Weg des Verteidigers gestellt werden, denen er noch zusätzlich ausweichen muss (es muss ihm stets klar sein, was sich hinter ihm resp. in Korbnähe abspielt).	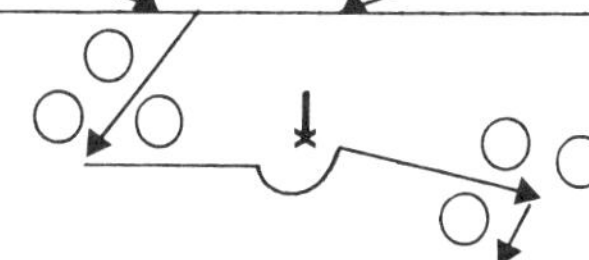
11.	A und B stehen sich ohne Ball in Vorschrittstellung spiegelbildlich gegenüber: Sich in dieser Stellung vorwärts und rückwärts bewegen (auf tiefen Schwerpunkt achten).	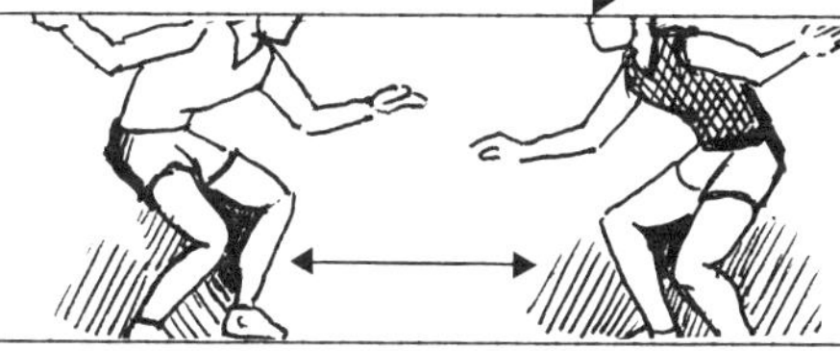
12.	Wie Uebung 11., aber mit Rhythmuswechsel und Täuschungen; der Angreifer bestimmt den Rhythmus, der Verteidiger lässt sich zurückdrängen und achtet auf einen konstanten Abstand (Armlänge).	
13.	Wie Uebung 12., der Angreifer aber mit Ball (schneller Rhythmuswechsel bedingt tiefes Dribbling).	
14.	Wie Uebung 13., aber jeder mit seinem eigenen Ball.	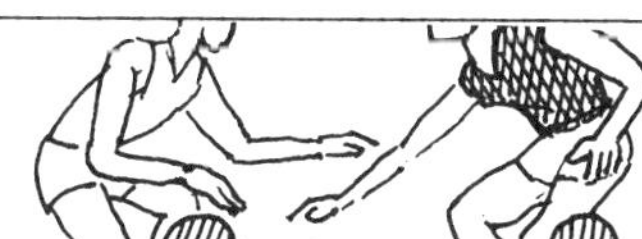

6.1.1 Allgemeines Verteidigerverhalten (bei Manndeckung)

NR.	BESCHREIBUNG	ORGANISATION
15.	Nur der Angreifer mit Ball; er versucht, den sich rückwärts bewegenden, anfangs passiven, Verteidiger zu überlaufen und die Begrenzungslinie zu erreichen (Foulregeln beachten!).	
16.	Wie Uebung 15., aber mit Durchbruch zum Korb oder Korbersatz.	
17.	Zu zweit mit einem Ball: A spielt zu B. Nach Ballerhalt wartet B mit Sternschritt auf A, der als Verteidiger zu ihm hinläuft. Nun lässt sich A vom dribbelnden B wieder zurückdrängen (Rollentausch).	
18.	A schützt den Ball mit einem Sternschritt. B versucht, nur den Ball zu berühren; bei Berührung Rollentausch. (A kann mit Körper und Ball täuschen, darf das Standbein aber nicht vom Boden lösen.)	
19.	Gleicher Beginn wie Uebung 17. B beendet aber sein Dribbling mit Ballaufnahme und A versucht, den Ball zu berühren (es besteht keine Durchbruchgefahr mehr).	
20.	Zu zweit ohne Ball: Der Verteidiger - mit Händen auf dem Rücken - versucht, eine bestimmte Linie gegen den Angreifer zu verteidigen, ohne dabei gegen die Foulregeln zu verstossen (die Linie kann auch durch einen oder zwei Malstäbe, Reifen usw. ersetzt werden).	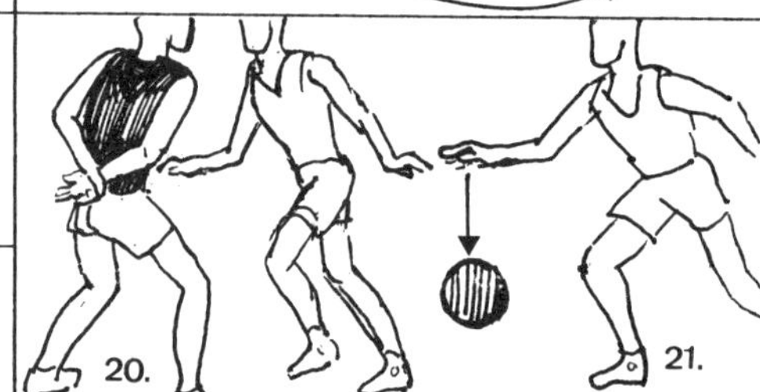
21.	Wie Uebung 20., aber Angreifer mit Ball (der Ball muss hinter die Linie, in den Reifen usw. gelegt werden).	

NR.	BESCHREIBUNG	ORGANISATION
22.	Diese Formen können auch auf 2 gegen 2, 3 gegen 3 oder ein Ueberzahlspiel ausgeweitet werden.	
23.	Spiel 1 gegen 1: Jeder Spieler verteidigt eine Linie eines begrenzten Feldes.	
24.	Spiel 1 gegen 1 auf 2 Reifen: (Je grösser die Distanz zwischen den Reifen, umso schwieriger sind sie zu verteidigen.)	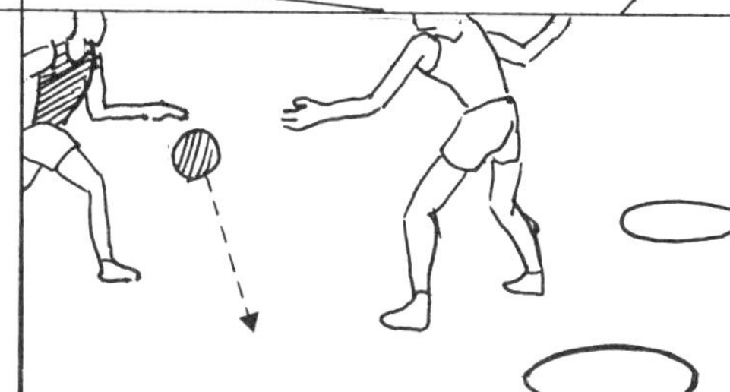
25.	Spiel 2 gegen 2 auf 3 Reifen: (Je nach Könnensstand kann wiederum durch ein Ueber- oder Unterzahlspiel die Spielform erschwert bzw. erleichtert werden.)	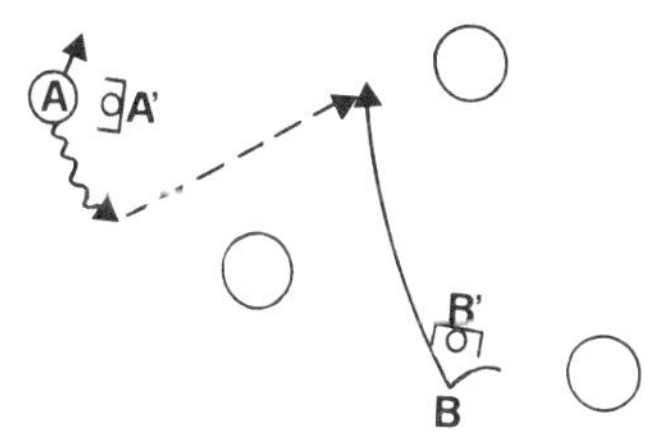

6.1.2 Allgemeines Verteidigerverhalten (bei Raumdeckung)

Die Zonenverteidigung (und ihre Variationen) ist eine schwierige kollektive Art der Verteidigung.
Es handelt sich darum, den Raum unter dem Korb so zu verteidigen, dass Durchbrüche zum Korb, Nahwürfe und Pässe in und durch den Strafraum verhindert werden.
Die Verteidiger richten sich im allgemeinen gesamthaft immer nach dem Ball aus, müssen aber auch die in den Strafraum einbrechenden Spieler ohne Ball beachten, um ein mögliches Anspiel verhindern zu können.
Dies bedingt von allen Verteidigern je nach Situation ein elastisches Verschieben resp. Nachrücken (Raum- und Zeitgefühl).

NR.	BESCHREIBUNG	ORGANISATION
1.	Ein Spieler steht zwischen zwei Malstäben: Er bewegt sich zu bestimmten Markierungen (Gegner) hinaus und wieder zurück, wobei er den Raum zwischen den Malstäben stets mit seinem Körper und seinen ausgebreiteten Armen abzuschirmen versucht (immer frontal zu den Markierungen).	
2.	Zwei Spieler stehen sich gegenüber und versuchen, einander den Ball zuzuspielen. Dazwischen, auf einer mit Malstäben begrenzten Linie, bewegt sich ein Verteidiger, der die Zuspiele abfangen will (keine hohen Bogenpässe, der Verteidiger darf die Linie nicht verlassen). Kann der Verteidiger einen Pass verhindern, wird der Werfer zum Verteidiger.	
3.	Wie Uebung 2., aber mit zwei Verteidigern. Die Distanz zwischen den Malstäben wird etwas vergrössert.	

NR.	BESCHREIBUNG	ORGANISATION
4.	Wie Uebung 3., aber im Dreieck mit drei Verteidigern und ebenso vielen Angreifern (der Eindeutigkeit wegen sollen die Ecken immer mit Malstaben besetzt werden).	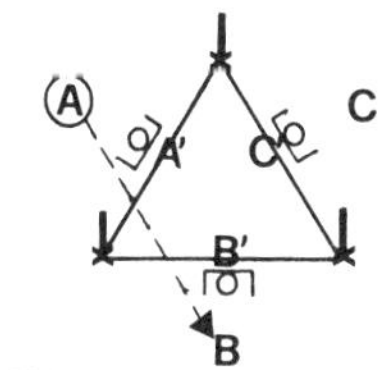
5.	Wie Uebung 4., aber im Viereck mit je vier Spielern.	
6.	Die Uebungen 4. und 5. können ausgebaut werden, indem zusätzlich der Verteidiger einen Durchbruch des Angreifers zum Reifen zu verhindern sucht.	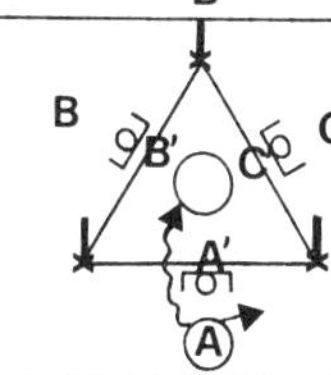
7.	Wie Uebung 5., aber im Trapez (Strafraum) mit je fünf Spielern. Anstelle eines Reifens steht ein Angreifer E in der Trapezmitte. Die Verteidiger versuchen zu verhindern, dass E angespielt werden kann (die Verteidiger bleiben auf der Linie, der Angreifer im Trapez muss sich bewegen, sich anbieten). Bei dieser Uebung wird nicht auf die 3sec-Regel geachtet. Variation: - Zur Intensivierung dieser Form kann auch mit zwei Bällen gleichzeitig gespielt werden.	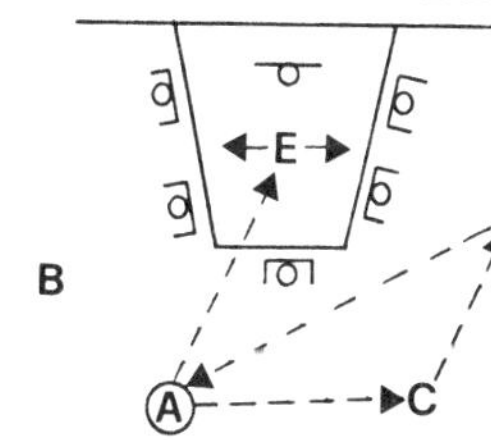
8.	Wie Uebung 7., es können sich aber zeitweise mehrere Angreifer im Trapez aufhalten (die Angreifer haben keine festen Positionen mehr).	
	Weiterführende, komplexere Formen siehe auch Kapitel 8.	

6.1.3 Allgemeines Angreiferverhalten

Die Aktivitäten des ballführenden Angreifers sind weitgehend durch die Regeln bestimmt (Schrittregel, Doppeldribbling usw.). Da es ihm nicht erlaubt ist, mehr als einen Schritt ohne zu prellen auszuführen (zwei Schritte bei der Ballannahme im Sprung) und er nach beendetem Dribbling nicht mehr weiterprellen darf, ist der Ballsicherung im Stand, sowohl vor Dribblingsbeginn wie auch nach Dribblingsende, grösste Aufmerksamkeit zu schenken.
Auch bei enger Manndeckung muss der Angreifer in der Lage sein, den Ball mittels Sternschritt zu decken und zu sichern. Befindet sich der Angreifer im Dribbling, versucht er, den Ball durch geschickte Ballführung mit dem Körper zu decken.
Erst wenn er diese Ballsicherung beherrscht, ist es ihm möglich, den Verteidiger aus der Korbnähe herauszulocken und durch Täuschungen verschiedenster Art zu einem falschen Stellungsspiel zu verleiten (siehe Kap. 4.), wodurch er sich die Gelegenheit zum Wurf, Pass oder Durchbruch verschaffen kann.

NR.	BESCHREIBUNG	ORGANISATION
1.	Spieler mit Ball vor einem Reifen: Vor- und rückwärtsprellen in der Vorschrittstellung (Dribbling rechts - linkes Bein vorne und umgekehrt). Auf gute Deckung des Balles durch den Körper achten. Der Blick ist immer auf den Reifen gerichtet.	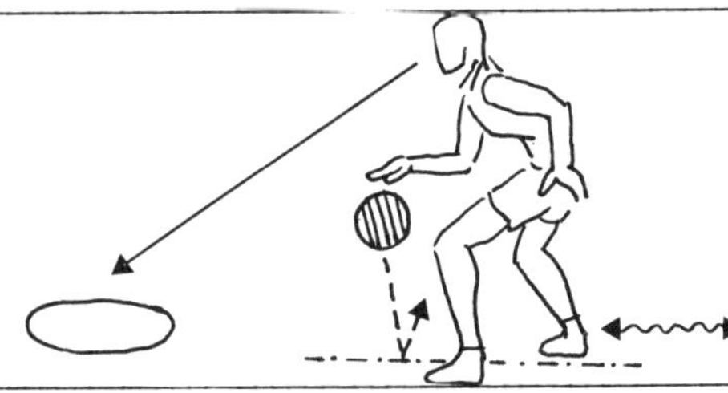
2.	Wie Uebung 1., aber seitwärts. Zuerst ohne, nachher mit Handwechsel (Dribbling nach links mit rechter Hand und umgekehrt).	

NR.	BESCHREIBUNG	ORGANISATION
3.	Dribbling mit Hand- und Beinwechsel den Reifen entlang. Der Ball wird immer auf der dem Reifen abgewandten Seite geprellt.	
4.	Schnelles Dribbling von 1 zu 2, bei 2 Dribbling an Ort, schnelles Dribbling von 2 zu 3 usw.	
5.	Wie Uebung 4., beim zweiten Reifen (2) folgt aber ein Dribbling schrägrückwärts zu 2 und 1 und von da wieder ein schnelles Dribbling zu 3 usw.	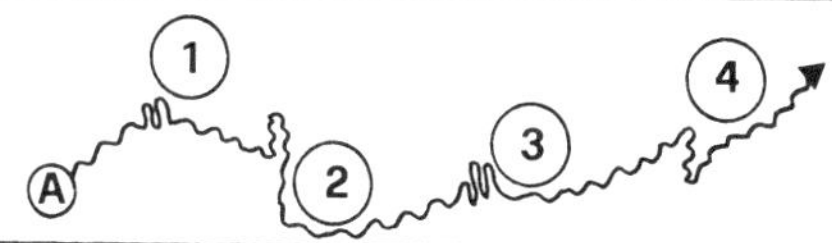
6.	3 bis 4 Spieler mit Ball versuchen, an mehreren ausgelegten Reifen Uebung 5 in eigener Abfolge durchzuführen (Front immer nach vorne gerichtet, aber die Mitspieler trotzdem im Blickfeld behalten).	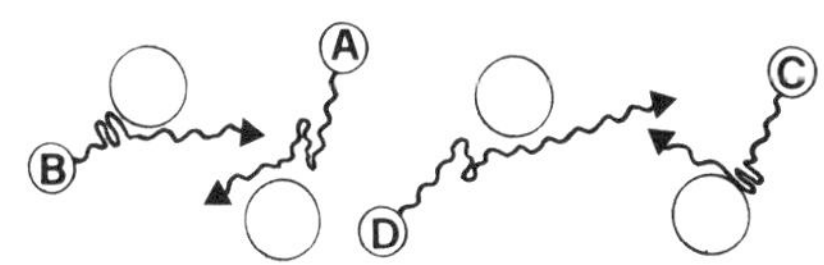
7.	Wie Uebung 6., aber mit plötzlichem Durchbruch zum Korb (oder Korbersatz). Wenn ein Spieler durchbricht, müssen sich seine Partner weiter im Reifenwald dribbelnd bewegen, bis der Weg wieder frei wird (immer nur ein Durchbruch zur selben Zeit).	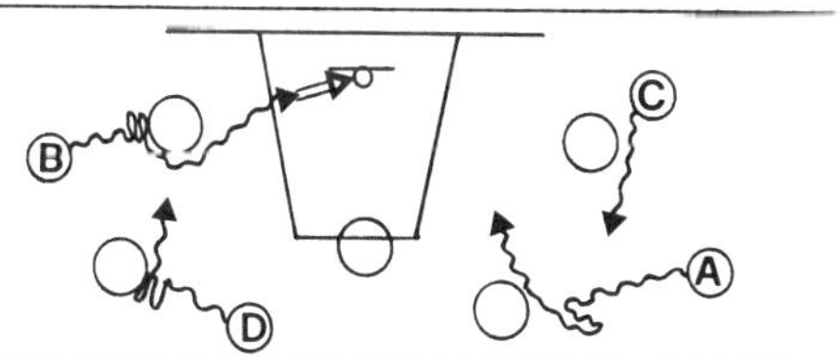

6.1.3 Allgemeines Angreiferverhalten

NR.	BESCHREIBUNG	ORGANISATION
8.	Jeder Spieler mit Ball: Alle bewegen sich prellend frei in der Halle. Dazwischen ein Wurf gegen die Wand, den Ball wieder fangen und sich mit einem Sternschritt von der Wand abdrehen (Ballsicherung) und weiterprellen.	
9.	A mit Ball: A dribbelt gegen das Brett (oder Brettersatz), wirft den Ball an das Brett, holt den Ball im Sprung ab und dreht sich mit einem Sternschritt vom Brett weg. Er dribbelt aus dem Strafraum hinaus und beginnt von neuem. Variation: - Mehrere Spieler führen diese Uebung zeitlich aufeinander abgestimmt nebeneinander aus.	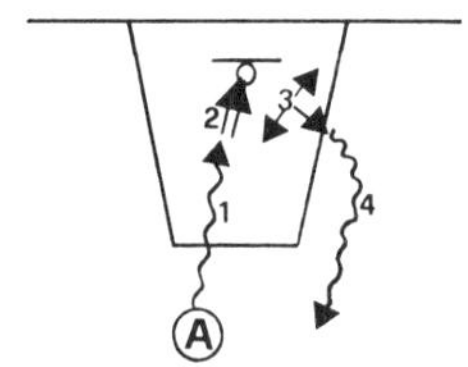
10.	Wie Uebung 9., A dreht sich mit dem Sternschritt aber einmal um die ganze Achse und wirft ein zweites Mal; Fortsetzung wie Uebung 9.	
11.	Zu dritt mit einem Ball: A läuft mit schnellem Dribbling bis zur Strafraumgrenze und stoppt (kein Durchbruch möglich), dreht sich mit einem Sternschritt ab und passt zu B (1-3). B passt zu C (4), der erneut beginnt. A und B verschieben sich in Passrichtung um eine Position (5,6) usw.	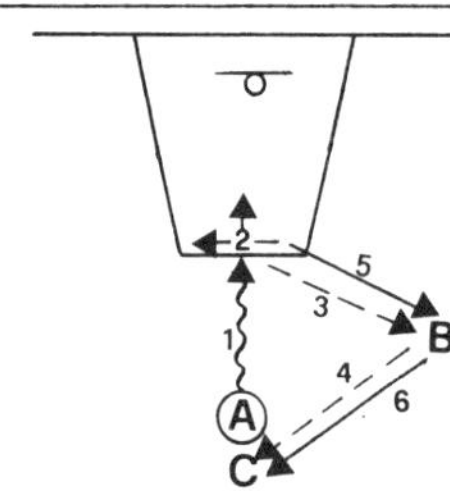

NR.	BESCHREIBUNG	ORGANISATION
12.	Zu dritt mit einem Ball: A passt zu B, B wartet, bis A zu ihm hin gelaufen kommt, nimmt den Ball zur Sicherung über den Kopf und dreht sich mit Sternschritt ab. B passt zu dem sich freistellenden C, B läuft zu C, C dribbelt an die Stelle von A usw.	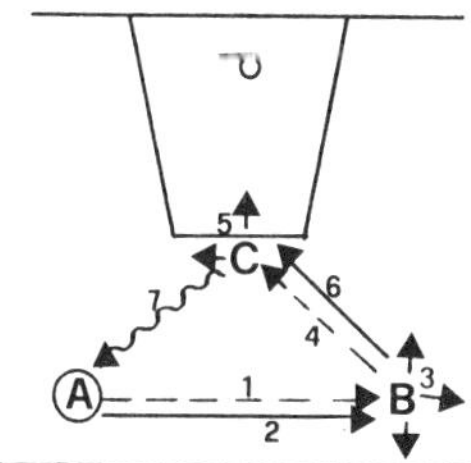
13.	A passt zu B, B wartet, bis A ihn eng deckt und bricht dann mit einer Sternschritttäuschung zum Korb durch. Nach Korbwurf dribbelt B auf die ursprüngliche Position von A usw.	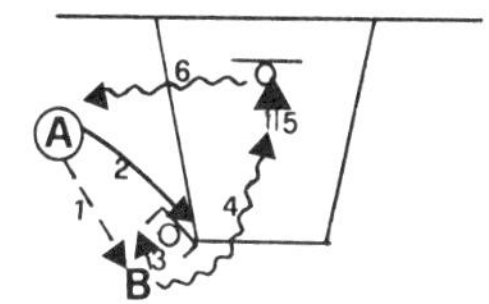
14.	Wie Uebung 10.: Wenn A nicht eng, sondern auf Distanz deckt, geht B zum Dribbling über und versucht, mit Dribblingstäuschungen zum Erfolg zu kommen.	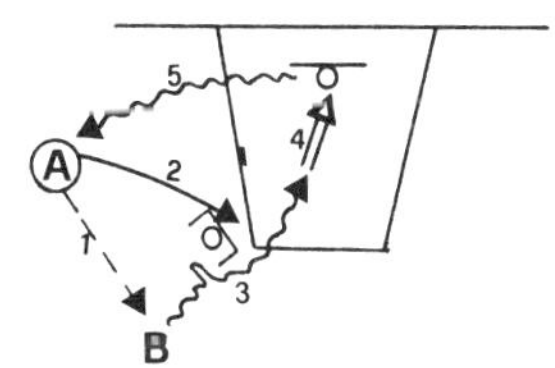
	Auf das spezielle Angreiferverhalten wird im Kapitel 8. eingegangen.	

6.2 Freilaufen — sich anbieten

Das Freilaufen eines Angreifers besteht darin, dass er sich, möglichst nach einer vorangegangenen Täuschung, blitzartig und mit wenigen Schritten aus dem Schatten seines Verteidigers löst (er soll sofort die Passmöglichkeit mit der Hand anzeigen).
Diese Lösung vom Gegner muss zeitlich genau mit dem ballbesitzenden Mitspieler koordiniert sein, d.h. der Pass muss gleich nach dieser Loslösung erfolgen, da sonst der Verteidiger wieder nachgerückt ist.

NR.	BESCHREIBUNG	ORGANISATION
1.	A steht eng vor dem Reifen (oder Malstab), mit Blick zum Reifen; Körpertäuschung nach links, schnelles Lösen nach rechts und mit der rechten Hand Passmöglichkeit anzeigen; auch umgekehrt versuchen.	
2.	Wie Uebung 1., aber mit mehreren Spielern im Reifenfeld: Alle bewegen sich frei im Feld, stoppen an einem freien Reifen und lösen sich nach vorigem Muster; fortgesetzt von Reifen zu Reifen.	
3.	B läuft zwischen zwei Malstäben hin und zurück. Bei den Masltäben erhält B von A jeweils einen Pass, den er gleich wieder zurückspielt (dazwischen macht A Sternschritte).	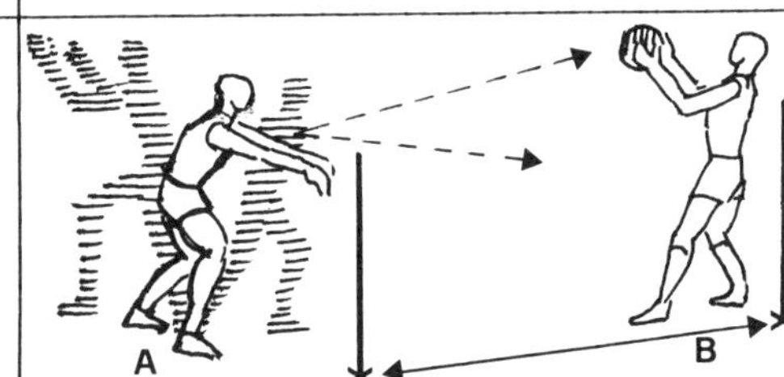

NR.	BESCHREIBUNG	ORGANISATION
4.	Wie Uebung 3., der Pass erfolgt aber nur noch bei einem Malstab.	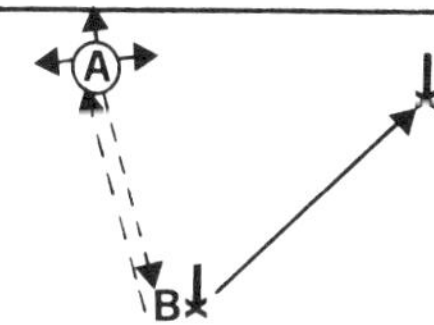
5.	A und B in einem Dreieck (3 Malstäbe): A passt zu B und läuft zum unbesetzten Malstab (1,2). B spielt zu A zurück und verschiebt sich wiederum in die freigewordene Ecke (3,4) usw.	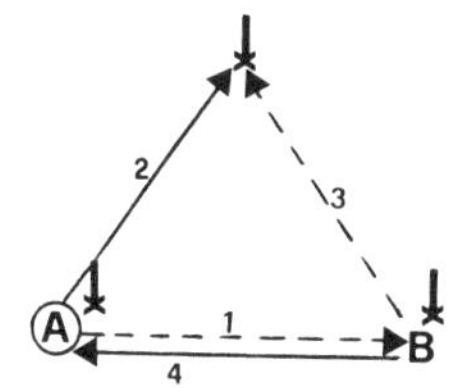
6.	Der ballbesitzende Spieler A steht mit einem Bein im Reifen und versucht mittels Sternschritt, B einen Pass zu geben. B' will dies mit enger Manndeckung bei B verhindern. B muss sich, wie in Uebung 1. beschrieben, vom Verteidiger lösen. Nach erfolgtem Pass dribbelt B zum Reifen, A wird zum Verteidiger von B' usw. Variationen: - der jeweilige Verteidiger hält beide Arme auf dem Rücken; - der jeweilige Verteidiger hält einen Arm auf dem Rücken; - die Position des Ballbesitzers/Zuspielers wird nicht mehr mit einem Reifen markiert, sie darf frei gewählt werden.	

6.2 Freilaufen — sich anbieten

NR.	BESCHREIBUNG	ORGANISATION
7.	Wie Uebung 6., aber mit 2 Mitspielern von A (B,C) sowie deren Verteidigern (B', C'). Variation: - Siehe Uebung 6.	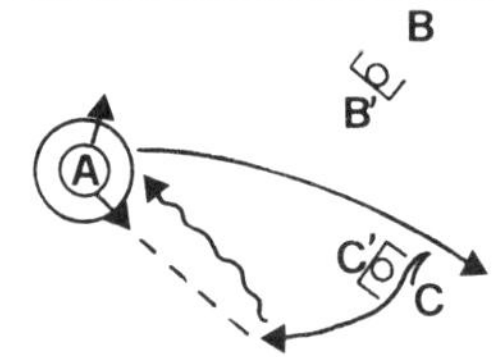
8.	Uebung 6. oder 7. kann zusätzlich erschwert werden, indem A ebenfalls gedeckt wird (A'). A darf sich aber noch immer nur mit Sternschritt bewegen. Variation: - Siehe Uebung 6.	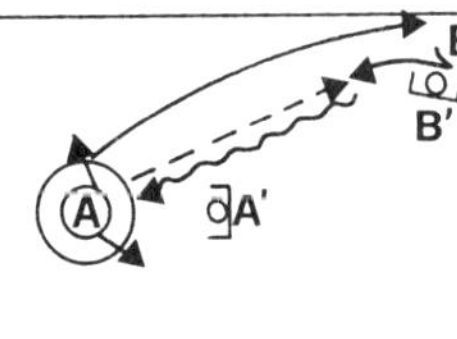
9.	Freilaufen, sich anbieten bei einem Seiteneinwurf: B löst sich von B' und erhält den Einwurf von A. A wird zum Verteidiger, B zum Einwerfer usw.	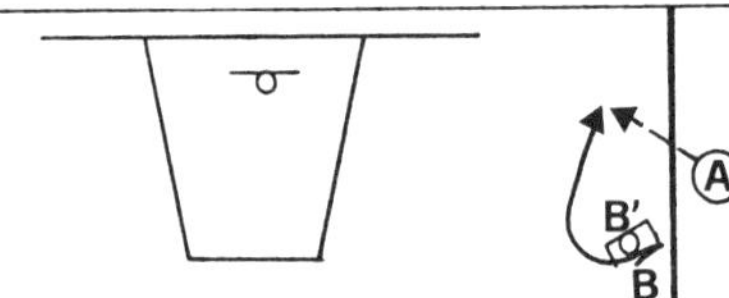
10.	Schnappball 2 gegen 2 oder 3 gegen 3: Die ballbesitzende Mannschaft spielt sich gemäss Basketballregeln den Ball zu und sammelt so Punkte. Die Verteidiger versuchen, die Passwege abzuschneiden und so in Ballbesitz zu kommen. Variation: - Erleichterung für die ballbesitzende Mannschaft: Die Verteidiger dürfen nur einen Arm zur Abwehr benützen, der andere bleibt auf dem Rücken.	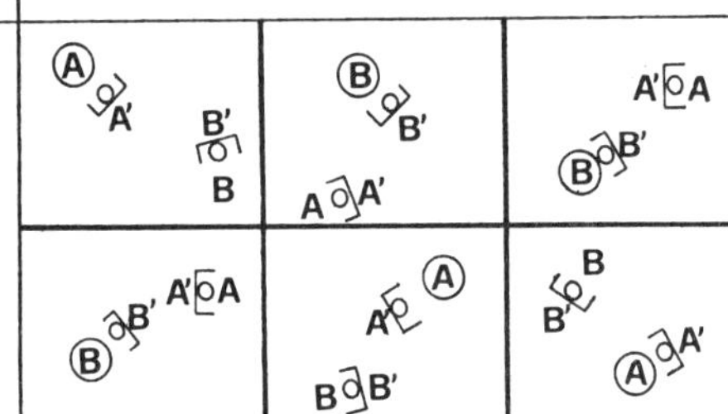

NR.	BESCHREIBUNG	ORGANISATION
11.	Linien- oder Wandball: Der Ball muss von den Angreifern hinter die Linie gelegt oder an die Wand gedrückt werden (anfänglich ohne, nachher mit Dribbling). Variation: - Siehe Uebung 10.	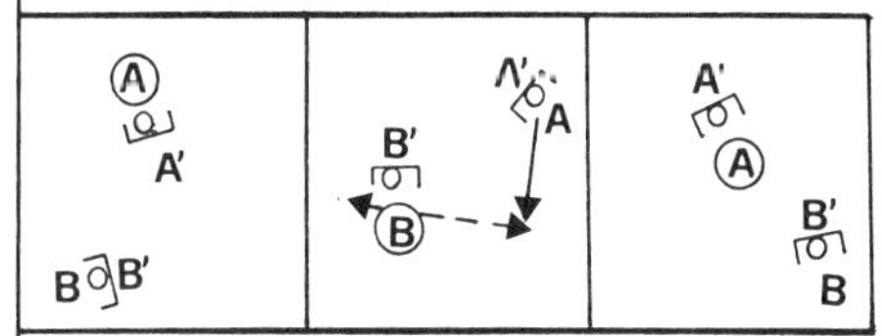
12.	Eine Möglichkeit zur Spielberuhigung besteht darin, einen neutralen Spieler einzusetzen, der die erhaltenen Bälle nur derjenigen Mannschaft zurückspielt, von der er sie auch erhalten hat. Er soll speziell gekennzeichnet sein und darf von niemandem gedeckt oder angegriffen werden. Er hat seinen festen Standort (z.B. Reifen). Variation:- Siehe Uebung 10.	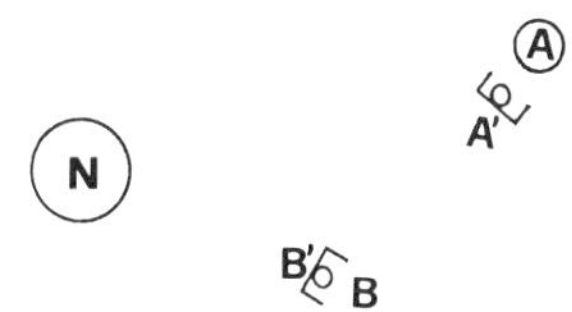
13.	Linien- oder Wandball mit freien Mitspielern an den Seitenlinien: Sie bieten sich längs der Linie der eigenen Mannschaft an und dürfen sich ohne Ball auch verschieben (die Seitenspieler dürfen sich gegenseitig aber nicht behindern).	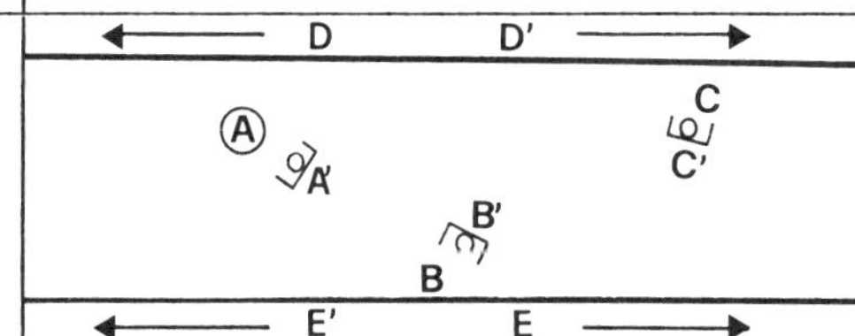
14.	Wie Uebung 9., aber aus dem Abwurf unter dem Korb. B muss den Ball innerhalb des Strafraumtrapezes annehmen. Erwischt der Verteidiger B' den Abwurf, versucht er, auf den Korb zu werfen. B versucht sofort, dies zu verhindern.	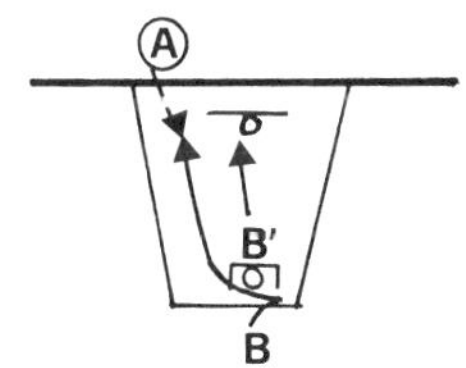

Schneiden bedeutet ein planmässiges, auf den Partner abgestimmtes Freilaufen ohne Ball.
Wird der Ballbesitzer eng gedeckt, versucht er, selbst durchzubrechen. Bei einer losen Deckung ist ihm dies aber nicht immer möglich; dafür sind die Passwege weitgehend ungedeckt, und der Ball kann dem sich vom Gegner lösenden Partner zugespielt werden. Diese "Lösung" vom Gegner erreicht der Angreifer ohne Ball, indem er seinem direktem Gegenspieler, nach vorangegangener Täuschung, den Weg zum Korb "abschneidet".
Deckt der Verteidiger also den direkten Weg zum Korb, wird ein Durchbruch aussen herum angetäuscht und innen durch ein Schneiden zum Korb versucht.
Deckt der Verteidiger aber den Passweg zwischen den beiden Angreifern, wird ein Schneiden im Rücken versucht.

NR.	BESCHREIBUNG	ORGANISATION
a.)	Schneiden zum Korb Hinlaufen zum Gegner, auf der korbabgewandten Seite, mit dem Rücken zum Gegner, antäuschen, schnell abdrehen und auf der anderen Seite eng an ihm vorbeilaufen. Sofort mit der äusseren Hand dem Partner die Passmöglichkeit anzeigen (die Drehung - eigentlich eine Abrollbewegung - wird mit entsprechender Kopfbewegung eingeleitet und unterstützt). 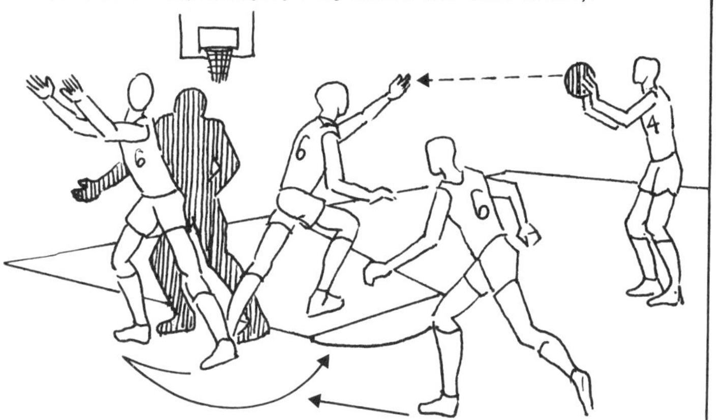	von links 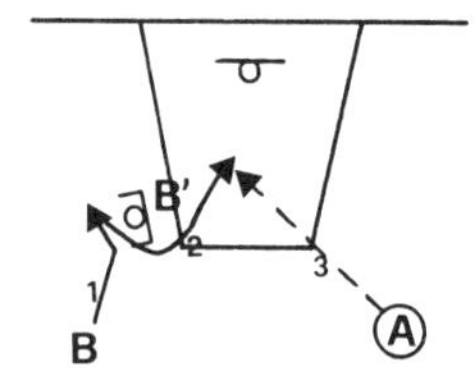 von rechts 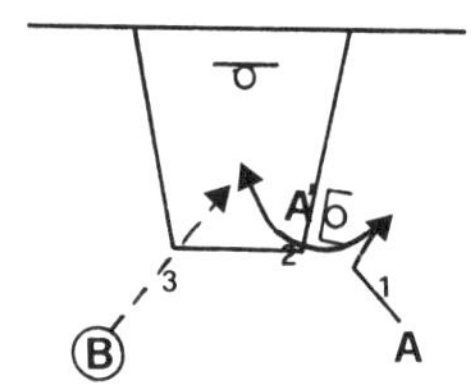

NR.	BESCHREIBUNG	ORGANISATION
	Im Stand vor dem Gegner täuscht der Angreifer zu seinem Mitspieler hin (angetäuschte Ballforderung) und rollt mit dem Rücken zum Gegner aussenherum ab (bei der Skizze Schrittfolge beachten!). 	von links 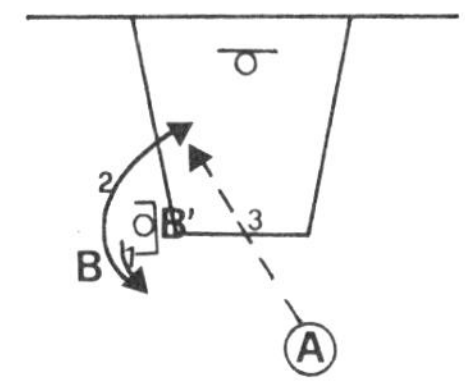 von rechts 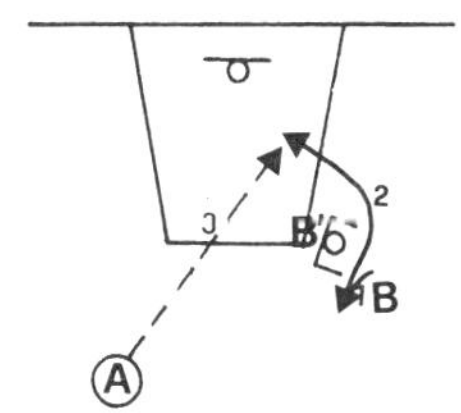

6.3.2 Schneiden im Rücken

NR.	BESCHREIBUNG	ORGANISATION
1.	Ohne Ball den Laufweg und die Schneidbewegung an Reifen einüben (Schneiden zum Korb und Schneiden im Rücken).	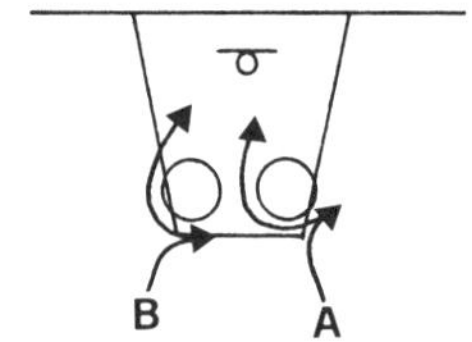
2.	Wie Uebung 1.; A spielt nun aber dem durchbrechendem B den Ball zu (Durchbruch und Korbleger). B holt den Ball ab und dribbelt zurück auf die Position von A. A schneidet am Reifen (fortgesetzt, wiederum beide Arten des Schneidens und auf beide Seiten des Korbes ausführen). Statt des Korbes können verschiedene Korbersatzmöglichkeiten genutzt werden. Beispiel: - Schneiden zum Korb auf der rechten Seite des Korbes.	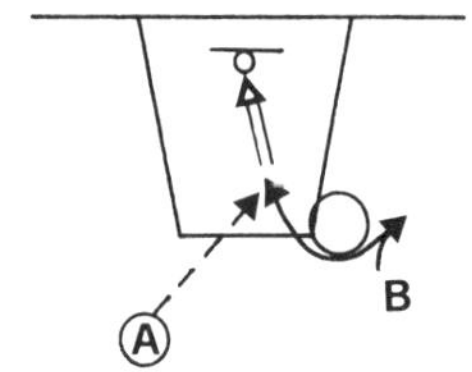
3.	A und B bewegen sich in Richtung Korb (oder Korbersatz); B mit Dribbling. Bevor B den Reifen erreicht, passt er zu A und schneidet am Reifen.	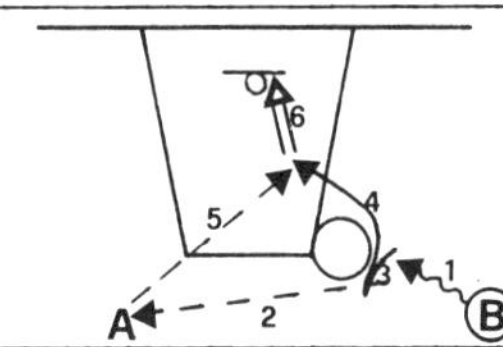
4.	Wie Uebung 3.: B erhält einen passiven Gegner anstelle des Reifens (der passive Verteidiger muss auf die Täuschung reagieren, da somit ein besseres Abrollen möglich ist).	
5.	A und B mit je einem passiven Verteidiger. A täuscht vor dem Pass zum durchbrechenden B ein Zuspiel in die andere Richtung an, um den Passweg zu B freizubekommen. (Auf den Korb oder Korbersatz.)	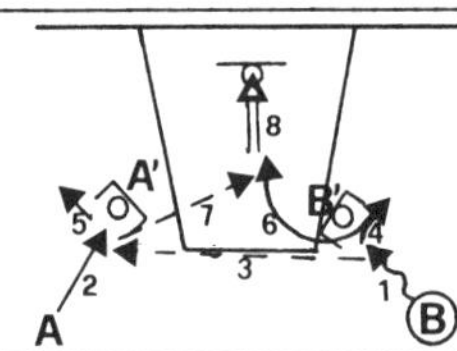

NR.	BESCHREIBUNG	ORGANISATION
6.	Wie Uebung 5.; A und B bewegen sich aber, sich den Ball zuspielend, auf die Verteidiger zu. Nach dem letzten Pass vor dem Gegner entscheidet es sich, wer "schneidet" und wer zuspielt.	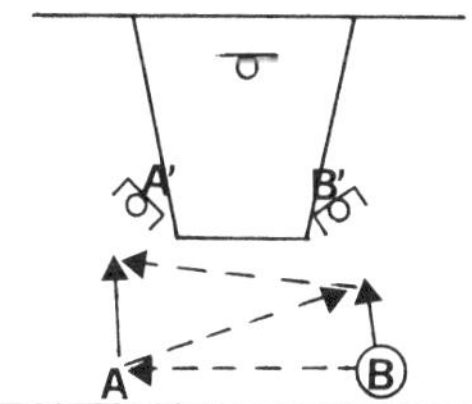
7.	B, der "schneidet", wird auf seinem Weg zum Korb abgedrängt (hier durch einen Kasten) und muss den Ball von der linken Seite in den Korb werfen (nach erfolgtem Korbleger vertauschen A und B jeweils die Positionen).	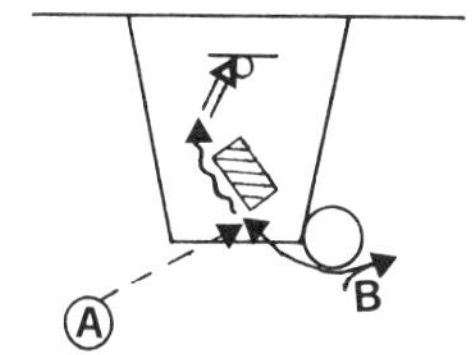
8.	Wie Uebung 7.: Der Spieler wird aber nicht abgedrängt, sondern durch das quergestellte Hindernis (Gegner) gestoppt. Er versucht, mit einem Sprungwurf abzuschliessen (gleiche Organisation wie Uebung 7.).	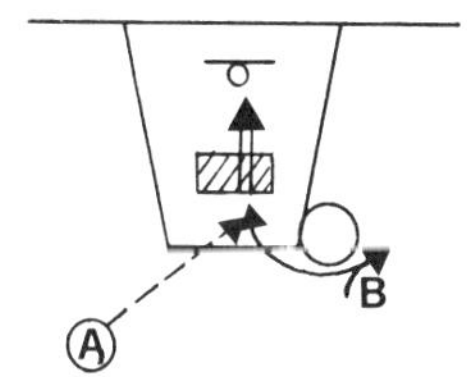
9.	Gleiche Situation wie in Uebung 8., anstatt aber zu werfen, übergibt B den Ball dem hinter ihm durchlaufenden A mit einem Rückhandpass. A bricht zum Korb durch und wirft.	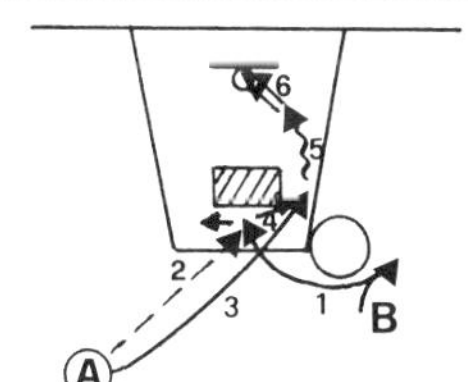

6.4 Blocken 6.4.1 Aktiver Block

Von einem aktiven Block spricht man, wenn ein Spieler ohne Ball zum ballführenden Partner hingeht und sich neben dessen Verteidiger stellt, um diesen in seiner Bewegungsfreiheit einzuschränken.
Der Ballbesitzer, der sein Dribbling noch nicht aufgenommen hat oder sich schon im Dribbling befindet, profitiert nun von der ihm angebotenen, <u>aktiven Hilfestellung</u>: Er lässt seinen Gegenspieler am Partner auflaufen und bricht durch.
Diese Massnahmen drängen sich bei einer Manndeckung auf mittlere Distanz auf, weil dabei für den Ballbesitzer ein eigener Durchbruch sehr schwierig ist, und vor allem die Passwege für ein Schneiden des Partners zu gut gedeckt sind.
Wegen letzterem müssen sich die Angreifer, sowohl bei Ballabgabe wie auch bei Ballannahme, immer durch eine Täuschung für einen kurzen Moment von ihren Gegenspielern lösen. Die schwierigste Aufgabe dabei ist die <u>exakte zeitliche Abstimmung ihrer Aktionen</u>.

<table>
<tr><th>NR.</th><th>BESCHREIBUNG</th><th>ORGANISATION</th></tr>
<tr><td></td><td>
A steht , von A' aus mittlerer Distanz gedeckt, 4-5m vom ballbesitzenden Partner B entfernt: A und B täuschen mit und ohne Ball in Richtung Korb, um den Passweg zu öffnen (1). B passt zum sich anbietenden A (2).

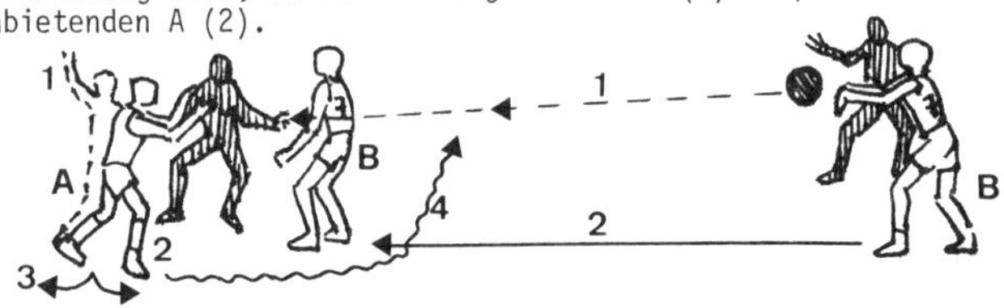

A wartet (Ballsicherung mit Sternschritt) bis B seitlich von A' den Block gestellt hat (eng mit dem Gesicht zum Gegner, hüftbreite Grätschstellung). Erst wenn der Block gestellt ist, täuscht A nach links mit einem Sternschritt an und bricht rechts eng an B durch zum Korb (A' läuft auf B auf).
</td><td>
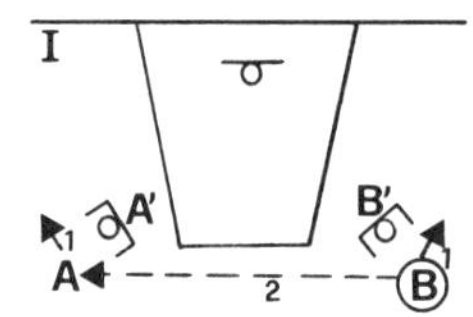

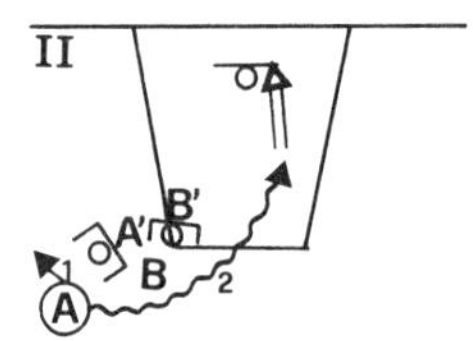

</td></tr>
</table>

NR.	BESCHREIBUNG	ORGANISATION
	Eine weitere mögliche Form des aktiven Blockens besteht darin, dass sich A schon im Dribbling befindet. A wartet, im Dribbling den Ball deckend, bis B den Block gestellt hat, täuscht dribbelnd nach links und bricht rechts an B vorbei durch (ohne Ballaufnahme bei der Täuschung!). Die Blockstellung bleibt die gleiche wie sie vorher beschrieben wurde.	
1.	B mit Ball, A steht an einem Reifen (Verteidigerersatz). A täuscht vor dem Reifen und bietet sich an. Gleichzeitig täuscht B einen Pass in die entgegengesetzte Richtung an und spielt zu A. B läuft zum Reifen und stellt einen Block. A täuscht nach links und bricht am Block vorbei durch (nachher Positionenwechsel).	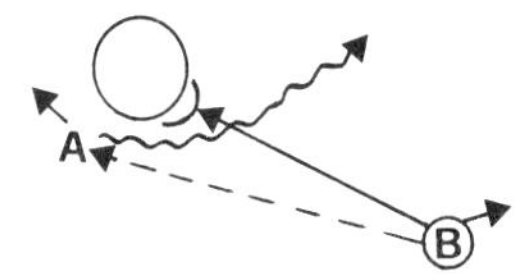
2.	Mehrere Reifen in der Halle verteilt: Wie Uebung 1., aber fortgesetzt. Nachdem A durchgebrochen ist, läuft B zu einem freien Reifen, erhält von A den Ball und wartet auf die Blockstellung von A (Blockstellen nicht hinter, sondern neben dem Reifen!).	
3.	Wie Uebung 1., aber jetzt mit Durchbruch zum Korb oder Korbersatz. Nachdem A durchgebrochen ist, übernimmt B die Position von A. A dribbelt nach dem Wurf auf die Ausgangsposition von B usw.	
4.	Wie Uebung 3., der Reifen wird aber durch einen passiven Verteidiger ersetzt. A muss sich vor Ballerhalt unbedingt zuerst durch eine Täuschung von ihm lösen und sich freistellen! Nach erfolgtem Durchbruch wird B zum Verteidiger, A' zum Angreifer, A geht auf die Position von B usw.	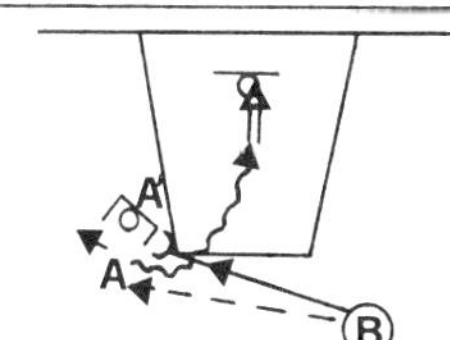

6.4.1 Aktiver Block

NR.	BESCHREIBUNG	ORGANISATION
5.	A und B mit je einem passiven Verteidiger (nun muss sich auch B zuerst mit einer Zuspieltäuschung (1) den Passweg öffnen). Nach erfolgtem Durchbruch tauschen die Angreifer mit den Verteidigern die Positionen.	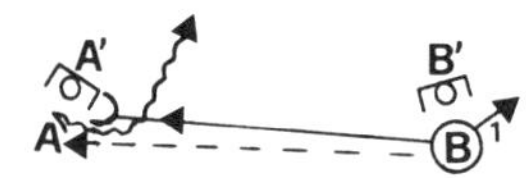
6.	A und B greifen dribbelnd und passend gegen die Verteidiger A' und B' an. Je nachdem wohin der letzte Pass erfolgt, wird auch der Block gestellt.	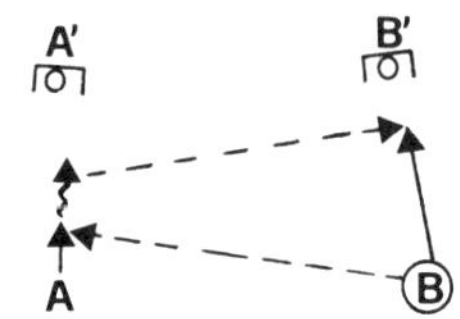
7.	Aktive Blockstellung für einen dribbelnden Partner: A und B bewegen sich ohne Ball im "Malstabwald". Sobald einer der beiden vor einem Malstab stehen bleibt (1), läuft der Partner zu ihm und stellt seitlich gegen den Malstab einen Block (2). Ersterer täuscht an und bricht durch usw..	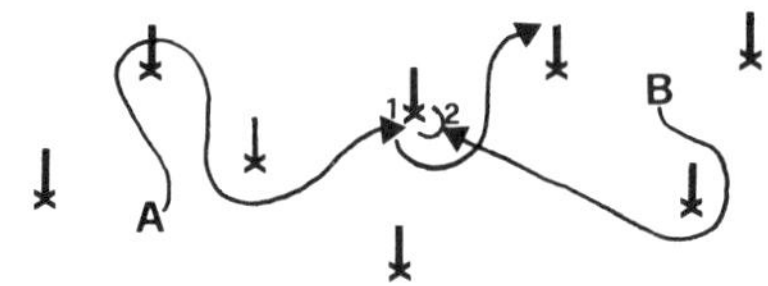
8.	Wie Uebung 7., aber A mit Ball und dribbeln. Sobald A ohne Aufgabe des Dribblings vor einem Malstab hält, stellt B einen Block. Nach erfolgtem Durchbruch erhält B den Ball zugespielt und dribbelt durch den Malstabwald usw..	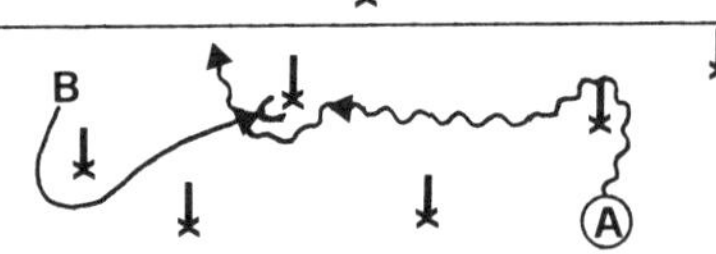
9.	Wie Uebung 4., nur ist A im Ballbesitz und läuft dribbelnd auf A' auf. Sobald A stoppt, ohne das Dribbling zu unterbrechen, stellt B einen Block. A bricht durch und wirft (nachher Positionswechsel).').	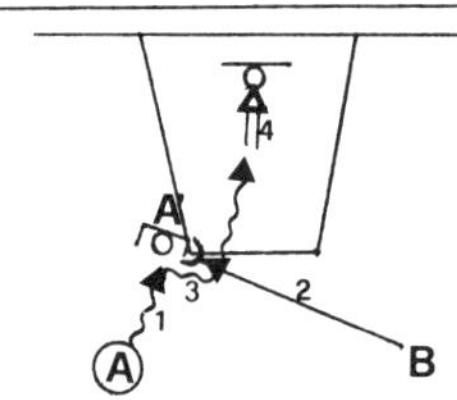

NR.	BESCHREIBUNG	ORGANISATION
10.	Wie Uebung 6., aber dem Spieler, der zuerst dribbelnd auf seinen Verteidiger aufläuft, wird von seinem Partner ein Block gestellt.	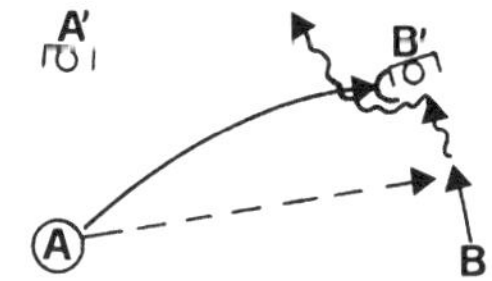
11.	Linienball (oder Wandball), 2 gegen 2 mit Betonung auf Blockstellung. 2 gegen 2 auf zwei Reifen.	
12.	A täuscht nach links und bietet sich an. A bekommt einen Pass von B, B läuft an und stellt einen Block, A täuscht nach links und bricht durch, wobei er aber nicht direkt zum Korb ziehen kann da er durch einen Gegner (Malstab) gestört wird. Er gelang mit einer Dribblingstäuschung seitwärts an ihm vorbei und schliesst mit einem Korbleger ab.	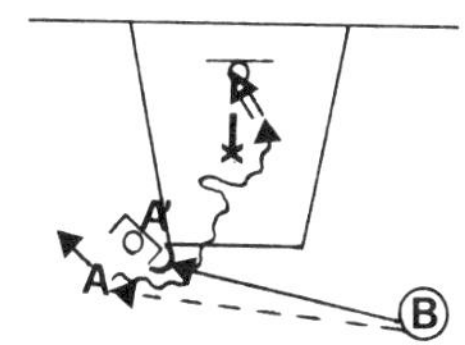
13.	Wie Uebung 12., der Gegner (Malstab) wird aber mit einer Dribblingstäuschung mit dem Rücken zum Gegner überlaufen.	
14.	Gleicher Beginn wie bei Uebung 13., A benötigt den Block aber nur, um sich wenige Schritte nach rechts zu verschieben und so in eine freie Wurfposition zu gelangen (Sprungwurf).	
15.	Blocken in der Seitposition: A täuscht zur Grundlinie hin und bricht rechts am Block vorbei zur Mitte durch. A versucht, mit einem Hakenwurf abzuschliessen.	

6.4.2 Passiver Block

NR.	BESCHREIBUNG	ORGANISATION
	Beim passiven Block versucht der ballführende Angreifer, durch Dribbling und Dribblingstäuschung seinen direkten Gegenspieler an einem stehenden Partner auflaufen zu lassen (er streift ihn ab). Die Endphase des Durchbruchs unterscheidet sich nicht vom aktiven Blocken. A steht vor seinem Gegner A', B zwischen A und dem Korb. A versucht, durch geschicktes Dribbling A' auf die linke Seite von B zurückzudrängen, täuscht im Dribbling nach links und bricht rechts am stehenden B vorbei zum Korb durch.	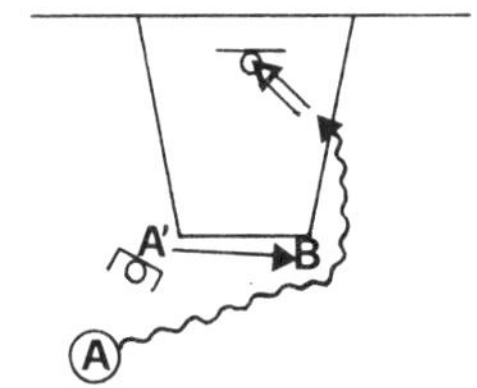
1.	Einüben der Bewegung ohne Ball: Der Spieler versucht, einen imaginären Gegner durch den "Malstabwald" zurückzudrängen, so dass dieser immer am Malstab auflaufen würde (wichtig ist die Täuschung vor dem Malstab und der enge Durchbruch).	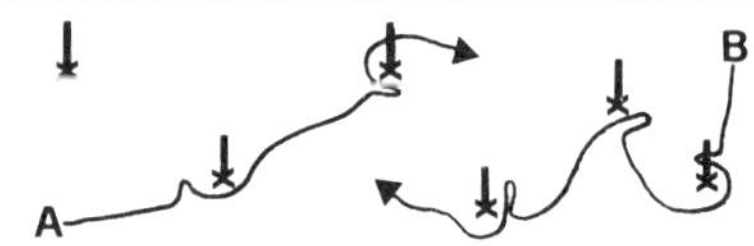
2.	Wie Uebung 1., aber mit Ball (auf saubere Ausführung der Dribblingstäuschungen achten!).	
3.	Wie Uebung 2., aber mit einem passiven Gegner, der sich leicht zurückdrängen lässt (nach einem Durchgang Rollentausch).	
4.	Wie Uebung 3., aber mit einem Malstab und Durchbruch zum Korb.	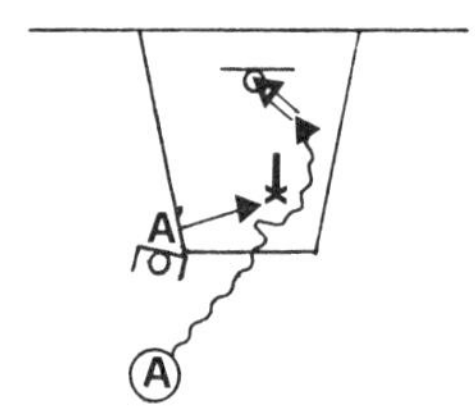

NR.	BESCHREIBUNG	ORGANISATION
5.	Der Malstab von Uebung 4. wird durch einen Mitspieler B ersetzt. B geht aber erst auf seine Position, wenn A das Dribbling schon aufgenommen hat. Nach erfolgtem Druchbruch wird B zum Verteidiger und A' zum Angreifer mit Ball usw.	
6.	Zu viert: 2 Spieler (C+D) stehen im Strafraum, 2 Spieler (A+B) mit 1 Ball befinden sich ausserhalb. A versucht nun dribbelnd, seinen "Verteidiger" B auf C oder D auflaufen zu lassen. Sobald dies geschehen ist, bricht A zum Korb durch.	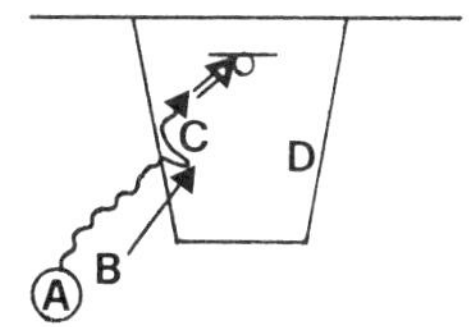
7.	Zu viert: 2 Spieler (C+D) bewegen sich frei unter dem Korb, 2 Spieler (A+B) mit einem Ball befinden sich ausserhalb. A dribbelt in Richtung Strafraum, wobei B sich als Verteidiger zwischen ihm und dem Korb bewegt. Auf einen Zuruf von A kommt C oder D zu A, stellt einen passiven Block, so dass B aufläuft und A durchbrechen kann.	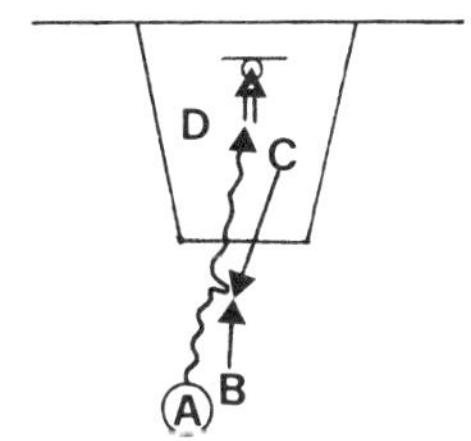
8.	Wie Uebung 7., aber 4 Spieler bewegen sich im Strafraum, und 2 oder 3 Paare befinden sich ausserhalb.	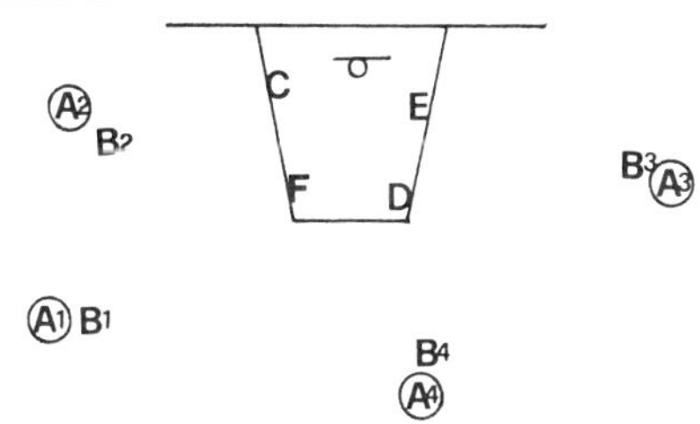

6.4.2 Passiver Block

NR.	BESCHREIBUNG	ORGANISATION
9.	Spiel 2 gegen 2 auf einen Korb (Ballbesitzwechsel nach jedem Korberfolg). Je nach Stellung des Verteidigers werden die erlernten Elemente wie folgt angewendet: <u>Enge Deckung nach Ballerhalt:</u> a) Sternschritt und Durchbruch. Der Mitspieler versucht, durch sein Stellungsspiel die Situation 1 gegen 1 zu unterstützen und schafft Raum. <u>Mittlere Deckung nach Ballerhalt:</u> b) Sternschritt und Durchbruch können vom Verteidiger abgefangen werden. Hier ist Partnerhilfe durch Blocken notwendig. <u>Lose Deckung nach Ballerhalt:</u> c) Sternschritt und Durchbruch sind zwecklos. Blocken nicht möglich, da der Verteidiger aus dem Block herausläuft. Hingegen bestehen günstige Zuspielmöglichkeiten. So versucht der Mitspieler, sich mit Schneiden von seinem Gegner zu lösen. c 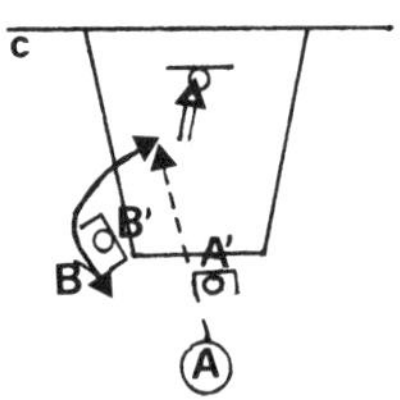	

Kapitel 7

Übungs- und Spielformen für die erweiterten Elemente der Vortaktik

7. Übungs- und Spielformen für die erweiterten Elemente der Vortaktik

In diesem Kapitel werden spezielle, einzelne und kollektive taktische Massnahmen der Angreifer und der Verteidiger behandelt. Diese sogenannten vortaktischen Massnahmen bilden die Grundlagen für das gesamte taktische Verhalten einer Mannschaft in der Verteidigung und im Angriff (hauptsächlich im Spiel "man to man", aber auch in vielen Fällen einer Raum- bzw. Zonenverteidigung).

Der Aufbau dieser vortaktischen Elemente folgt einem logischen Aktion-Reaktion-Prinzip, d.h. auf eine bestimmte Aktivität der Angreifer folgt eine entsprechende Abwehrorganisation der Verteidiger. Dieses "Frage- und-Antwort-Spiel" begann eigentlich schon im vorangegangenen Kapitel mit den Elementen Schneiden und Blocken und wird hier mit der ersten möglichen Massnahme der Verteidiger, mit dem Uebernehmen, fortgesetzt.

Die nachfolgende Graphik zeigt die Reihenfolge der taktischen Massnahmen in diesem "Frage- und Antwortspiel" der Angreifer und der Verteidiger.

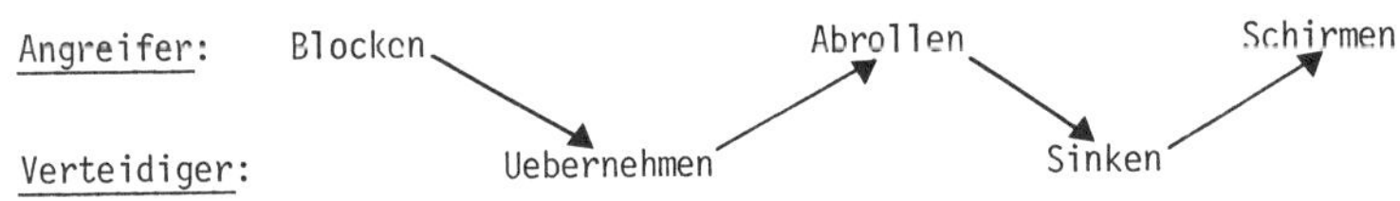

Mit dem Schirmen enden diese vortaktischen Elemente in der Spielsituation 2 gegen 2.

Mit dem Kreuzen, dem Gegenblock und dem Abstreifen folgen erweiterte taktische Massnahmen der Angreifer, für deren Abwehr die Verteidiger auf die vortaktischen Elemente aus der Spielsituation 2 gegen 2 zurückgreifen müssen.

Im Basketballspiel sind die Angreifer bemüht, aus der anfänglichen Situation 5 gegen 5 mit Hilfe der technischen und taktischen Möglichkeiten eine Situation von 1 gegen 1 bzw. als Idealfall 1 gegen 0 zu erspielen. Die Verteidiger ihrerseits versuchen, dies zu verhindern bzw. die Situation 1 gegen 0 möglichst nicht in Korbnähe entstehen zu lassen.

So gesehen kann man in diesem Kapitel nicht nur von den erweiterten Elementen der Vortaktik, sondern auch von den ungeschriebenen und doch entscheidenden Regeln im Verteidiger- bzw. Angreiferverhalten sprechen. Sämtliche kollektiven Angriffs- und Verteidigungssystemen, die vor allem im nachfolgenden Kapitel präsentiert werden, basieren hauptsächlich auf diesen und im Kapitel 6. dargestellten vortaktischen Elemente.

Der Aufbau und die Präsentation der vortaktischen Elemente in diesem Kapitel sind nur von einer Seite (von einer Grundsituation) ausgehend dargestellt.
Um aber den Spielimmanente Handlungsfähigkeiten Rechnung zu tragen, sollten die verschiedenen Uebungsformen auch von der anderen Seite (aus verschiedenartigen Grundsituationen) durchgeführt werden.

NR.	BESCHREIBUNG	ORGANISATION
	Das <u>Uebernehmen</u> ist eine Gegenmassnahme der Verteidigung für das Blocken. Da der Verteidiger des Ballbesitzers "abgeblockt" ist, wird der nun frei gewordene Angreifer vom Verteidiger des den Block stellenden Spielers übernommen. B blockt den Verteidiger A'. A bricht auf der Blockseite durch und wird vom Verteidiger B' übernommen.	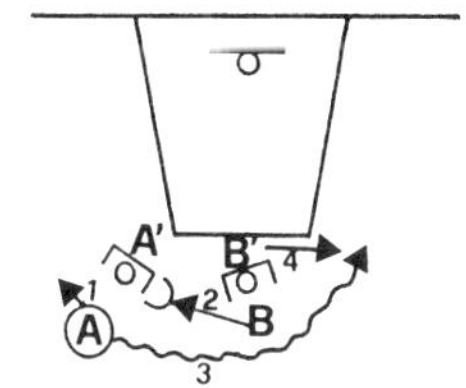
1.	A läuft (ohne Ball) in Richtung Reifen I, B' stellt sich zum Reifen II. A stoppt vor Reifen I und versucht, neben dem Reifen II durchzulaufen. B' schneidet dabei seinen Weg ab. Anschliessend Rollenwechsel.	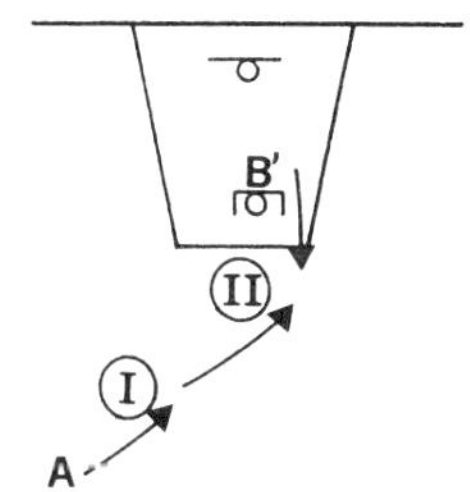
2.	<u>Wie Uebung 1.</u>, aber A dribbelt mit dem Ball.	
3.	Vier Spieler dribbeln mit dem Ball in Richtung Korb (Korbersatz), drei von ihnen werden von drei Verteidigern gedeckt. Auf Zuruf verschieben sich die Verteidiger und übernehmen den nächsten Spieler.	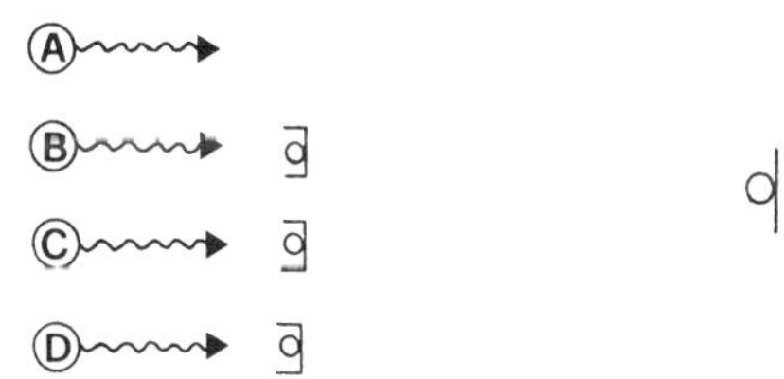

7.1 Übernehmen

<table>
<tr><th>NR.</th><th>BESCHREIBUNG</th><th>ORGANISATION</th></tr>
<tr><td>4.</td><td>Zwei Angreifer gegen zwei Verteidiger:
Die Angreifer dribbeln auf den Korb (Korbersatz) zu. Die Verteidiger wechseln auf Zuruf ihre Verteidigungsaufgabe.
<u>Variation</u>: - Die Angreifer kreuzen sich im Dribbling - übernehmen!</td><td>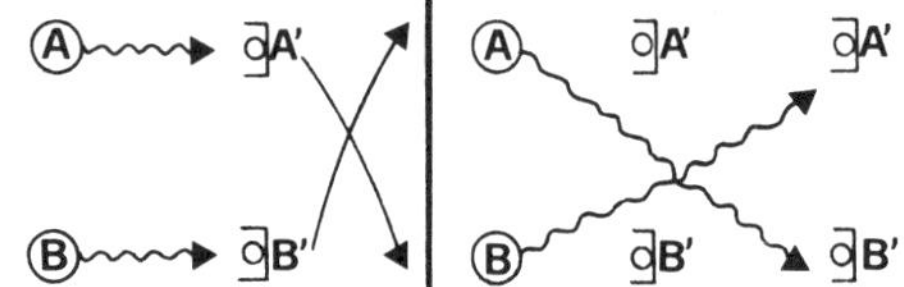</td></tr>
<tr><td>5.</td><td>Die gleiche Situation wie bei <u>Uebung 4.</u>, aber mit je drei Spielern. Nur die beiden äusseren Verteidiger wechseln ihre Aufgabe. Der mittlere Verteidiger bleibt bei seinem Gegenspieler.
<u>Variationen</u>:- Die beiden äusseren Angreifer kreuzen sich im Dribbling - übernehmen.
- Alle Angreifer kreuzen sich im Dribbling und wechseln ihre Plätze - übernehmen.</td><td>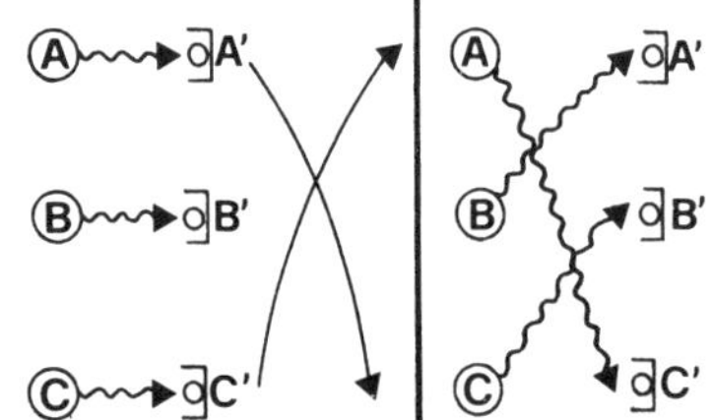</td></tr>
<tr><td>6.</td><td>A (Angreifer) und B' (Verteidiger) stehen vor einem Reifen.
B' mit Blick auf den Reifen und auf die Aktivität von A.
Sobald A mit Sternschritt durchbricht, läuft B' von seinem Reifen weg und übernimmt A.
Rollenwechsel.
<u>Variation</u>: - A dribbelt auf einen Reifen zu und bricht durch.</td><td>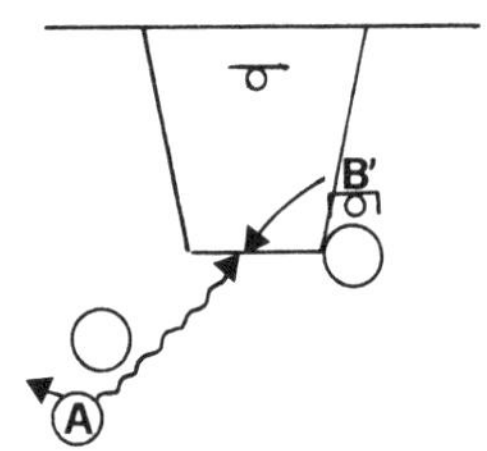</td></tr>
</table>

NR.	BESCHREIBUNG	ORGANISATION
7.	Zwei Angreifer gegen zwei Verteidiger: A geht mit Sternschritt an A' vorbei, B' übernimmt A und A' versucht, den freilaufenden B zu decken. Beispiel : Siehe Skizze. Variation : - A prellt mit dem Ball und geht mit einer Dribblingstäuschung an A' vorbei.	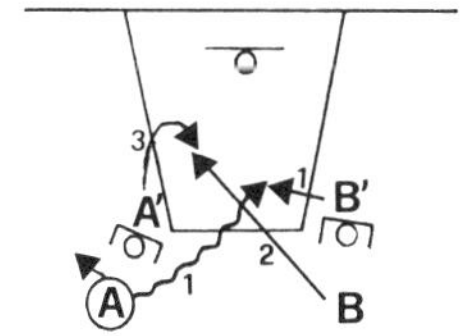
8.	A steht mit dem Ball vor einem Reifen. B blockt den Reifen, A bricht durch und wird von B' übernommen. B stellt sich nun zum Reifen hin, A löst sich von B', unterbricht sein Dribbling, passt zu B, läuft zu ihm, stellt den Block (II) usw. Nach einigen Wiederholungen wird B' ausgewechselt. Variation: - A dribbelt am Anfang auf den Reifen zu.	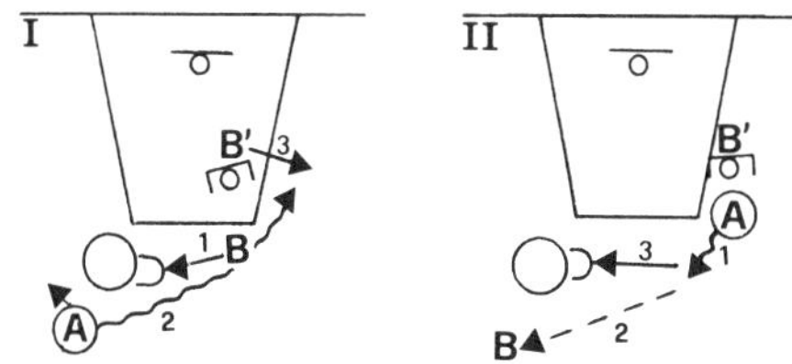
9.	Zwei Angreifer gegen zwei Verteidiger: B passt zu A und läuft zu ihm, um A' zu blocken. A bricht auf der Blockseite durch und wird von B' übernommen. A' versucht, den freigewordenen B zu decken (I). A muss jetzt B anspielen und ihm einen Block stellen (II) usw. Nach einiger Zeit Rollenwechsel zwischen Angreifer und Verteidiger.	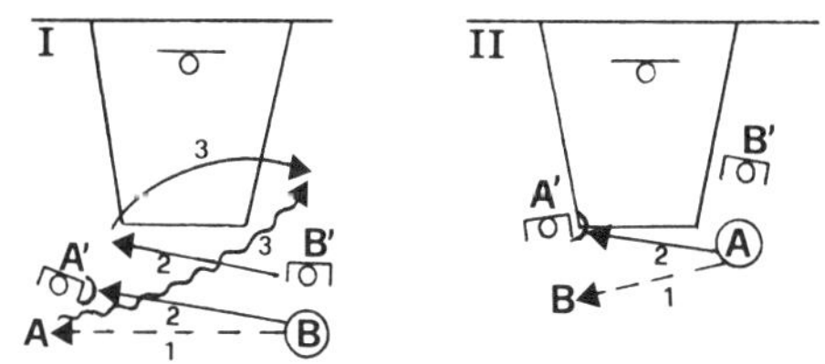
10.	Wie Uebung 9., nur bricht A nicht auf der Blockseite durch. B' übernimmt auch hier A; A' versucht, B zu decken.	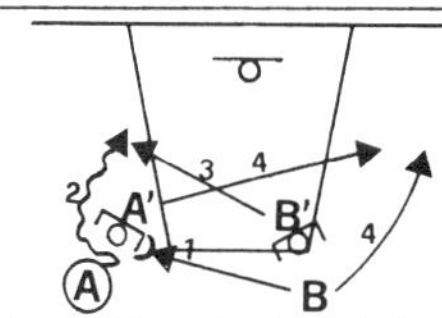

7.2 Abrollen

NR.	BESCHREIBUNG	ORGANISATION
	Gegen Uebernahme können sich die Angreifer durch <u>Abrollen</u> schützen. Nachdem A' geblockt worden ist, macht B eine halbe Drehung (Fussstellung!) und rollt auf die entgegengesetzte Seite des Dribblers ab. A muss, bevor er von B' übernommen wird, den Ball zu B bzw. in den Laufweg zu B spielen. Die zeitliche Abstimmung ist hier ausserordentlich wichtig.	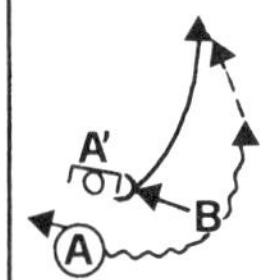 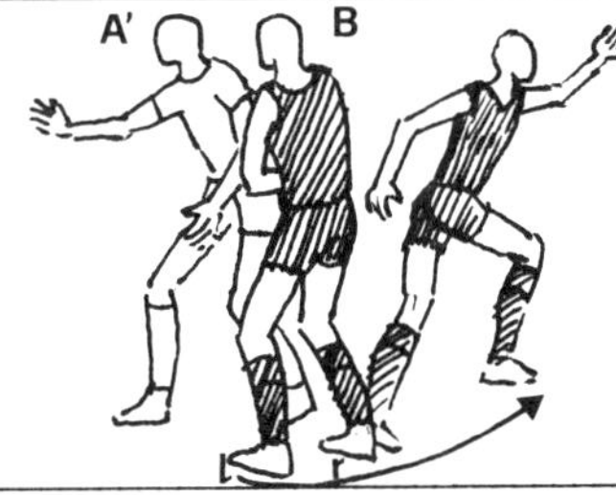
1.	Mehrere Reifen in der Halle verteilt: Die Schüler laufen von Reifen zu Reifen, stellen einen korrekten Block und mit einer halben Drehung (Fussstellung!) rollen sie zum nächsten Reifen ab. Block wird abwechselnd von rechts und links gestellt (Fussstellung!)	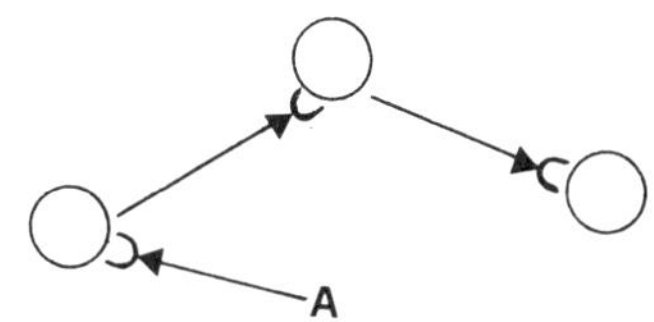
2.	A prellt mit dem Ball, B läuft zum Blocken und Abrollen zu einem Reifen. Im Moment des Abrollens wird er von A angespielt. Nun erfolgt Rollenwechsel. <u>Variationen</u>: - Mehrere Spielerpaare führen die Uebung in der ganzen Halle durch. A und B müssen nun ihre Aktivitäten besser aufeinander abstimmen (Uebersicht, situatives Handeln!). - A bleibt ständig in der Rolle des Zuspielers. Nachdem B den Ball zugespielt bekommen hat, spielt er wieder zurück und läuft zum nächsten freien Reifen.	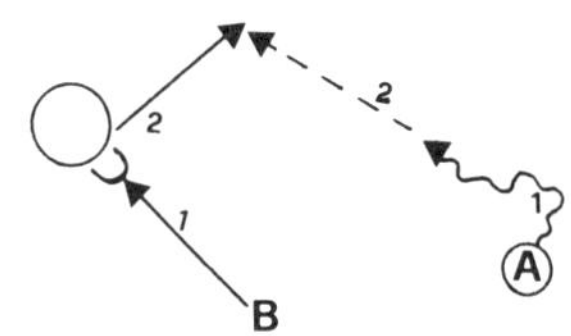
3.	Die Reifen sind ca. 5 bis 6m von der Wand entfernt ausgelegt. A prellt mit dem Ball, B läuft zum Reifen, stellt den Block und rollt ab. A spielt den Ball zu B, der gegen die Wand wirft. A holt den Abpraller und setzt die Uebung fort. Rollenwechsel.	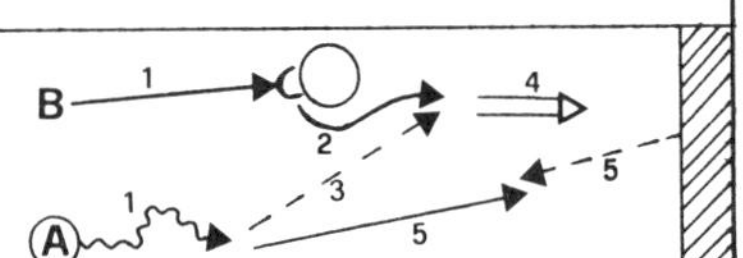

NR.	BESCHREIBUNG	ORGANISATION
4.	A steht vor einem Reifen und wird von B angespielt. B läuft zum Reifen, um den Block zu stellen. A bricht auf der Blockseite durch, B rollt ab, wird von A angespielt und wirft gegen die Wand (auf den Korb). A holt den Rebound, B stellt sich vor den Reifen hin und wird von A angespielt.	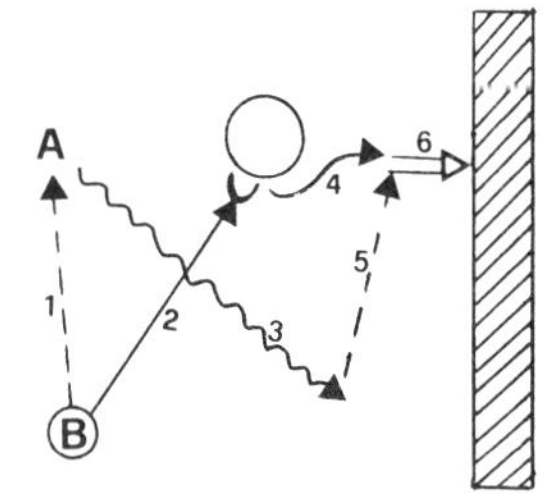
5.	Wie Uebung 4., statt einem Reifen wird aber ein Verteidiger eingesetzt. Dementsprechend muss der Spieler, der von dem Verteidiger gedeckt wird, sich zuerst von diesem Verteidiger lösen, um das Zuspiel bekommen zu können. Die Organisation ist wie bei Uebung 4., nur dass der Verteidiger A' jeweils den Spieler ohne Ball deckt. Der Verteidiger wird nach einer gewissen Zeit abgelöst.	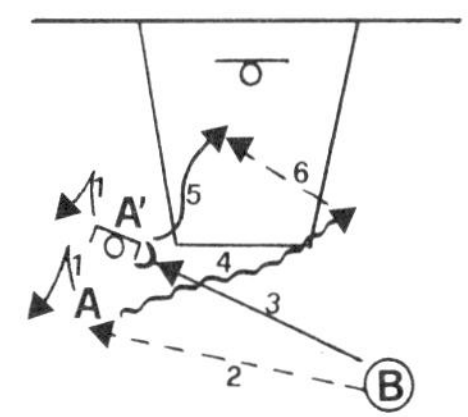
6.	A steht vor einem Reifen. B blockt diesen Reifen und wird von B' manngedeckt. A bricht durch, B rollt ab, B' übernimmt A. A muss den Ball, bevor er von B' übernommen wird, an B weiterspielen. B wirft auf den Korb, A holt den Rebound, B stellt sich vor den Reifen und wird von A angespielt usw. B' wird nach einer gewissen Zeit abgelöst.	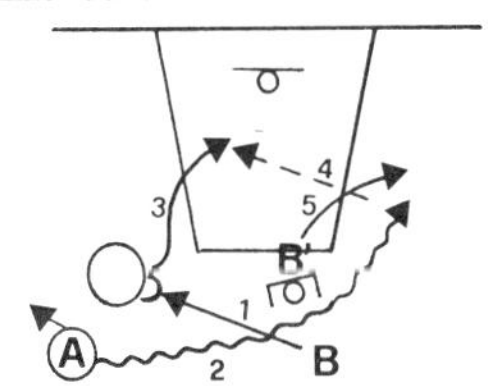

7.2 Abrollen

NR.	BESCHREIBUNG	ORGANISATION
7.	Wie Uebung 6., es wird aber nicht stehend begonnen. B führt den Ball, B' verfolgt ihn, A läuft zum Reifen, und B spielt ihn nach einer Täuschung (das Lösen von B') an. Anschliessend läuft er, um den Block zu stellen, zum Reifen usw.	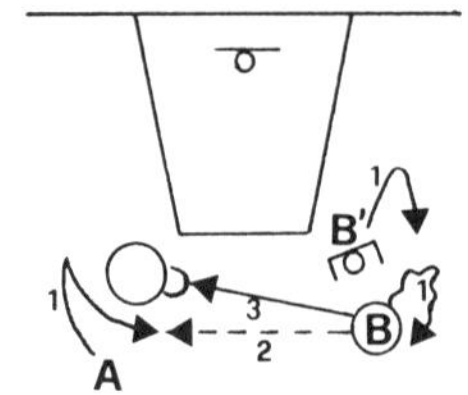
8.	Zwei Angreifer und zwei Verteidiger spielen mit Blocken, Uebernehmen und Abrollen auf einen Korb. A und B wechseln je nach Situation ihre Rollen (Block und Durchbruch), A' und B' verteidigen nur. Variationen: - Die Verteidiger spielen zuerst mit beiden Händen (mit einer Hand) auf dem Rücken. - Je zwei Angreifer- und zwei Verteidigerpaare spielen mit je einem eigenen Ball nebeneinander auf den Korb (Uebersicht und Reaktionsvermögen).	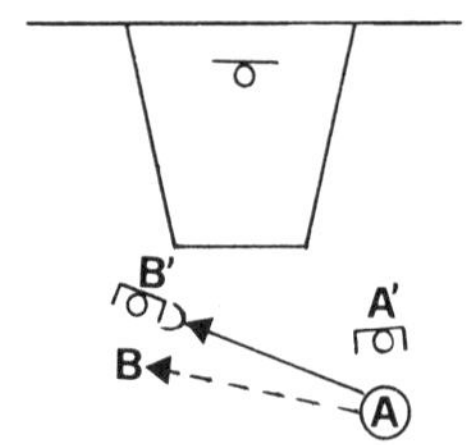
9.	Spiel 2 gegen 2 auf einen Korb mit Blocken, Uebernehmen und Abrollen.	

NR.	BESCHREIBUNG	ORGANISATION
	Gegen das Abrollen können sich die Verteidiger bei rechtzeitigem Erkennen der Situation (Zurufe!) durch <u>Absinken</u> schützen. A' erkennt die Blocksituation und weicht dem Block von B nach hinten aus (Absinken), um A bei seinem Durchbruch auf den Korb zu stören. B' bleibt bei B und verhindert ein ungestörtes Abrollen.	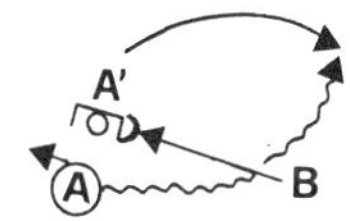
1.	A steht vor A', der neben zwei Reifen steht. A täuscht nach links und läuft rechts an den Reifen vorbei. A' macht eine halbe Drehung und läuft hinter dem Reifen durch, um A am Durchbruch zu stören. <u>Variationen</u>: - A' hat die Hände auf dem Rücken. - A läuft zuerst zu A' hin, täuscht usw. - Die gleiche Uebung mit Ball, mit Sternschritt und mit Dribblingstäuschung.	
2.	A läuft auf die Reifen zu. A' stellt sich ihm entgegen. A macht eine Täuschung nach links und läuft rechts vorbei. A' dreht sich um, läuft hinten den Reifen durch und versucht, A beim Durchbruch zu stören. <u>Variationen</u>: - A' hat beide Hände (eine Hand) auf dem Rücken. - A dribbelt auf die Reifen zu, macht eine Dribblingstäuschung usw.	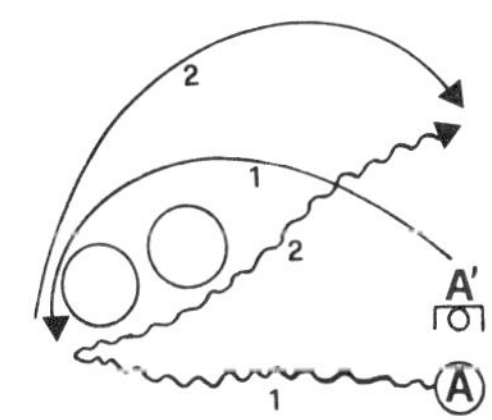

7.3 Sinken

NR.	BESCHREIBUNG	ORGANISATION
3.	A prellt mit dem Ball in Richtung Korb. A' und B' in der Raumdeckung: A' läuft A entgegen, A dribbelt nach einer Täuschung rechts an ihm vorbei. Nun läuft B' ihm entgegen, macht eine weitere Täuschung und bricht in Richtung Korb durch. A' sinkt inzwischen ab und versucht, A beim Durchbruch zu stören.	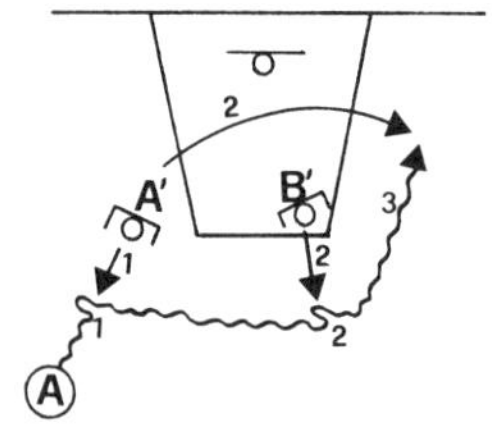
4.	B dribbelt in Richtung Korb und wird dabei von B' gestört. A täuscht ohne Ball einen Durchbruch an, läuft aber zurück und erhält den Ball von B zugespielt (I). B läuft zu A' um zu blocken. A bricht auf der Blockseite durch, A' sinkt, um A beim Durchbruch zu stören (II). Nach einer gewissen Zeit Rollenwechsel.	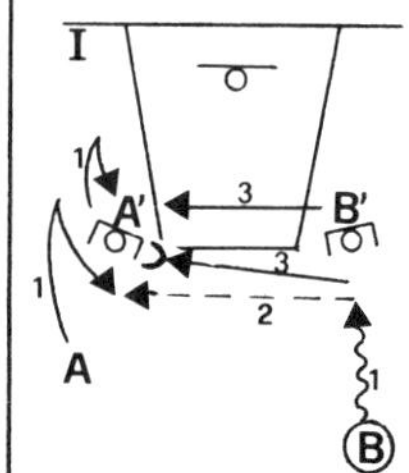 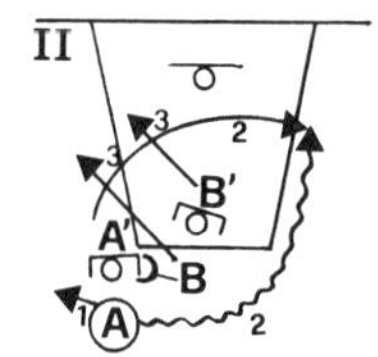
5.	Wie Uebung 4., nun aber wird versucht, diese Form als fortgesetzte Uebung längst der Halle ohne Korbwurf auszuführen. Von der Situation II ausgehend, löst sich nun B von B' und wird von A angespielt usw. Variation: - Als Wellenspiel von der Mittellinie oder von der Grundlinie aus: Sobald die vier Spieler die Uebung beendet haben, starten die nächsten vier.	
6.	Spiel 2 gegen 2 auf einen Korb mit Blocken, Uebernehmen, Abrollen und Sinken je nach entsprechender Spielsituation.	

NR.	BESCHREIBUNG	ORGANISATION
	Gegen Sinken (wenn die Situation rechtzeitig erkannt wird) können die Angreifer das <u>Schirmen</u> verwenden. Von Schirmen reden wir, wenn ein Angreifer sich so vor einen Verteidiger stellt, dass sein Mitspieler ungestört auf den Korb werfen kann. Das Schirmen wird sehr oft auch gegen eine Zonenverteidigung verwendet (Wurfschirm!). Nach der Blockstellung versucht A' zu sinken und gibt die Kontrolle über A auf (I). B macht einen Schritt in die Dribblingsrichtung von A und schirmt damit B' ab. A unterbricht sein Dribbling und wirft auf den Korb.	 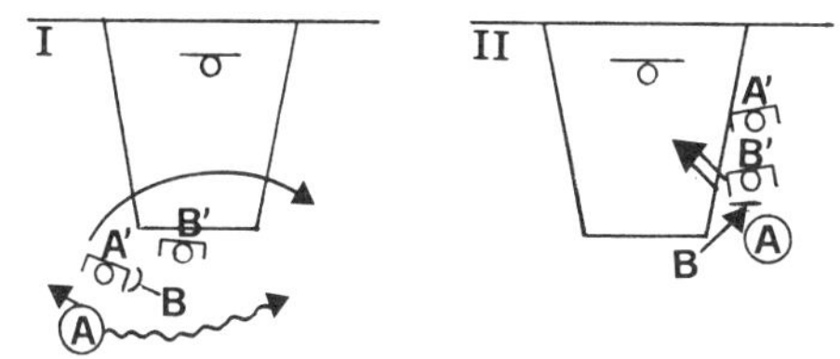
1.	Es sind mehrere Hindernisse (Kasten, Weichsprungmatten im Barren) in der Nähe des Korbes verteilt. Mehrere Spieler prellen auf diese Hindernisse zu und werfen entweder sofort oder nach Sternschritten auf den Korb.	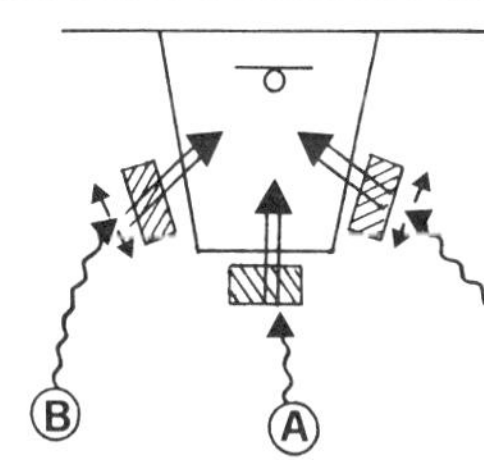

7.4 Schirmen

NR.	BESCHREIBUNG	ORGANISATION
2.	B spielt den Ball zu A und läuft zu ihm (in einer Entfernung von ca. 1 bis 1,5m) hin. Wenn B vor A steht, wirft dieser auf den Korb (oder Korbersatz). A holt den Ball, spielt zu B und läuft zu ihm usw.	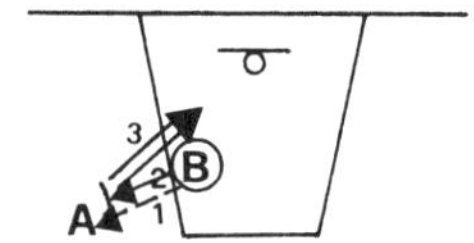
3.	Wie Uebung 2., aber nach Ballerhalt dribbelt A nach rechts (links). Sobald er stoppt, stellt sich B vor ihn hin. A wirft, holt den Ball und spielt zu B usw.	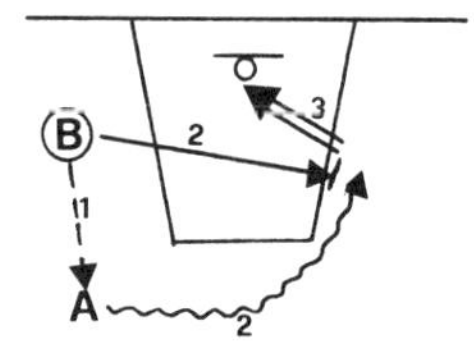
4.	A dribbelt in Richtung Korb, in der Nähe des Strafraumes stoppt er und macht Sternschritte. B läuft zu ihm, A wirft, anschliessend Rollenwechsel.	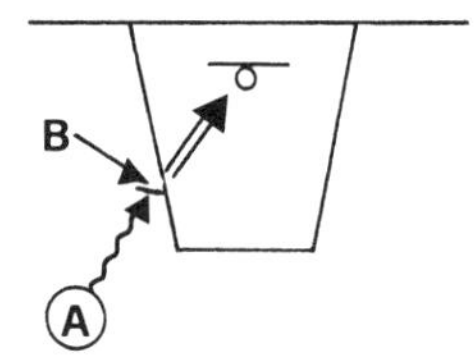
5.	A führt den Ball, passt zu E und läuft zur Strafraumgrenze, B stellt sich neben ihn (Doppel-Schirm). E wirft (I). A holt den Ball, E und B laufen an die ursprüngliche Positon von A bzw. von E. A spielt den Ball zu E und läuft zur ursprünglichen Position von B hin (II) usw.	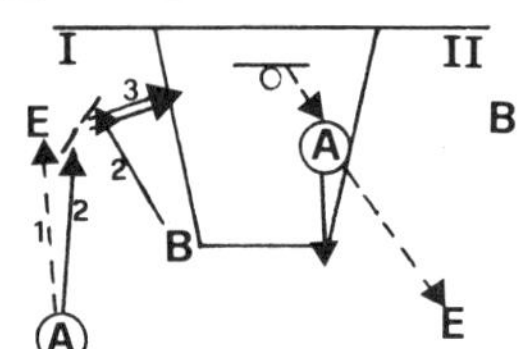

NR.	BESCHREIBUNG	ORGANISATION
6.	A steht vor einem Reifen. B spielt ihm den Ball zu, läuft zum Reifen und stellt einen Block. A täuscht nach links, bricht auf der Blockseite durch. B macht einen Schritt in die Dribblingsrichtung von A , anschliessend Rollenwechsel.	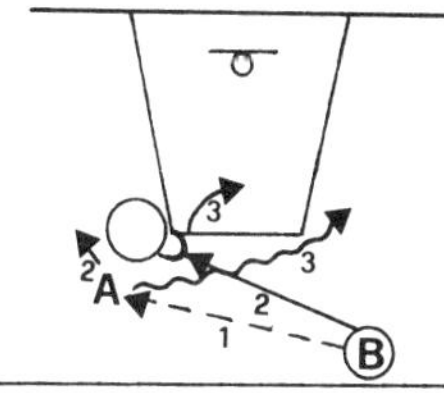
7.	Wie Uebung 6., aber B wird von B' gedeckt. Nach dem Block versucht B, eine Täuschung (Abrollen) zu machen; folgt ihm B', macht er einen Schritt in die entgegengesetzte Richtung und stellt einen Schirm für A (I). Folgt B' der ersten Täuschung von B nicht, läuft er sich frei und wird von A angespielt. A und B wechseln anschliessend ihre Rollen. Der Verteidiger wird nach einer gewissen Zeit von A oder B abgelöst.	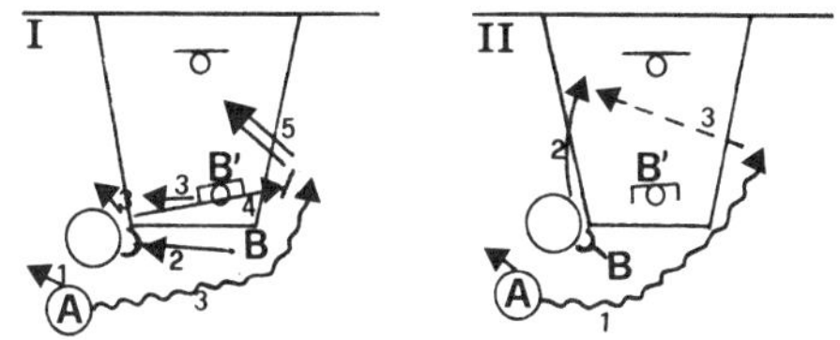
8.	Spiel 2 gegen 1 auf einen Korb mit Schirmen.	
9.	Spiel 3 gegen 2 auf einen Korb mit Schirmen.	
10.	Spiel 2 gegen 2 und 3 gegen 3 auf einen Korb mit Blocken, Uebernehmen, Abrollen, Sinken und Schirmen je nach Spielsituation.	

7.5 Abstreifen

NR.	BESCHREIBUNG	ORGANISATION
	Mit dem Abstreifen werden die vortaktischen Elemente des Angreifers eingeleitet, die in der Regel die Kooperation dreier Spieler benötigen. Von Abstreifen spricht man, wenn ein Angreifer ohne Ball seinen Verteidiger auf einen anderen Angreifer auflaufen lässt. B hat den Ball. A täuscht A' nach links und läuft rechts dicht an C vorbei, um A' an ihm abzustreifen; dabei wird ihm von B der Ball zugespielt (I). Wird er jetzt von C' übernommen, rollt C ab und wird von A angespielt (II). Wenn A nicht angegriffen wird, kann er selbstverständlich allein auf den Korb ziehen.	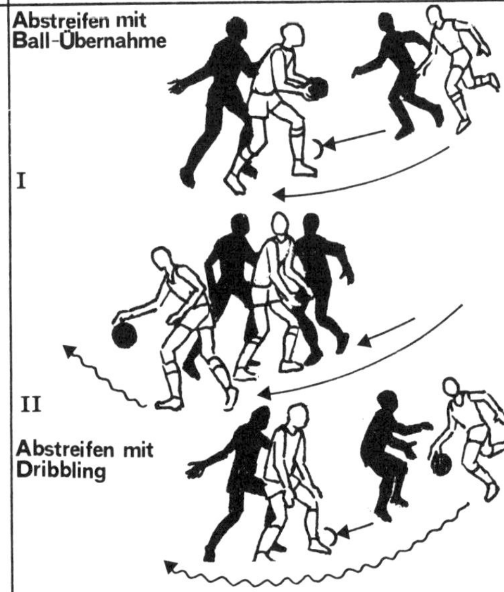 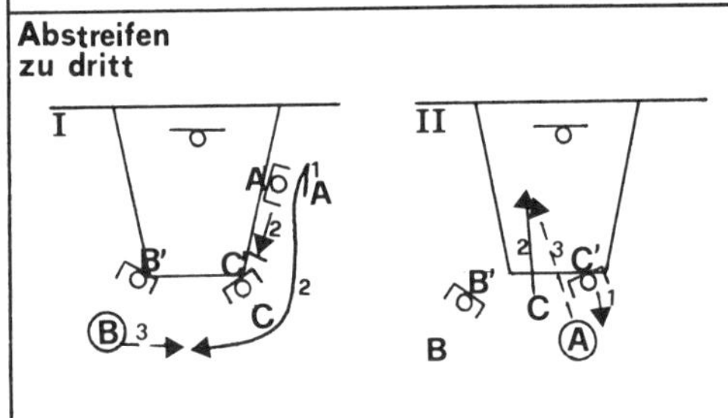

NR.	BESCHREIBUNG	ORGANISATION
1.	A läuft in Richtung Malstab, macht eine Täuschung nach links und läuft eng rechts an einem Reifen vorbei.	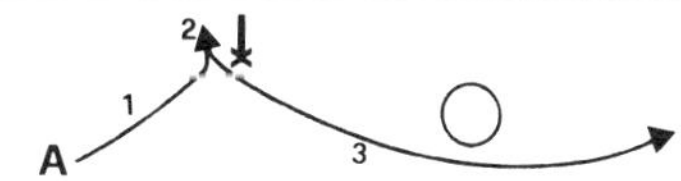
2.	Wie Uebung 1., aber es sind mehrere Reifen und Malstäbe in einem bestimmten Raum verteilt. Gleichzeitig versuchen mehrere Spieler, die Uebung 1. auszuführen. (Auch ohne Malstäbe durchführen.)	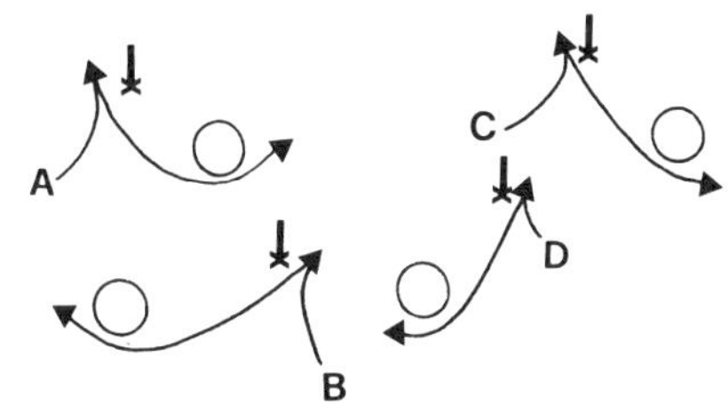
3.	A läuft in Richtung Malstab und macht eine Täuschung nach links. B steht ca. 2 bis 3m von den Reifen entfernt. Sobald A seine Täuschung nach links ausgeführt hat und in Richtung Reifen läuft, läuft B nach einer Täuschung in die entgegengesetzte Richtung zum Reifen und stellt sich hinein, anschliessend Rollenwechsel.	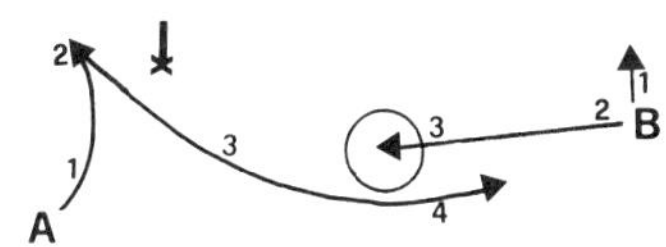
4.	Wie Uebung 3., nur diesmal ohne Malstab und Reifen. A muss unbedingt dort durchlaufen, wo B seinen Lauf beendet hat. Schulung des Raum-Zeitgefühls!	
5.	Die Uebungen 3. und 4. auch von der anderen Seite erproben.	

7.5 Abstreifen

NR.	BESCHREIBUNG	ORGANISATION
6.	Wie Uebung 3., (zuerst mit, später ohne Hilfsgeräte); sobald A bei E durchgelaufen ist, wird er von B angespielt. A bricht zum Korb durch und wirft. A holt den Ball, E geht an die ursprüngliche Position von A', B an diese von E, während A mit dem Ball an die Stelle von B hinausdribbelt. Nun läuft E in Richtung Malstab usw. Zwischendurch auch die Seiten wechseln.	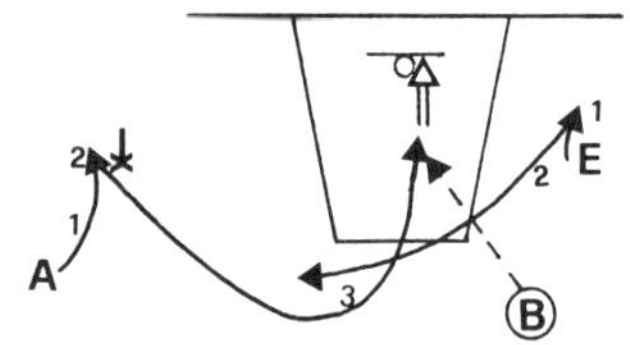
7.	Wie Uebung 6., nur sind es zuerst zwei, später drei 3er-Gruppen, die jeweils mit einem eigenen Ball gleichzeitig die Uebung ohne Hilfsgeräte ausführen (Uebersicht und Reaktionsvermögen).	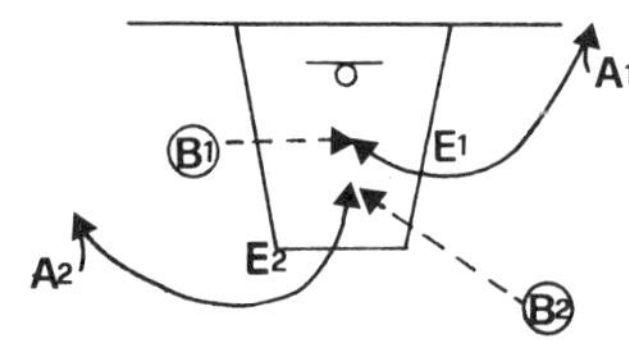
8.	A wird ohne Ball von A' eng gedeckt. Er versucht, sich durch Täuschung und durch Abstreifen an E von A' zu lösen und wird von B angespielt. B führt vor dem Zuspiel Sternschritte aus. Fortgesetzte Uebung wie bei Uebung 6.	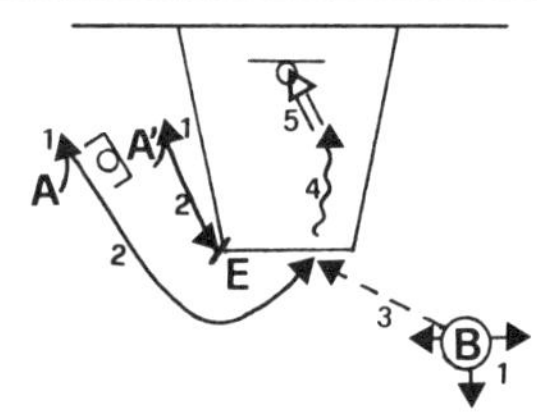
9.	A wird ohne Ball von A' eng gedeckt, B führt den Ball an B' heran. A täuscht A', läuft an E vorbei und wird von B, der seinerseits B' getäuscht hat (freier Passweg!), angespielt usw. A' und B' sind immer Verteidiger.	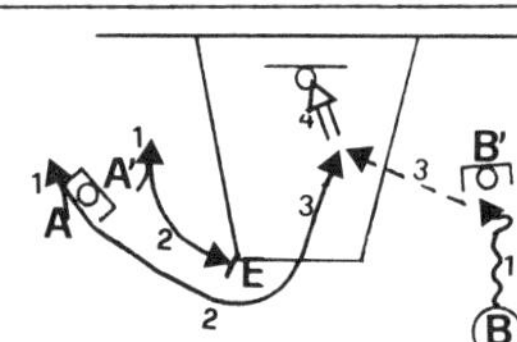

NR.	BESCHREIBUNG	ORGANISATION
10.	A täuscht in seinem Lauf nach links, läuft dann eng an E, der von E' gedeckt wird, vorbei. B dribbelt in Richtung B', versucht ihn zu täuschen und spielt den durchbrechenden A an (I). Wird A von E' übernommen, rollt E ab und wird nun von B angespielt (II).	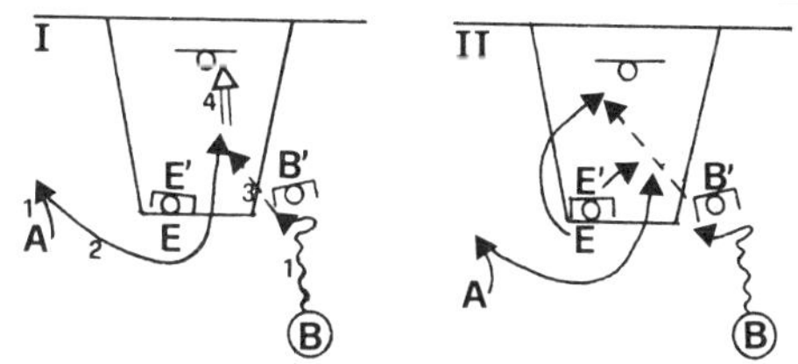
11.	A täuscht in seinem Lauf nach links, läuft dann an E vorbei und wird von B angespielt. E versucht, sich zuerst durch eine Täuschung in die entgegengesetzte Richtung von E' zu lösen, bevor er seine Position zum Abstreifen einnimmt. Auf die zeitliche Abstimmung der Aktivitäten achten!	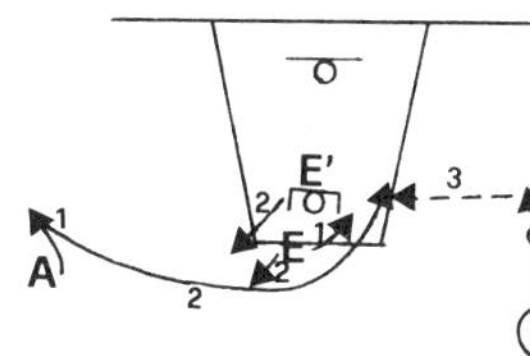
12.	A täuscht in seinem Lauf nach links und läuft nach rechts an E vorbei. E läuft im Moment der Täuschung von A 1 bis 2 Schritte in die entgegengesetzte Richtung und läuft dann in Richtung A, um sich zum Abstreifen bereitzustellen. B dribbelt zu B' und versucht, ihn abzuschütteln, um den Passweg freizubekommen (I). Deckt aber B' den Passweg, so bricht B auf den Korb durch (II).	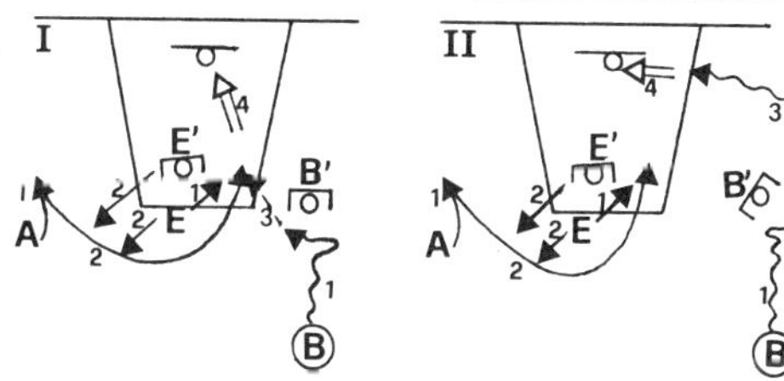
13.	Die Uebungen 9., 10., 11., und 12. auch von der anderen Seite erproben.	

7.6 Kreuzen

NR.	BESCHREIBUNG	ORGANISATION
	Das Kreuzen ist eine besondere Art des Abstreifens, wobei sich die Laufwege zweier Angreifer (in der Regel ohne Ball) kreuzen. Im Schnittpunkt der Laufwege steht ein dritter Angreifer, der in Ballbesitz ist. A täuscht seinen Verteidiger und spielt zu C. Gleichzeitig mit der Ballabgabe läuft er auf die Gegenseite, dicht an C vorbei. B täuscht ohne Ball seinen Verteidiger und läuft unmittelbar nach A ebenfalls an C vorbei auf die Gegenseite (von ihm ausgesehen). Achtung: Es ist ein ungeschriebenes Gesetz, dass der Spieler zuerst läuft, der auch den Pass gegeben hat. Je nach Reaktion der Verteidiger kann C den Ball an A oder B übergeben oder sogar, falls er frei geworden ist, selber werfen.	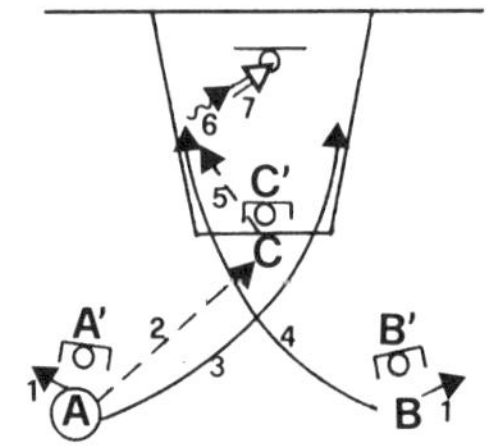
1.	A und B bewegen sich vor zwei Reifen. Auf ein Zeichen laufen sie (B startet zuerst) dicht am dritten Reifen vorbei.	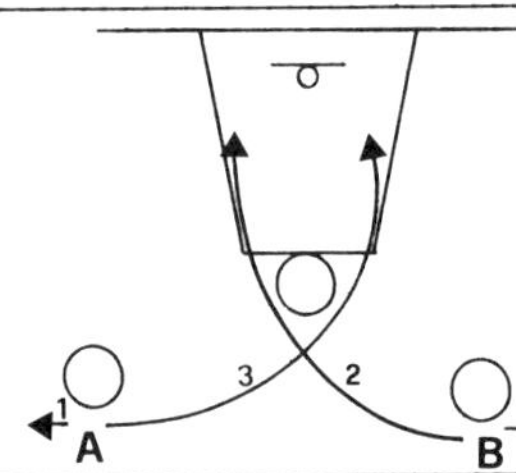
2.	B führt den Ball spielt ihn an die Wand und läuft am Reifen vorbei. A folgt ihm. Den zurückprellenden Ball aufnehmen und mit Rollenwechsel neu beginnen.	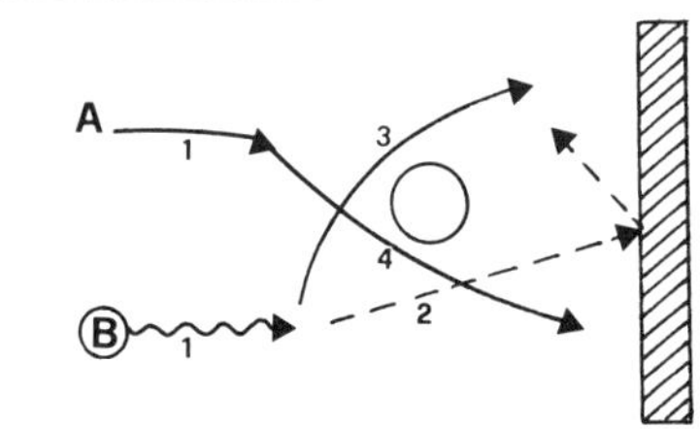

NR.	BESCHREIBUNG	ORGANISATION
3.	B passt den Ball zu C und läuft dicht an ihm vorbei. E täuscht nach rechts und übergibt den Ball dem links durchlaufenden B, der wirft, anschliessend Rollenwechsel.	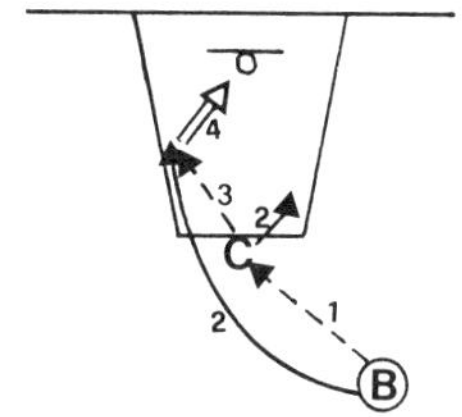
4.	Wie Uebung 3., aber C täuscht nach links und nach rechts, lässt B durchlaufen, dreht sich um und wirft selber. B holt den Ball; nun erfolgt ein Rollenwechsel.	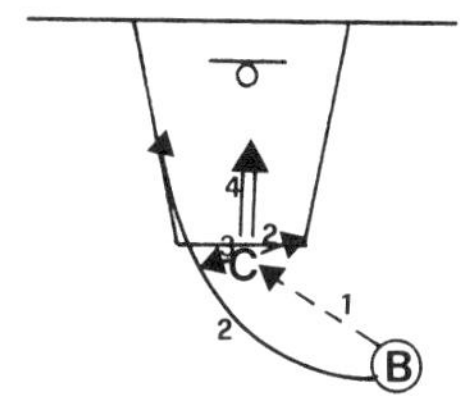
5.	B spielt zu C und läuft durch. A startet ebenfalls zum Kreuzen. C täuscht einen Wurf an und spielt den Ball zu A. B holt den Ball und mit einem Rollenwechsel wird die Uebung fortgesetzt.	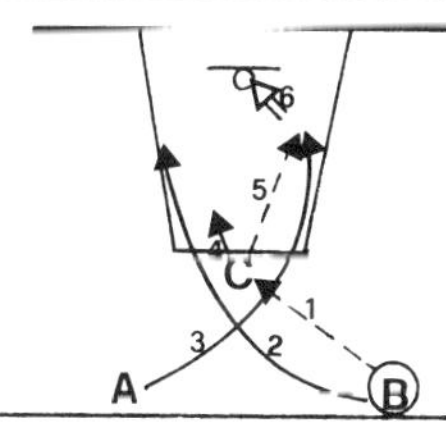
6.	Die Uebungen 3., 4. und 5. auch von der linken und rechten Seite des Straframes üben lassen.	

7.6 Kreuzen

NR.	BESCHREIBUNG	ORGANISATION
7.	A, B, C spielen sich frei den Ball in einem bestimmten Raum oder um den Strafraum herum zu. Steht einer der Spieler in einer günstigen Position, nimmt er den Ball auf, spielt ihn zu einem der anderen Spieler hinaus, worauf das Kreuzen erfolgt. Nach dem Korbwurf wird die Uebung fortgesetzt.	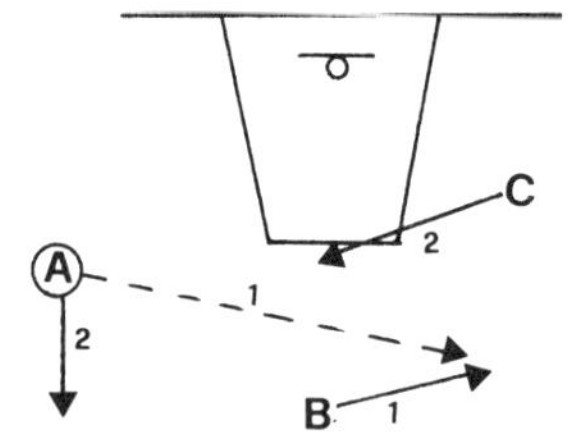
8.	Zwei 3er-Gruppen mit je einem Ball verfahren jede für sich wie bei Uebung 7. Ziel ist es, durch die beiden nebeneinander gleichzeitig spielenden Gruppen spielähnliche Situationen zu schaffen.	
9.	B steht vor dem Verteidiger B'. Durch Täuschung versucht er, sich von ihm freizulaufen bzw. ihn am Reifen abzustreifen, dann Rollenwechsel. Der Verteidiger muss seine Hände auf dem Rücken halten.	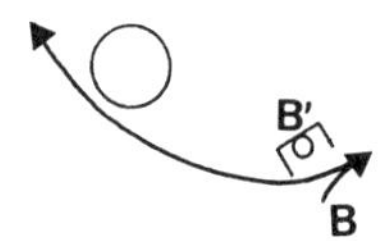
10.	A und B stehen C und D gegenüber (C und D mit den Händen auf dem Rücken). B und A versuchen, durch Täuschungen an ihren Verteidigern vorbeizulaufen bzw. sie an dem Reifen abzustreifen, anschliessend Rollenwechsel.	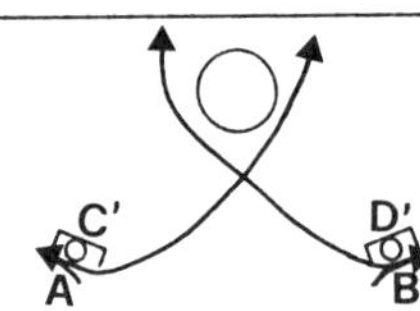
11.	Wie Uebungen 9. und 10., statt des Reifens aber steht nun C als Abstreifmöglichkeit bereit.	

NR.	BESCHREIBUNG	ORGANISATION
12.	C wird vom Verteidiger C' gedeckt, der beim Kreuzen von A und B einen der beiden übernimmt. C muss den freien Spieler anspielen. Anschliessend Rollenwechsel der Angreifer. Der Verteidiger wird nach einer gewissen Zeit abgelöst.	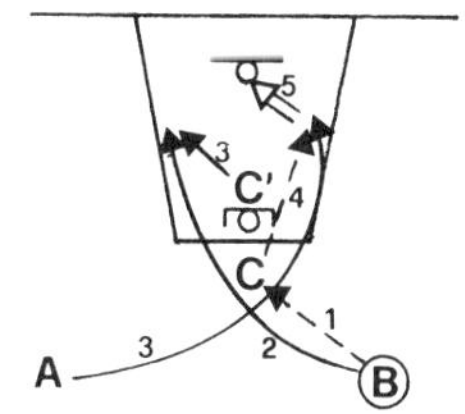
13.	A und B sind durch A' und B' gedeckt, A führt den Ball, B macht sich nach einer Täuschung anspielbar. B erhält den Ball, spielt ihn zu C. B und A kreuzen vor C. Wer frei ist, wird von C angespielt. A und B bzw. A' und B' wechseln ihre Rollen. C wird nach einer gewissen Zeit abgelöst.	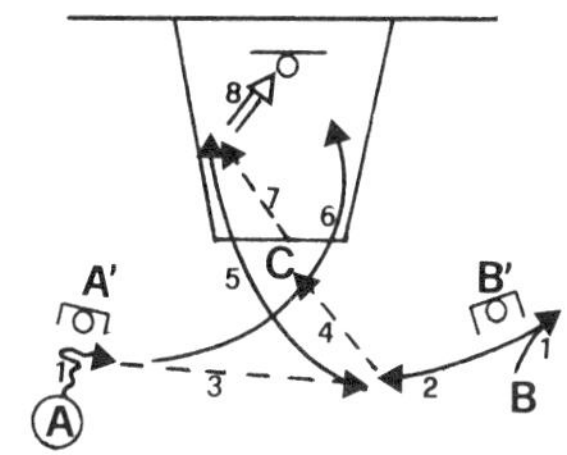
14.	A ist von A', C von C' gedeckt, B führt den Ball, passt zu C und läuft an ihm vorbei. C täuscht ein Zuspiel vor und spielt nachher dem durchlaufenden A den Ball zu. Anschliessend Rollenwechsel der Angreifer. A' wird nach einigen Wiederholungen abgelöst.	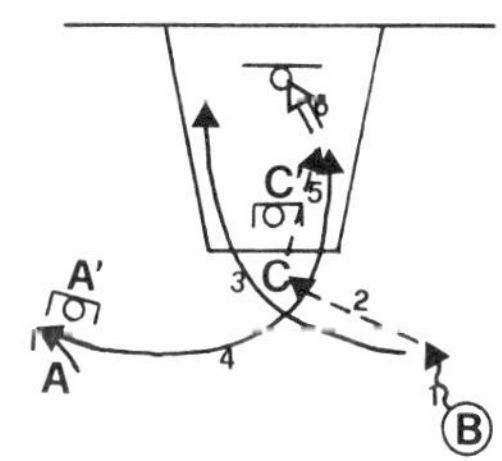
15.	Spiel 3 gegen 3: Nach Möglichkeit das Kreuzen verwenden. Voraussetzung hierfür: Ein Schüler muss als fixer Punkt in Strafraumnähe stehen.	

7.7 Gegenblock

NR.	BESCHREIBUNG	ORGANISATION
	Der Gegenblock richtet sich gegen den Verteidiger eines Spielers, der nicht in Ballbesitz ist. Dieser Spieler wird nun freigeblockt und kann ungestört angespielt werden. Der Gegenblock erfolgt in der Regel nach einem Zuspiel in die entgegengesetzte Richtung, um so einen Ueberraschungseffekt erzielen zu können. B hat den Ball, spielt ihn zu A, der sich zuerst einen freien Anspielweg durch Täuschung geschaffen hat. B läuft nach dem Zuspiel zu E, um seinen Verteidiger zu blocken. E sollte nach Möglichkeit seinen Verteidiger auch vorher in die entgegengesetzte Richtung täuschen. Nun läuft E aus dem Block und wird von A angespielt. E dribbelt auf den Korb zu und wirft.	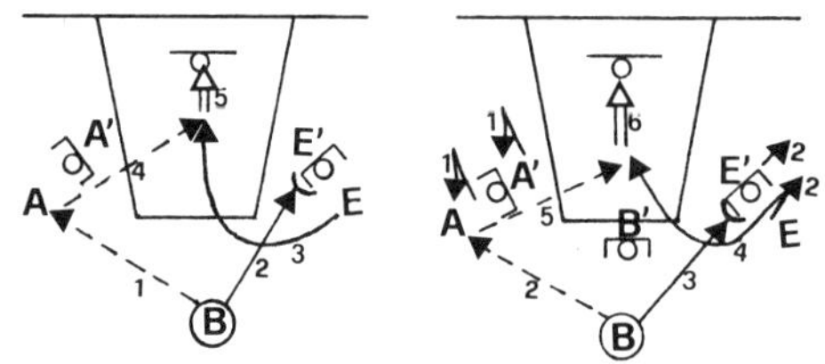
1.	Fortgesetzter Gegenblock: B passt zu E und stellt für A einen Block. A läuft zur Mitte (I), bekommt von E den Ball, spielt ihn zu B weiter und läuft zu E, um einen Block zu stellen. Nun läuft E zur Mitte usw.	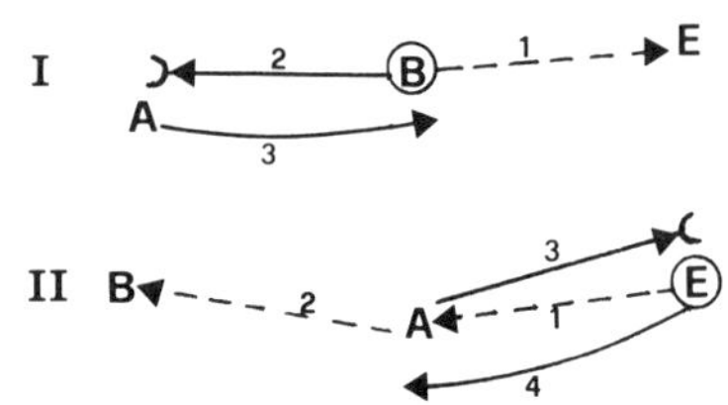

NR.	BESCHREIBUNG	ORGANISATION
2.	A, B und E stehen vor je einem Reifen und spielen so die Grundform des Gegenblocks mit Korbwurf durch. Variationen: - A und E laufen, B dribbelt mit dem Ball zum Reifen. - A oder E führen den Ball, stoppen vor dem Reifen und spielen den Ball zu - nun wird das Kreuzen eingeleitet.	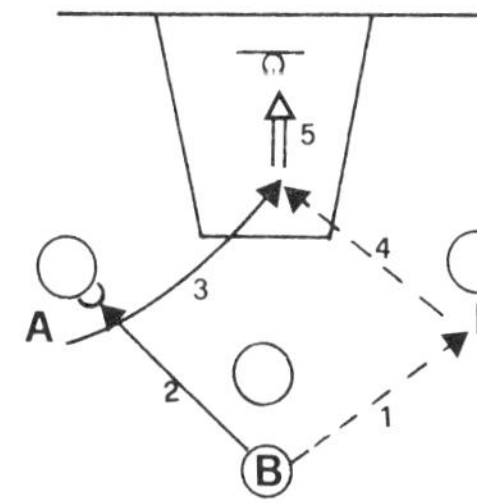
3.	A und B stehen vor einem Reifen, E vor dem Verteidiger E'. E muss seinen Verteidiger vor dem Ballerhalt zuerst täuschen, damit er anspielbar wird. Anschliessend wird die Grundform ausgeführt. Nachdem E angespielt worden ist, hat er zwei Möglichkeiten. 1 Deckt E' den Passweg, bricht er aussenherum durch. 2 Deckt E' den Durchbruchweg, kann E zu A passen.	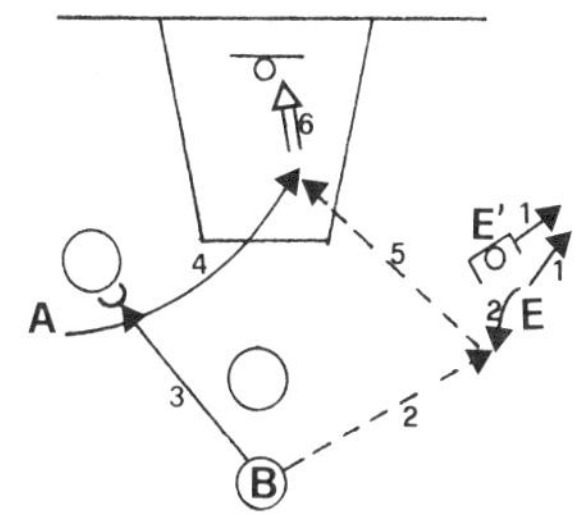
4.	B und E stehen vor einem Reifen. A vor dem Verteidiger A'. B täuscht ein Zuspiel zu A an. Wenn A' daraufhin den Passweg deckt, schneidet A im Rücken Richtung Korb und wird von E angespielt, der inzwischen den Ball von B erhalten hat. Die Angreifer wechseln ihre Rollen. A' wird nach einer Zeit abgelöst.	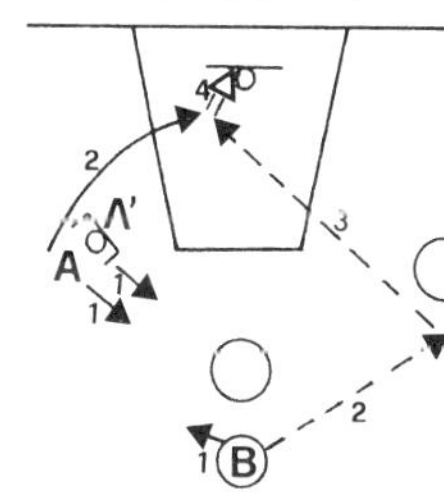

7.7 Gegenblock

NR.	BESCHREIBUNG	ORGANISATION
5.	A und E stehen vor einem Reifen, B vor dem Verteidiger B'. Nach vorangegangener Täuschung (Anspielbarkeit!) wird er von E angespielt. Deckt nun B' den Ballbesitzer B eng, kann dieser mit Sternschritt-täuschung durchbrechen, ansonsten wird der Gegenblock durchgeführt. (Pass zurück zu E, und B läuft zu A.) Die Angreifer wechseln ihre Rollen, die Verteidiger werden nach einer gewissen Zeit abgelöst.	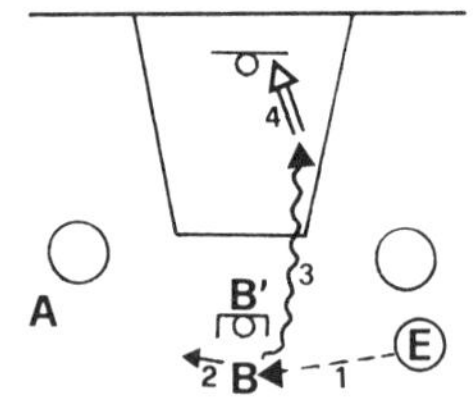
6.	A und B stehen vor den Verteidigern A' und B', E vor einem Reifen. B hat den Ball, spielt ihn zu E und stellt einen Block für A. A versucht sich freizulaufen, B' aber übernimmt ihn. B rollt aus dem Block ab und wird von E angespielt. Organisation siehe <u>Uebung 5.</u>	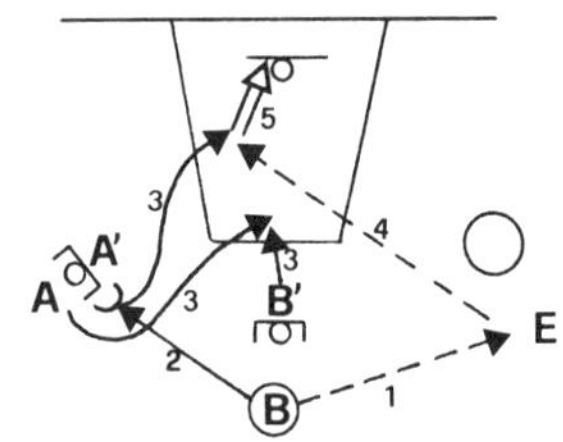
7.	A und E stehen vor den Verteidigern A' und E', B vor einem Reifen. B hat den Ball. E täuscht einen Durchbruch nach rechts an, stoppt, startet nach hinten und wird von B angespielt. B stellt A einen Block. A läuft sich frei und wird von E angespielt. Ist der Passweg zu A durch E' gedeckt, bricht er selber aussen-herum durch. Organisation siehe <u>Uebung 5</u>.	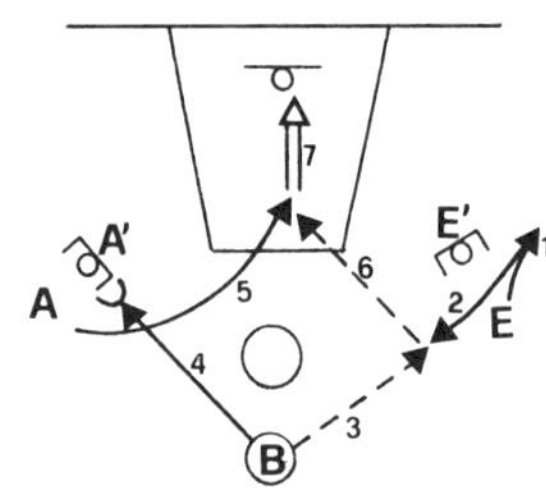

NR.	BESCHREIBUNG	ORGANISATION
8.	A steht vor einem Reifen, B und E vor den Verteidigern B' und E'. A hat den Ball. B und E sind nicht anspielbar. B läuft zu E, stellt ihm einen Block. E versucht sich freizulaufen und wird von A angespielt. Wird er von B' übernommen, rollt B ab und erhält von A den Ball zugespielt. Organisation siehe Uebung 5.	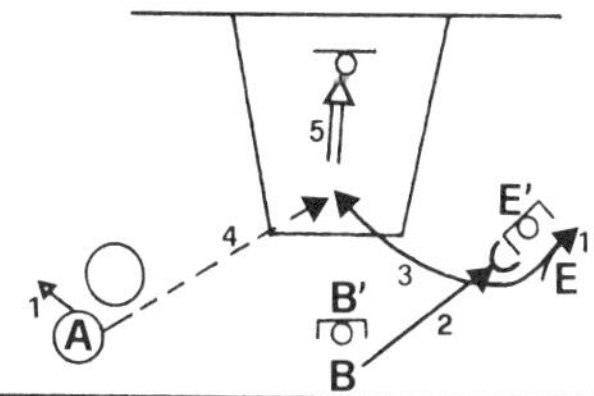
9.	Die Uebungen 4., 5., 6., 7. und 8. sollen nicht nur aus dem Stand, sondern auch aus der Bewegung (etwa vor der Mittellinie her mit Dribbling, Zuspiel, Lauf, Platzwechsel) ausgeführt werden, die sich nach ausgeführter Uebung laufend abwechseln. In der Zwischenzeit können sie irgendwelche Zusatzübungen, z.B. konditionelle Arbeit, erledigen.	
10.	Zwei 3er-Gruppen mit je einem Ball versuchen, jede für sich, Gegenblocksituationen zu erstellen bzw., da kein direkter Verteidiger vorhanden ist, solche zu simulieren und diese mit einem Korbwurf abzuschliessen. Ziel ist es, aus dem freien Spiel eine gewisse Automatisation zu erreichen und durch das Spielen nebeneinander das Reaktions- und Antizipationsvermögen zu schulen.	
11.	Wellenspiel 3 gegen 3: 3 Spieler stellen die Verteidiger, die sich nach jedem Abschluss gegen ein neues 3er-Team stellen müssen. Sobald ein Angriff abgeschlossen oder der Ball verloren wird, starten die neuen Angreifer von der Mittellinie aus.	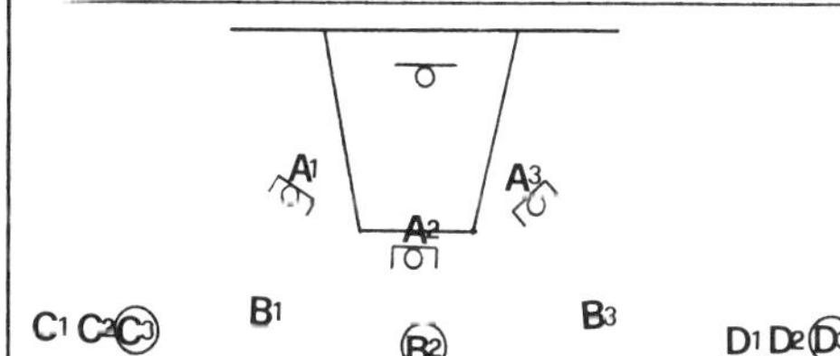
12.	Spiel 3 gegen 3 auf einen Korb: Ziel ist es, die bisherigen Kenntnisse je nach Spielsituation anzuwenden.	

7.8 Kombinierte Übungsformen — Komplexübungen

In diesem Teil wird versucht, verschiedene Kombinationen aus dem Bereich der Vortaktik so aneinander gereiht zu präsentieren und einüben zu lassen, dass die Spieler der Hauptanforderung in einem Spiel, nämlich der situativen Handlungsfähigkeit, mit ihren erlernten Spiel- und Verhaltensweisen gerecht werden können.

Diese Uebungsformen bilden den Uebergang zu den speziellen Angriffs- bzw. Verteidigungssystemen, die in beiden Bereichen bekanntlich auf die verschiedenen Elemente und Variationen der Vortaktik aufgebaut werden.

NR.	BESCHREIBUNG	ORGANISATION
1.	A hat A' an E abgestreift, B kommt dribbelnd (wichtig!) an B' nicht vorbei, und der Passweg ist auch nicht frei. A, der von E' übernommen wird, läuft zu B', blockt ihn, so dass B durchbrechen kann (I). Wird B übernommen, rollt A ab, und E läuft sich nach vorangegangener Täuschung frei (II). Anschliessend wird um den Rebound gekämpft. Die Gruppe, die den Ball erobert hat, baut den nächsten Angriff auf ähnliche Art und Weise auf. Bei Korberfolg bleiben die Angreifer in Ballbesitz.	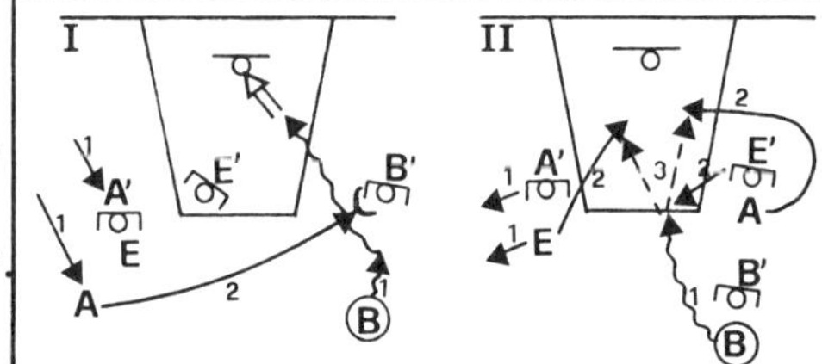
2.	B passt zu E und läuft zu A, um ihn freizublocken. A läuft sich frei und wird von E angespielt, um auf den Korb werfen zu können (I). Uebernimmt B' den sich freilaufenden A, rollt B ab und wird von E angespielt (II). Organisation: Siehe <u>Uebung 1</u>.	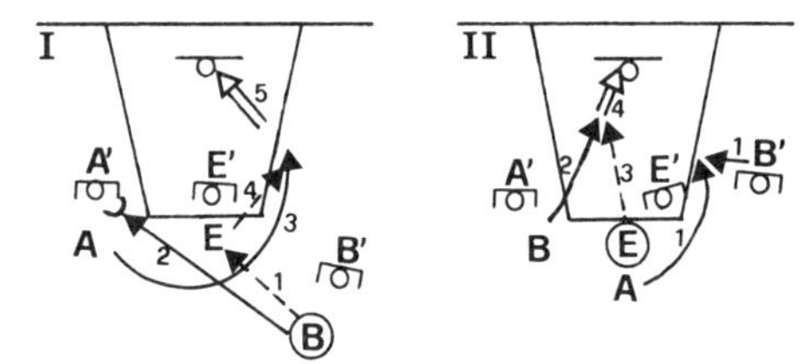

NR.	BESCHREIBUNG	ORGANISATION
3.	B dribbelt in Richtung B', täuscht ihn nach rechts und versucht, ihn nachher an E abzustreifen (passiver Block). A versucht, sich unterdessen von A' freizulaufen. B kann ihn anspielen oder allein auf den Korb ziehen. Organisation: Siehe Uebung 1.	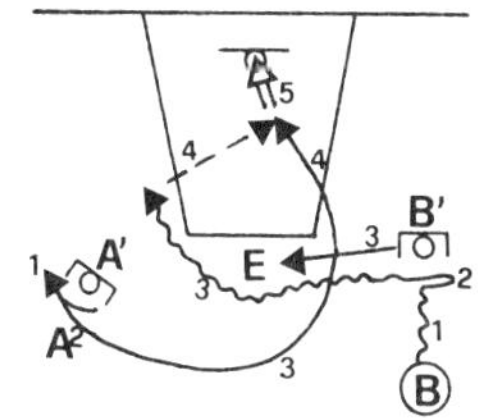
4.	B kann sich dribbelnd von B' nicht lösen. E stellt ihm einen Block, B bricht in der Mitte durch. A schneidet A' im Rücken und wenn B übernommen wird, rollt E ab. B kann entweder durchbrechen oder zu A bzw. E passen. Organisation: Siehe Uebung 1.	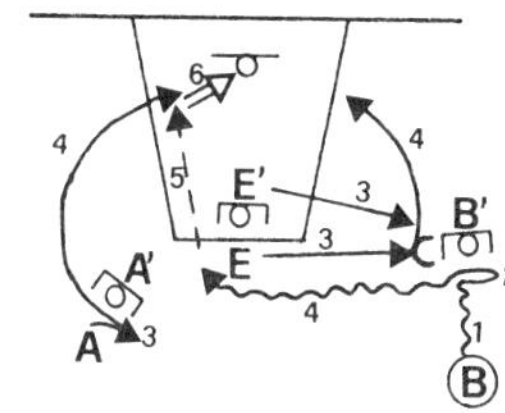
5.	B führt den Ball und wird von B' gestört. A und E täuschen einen Lauf in Richtung Korb an, stoppen ihren Lauf ab, laufen zurück und kreuzen vor B, der inzwischen sein Dribbling gestoppt hat, den Ball aufnimmt und mit dem Rücken zu B' steht. Wer durch das Kreuzen frei geworden ist (A oder E), wird von B angespielt und wirft auf den Korb. Organisation: Siehe Uebung 1.	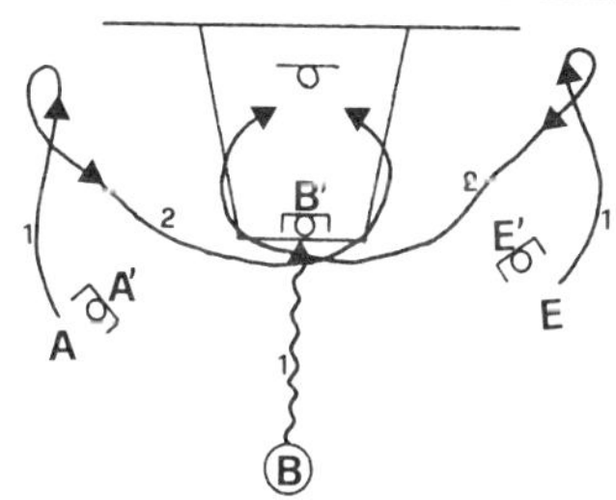

7.8 Kombinierte Übungsformen — Komplexübungen

NR.	BESCHREIBUNG	ORGANISATION
6.	B führt den Ball, A und E lösen sich von ihren Verteidigern. B spielt zu E und läuft zu A, um einen Gegenblock zu stellen. A läuft sich frei, bekommt den Ball zugespielt, stoppt sein Dribbling ab (mit dem Rücken zu B') (I). B täuscht ein Abrollen, E ein Schneiden im Rücken an, und beide laufen nachher (sich kreuzend) an A vorbei. A spielt dem, der frei wird, den Ball zu, welcher danach auf den Korb wirft. Organisation: Siehe Uebung 1.	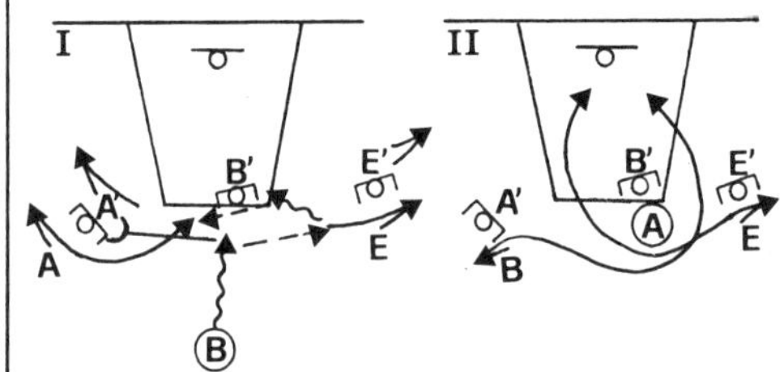
7.	B führt den Ball und täuscht B' einen Durchbruch aussen hindurch an. E läuft im Moment des Täuschens zu A, um A' zu blocken. Nun versucht A, sich mit Hilfe des Blockens freizulaufen. E rollt aus der Blockstellung ab. Je nach Verhalten von E' wird A oder E von B angespielt.	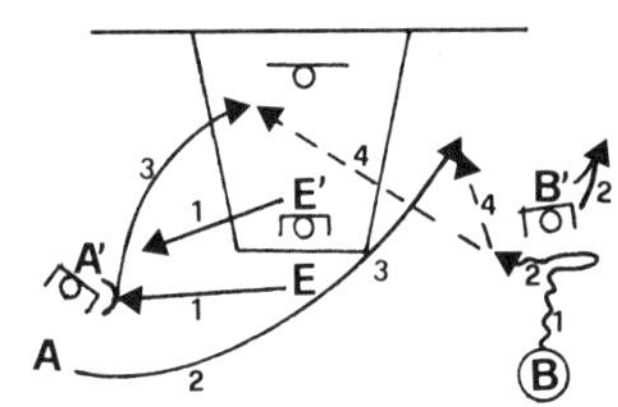

Kapitel 8

Übungs- und Spielformen für den Spielaufbau

8.1 Verteidigungssysteme

Während eines Basketballspiels kann eine Mannschaft bis 60% der Spielzeit mit Verteidigungsarbeit verbringen. Diese, von jüngeren Basketballspielern oft unterschätzte Tatsache zeigt die Bedeutung der Verteidigung in der Spielgestaltung einer Mannschaft.

Wenn die Verteidigungsarbeit des einzelnen Spielers einer gemeinsamen Mannschaftstaktik unterstellt ist, spricht man von Verteidigungssystemen.

Die Manndeckung, die Raumdeckung und die kombinierte Verteidigung (Mann-Raumdeckung) sind Verteidigungssysteme, die in diesem Kapitel dargestellt werden.

Welches Verteidigungssystem ist am effizientesten?

Vielerorts benützen Anfängermannschaften, Frauenmannschaften, aber auch Fortgeschrittene die Raumdeckung mit Erfolg. Die Beliebtheit dieses Verteidigungssystems ist meistens auf die Leichtigkeit des Erlernens (die Positionen während des ganzen Spiels bleiben gleich) und/oder auf den geringen Aufwand des Praktizierens (die körperliche Beanspruchung ist vergleichsmässig niedrig) zurückzuführen.

Auf höherem Spielniveau ist Manndeckung häufiger anzutreffen. Sie ist eine zuverlässige Verteidigungsform, die von den Ausführenden Verantwortungsbewusstsein und Vielseitigkeit verlangt.

Kombinierte Verteidigung trifft man immer häufiger in höheren Spielklassen. Gegen bestimmte Gegner kann eine kombinierte Verteidigung Vorteile bringen, weil sie Ueberraschung d.h. Verwirrung verursachen kann.
Sie bedingt aber eine risikobereite Kollektivarbeit, wo die einzelnen Spieler untereinander viel Spielverständnis zeigen müssen.

Im folgenden stellen wir diese Verteidigungssysteme dar, zeigen die Vorteile und die Nachteile jedes Systems und versuchen, eine einfache, schulgerechte Einführung in diese Systeme darzustellen.

Manndeckung ist die meistverbreitetste Verteidigungsform, die sich gegen jede Angriffsform spielen lässt.

Man kann Manndeckung spielen:

- über das ganze Feld (Pressverteidigung, Zonenpresse);
- in der eigenen Feldhälfte (enge, aggressive Manndeckung, freie Ausstellung);
- nur in Korbnähe (lockere und sinkende Manndeckung, Floating).

Vorteile der Manndeckung:

- Sie fordert das Verantwortungsbewusstsein der Spieler.
- Der Einsatz der Spieler erfolgt nach den körperlichen und technischen Voraussetzungen.
- Die Spieler werden vielseitig; Einzelaktionen sind leichter zu gestalten.
- Man kann den Gegner bei Weitwürfen, bei Ballannahme und -abgabe stören.
- Die Spieler sind ständig in Bewegung, das Tempo kann durch die Verteidigung mitbestimmt werden. Der Gegner kann zum schnellen Spiel gezwungen werden.

Nachteile der Manndeckung:

- Sie ist empfindlich gegen das Blocken.
- Sie verlangt viel Einsatz d.h. grosse körperliche Beanspruchung.
- Der Gegenangriff kommt relativ langsam zustande.
- Die Verteidiger sind nicht immer in der Lage, das gesamte Spielgeschehen zu überblicken (sie werden durch die Bewegungen des Gegenspielers abgelenkt).
- Die Gefahr eines persönlichen Fouls ist relativ gross.

In diesem Teil werden nur die allgemeinen kollektiven Massnahmen der Mannverteidigung berücksichtigt.
Die Uebungen und Spielformen für das Floating und für die Pressverteidigung, sowie für die Zonen-Presse folgen im Abschnitt "Kombinierte Verteidigung".

8.1.1 Einführende Übungs- und Spielformen für die Manndeckung

NR.	BESCHREIBUNG	ORGANISATION
1.	"Herr und Hund": Ein Spieler ("Herr") läuft vorwärts, seitwärts, rückwärts mit schnellen Richtungs- und Rhythmusänderungen, der andere ("Hund") folgt ihm mit verteidigungsspezifischen Gleitschritten.	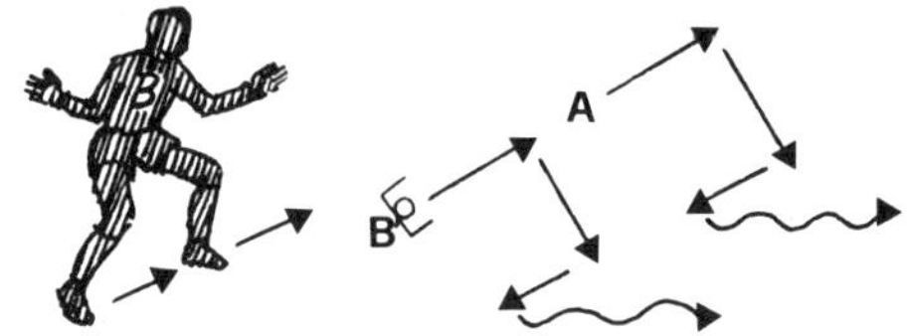
2.	Spiegelbild in der Gruppe: Der Lehrer steht den Spielern zugewandt und bewegt sich seitwärts, vorwärts, rückwärts, mit schnellen Gleitschritten, springt auf usw. Die Spieler versuchen, mit schnellen Gleitschritten die Bewegungen des Lehrers nachzuahmen.	
3.	Ballschnappen: Zwei Schüler stehen einander in einem Abstand von ca. 1,5m gegenüber. Einer hat zwei Bälle in den Händen (rechts und links), der andere lauert in tiefer Verteidigungsstellung. Der ballbesitzende Spieler lässt (rechts oder links) einen Ball fallen, der deckende Spieler hat die Aufgabe, diesen noch in der Luft zu fangen.	
4.	Spiel 1 gegen 1 auf einen Korb oder Korbersatz: Jeder Angriff beginnt an der Mittellinie. Nach jedem Treffer oder bei Ballverlust werden die Rollen gewechselt.	
5.	Spiel 2 gegen 2 auf einen Korb, ohne Dribbling: Der Ballbesitzende versucht, ohne sein Standbein vom Boden zu lösen, mit Körper und Ball seinen direkten Verteidiger zu täuschen. Sein Mitspieler versucht, durch Körpertäuschungen sich von seinem Verteidiger zu lösen und sich anzubieten. Nach Treffer oder Ballverlust werden die Angreifer zu Verteidigern und umgekehrt.	

NR.	BESCHREIBUNG	ORGANISATION
6.	Spiel 2 gegen 2 auf einen Korb: Der Angriff beginnt an der Mittellinie. Nach jedem Treffer Rollenwechsel. Nach Treffer oder Ballgewinn darf nicht direkt auf den Korb geworfen werden, es muss zuerst zugespielt werden.	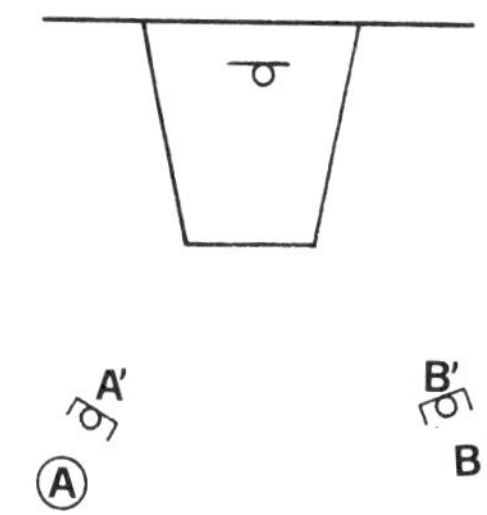
7.	Ueberzahlspiel 2 gegen 1 auf einen Korb: Zwei Angreifer spielen gegen einen Verteidiger. Einer der Angreifer darf nicht auf den Korb werfen, er spielt den Ball seinem Partner zu, der werfen kann. Der Verteidiger versucht, die Passwege zwischen den beiden Angreifern zu decken, dabei wird besonders aufmerksam der ballbesitzende Angreifer gedeckt. Nach einem Treffer wird der erfolgreiche Spieler zuspielender Angreifer, der zuspielende Angreifer Verteidiger, und der Verteidiger wird aktiver Angreifer. Variation: - Einer der Angreifer darf sich nicht innerhalb des Strafraumes aufhalten.	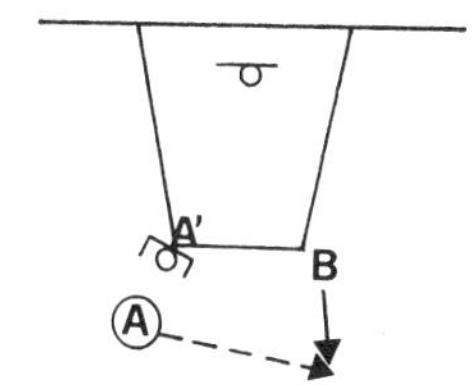
8.	Ueberzahlspiel 3 gegen 3: Drei Angreifer spielen gegen zwei Verteidiger. Die Angreifer dürfen nur innerhalb des Strafraumes auf den Korb werfen. Ein Verteidiger deckt den ballbesitzenden Angreifer, der andere steht hinter ihm ("doppeln"), um eine schnelle Uebernahme zu ermöglichen. Der vorne stehende Verteidiger greift ständig den ballbesitzenden Angreifer an, der hintere steht bereit, um nach einem Zuspiel die Rollen zu tauschen.	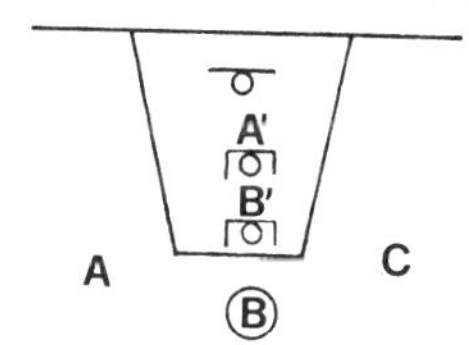

8.1.1 Einführende Übungs- und Spielformen für die Manndeckung

NR.	BESCHREIBUNG	ORGANISATION
9.	Ueberzahlspiel 5 gegen 4 auf einen Korb: Fünf Angreifer spielen gegen vier Verteidiger. Der Center der angreifenden Mannschaft darf nur zuspielen, aber nicht selbst auf den Korb werfen. Der Gegenspieler des Centers versucht, auch einen anderen Angreifer (nebst dem Center) zu decken. Nach jedem Korberfolg werden die Rollen getauscht, nur der Center spielt immer bei der angreifenden Mannschaft, um das Ueberzahlspiel zu ermöglichen.	
10.	Spiel 5 gegen 5 auf zwei Körbe: Die Angreifer spielen sich den Ball in ständiger Bewegung zu. Die Verteidiger müssen sich entsprechend bewegen (eng decken). Auf Zeichen (Zuruf) des Lehrers lassen die Angreifer den Ball sofort fallen. Die Verteidiger nehmen den Ball auf und starten einen Gegenangriff. Die bisherigen Angreifer laufen schnell in die eigene Feldhälfte zurück, versuchen, die direkten Gegenspieler eng zu decken und einen erfolgreichen Angriffsabschluss zu verhindern.	
11.	Wie Uebung 10., diesmal aber wird auf Zeichen (Zuruf) des Lehrers auf den Korb geworfen. Danach versuchen beide Mannschaften, in Ballbesitz zu gelangen. Wenn das den Verteidigern gelingt, laufen die bisherigen Verteidiger sofort zurück in die eigene Feldhälfte und versuchen, die Gegner eng zu decken.	
12.	Wie Uebung 11., diesmal aber läuft die Mannschaft, die den Ball verloren hat, nicht gleich zurück, sondern versucht sofort, die angreifenden Spieler zu stören. Sie sinken mit den Angreifern gemeinsam zurück und decken die direkten Gegenspieler eng und aggressiv.	

Die Raumdeckung ist eine ausgesprochene Kollektivverteidigung, die Erfolg bringen kann gegen Gegner, die:

- schwach oder mittelmässig werfen;
- Centerspieler verwenden und grossgewachsen sind;
- schnell spielen, wenn die Verteidiger nicht sehr schnell sind;
- langsam spielen, wenn die Verteidiger den schnellen Gegenangriff praktizieren;
- keine besonders gute Balltechnik haben;
- sich unter dem gegnerischen Korb nicht geschickt plazieren können.

Vorteile der Raumdeckung:

- der Raum unter dem Korb ist gut gedeckt, was die Arbeit des gegnerischen Centers wesentlich erschwert;
- die Sicherung des Reboundes wird erleichtert;
- ein Schnellangriff ist leicht zu starten;
- individuelle Schwächen in der Verteidigung fallen nicht so ins Gewicht wie bei der Manndeckung;
- die Gefahr des Foulspiels ist nicht so gross wie bei Manndeckung;
- ist leichter zu erlernen als die Manndeckung.

Nachteile der Raumdeckung:

- sie ist empfindlich gegen Weitwürfe und Sprungwürfe;
- sie ist empfindlich gegen Ueberzahlbildung auf einer Seite;
- bei Raumüberschneidung kann es zu Kompetenzstreit zwischen den Verteidigern kommen;
- die Verteidiger leisten mehr Arbeit als die Angreifer, wenn diese nur zuspielen, was zu Ermüdung der Verteidiger führen kann;
- beim Rückstand ist die Aggressivität dieser Abwehrform zu gering;
- sie ist unwirksam gegen schnelle Gegenangriffe;
- vermindert die Eigenverantwortung der Verteidiger.

8.1.2 Einführende Übungs- und Spielformen für die Raumdeckung

NR.	BESCHREIBUNG	ORGANISATION
1.	Aufstellungsspiel (ohne Ball): Zwei Mannschaften stehen an der Mittellinie einander gegenüber. Auf ein Zeichen (Zuruf) des Lehrers versuchen beide Mannschaften, möglichst schnell sich rund um die eigene Trapezlinie aufzustellen (Hufeisenaufstellung).	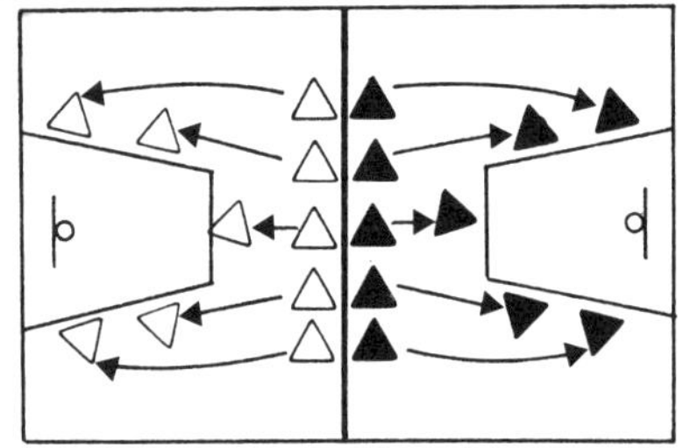
2.	Wie Uebung 1., aber die Ausgangslage kann variiert werden. Beispiel: - Alle Spieler sitzen, liegen auf dem Bauch, auf dem Rücken usw. - Frei in der Halle oder duch eine sich bewegende Gruppe (evtl. mit Ball) laufen. Die verteidigende Zone kann auch variiert werden; z.B.einmal die eigene, einmal die gegenüberliegende Trapezlinie verteidigen. Anschliessend Rollenwechsel.	
3.	Eine Mannschaft stellt sich mit je einem Ball hinter der eigenen Grundlinie auf, die andere ohne Bälle hinter der Mittellinie. Auf Zuruf startet die ballbesitzende Mannschaft dribbelnd in die Gegenrichtung, währenddessen die andere Mannschaft von der Mittellinie her möglichst schnell bis zur eigenen Trapezlinie zurück sinkt. Die dribbelnden Angreifer versuchen, in den Raum innerhalb der Trapezlinie einzubrechen und den Ball hinter der Grundlinie abzulegen. Die Verteidiger versuchen, ohne Fouls die Angreifer abzudrängen und die Bälle wegzuschnappen; anschliessend Rollenwechsel. Variation: - verschiedene Zonenaufstellung ausprobieren: 2-1-2; 1-3-1; 2-2-1; 1-2-2.	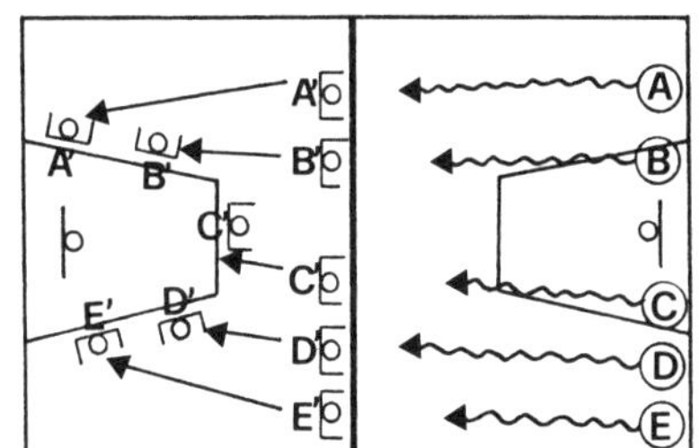

NR.	BESCHREIBUNG	ORGANISATION
4.	Zwei Mannschaften stehen sich gegenüber: Die Angreifer mit je einem Ball stehen bei der Mittellinie, die Verteidiger in Vorschrittstellung etwa 3m hinter der Mittellinie. Der Lehrer steht hinter den Angreifern, damit er nur von den Verteidigern gesehen wird. Auf sein Zeichen hin versuchen die Verteidiger, möglichst schnell zum eigenen Strafraum zurückzulaufen und ihn zu decken. Die Angreifer versuchen, mit Dribbling durchzubrechen und einen Korb zu erzielen. Die Verteidiger versuchen, ohne Fouls dies zu verhindern; anschliessend Rollenwechsel.	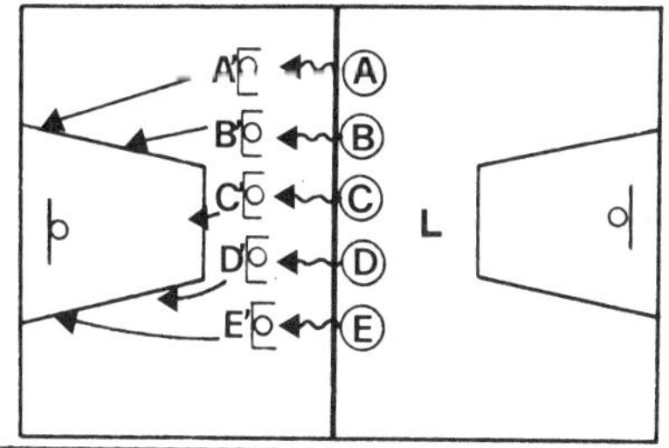
5.	Wie Uebung 4., diesmal aber versucht der mittlere Verteidiger, die Durchbrüche unter dem Korb dadurch zu verhindern, dass er im eigenen Strafraum zurücksinkt, wodurch eine 2-1-2-Aufstellung entsteht. Variation: - andere Zonenaufstellungen: 1-3-1; 3-2; 2-3 usw.	
6.	Spiel 5 gegen 3: Fünf Angreifer stehen in Hufeisenaufstellung und spielen sich einen Ball zu. Drei Verteidiger bilden ein Dreieck unter dem Korb und decken diesen Raum. Sie versuchen, sich immer nach dem Ball zu richten: Sie verschieben sich gemeinsam so, dass ein Verteidiger den ballbesitzenden Angreifer stört, die beiden anderen sich zwischen den Korb und die Angreifer schieben, ohne dass sie dabei das Verteidigunsdreieck aufgeben.	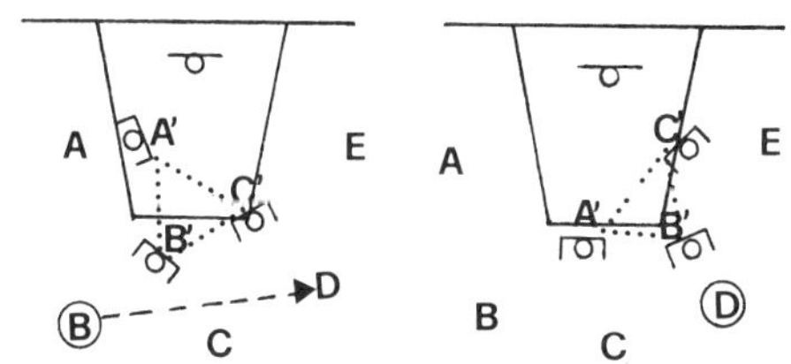
7.	Spiel 5 gegen 4: Fünf Angreifer, vier Feldspieler ausserhalb des Strafraumes und ein Center innerhalb des Strafraumes, spielen 2 Bälle einander zu. Vier Verteidiger versuchen, die Pässe zum Center zu verhindern. Sie halten die Hände hoch und richten sich nach den Bällen. Der Center muss die 3sec-Regel nicht beachten. Jeder Pass, den er bekommt, zählt als Punkt für die Angreifer.	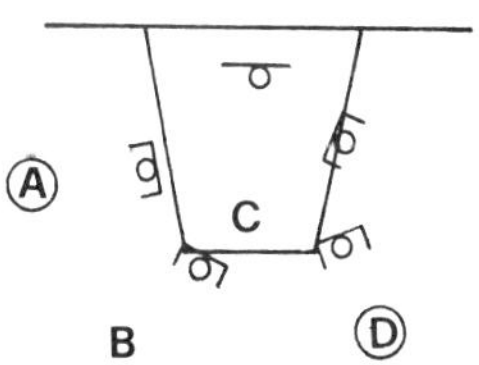

8.1.2 Einführende Übungs- und Spielformen für die Raumdeckung

NR.	BESCHREIBUNG	ORGANISATION
8.	Spiel 3 gegen 5: Fünf Verteidiger stehen in 2-1-2-Aufstellung: Drei Angreifer mit drei Bällen stehen ausserhalb des Strafraumes. Die Angreifer versuchen, abwechslungsweise mit Dribbling in die Verteidigung hineinzubrechen; die Verteidiger versuchen, die Angreifenden abzudrängen, ohne dabei Fouls zu begehen. (Kann abwechslungsweise mit Uebung 6. gespielt werden.)	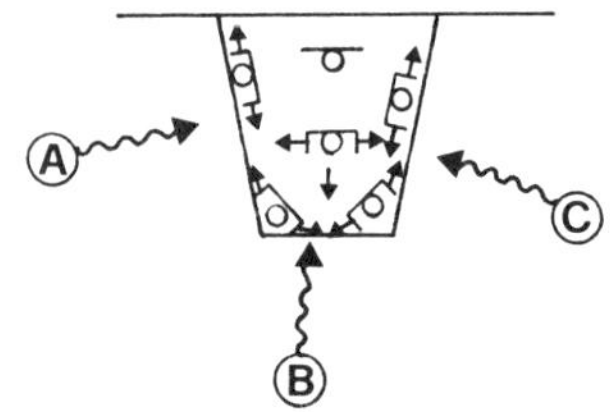
9.	Spiel 4 gegen 5: Vier Angreifer, drei Angreifer und ein Center, spielen sich drei Bälle zu. Fünf Verteidiger in 2-1-2-Aufstellung versuchen, die Zuspiele zum Center zu verhindern. Der Center muss die 3sec-Regel nicht beachten. (Kann abwechslungsweise mit Uebung 7. gespielt werden.)	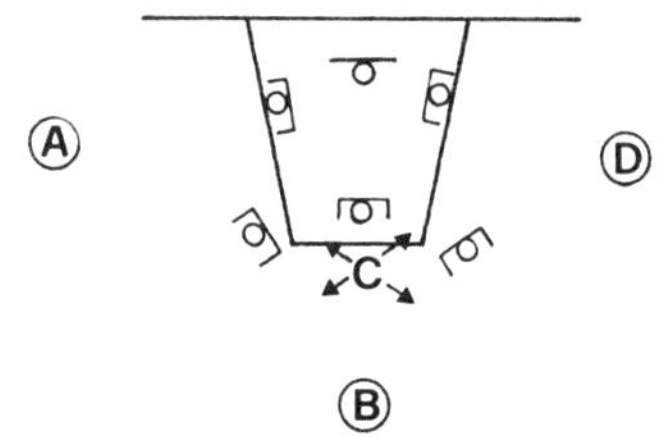
10.	Spiel 5 gegen 5: Fünf Angreifer; vier Feldspieler und ein Center, spielen mit zwei Bällen gegen fünf Verteidiger, die sich in 2-1-2-Aufstellung befinden. Die Verteidiger versuchen, die Pässe zum Center zu verhindern. Der Center muss die 3sec-Regel nicht beachten. Jeder Pass, den der Center bekommt, zählt als Punkt für die Angreifer.	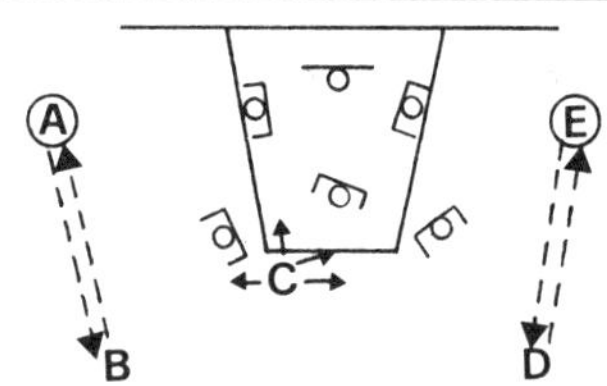
11.	Wie Uebung 10., aber 5 gegen 5 mit einem Ball.	

NR.	BESCHREIBUNG	ORGANISATION
12.	Wie Uebung 11., aber diesmal spielen die Angreifer mit zwei Centern. Die Center dürfen sich im Strafraum aufhalten.	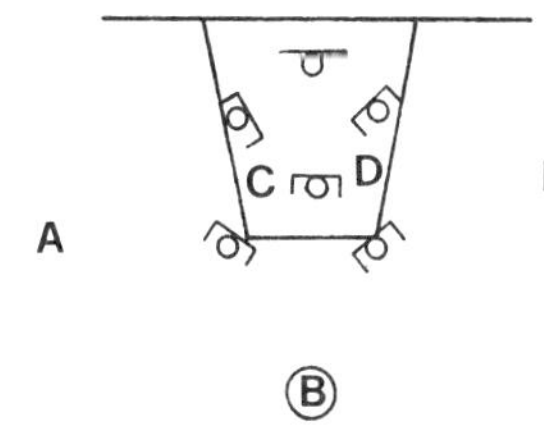
13.	Wie Uebung 12., Spiel 5 gegen 5, aber die Center müssen die 3sec-Regel beachten. Jedes Center-Anspiel innerhalb des Strafraumes wird mit einem Punkt belohnt.	
14.	Spiel 5 gegen 5, wie Uebung 13.; diesmal versuchen auch die Feldspieler, auf den Korb zu werfen (Weitdistanz, Mitteldistanz). Jeder Wurf, der den Ring trifft, wird mit einem Punkt belohnt. Die Verteidiger müssen diese Spieler nun vermehrt stören.	
15.	Spiel 5 gegen 5 auf einen Korb.	

8.1.3 Kombinierte Verteidigung

Unter diesem Sammelbegriff findet man Abwehrsysteme, die Elemente der Manndeckung und der Raumdeckung miteinander kombinieren.

- Das Floating ist eine Raumdeckung, wobei die Verteidiger ihren gegenüberstehenden Angreifer enger decken, als dies bei der "normalen" Raumdeckung der Fall ist. Dieses Verteidigungssystem wird hauptsächlich in der eigenen Feldhälfte praktiziert.

- Das Pressing ist eine aggressive, individuelle (und doch kollektive) Verteidigungsart, die meistens auf dem ganzen Feld angewendet wird. Da es sehr energieaufwendig ist, wird diese Abwehrform meistens nur für eine kurze Zeit verwendet.

- Die eigentliche kombinierte Verteidigung ist eine Raum-Manndeckung mit 1 oder 2 Spielern, die 1 oder 2 Gegenspieler manndecken, während die anderen Mitspieler bestimmte Räume unter dem Korb decken.

Vorteile der kombinierten Verteidigung:

- das Spielverständnis des Einzelspielers wird gesteigert;
- die Spieler können den eigenen Voraussetzungen entsprechend eingesetzt werden;
- der Angriffsaufbau der Gegner kann gestört werden;
- die Verteidigung in Ueberzahlsituationen wird geübt.

Nachteile der kombinierten Verteidigung:

- das Misserfolgsrisiko ist bei unerfahrenen Mannschaften sehr gross;
- die Spieler müssen sehr viel Spielverständnis zeigen;
- dieses System bringt nur gegen bestimmte Gegner Vorteile.

NR.	BESCHREIBUNG	ORGANISATION
1.	A und B spielen sich die Bälle zu und versuchen, den sich freistellenden C anzuspielen (I). Die beiden vorderen Verteidiger müssen den Ballbesitzer (A) angreifen und dabei die Passwege zu C und B kontrollieren sowie die Möglichkeit eines Durchbruches beachten (Distanz!) C' kontrolliert den Angreifer C, indem er ihn von der Seite (Blick auf C und Ballbesitzer) verfolgt (II).	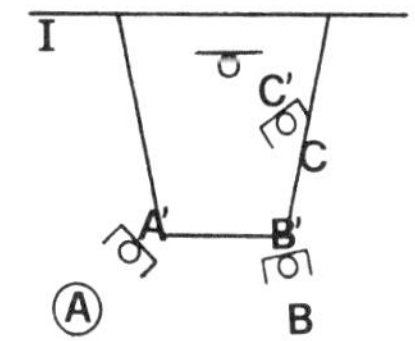 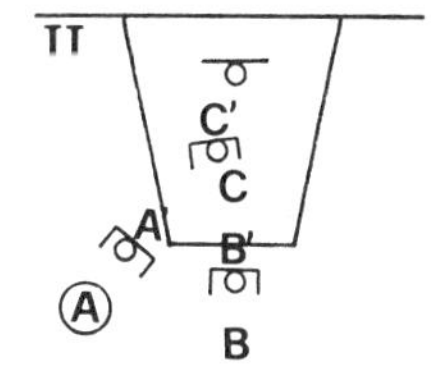
2.	Wie Uebung 1., aber mit 4 Spielern: B versucht nun, C oder D anzuspielen. D' muss D so decken, dass er nicht überlaufen werden kann (Distanz!) und ein möglicher Pass abgefangen werden könnte (Blickrichtung und Stellung). Variation: - B prellt Richtung C. B' verfolgt ihn. Sollte in der Zwischenzeit D ohne Ball an die ursprüngliche Position von B laufen, "übergibt" B' B dem Verteidiger D' und nimmt wieder seine ursprüngliche Stellung, nun aber den Angreifer D überwachend, ein.	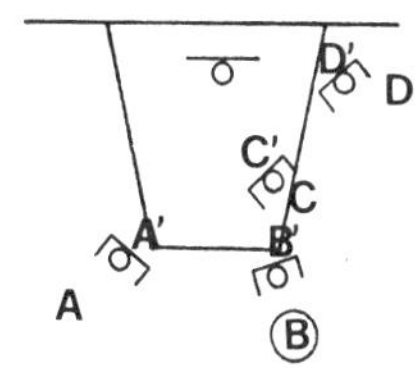 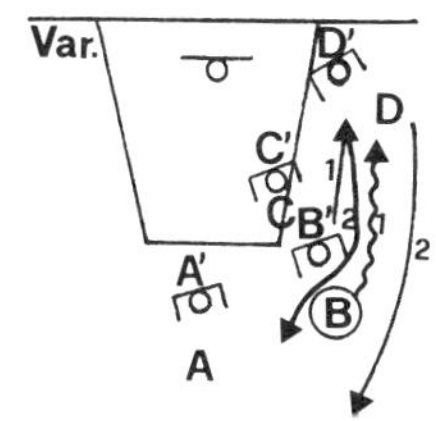

8.1.3 Verschiedene Verteidigungsformen

NR.	BESCHREIBUNG	ORGANISATION
	Uebungen für das Floating mit 5 Verteidigern	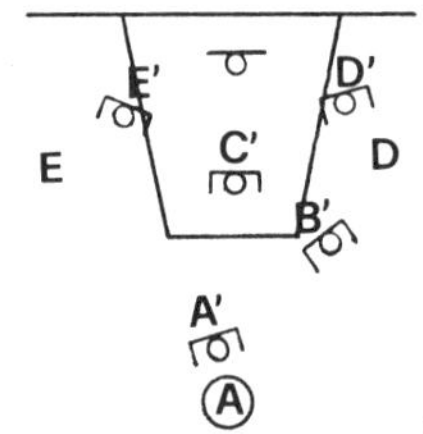 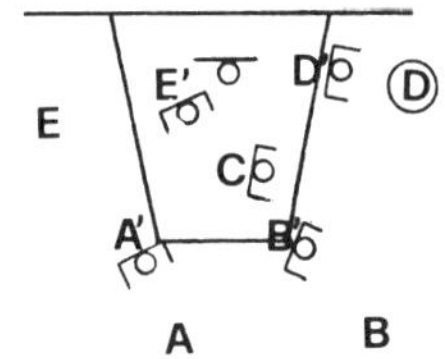
1.	Die 4 Angreifer (A, B, D, E) spielen sich den Ball um das Trapez herum zu. Die 5 Verteidiger versuchen, ihre Stellungen zu den jeweiligen Ballbesitzern hin auszurichten. Grundprinzip: Möglichst enge Deckung zum Ballbesitzer hin, lose Deckung vom Ballbesitzer entfernt, wobei man die Grundaufstellung (hier 2-1-2) beachten sollte. Beispiel: Siehe Skizze.	
2.	Spiel 5 gegen 5 auf einen Korb: Die Verteidiger versuchen, das Floating zu verwenden; die Angreifer wiederum sind bemüht, durch Blockstellung, Schneiden usw. diesem Verteidigungssystem beizukommen. Beispiel: Siehe Skizze.	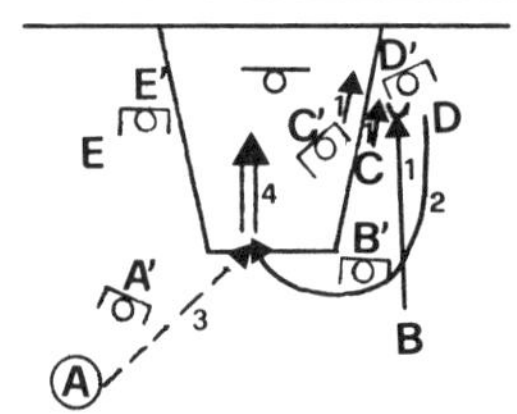

NR.	BESCHREIBUNG	ORGANISATION
1.	2 Angreifer gegen 3 Verteidiger auf dem ganzen Feld: A und B werden von A' und B' gedeckt. C' versucht, den durchbrechenden Spieler zu übernehmen und ihn zur Seitenlinie abzudrängen. Der Verteidiger, der so ausgespielt worden ist, übernimmt die ursprüngliche Aufgabe von C'. Variation: - Der ausgespielte Verteidiger hilft C', er "doppelt" nach. Organisation: - Jeweils 5 Spieler (2 Angreifer, 3 Verteidiger) spielen diese Pressingsituation auf einer Hallenlänge durch, anschliessend kommen 5 andere Spieler und beginnen ihre Aktionen ("wellenförmig" fortgesetzt). Die Spieler die gerade nicht in Aktion sind, können Zusatzaufgaben erledigen.	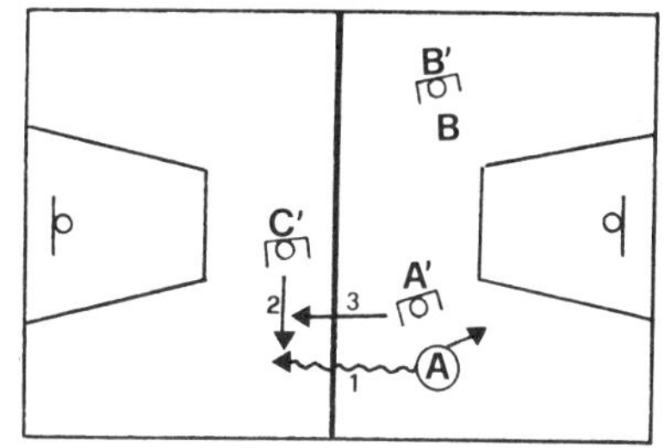
2.	3 Angreifer gegen 4 Verteidiger auf dem ganzen Feld: A führt den Ball, B läuft zu D' und blockt. D läuft sich frei, C' übernimmt den freilaufenden D. B' bleibt bei B, und D' sinkt zurück, um evtl. D wieder übernehmen zu können oder den durchbrechenden A aufzuhalten. Organisation: wie Uebung 1.	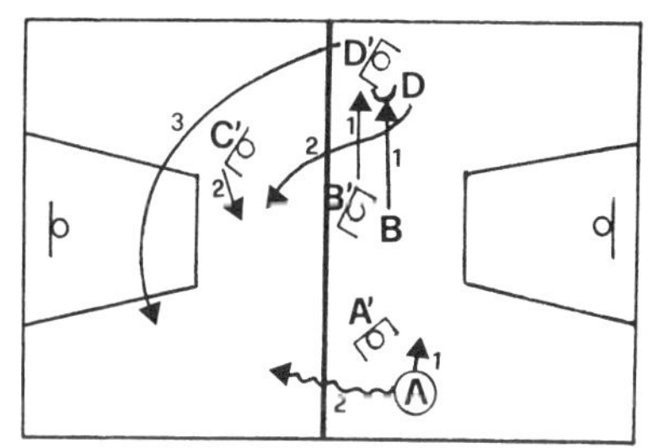

8.1.3 Verschiedene Verteidigungsformen

NR.	BESCHREIBUNG	ORGANISATION
3.	4 Angreifer gegen 5 Verteidiger auf dem ganzen Feld: A führt den Ball, C stellt ihm einen Block. Gleichzeitig stellt D für B einen Block. A bricht mit Hilfe des Blockes durch. C' versucht, ihn zu übernehmen. D' sinkt durch die Mitte zurück und ist bemüht, mit C' zusammen A abzudrängen. B wird von E', D von D' und C von A' kontrolliert. Organisation: Wie bei den vorangegangenen Uebungen.	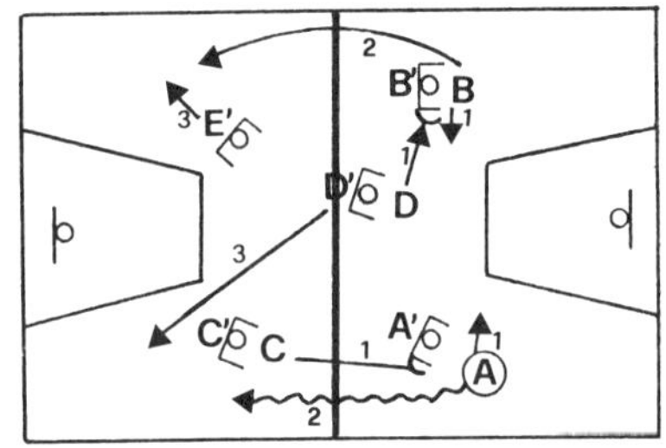
4.	5 gegen 5 auf dem ganzen Feld: Die Angreifer versuchen, sich durch Blocken und durch verschiedene Täuschungen freizulaufen. Die Verteidiger sind bemüht, durch Uebernehmen, Sinken und durch Nachdoppeln vor allem den ballführenden Spieler an die Seitenlinie abzudrängen. Prinzipiell sollten die Verteidiger die Spielfeldmitte freihalten können.	

NR.	BESCHREIBUNG	ORGANISATION
1.	A wird von A' manngedeckt. B' deckt den Raum unter dem Korb. A darf durchbrechen oder von ausserhalb der Zone werfen. B darf nur aus der Nahdistanz unterhalb des Korbes werfen. B darf aber auch für A einen Block stellen.	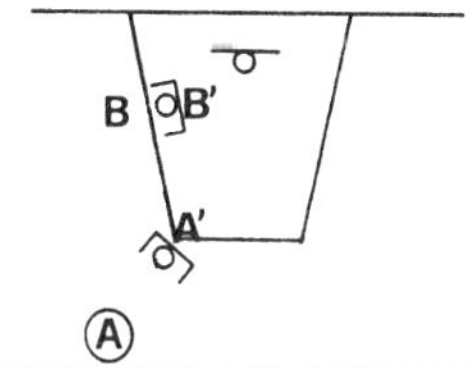
2.	A wird von A' manngedeckt. B' und C' decken den Raum unter dem Korb. B und C dürfen nur aus der Nahdistanz werfen oder für A einen Block stellen.	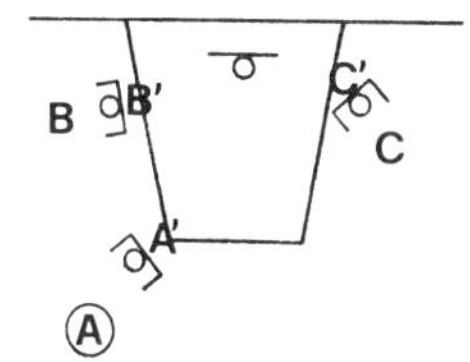
3.	A und B werden jetzt manngedeckt. C' deckt den Raum unter dem Korb. A und B versuchen, durch Schneiden, Blocken usw. sich freizuspielen, durchzubrechen, zu werfen bzw. C anzuspielen.	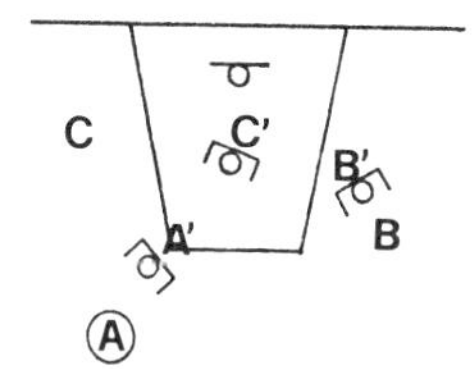
4.	A und B werden manngedeckt, C' und D' decken den Raum unter dem Korb. Vor allem versuchen sie, die Pässe zu C bzw. zu E im Strafraum zu verhindern. A und B versuchen, sich mit Täuschungen usw. zu lösen.	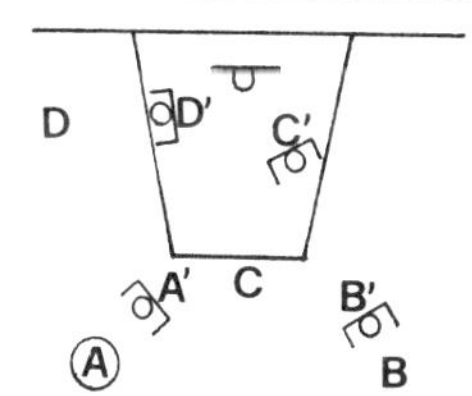
5.	Wie Uebung 4., aber 5 gegen 5: Es ist möglich, dass die den Raum verteidigenden Spieler im Bedarfsfall die Manndeckungsaufgabe von A oder B übernehmen müssen, dafür aber soll der bisherige Verteidiger von A oder B unverzüglich die Raumdeckungsaufgabe übernehmen.	

8.2 Angriffssysteme

Unter dem Begriff Angriffssysteme verstehen wir die Art der Angriffsorganisation einer Mannschaft, die Prinzipien des Zusammenwirkens der einzelnen Spieler und die taktischen Massnahmen und deren Variationen.

Beim Erkennen von Angriffssystemen sollte man beachten, dass:

- die gewählte Angriffsform den persönlichen Voraussetzungen der Spieler entspricht;
- diese Angriffsform mit der Verteidigungsform der Mannschaft gut harmoniert, damit beim Umschalten von Verteidigung auf Angriff, oder umgekehrt, keine Verzögerungen entstehen;
- es vorteilhaft ist, mehrere Angriffssysteme zu beherrschen, da auch die Gegner mehrere Verteidigungsformen verwenden können;
- zwischen den erlernten Angriffssystemen ein Zusammenhang besteht, weil sonst die Umschaltung vom einen zum anderen nur zögernd zustande kommt.

Unabhängig davon, welche Angriffsysteme erlernt werden, im Endeffekt kommt es auf den einzelnen Angreifer an, ob ein Korb erzielt wird oder nicht. Das technische und taktische Können des Angreifers und die Verhaltensweise des Gegenspielers sind dabei mitentscheidend.

Ueber technische Voraussetzungen und vortaktische Massnahmen, die für das Angreiferverhalten im allgemeinen wichtig sind, haben wir in den vorhergehenden Kapiteln berichtet.

Die speziellen, positionsbezogenen, technischen und taktischen Verhaltensweisen werden in diesem Kapitel behandelt.

Für ein mögliches Vorgehen bei der Einführung eines Angriffssystems werden einige methodische Wege als Beispiele aufgezeigt.

Anschliessend stellen wir kurz verschiedene Angriffssysteme vor und versuchen, sie durch einige Beispiele zu illustrieren.

NR.	BESCHREIBUNG	ORGANISATION
	Post: Der Wirkungskreis des Postspielers ist hauptsächlich das obere Ende des Trapezes mit dem daran anschliessenden Halbkreis. Er verschiebt sich am Zonenrand mit dem Rücken zum Gegner, so dass er immer auf Ballhöhe bleibt und anspielbereit ist (die Arme immer zum Ball!). Aus dieser Position kann er werfen oder nach Täuschung zum Korb durchbrechen. Block-, Schirm-, Abstreifstation.	
1.	A als Aufbauspieler, B als Post: B verschiebt sich am Zonenrand und wird von A ständig angespielt. A verschiebt sich dribbelnd (3sec-Regel beachten).	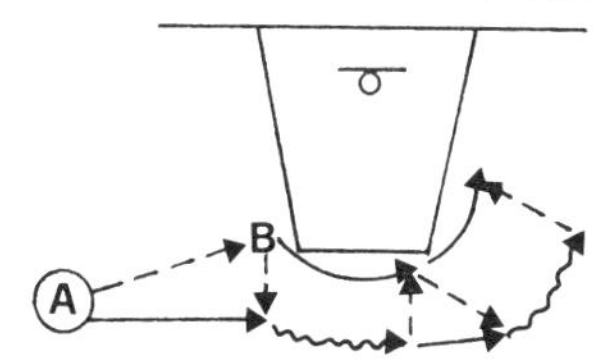
2.	Wie Uebung 1., aber mit zwei Aufbauern: A, B und C bilden ständig ein Dreieck, so dass immer zwei Anspielstationen bestehen.	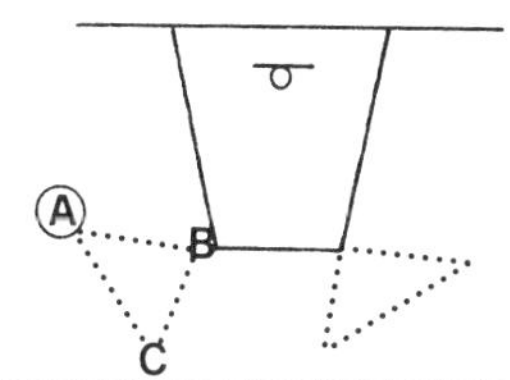
3.	B erhält von A den Ball, dreht sich mit einem Sternschritt zum Korb, Sprungwurf. B holt den Rebound, dribbelt an die Stelle von A, und A wechselt in die Postposition.	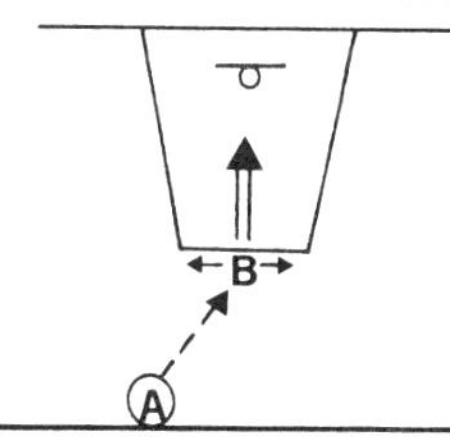

8.2.1 Spezielles Angreiferverhalten der einzelnen Spieler

NR.	BESCHREIBUNG	ORGANISATION
4.	Wie Uebung 3., aber mit Täuschung links und Durchbruch rechts. (Auch umgekehrt.)	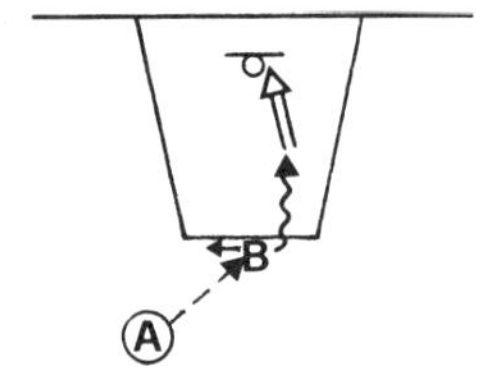
5.	A passt den Ball zu B. A läuft zu B, erhält den Ball zurück und wirft. B bildet eine Wurfschirm.	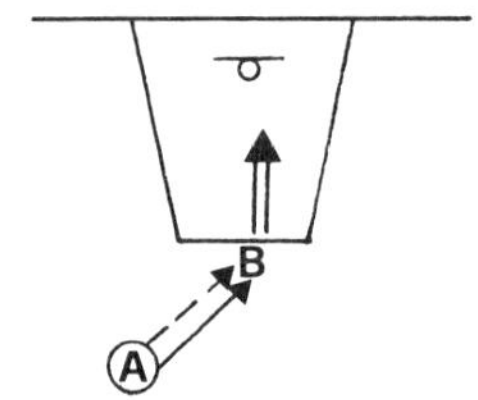
	Die Uebungen 3., 4. und 5. auch mit einem Verteidiger zu B ausführen.	
	Pivot: Der Wirkungskreis des Pivot ist die unmittelbare Korbnähe. Unter Berücksichtigung der 3sec-Regel bricht er in die Zone ein oder wechselt die Seite. Er hat ständigen Blickkontakt zum Ball und stellt sich immer anspielbereit (v.a. auch beim Durchqueren der Zone). Post und Pivot können ihre Position auch gegenseitg wechseln.	
1.	B durchquert die Zone und erhält von A den Ball. Er dreht sich mit einem Sternschritt, wirft, holt den Rebound selber ab und dribbelt auf seine Ausgangsseite. A wird zum Pivot.	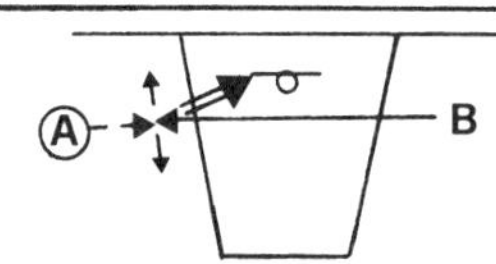

NR.	BESCHREIBUNG	ORGANISATION
2.	Wie Uebung 1., aber nach Ballerhalt täuscht B nach links, bricht rechts durch und schliesst mit einem Hakenwurf ab.	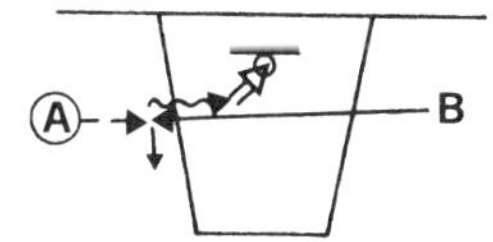
3.	Wie Uebung 2., B täuscht aber nach rechts, bricht der Grundlinie entlang durch und legt den Ball von der Rückseite her in den Korb.	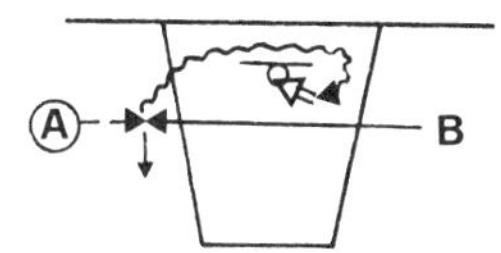
4.	B durchquert die Zone nur bis auf Korbhöhe, erhält den Pass in den Lauf und wirft mit Sprung- oder Hakenwurf.	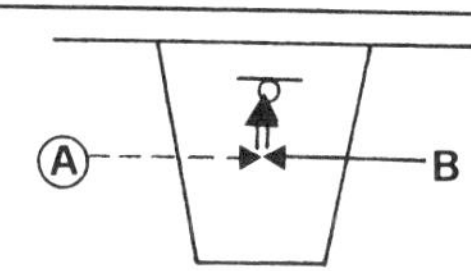
	Alle Pivotübungen auch mit einem Gegenspieler für B ausführen.	

8.2.2 Angriff gegen Mannverteidigung

NR.	BESCHREIBUNG	ORGANISATION
	<u>Freies Spiel (Free Play)</u> Das Spiel passt sich der jeweiligen Situation an. Die Spieler bewegen sich in den freien Räumen ohne feste Positionen. Passen und Laufen, Blocken, Abstreifen, Kreuzen und Schirmen werden, je nach Situation, angewendet.	
1.	Achterlauf: Die Spieler stellen sich in Hufeisenformation um das Trapez auf und versuchen, sich durch Passen und Laufen von der direkten Verteidigern zu lösen.	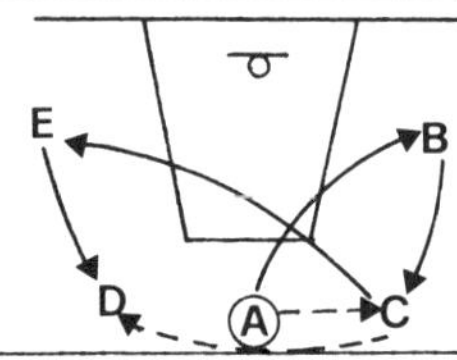
2.	Angriff von der Seite: A spielt B an, läuft selbst zu B und bekommt den Ball zurück. B läuft gegen den Verteidiger von C und blockt C frei. Anschliessend blockt B auch den Verteidiger von D, damit kann E die beiden einlaufenden Spieler C oder D anspielen. <u>Variation</u>: - B blockt nicht bei D, sondern rollt ab, und E kann nun D oder C anspielen.	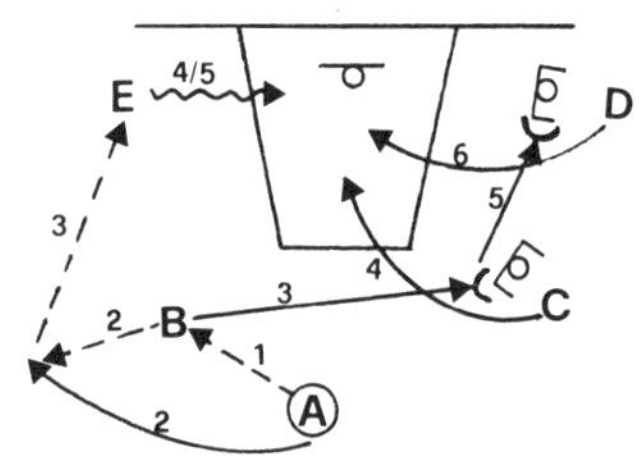
3.	Angriff von der anderen Seite: A spielt C an, läuft zum Verteidiger von B und blockt diesen ab. C spielt D an, A blockt inzwischen den Verteidiger von E ab. Die freigespielten B und E laufen gegen den Korb, wo sie angespielt werden können oder sich bei einem Korbwurf von D in guter Reboundposition befinden.	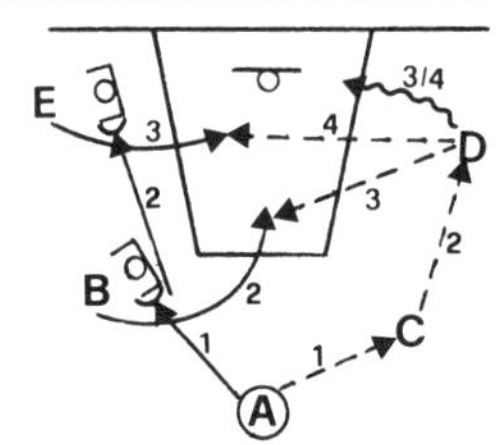

NR.	BESCHREIBUNG	ORGANISATION
4.	Angriff von der Seite (Flügel): A spielt D an, läuft B entgegen und bekommt den Ball zurück. B blockt den Verteidiger von E. E läuft sich in Richtung Korb frei und kann von A angespielt werden. Variation: - Wenn E nicht angespielt werden kann, läuft er weiter und blockt den Verteidiger von D ab. Gleichzeitig rollt B auch ab. Nun kann A den freilaufenden D oder B anspielen.	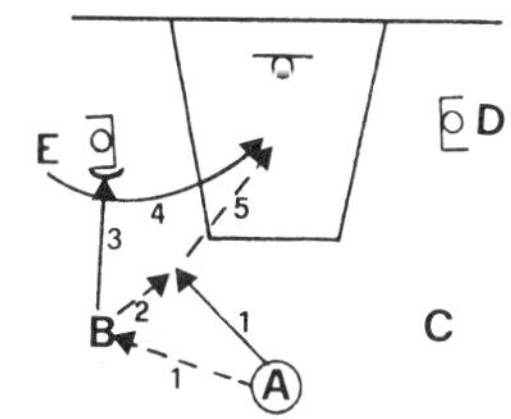 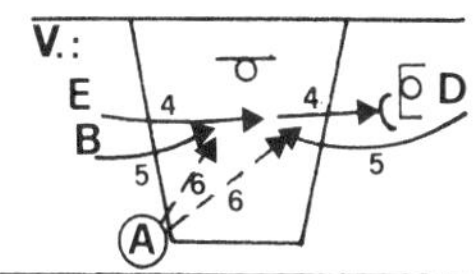
5.	Angriff von der Mitte: A spielt B an und läuft in Richtung Korb. B versucht, ihn anzuspielen und anschliessend den Verteidiger von E zu blocken. E läuft sich frei und bietet sich dem ballbesitzenden A an. Auf der anderen Seite blockt D den Weg für C frei. A hat nun die Möglichkeit, selbst zu werfen oder E oder C anzuspielen.	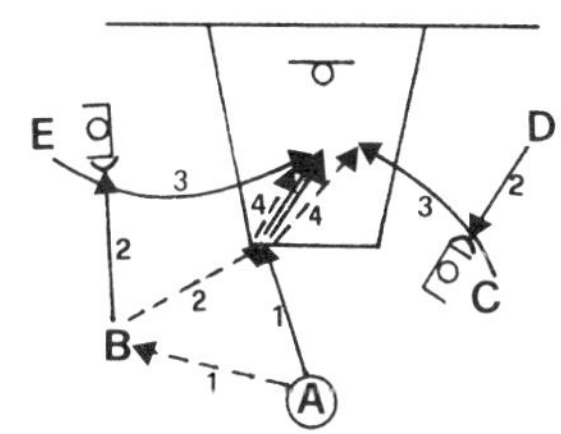
6.	Blocken zum Durchbruch: A spielt zu C, D blockt den Verteidiger von B ab, B läuft sich frei und wird angespielt. B wirft auf den Korb. E versucht, den Rebound zu holen.	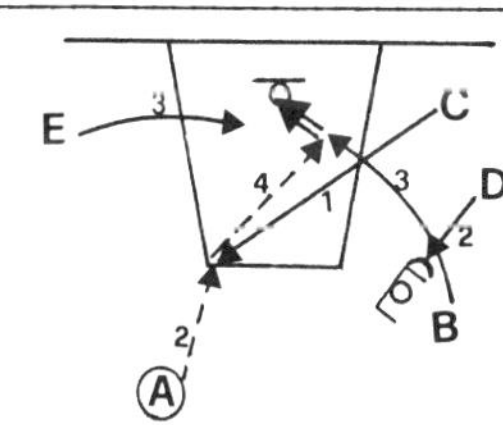

8.2.2 Angriff gegen Mannverteidigung

NR.	BESCHREIBUNG	ORGANISATION
7.	Durchbruch des mittleren Spielers auf die Seite: A spielt zu E und läuft in Richtung E. E spielt den Ball zurück zu A. A streift seinen Verteidiger an E ab (passiver Block). E blockt den Weg von A in Richtung Korb frei. C wechselt die Seite und blockt ebenfalls den Weg für A frei. A bricht durch und wirft auf den Korb. C und D versuchen, den eventuellen Rebound abzuholen.	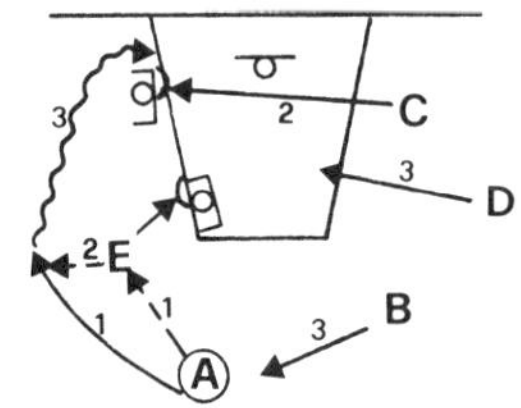
8.	Doppelschirm: A spielt zu B. Während A den Ball zurückbekommt, formen C und E einen Doppelschirm für den von der anderen Seite herbeilaufenden D. D wirft auf den Korb. E und C beteiligen sich an der Reboundsicherung. Variation: - Wenn A ein guter Werfer ist, kann er selbst auf den Korb werfen. In diesem Fall beteiligt sich D auch an der Reboundsicherung.	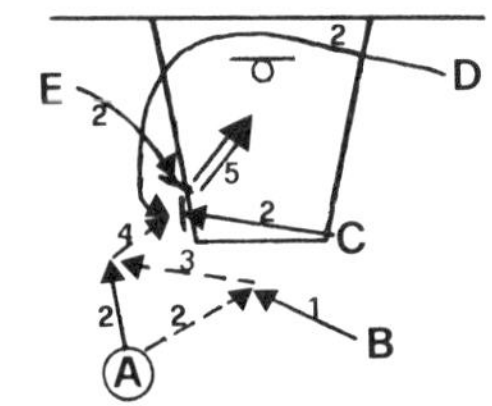
9.	Kreuzen auf der Seite: A spielt den entgegenlaufenden E an. E spielt zu C und kreuzt mit A vor C. A oder E erhält den Ball von C zugespielt und wirft auf den Korb.	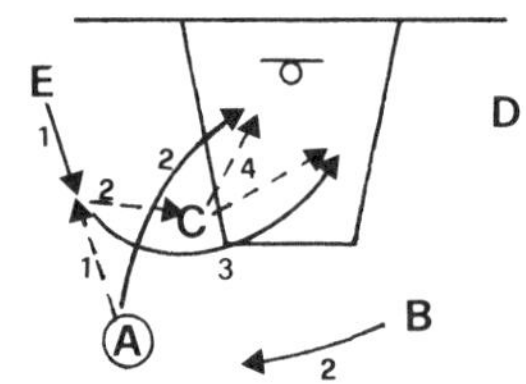
10.	Angriff durch einen guten Werfer: A spielt zu B und läuft zum Verteidiger von D. B spielt den Ball zu D weiter. A und C formen vor D einen Doppelschirm. D wirft auf den Korb. A, C, D und E versuchen, den eventuellen Rebound zu holen. B versucht, den Hinterraum abzudecken.	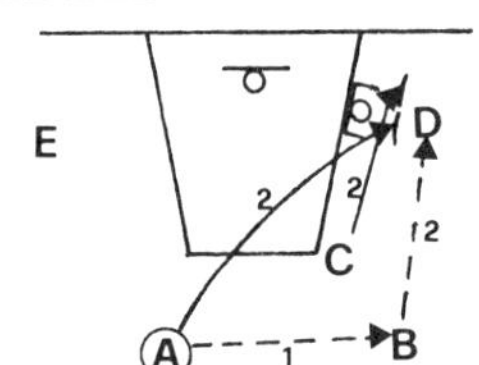

NR.	BESCHREIBUNG	ORGANISATION
	<u>Positionsangriff gegen Manndeckung</u> Das Spiel läuft über bestimmte Posten (z.B Center). Es werden Angriffschemas durchgeführt, die Blocken, Kreuzen, Gegenblocken, Abstreifen usw. beinhalten und ein zahlenmässiges Uebergewicht der angreifenden Mannschaft bezwecken. <u>Beispiel</u>: - Kreuzen über den Post. A spielt den Ball zum Post C, A kreuzt mit E vor C und beide Spieler, A und E, laufen neben C vorbei in Richtung Korb. Einer der beiden erhält den Ball von C zugespielt und wirft auf den Korb. Der andere Spieler sichert den eventuell abprallenden Ball.	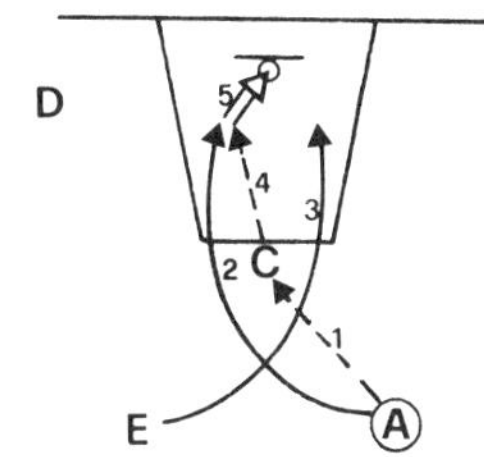
	<u>Mögliche Lernschritte beim Einführen dieser Angriffskombination:</u>	
1.	Erlernen des Kreuzens zu dritt: Drei Spieler stellen sich im Dreieck auf und spielen den Ball einander zu. Auf ein Signal (z.B. "und") täuscht der Ballbesitzende seitwärts, die beiden Mitspieler laufen unterdessen auf ihn zu und kreuzen vor ihm. Einer der beiden erhält den Ball zugespielt und dribbelt damit einige Schritte weiter. Inzwischen formt sich das Dreieck von neuem, und das Kreuzen wird nach einigen Zuspielen wieder durchgeführt.	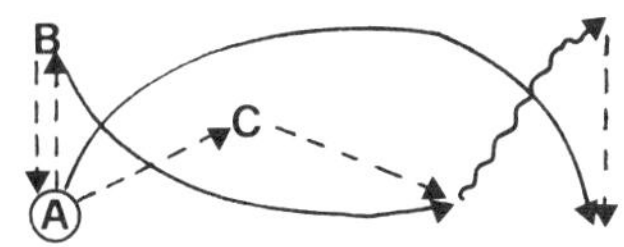
2.	Kreuzen zu dritt mit Korbwurf: A passt zu B und läuft eng an B vorbei. Sobald A gestartet ist, läuft C los und kreuzt hinter A eng an B vorbei. B kann jetzt: - zu A passen, der aus dem Zweierrhythmus auf den Korb wirft; - zu C passen, der aus dem Zweierrhythmus auf den Korb wirft; - sich drehen und auf den Korb werfen oder nach einer Täuschung zum Korb durchbrechen.	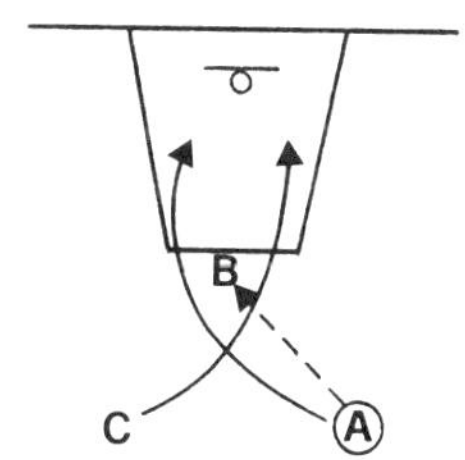

8.2.2 Angriff gegen Mannverteidigung

NR.	BESCHREIBUNG	ORGANISATION
3.	Kreuzen zu dritt mit einem Verteidiger: Wie Uebung 2., nur diesmal wird B einen direkten Verteidiger bekommen, der ihn beim Zuspiel des Balles stört.	
4.	Kreuzen zu dritt mit zwei Verteidigern: Wie Uebung 3., aber diesmal werden zwei Verteidiger eingesetzt, die das Zuspielen des Balles und das Kreuzen zu verhindern versuchen. Der Angriff kann in dieser Phase von der Grundform abweichen: Falls das Kreuzen misslungen ist, wird ein Ueberzahlangriff weitergeführt bis ein Korb erzielt wird, oder der Ball verloren geht.	
5.	Spiel 5 gegen 3 auf einen Korb: Fünf Angreifer stellen sich in 2-1-2-Formation auf und spielen einander den Ball zu. Drei Verteidiger versuchen, den Raum unter dem Korb zu decken. Der Post C bietet sich immer wieder den Mitspielern an, bis er auch angespielt wird. Nach einer Seitwärtstäuschung spielt er den Ball einem der vorbeilaufenden Mitspieler zu oder wirft selbst auf den Korb. Wenn das Kreuzen durchgeführt werden konnte, wechseln die Spieler ihre Plätze, indem A und E auf den Flügelposten bleiben und B und D zum nächsten Kreuzen hinaufkommen.	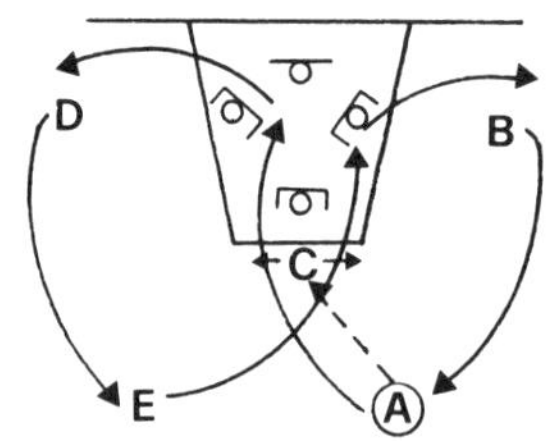
6.	Kreuzen auf der Seite: A spielt den Ball zu Post C, der sich dem Trapez entlang seitwärts bewegt. A und B kreuzen vor Post C und laufen in Richtung Korb eng an C vorbei. Einer der beiden bekommt den Ball von C zugespielt und kann nun auf den Korb werfen.	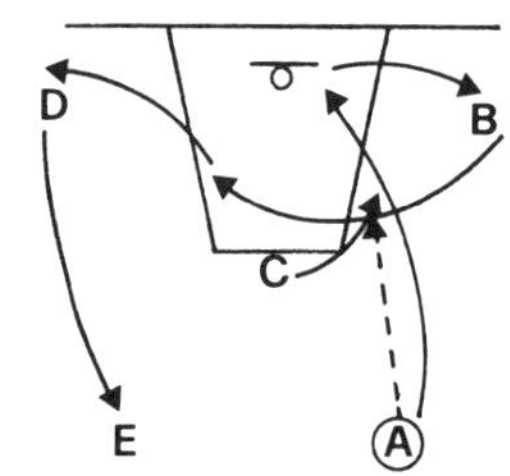

NR.	BESCHREIBUNG	ORGANISATION
	<u>Beispiele für einen Angriff gegen enge Manndeckung</u>	
1.	Gegenblock aus der 3-2-Aufstellung: A passt zu B und blockt den Verteidiger von E. B passt zu C. E hat sich inzwischen freigelaufen, A ist abgerollt. Beide Spieler, A und E, laufen in Richtung Korb und können von C angespielt werden.	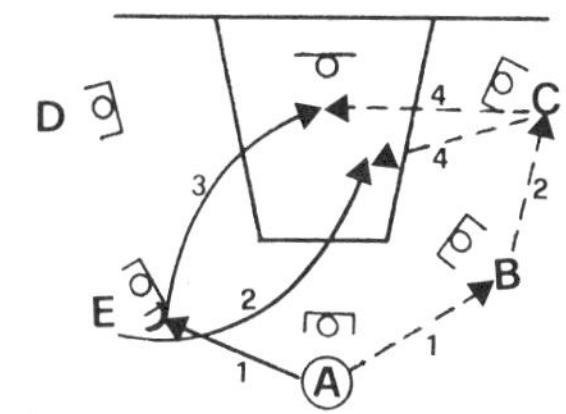
2.	Gegenblock aus der 1-3-1-Aufstellung: A passt zu B und blockt den Verteidiger von E. E läuft in Richtung Korb, bekommt den Ball von B und wirft auf den Korb. A rollt ab und beteiligt sich an der Ballsicherung (gemeinsam mit E).	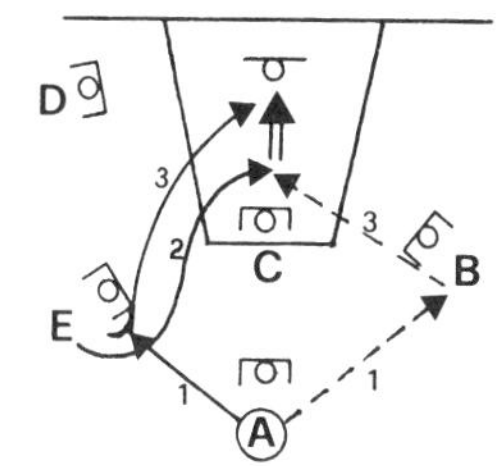
3.	Gegenblock aus der 1-2-2-Aufstellung: B blockt den Gegenspieler von C. E blockt den Gegenspieler von D. A spielt zu einen der beiden freigelaufenen Spieler, C oder D. Die beiden blockenden Spieler, B und E, rollen in Richtung Korb ab. Der ballbesitzende Spieler (C oder D) kann nun selbst werfen oder einen der hereinlaufenden Mitspieler (B oder E) anspielen.	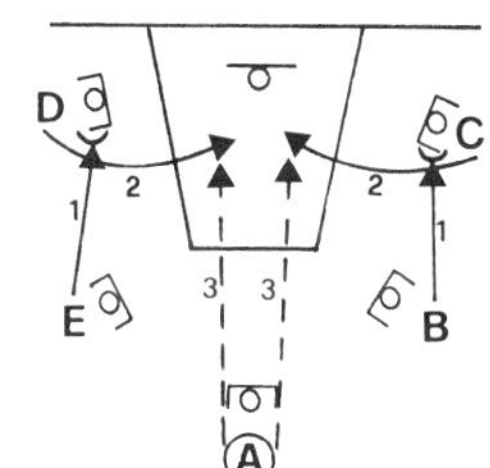

8.2.2 Angriff gegen Mannverteidigung

NR.	BESCHREIBUNG	ORGANISATION
4.	Gegenblock aus der 2-1-2-Aufstellung: A passt zu E und blockt den Verteidiger von B. D blockt den Verteidiger von E. E bricht in Richtung Korb durch und streift dabei D und C ab. B bricht ebenfalls in Richtung Korb durch und bietet sich an. Einer der beiden Spieler, E oder B, wirft auf den Korb. Die Spieler E und B versuchen, den eventuell abprallenden Ball zu sichern und von neuem zu werfen.	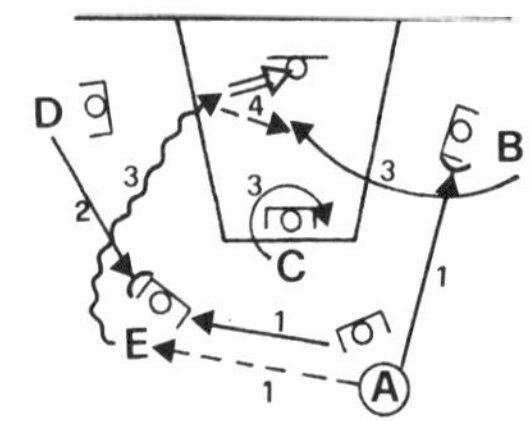
5.	Blocken beim Center: A passt zu B. D blockt den Verteidiger von C. C läuft sich frei und bekommt ein Zuspiel von B. C kann nun auf den Korb werfen oder den abrollenden D anspielen. Die Spieler C und D versuchen, den eventuell abprallenden Ball zu sichern.	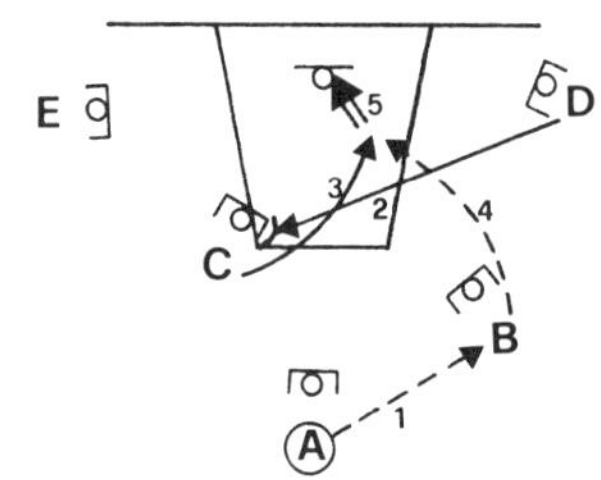
6.	Blocken (passiv) und Schirmen für einen guten Werfer: A dribbelt den Ball eng an B vorbei, B blockt dadurch den Gegenspieler von A (passiv). C und D formen einen Doppelschirm vor A. A kann nun ungestört auf den Korb werfen. E versucht, den eventuell abprallenden Ball zu sichern.	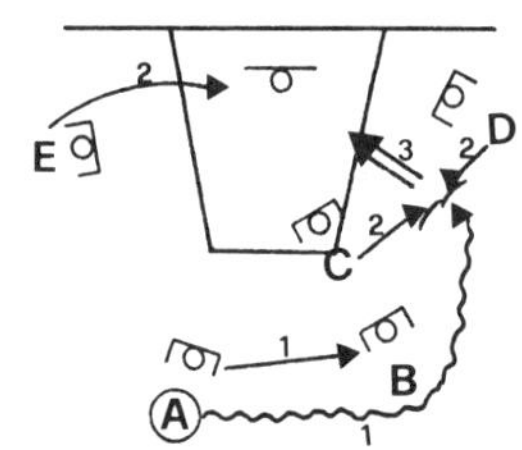

NR.	BESCHREIBUNG	ORGANISATION
	Beispiele für einen Angriff gegen lockere und sinkende Manndeckung	
1.	Achterlauf aus der 3-2-Aufstellung: A dribbelt mit dem Ball in Richtung Verteidiger von B. B läuft hinter A vorbei und bekommt den Ball von A zugespielt. B dribbelt in Richtung Verteidiger von D. A läuft auf die Position von C, C läuft auf die Position von B. E läuft in Richtung Korb und bekommt den Ball von B zugespielt. E bricht in Richtung Korb durch und wirft auf den Korb. D läuft hinauf auf die Position von E.	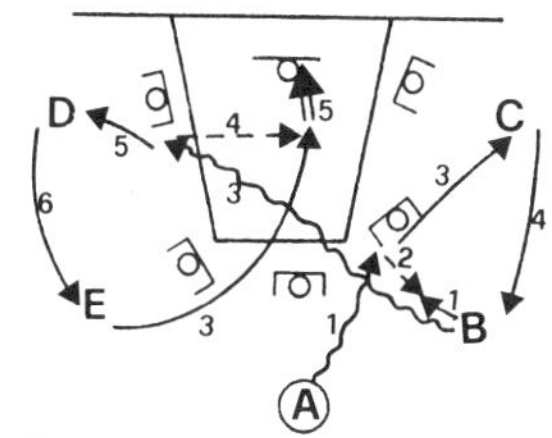
2.	Achterlauf aus der 3-2-Aufstellung (Blocken aus Dribbling): A dribbelt in Richtung B und blockt nach Ballübergabe zu B den Gegenspieler von B. B bricht mit Dribbling in Richtung Verteidiger von E durch. B spielt den Ball zu E. E bricht mit Dribbling in Richtung Korb durch und wirft.	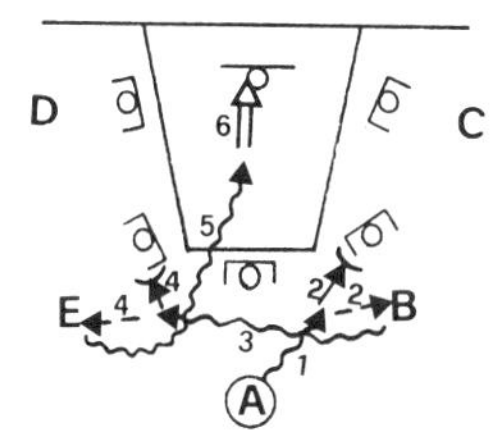
3.	Kettenblock aus der 3-2-Aufstellung: A passt zu B und blockt den Verteidiger von B. B bricht durch und blockt den Verteidiger von E. E bekommt einen Kurzpass von B und bricht mit Dribbling in Richtung Korb durch. Er kann selbst werfen oder den Gegenspieler von C abblocken und C anspielen. C kann mit Korbleger den Angriff beenden.	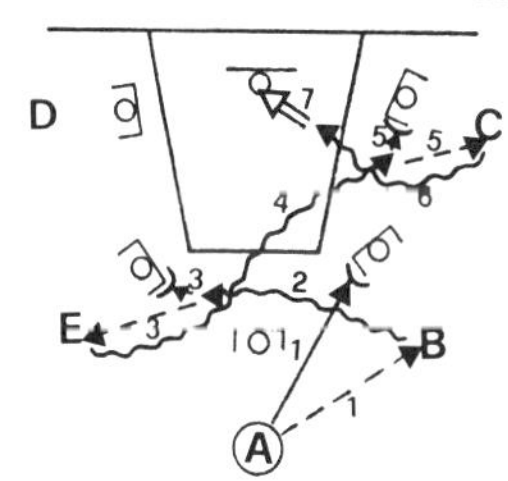

8.2.2 Angriff gegen Mannverteidigung

NR.	BESCHREIBUNG	ORGANISATION
4.	Kombinationsspiel aus der 2-1-2-Aufstellung: A passt zu E und blockt den Gegenspieler von E. E bricht eng neben dem Mitspieler C vorbei zum Korb durch. Falls er nicht freikommt, spielt er weiter zu B und stellt B einen Wurfschirm. B kann jetzt ungestört auf den Korb werfen.	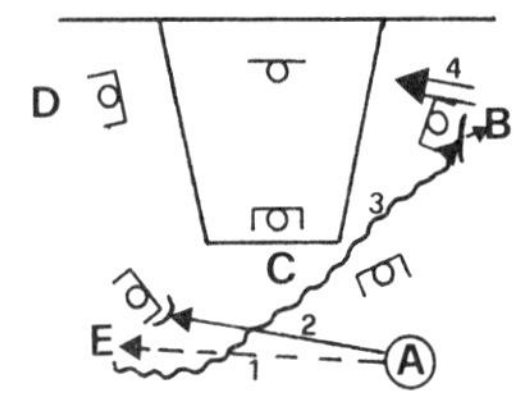
5.	Kombinationsspiel aus 3-2-Aufstellung: A spielt zu E und blockt den Verteidiger von E. E dribbelt in Richtung Freiwurflinie hinauf und spielt den Ball dem anlaufenden B zu. B dribbelt in Richtung Verteidiger von D und nach einem Zuspiel zu D blockt er dessen Verteidiger. D dribbelt zum Korb und wirft.	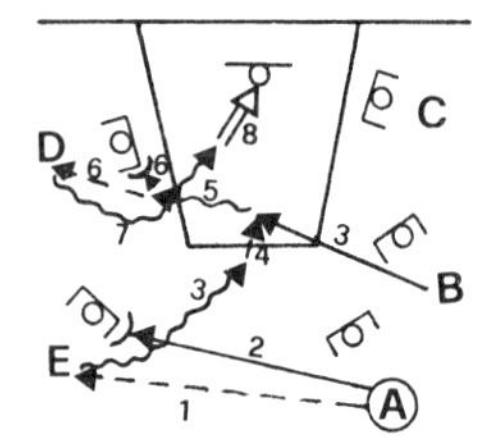
6.	Kombinationsspiel aus 3-2-1-Aufstellung: A passt zu B und blockt den Verteidiger von E. B passt zu C. E läuft sich in Richtung C frei. B überläuft seinen Verteidiger. Beide Spieler, B und E, laufen in Richtung Korb, wo einer den Ball von C erhalten wird. B oder E wirft auf den Korb; beide Spieler versuchen, den Rebound zu sichern.	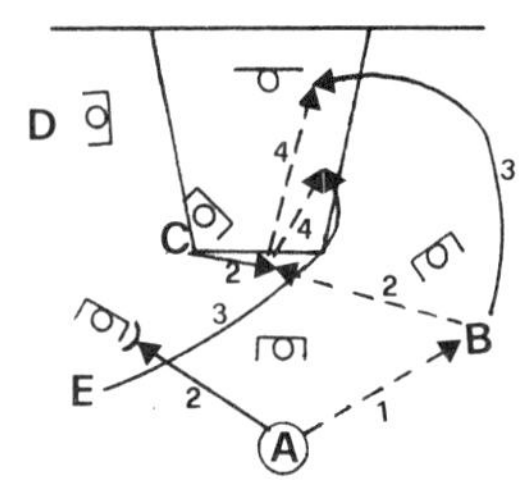

NR.	BESCHREIBUNG	ORGANISATION
	<u>Einige Hinweise:</u> Damit die Aufmerksamkeit der Verteidigung nachlässt und Löcher in der Abwehr entstehen, soll der Angriff durch schnelle Kurzpässe vorbereitet werden. Wenn sich eine günstige Abschlussmöglichkeit ergibt, soll die gewählte Angriffsvariante durch mannschaftseigene Signale eingeleitet werden (z.B. durch bestimmte Pässe oder Zurufe). <u>Beispiel:</u> - Positionsangriff gegen eine 2-3-Raumverteidigung: Zwischen den Spielern A, B, D, E erfolgen schnelle Zuspiele. Pivot C begleitet den Ballweg auf der rechten und linken Seite des Straframes. In dem Moment, wo der Ball von D wieder gegen A gespielt wird, signalisiert C den Angriffsbeginn, indem er sich anbietet. Falls C nicht direkt angespielt wird, läuft er - während die Aufbauspieler sich den Ball mit schnellen Kurzpässen zuspielen - auf die andere Strafraumseite, wo er von B angespielt wird. Er bricht zum Korb durch und wirft. Nach dem Korbwurf sichert er mit D und E einen allfälligen Abpraller. A und B sichern den Hinterraum des Angriffes. Wie kann man diese Angriffsform einführen?	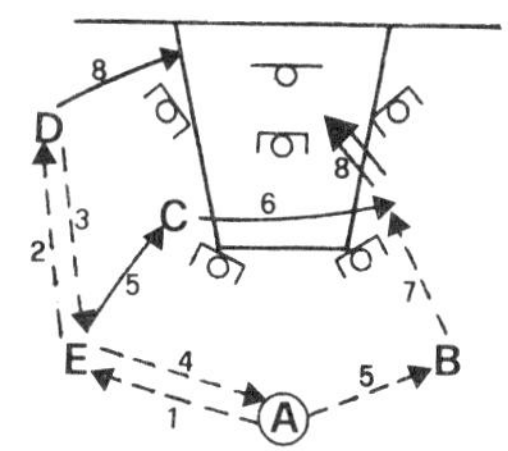
1.	Durchspielen der Ballzirkulation und der Pivotbewegung. <u>Organisation:</u> - Die Verteidiger sind durch Malstäbe ersetzt. <u>Zu beachten</u> : - das richtige Angreiferverhalten (schnelle Kurzpässe); - das Timing der Ballbegleitung von Pivot C; - die Angriffsauslösung durch Pivot C.	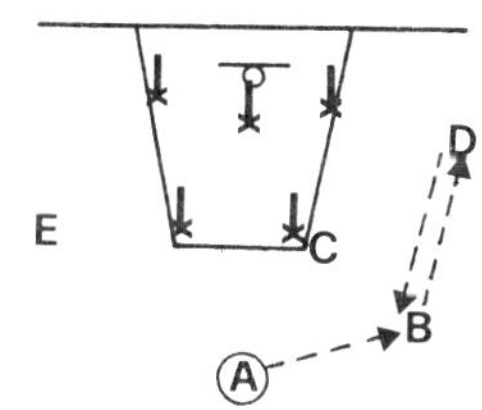

8.2.3 Angriff gegen Raumverteidigung

NR.	BESCHREIBUNG	ORGANISATION
2.	Durchbruch zum Korb und Ballsicherung: Organisation: - Die Malstäbe sind durch passive Verteidiger ersetzt. Zu beachten : - der Pivot übt den Durchbruch und die Ballsicherung; - (der Flügel) D übt den Rebound in Korbnähe; - E übt den Rebound im Vorraum des Strafraumes. Mögliche Erschwerung: - Falls kein Korb erzielt wird, darf der Ball nicht auf den Boden fallen. Wenn die Ballsicherung sich verspätet, laufen C, E und D bis zur Mittellinie zurück und stellen sich erst nachher wieder in ihren Positionen auf.	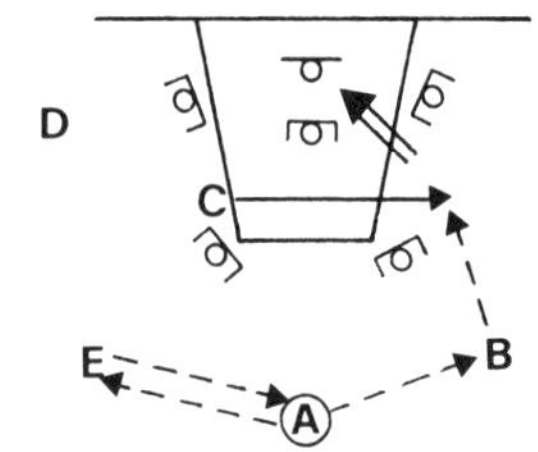
3.	Mit halbpassiver Verteidigung: Organisation: - Die Verteidiger "simulieren" echte Raumdeckung, sind jedoch "wohlwollend" gegenüber den Angreifern. Zu beachten : - Die Angreifer sollen die schnellen Kurzpässe auch anwenden, damit eine echte Spielsituation entsteht.	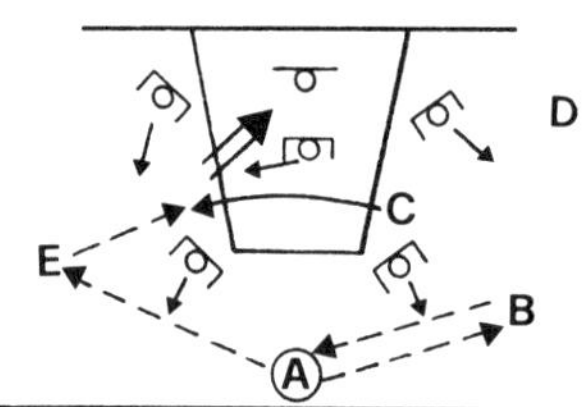
4.	Mit aggressiver Verteidigung: Organisation: - Die Verteidiger verhalten sich wie während des Spieles, die Angreifer führen eine Anzahl Angriffe durch und merken sich die Erfolgsquote (z.B. Anzahl Körbe nach zehn Angriffen).	

NR.	BESCHREIBUNG	ORGANISATION
5.	Spielreorganisation nach Offensivrebound: Nach einem misslungenen Angriff, aber gelungenen Offensivrebound kann der Flügel D auf die rechte Seite weiterlaufen und damit den Angriff überlagern. E nimmt seine ursprüngliche Position wieder ein und Pivot C versucht, in einer nächsten Angriffsphase auf der linken Seite durchzubrechen.	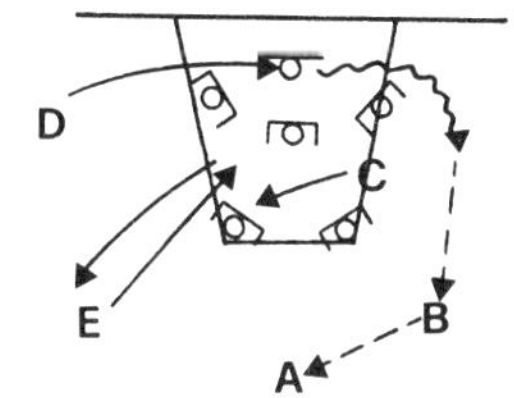
	Angriff gegen Raumverteidigung 2-3: Zusätzliches Beispiel: Schneller Durchbruch des Spielführers. Der Spielführer A läuft nach einem schnellen Kurzpass an C vorbei und bietet sich B an. Er bekommt den Ball zugespielt und versucht, selbst einen Korb zu erzielen. Der Angriff wird durch B, C und D durch Offensivrebound unterstützt.	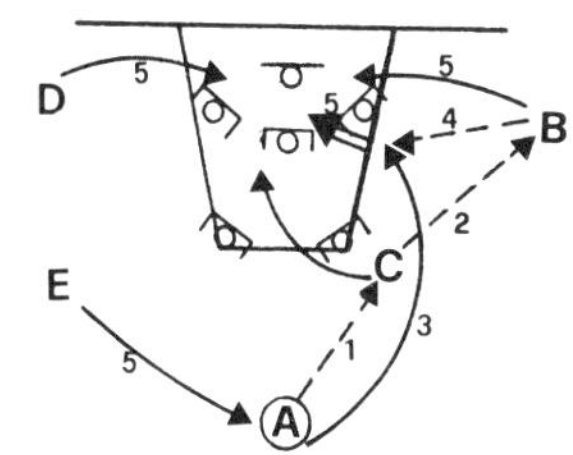
	Angriff gegen Raumverteidigung 3-2: Einige Hinweise: Der Angriff soll durch schnelle Kurzpässe eingeleitet werden. Die beiden Flügel sollen die Verteidigunsschwäche erkennen und ausnützen.	
1.	Einige Beispiele: Schnelle Kurzpässe zwischen A und E. Plötzlicher Kurzpass an Post C, der den Ball an Flügel B weiterspielt. Es erfolgt ein Durchbruch zum Korb mit anschliessendem Korbwurf oder ein Zuspiel an den durchbrechenden C. D beteiligt sich am Offensivrebound.	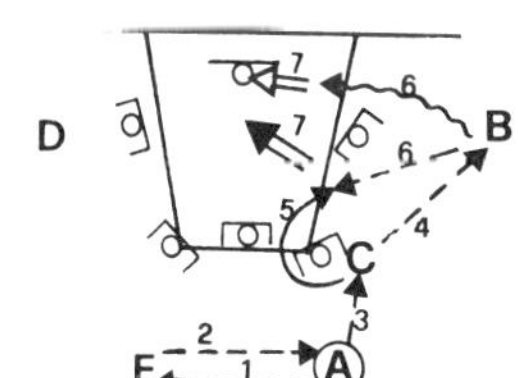

8.2.3 Angriff gegen Raumverteidigung

NR.	BESCHREIBUNG	ORGANISATION
2.	Schnelle Kurzpässe zwischen A und E. Kurzpass an Post C, der nach ein-zwei Dribblingsschritten B anspielt. A läuft durch das entstandene Loch in der Verteidigung in den Strafraum und wird von B angespielt. Für die Offensivreboundsicherung sorgen zusätzlich die beiden Flügel B und D.	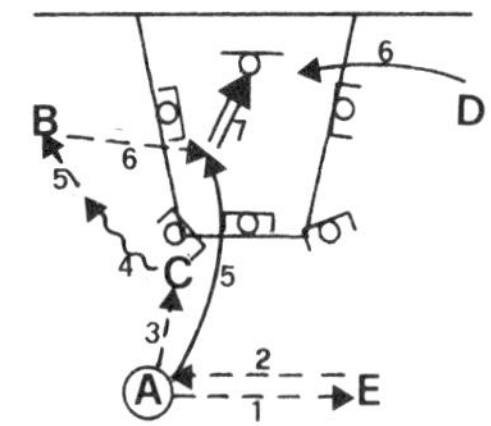
3.	Verlagerung des Angriffes durch den Flügel ("Uebergewicht auf einer Seite"): Voraussetzung: Flügel D ist ein guter Werfer. Nach einigen Kurzpässen zwischen A und B wird Flügel D angespielt. Post C und Flügel B stellen ihm einen Doppelschirm und sorgen für den Offensivrebound.	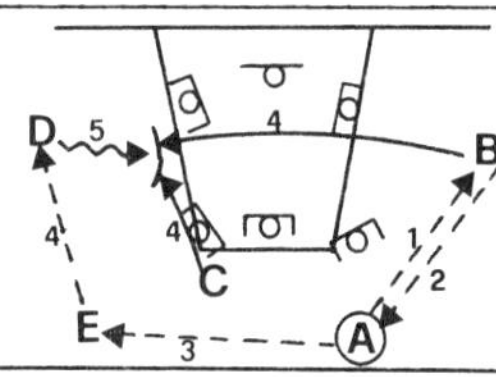
	Angriff gegen Raumverteidigung 2-1-2: Einige Hinweise: Die Verteidigung soll durch schnelle Kurzpässe zwischen den Aufbauspielern aus ihrer Stellung herausgelockt werden. Die beiden Flügel sollen die Lücken zwischen und hinter den Verteidigern erkennen und ausnützen.	
1.	Einige Beispiele: Durchbruch des Flügels: Nach einigen Kurzpässen zwischen A und E wird Post C angespielt. Er spielt den Ball zu B und überlagert den Angriff auf die rechte Seite. B spielt zu Flügel D, der zum Korb durchbricht. Er versucht, selber zu werfen oder den hereinbrechenden E anzuspielen.	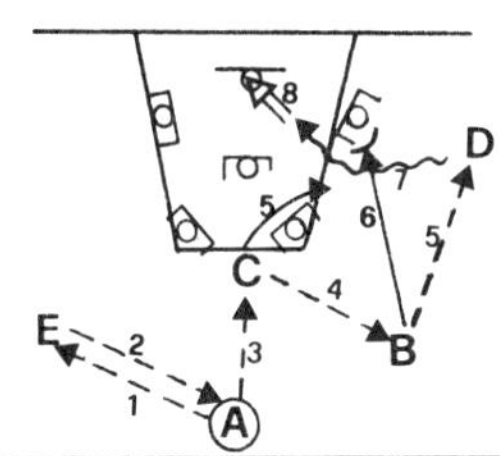

NR.	BESCHREIBUNG	ORGANISATION
2.	Sprungwurf des Spielführers (2-1-2): A (Spielführer) leitet den Angriff durch Kurzpässe ein. Nachdem er den Post C angespielt hat, läuft er selbst auf die Flügelposition und bekommt den Ball von B, der ihn gleichzeitig abschirmt. Flügel D läuft zur Angriffssicherung von der Gegenseite aus auch auf.	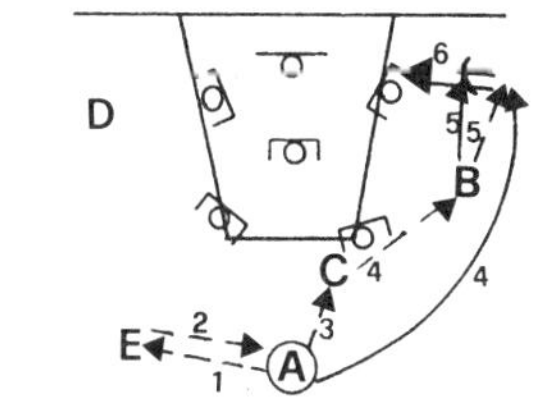
	Angriff gegen Raumverteidigung 1-2-2: Eingige Hinweise: Diese Verteidigungsform soll mit schnellem Druchbruch durch den Flügel und mit initiativem Postspiel verwirrt werden. Das sichere Zuspiel des Balles beim Angriffsaufbau soll besonders beachtet werden, weil der vorderste Verteidiger A' auf Gegenangriff eingestellt ist. Ein Beispiel: Durchbruch des Flügels: Zuspiele zwischen A, B und E lenken die Verteidigung ab. Post C läuft gleichzeitig auf und wird eventuell angespielt, wenn der Flügel D keine Möglichkeit sieht, selbst auf den Korb zu werfen. Der Offensivrebound wird durch C und D geleistet.	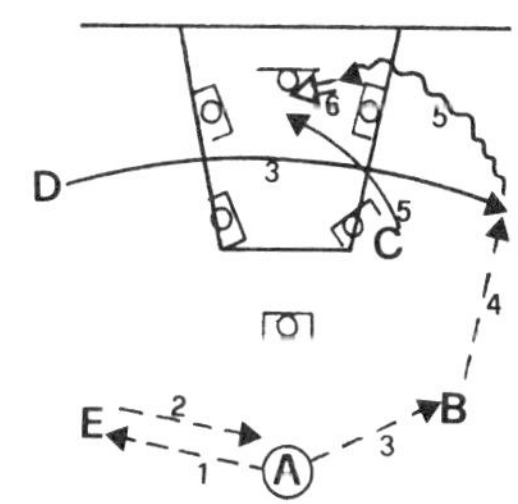

8.2.3 Angriff gegen Raumverteidigung

NR.	BESCHREIBUNG	ORGANISATION
	<u>Angriff gegen eine Raumverteidigung 1-3-1</u>: <u>Einige Hinweise</u>: Die Schwachstellen dieses Verteidigungssystems sind die seitlichen Räume unter dem Korb; deshalb soll der Angriff vor allem auf das Spiel der Flügel gerichtet werden. Gute Werfer aus mittleren Distanz sollen auch in Wurfsituationen gebracht werden.	
1.	<u>Einige Beispiele</u>: Durchbruch des Flügels: A (Spielführer) leitet den Angriff durch einen Kurzpass an Post C ein. Der spielt den Ball zum Flügel B und läuft selbst zum Blocken und für den Rebound gegen den Korb auf. Flügel B versucht einen Durchbruch zum Korb mit anschliessendem Wurf oder Zuspiel an C. Flügel D läuft von der anderen Seite gegen den Korb, um den Offensivrebound zu unterstützen.	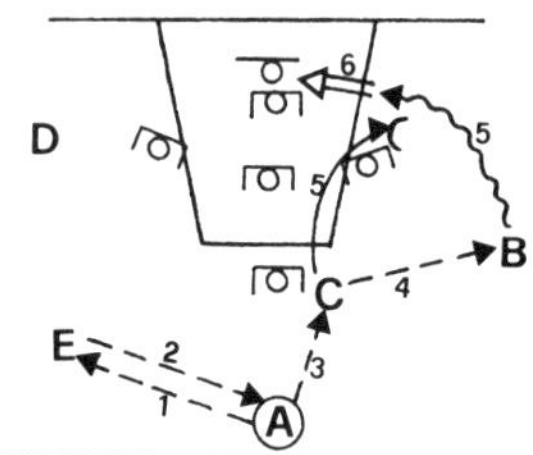
2.	Ueberlagerung des Angriffes mit Doppelschirm: A (Spielführer) spielt Post C an. Er bekommt den Ball zurück und spielt den guten Mitteldistanzwerfer E an. E leitet den Ball weiter an Flügel D, der ihn wieder zurückspielt und zusammen mit dem Post C einen Doppelschirm vor E formt. E wirft und läuft anschliessend wie der Flügel B auf den Korb zu, um den eventuell abprallenden Ball zu sichern.	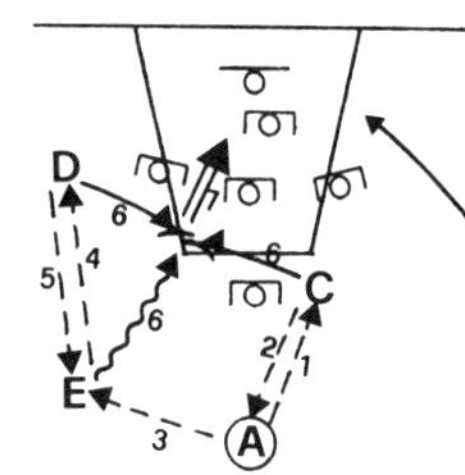

Der Gegenangriff, auch Schnellangriff oder "fast break" genannt, hat zum Ziel, nach einem Ballgewinn, durch schnelles Vorspielen des Balles, ein Ueberzahlverhältnis unter dem gegnerischen Korb zu erreichen und so zu einem Korbwurf aus der Nahdistanz zu gelangen, bevor sich die verteidigende Mannschaft reorganisiert hat.

Ein Gegenangriff kann aus jeder Deckungsart gestartet werden und gegen jede Deckungsform der Gegner ausgeführt werden.

Wichtige Momente:
- Erkämpfen und Sichern des Balles unter dem Korb (Defensivrebound) oder im Mittelfeld;
- Ueberlaufen der gegnerischen Deckung durch Seitenpass und/oder Diagonalpass und/oder Dribbling oder Improvisation;
- Ballvortrag zum Korbwurf aus der Nahdistanz durch schnelle Kurzpässe, Dribbling oder Kombination von Pass und Dribbling.

Nach einem Defensivrebound wird im allgemeinen ein organisierter Gegenangriff erfolgen; nach einer Ballinterzeption im Mittelfeld erfolgt meistens ein improvisierter Gegenangriff.

Voraussetzungen für den Gegenangriff:

- sichere Ballannahme und -abgabe im vollen Lauf;
- gute Kondition, gutes Laufvermögen;
- Sicherheit beim Korbleger aus vollem Lauf;
- gute Dribbling- und Stopptechnik;
- peripherisches Sehen und Antizipationsvermögen.

Vorteile des Gegenangriffs:

- Korbwürfe aus Nahdistanz sind möglich, die Treffwahrscheinlichkeit ist gross;
- die Schnelligkeit der Mannschaft wird gesteigert.

Nachteile des Gegenangriffs:

- Der Gegenangriff ist kein Angriffssystem, das alleine gespielt werden kann; er lässt sich aber nur schwer mit anderen Systemen kombinieren;
- es ist für die Mannschaft ermüdend, auf Gegenangriff zu spielen;
- bei Zuspiel- oder Dribblingsfehlern können die Gegner leicht zum Korbertolg kommen.

8.2.4 Der Gegenangriff

Ratschläge für Anfänger:

- Sie sollen vermeiden, den Ball zu überhastet nach vorne zu spielen. Das Angriffstempo soll dem technischen Können und dem Laufvermögen der angreifenden Spieler angepasst werden. Es muss nicht um jeden Preis schnell gespielt werden; wichtiger ist, in Ballbesitz zu bleiben.
- Sie sollen vermeiden, den Gegenangriff fortsetzen, wenn kein Ueberzahlverhältnis zugunsten der Angreifenden vorhanden ist.
  Falls die verteidigende Mannschaft rechtzeitig die Deckung organisiert hat, soll sich die angreifende Mannschaft auf einen Positionsangriff oder auf aufbauende Taktik umstellen.

NR.	BESCHREIBUNG	ORGANISATION
1.	Kurzpassangriff mit Korbleger: Zuspiel zu zweit in vollem Lauf mit anschliessendem Korbleger. Die Uebung kann von Korb zu Korb und zurück oder nur in eine Richtung ausgeführt werden.	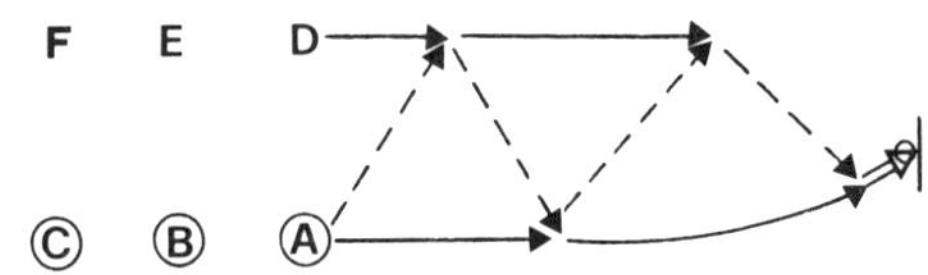
2.	Kurzpassangriff nach Defensivrebound: Zwei Spielerkolonnen stehen rechts und links der Trapezlinie entlang. Der Lehrer wirft den Ball an das Brett; je nach Ballweg sichert ihn einer der beiden ersten Spieler und läuft mit schnellem Dribbeln seitwärts aus dem Strafraum hinaus. Sein Partner läuft zuerst auch seitwärts, dann laufen beide Spieler mit schnellen Zuspielen der Seitenlinie entlang in Richtung des gegnerischen Korbes. Um den gewünschten Laufweg unter dem eigenen Korb zu erzwingen, können zwei Malstäbe aufgestellt werden, die umlaufen werden müssen.	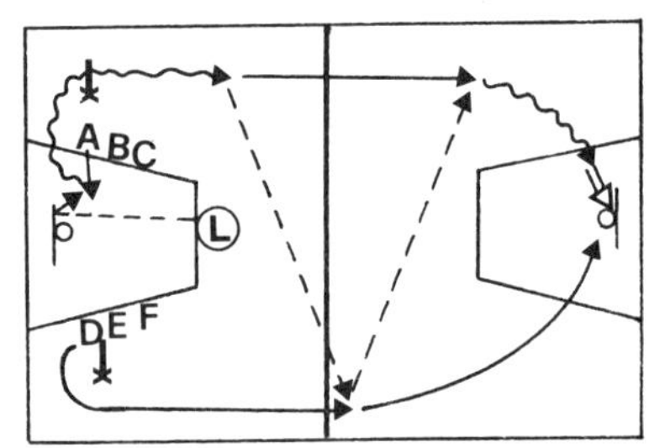

NR.	BESCHREIBUNG	ORGANISATION
3.	Kurzpassangriff nach Defensivrebound mit Platzwechsel: Gleich aufgestellt wie bei Uebung 2., jetzt aber wird, wenn z.B. der erste Spieler (rechts) den Ball abholt, der erste Spieler (links) zur Mitte laufen, wo er einen Pass von dem nach der Seite dribbelnden Partner bekommt. Er dribbelt vorwärts, währenddessen sein Partner hinter ihm vorbeiläuft. Dieser bekommt den Ball hinter dem Rücken zurückgespielt und dribbelt in der Mitte nach vorne. Sein Partner läuft der Seitenlinie entlang in Richtung Korb, wird angespielt und versucht, mit einem Korbleger abzuschliessen. Um den gewünschten Laufweg vor dem gegnerischen Korb zu erzwingen, können zwei Malstäbe (rechts und links) auf der Höhe der Freiwurflinie aufgestellt werden.	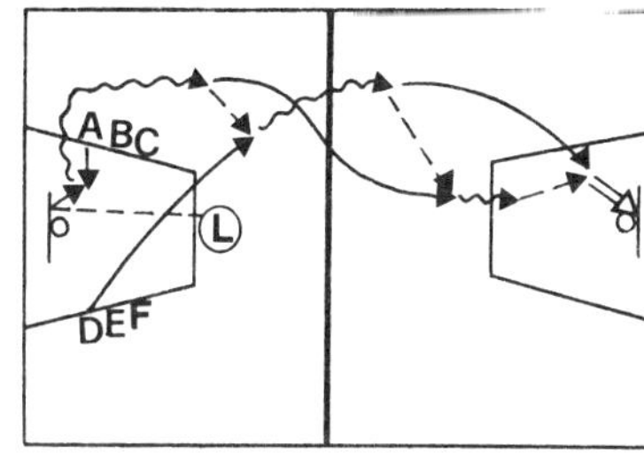
4.	Komplexübungen für langen Diagonalpass und Korbleger: - A spielt diagonal zu C und läuft auf die Position von C. C bricht zum Korb durch, wirft und schliesst sich der Gruppe von D an. D passt zu B und läuft an dessen Platz. B versucht, einen Korbleger und schliesst sich der Gruppe von A an. - A passt zum anlaufenden B, der einen Korbleger versucht. Anschliessend erfolgt die gleiche Aktion von C und D. Den Ball holt immer der werfende Spieler ab und schliesst sich wie folgt an die Reihen an: A an F, B an G, C an H, D an E.	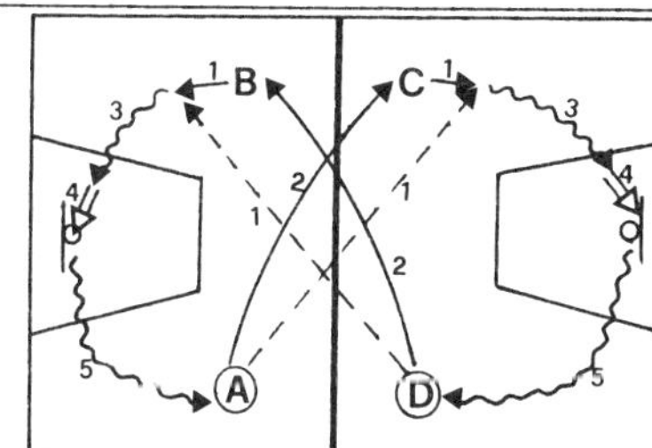 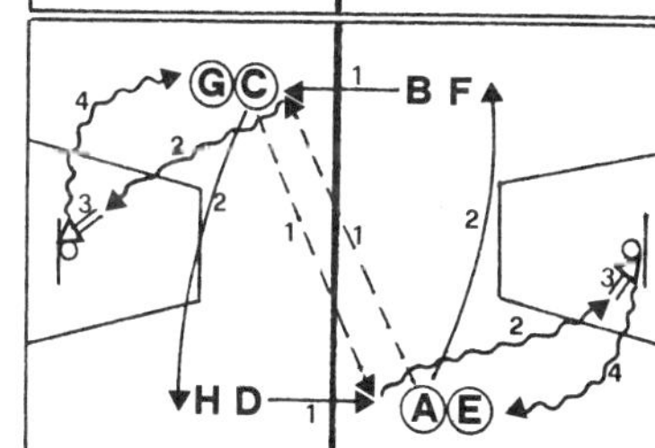

8.2.4 Der Gegenangriff

NR.	BESCHREIBUNG	ORGANISATION
5.	<u>Diagonalpass nach befreiendem Dribbling</u>: A wirft den Ball an das Brett, holt ihn ab und dribbelt zur Seite. B läuft in dieser Zeit gegen den gegnerischen Korb, bekommt einen Diagonalpass von A und schliesst den Angriff mit einem Korbleger ab. A läuft bis zur Freiwurflinie mit und wird in der nächsten Phase einen Diagonalpass von A erhalten, usw.	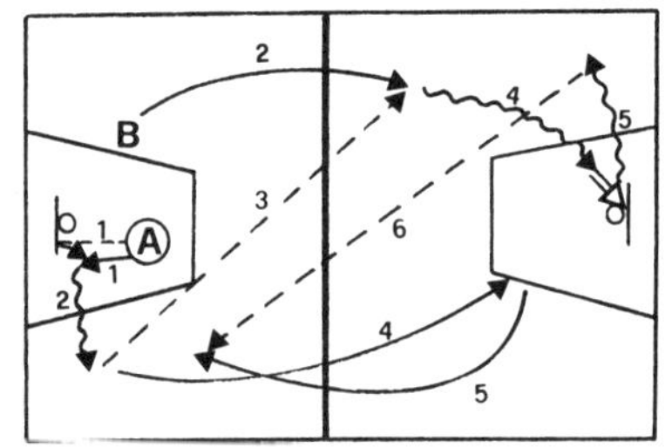
6.	<u>Kurzpassangriff zu dritt</u>: Zuspiel zu dritt in vollem Lauf mit anschliessendem Korbleger. Die Spieler stellen sich nebeneinander auf, laufen von Korb zu Korb und zurück; oder auch nur in eine Richtung.	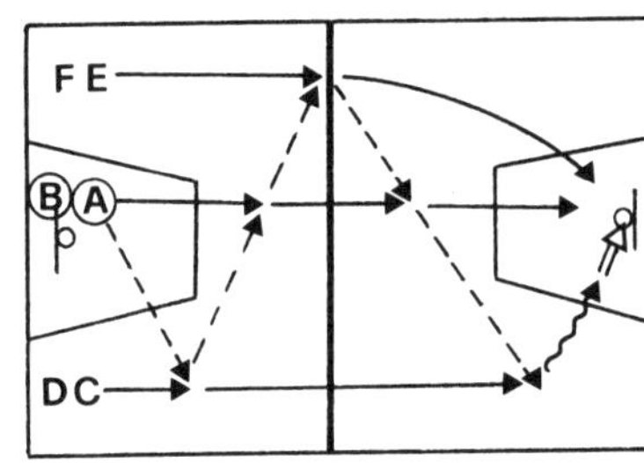

NR.	BESCHREIBUNG	ORGANISATION
7.	Kurzpassangriff nach Defensivrebound: Die Spieler stehen in drei Gruppen um das Trapez herum. Die Spieler auf der Freiwurflinie haben je einen Ball. A wirft den Ball ans Brett, B oder C holt den Rebound. Derjenige der den Ball gesichert hat (B oder C), spielt ihn in die Mitte zu A. Dieser spielt B oder C an. Einer der beiden Spielern (B oder C) schliesst den Angriff mit Korbleger ab. Variationen: - Die Spieler stellen sich so auf, dass die übenden Spieler sie umlaufen müssen. - Beim Zurücklaufen kommen die Spieler absichtlich durch die Mitte des Spielfeldes, damit die angreifenden Spieler sich an Störfaktoren gewöhnen.	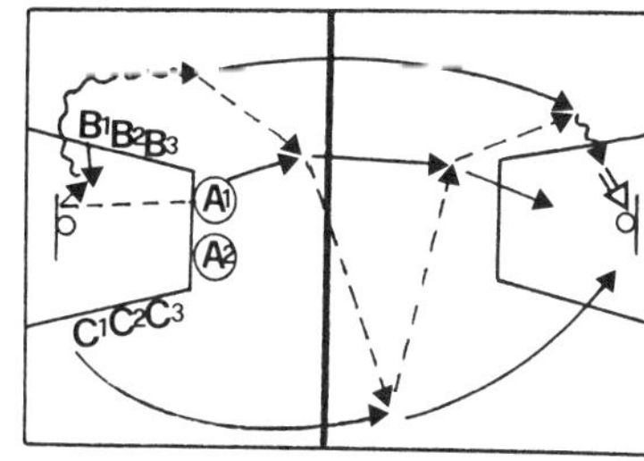 V.: 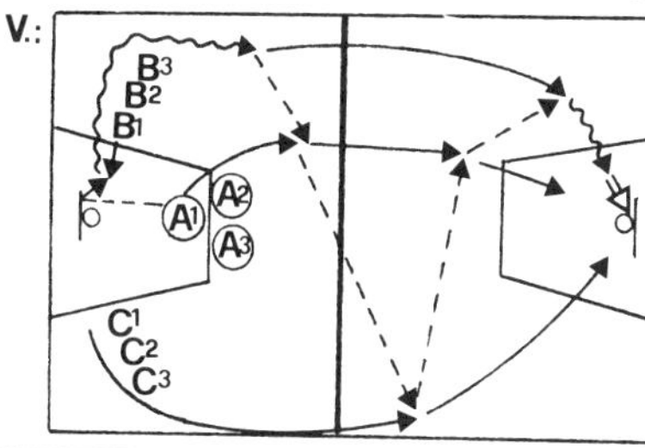
8.	Kurzpassangriff zu dritt mit Platzwechsel (criss-cross): A spielt zu B und läuft in Richtung B. B spielt zu C und läuft in Richtung C. C spielt zu A und läuft in Richtung A. A wirft auf den Korb.	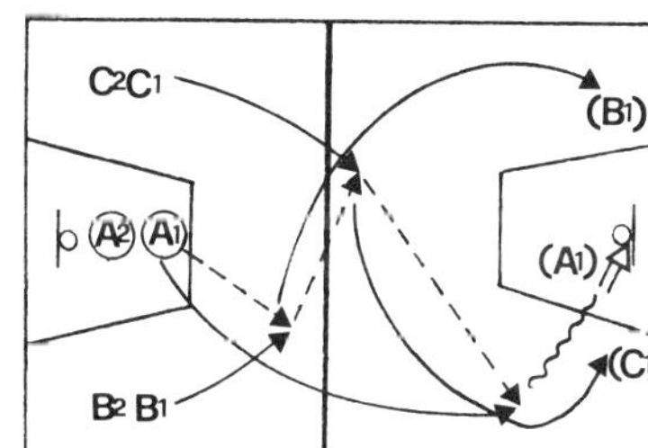

8.2.4 Der Gegenangriff

NR.	BESCHREIBUNG	ORGANISATION
9.	Criss-Cross nach Defensivrebound: Wie Uebung 8., aber die Ausgangslage ist folgende: A, B und C stehen hintereinander im Strafraum. Der Lehrer wirft auf den Korb, und die drei Spieler versuchen, den Rebound zu holen. Wenn dies einem gelingt, laufen die beiden anderen sofort seitwärts, um anspielbar zu werden, usw. Variationen: - A, B und C laufen frei im Strafraum herum. Bei einem Rebound organisieren sie sich so rasch wie möglich in die Ausgangslage. - Zwei Malstäbe können die richtigen Laufwege erzwingen. - Es können eventuell Hindernisse bei der gegnerischen Freiwurflinie aufgestellt werden, um einen Angriff der Seitenlinie entlang zu erzwingen.	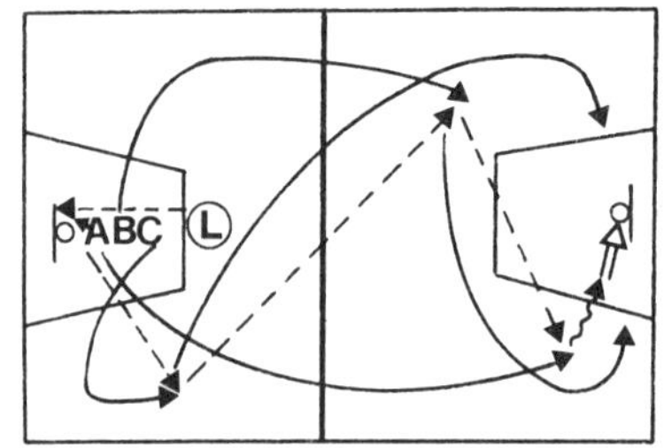 V. 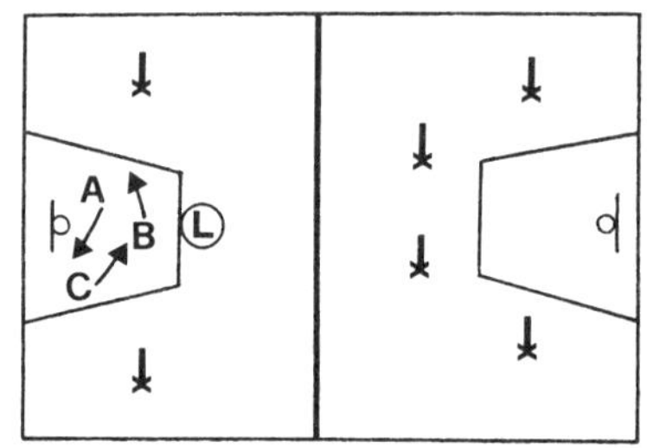
10.	Langpassangriff zu dritt: Drei Spielergruppen stehen unter dem Korb. Die Spieler in der Mitte haben je einen Ball. Der erste der Reihe wirft den Ball ans Brett. Während dieser Zeit laufen seine beiden Partner mit einem schnellen Gegenangriff in die Richtung des gegnerischen Korbes. Er holt den Ball und spielt einen dieser Spieler an.	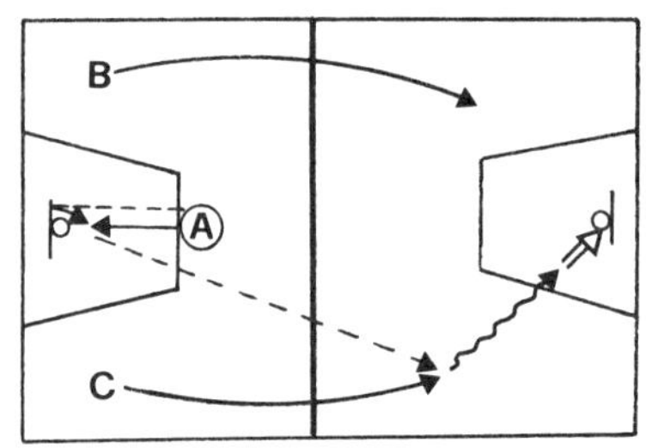

NR.	BESCHREIBUNG	ORGANISATION
11.	Langpassangriff zu dritt nach einem Seitenpass: Gleiche Ausgangslage wie in Uebung 10. Nach Ballsicherung wird der Spieler von der Mitte her zuerst einen Seitenpass geben, währenddessen der nicht angespielte Spieler nach vorne läuft. Er bekommt den Ball zugespielt und wirft auf den Korb.	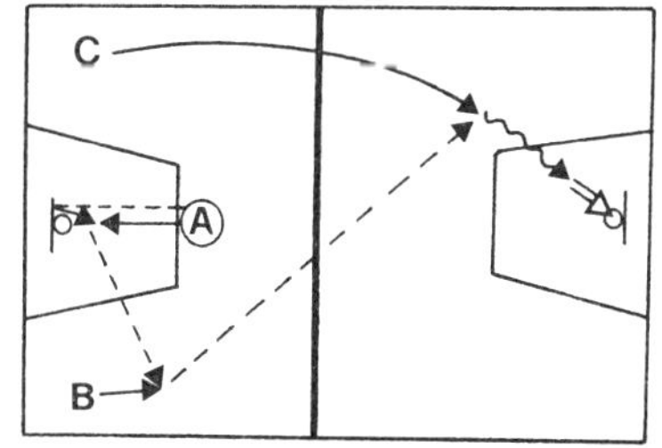
12.	Langpassangriff zu dritt mit Platzwechsel: Wie Uebung 11., aber der Spieler von der Mitte läuft der Seitenlinie entlang in Richtung des gegnerischen Korbes und schliesst den Angriff mit Korbleger ab.	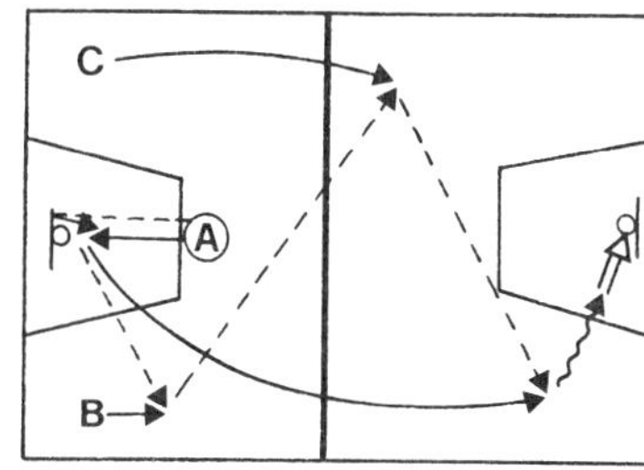
13.	Schnellangriff zu dritt mit Ballvortrag in der Mitte: Drei Spieler A, B und C stehen nebeneinander im Trapez. A hat den Ball. Er wirft ihn ans Brett. Während dieser Zeit laufen B und C seitwärts aus dem Trapez hinaus. A sichert den Ball und passt ihn zu B. B spielt den Ball zu C, der zur Mitte des Spielfeldes gelaufen ist. A ist hinter dem Rücken von C der Seitenlinie entlang nach vorne gelaufen; nun kann C ihn oder B anspielen.	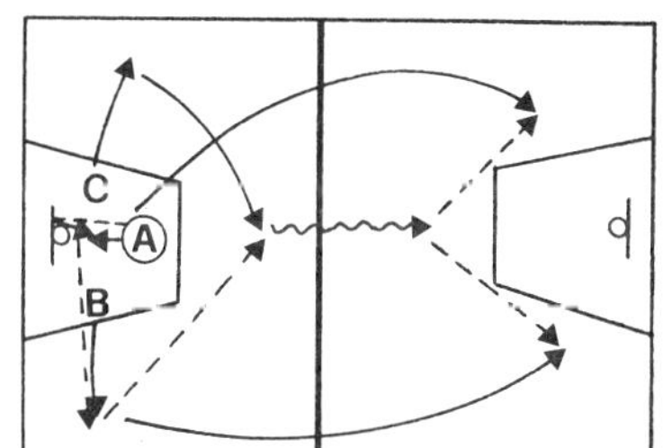

8.2.4 Der Gegenangriff

NR.	BESCHREIBUNG	ORGANISATION
14.	Wie Uebung 13., aber situationsgerechter: Die drei Spieler A, B und C stehen in einem Verteidigungsdreieck unter dem Korb. Der Lehrer wirft den Ball auf den Korb, und je nach Ballweg, sichert ihn einer der Spieler. Die beiden anderen Spieler laufen sofort seitwärts. Der Gegenangriff wird, wie Uebung 13. zeigt, weitergeführt.	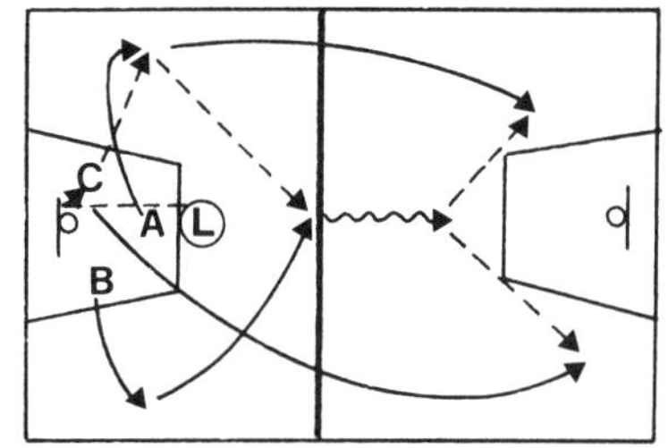
15.	Wie Uebung 14., aber weiterentwickelt: A, B und C laufen frei im Trapez herum. Nach der Reboundsicherung laufen die beiden anderen Spieler sofort seitwärts aus dem Trapez hinaus.	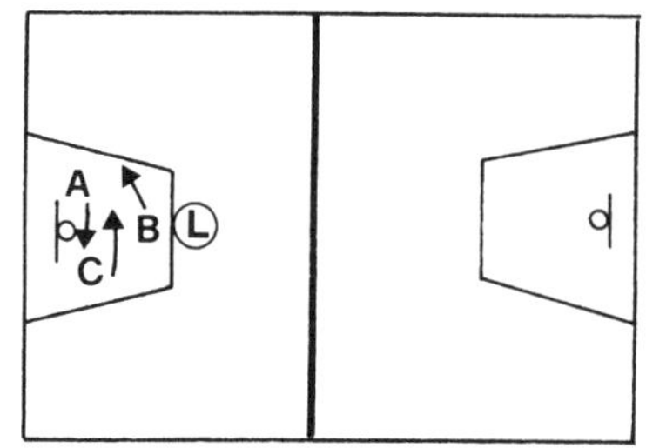
16.	Wie Uebung 15., aber mit Einbau von Hindernissen: Die Hindernisse simulieren die möglichen Gegnerpositionen und/oder erzwingen die taktisch richtigen Pass- und Laufwege. Hindernisse können in drei Etappen aufgestellt werden: - um den eigenen Korb herum, um den Angriffsstart zu erschweren; - im Mittelfeld, um den richtigen Ballvortrag und das richtige Auflaufen zu erzwingen; - vor dem gegnerischen Korb, um den Angriffsabschluss zu erschweren. Ein mögliches Beispiel zeigen wir in der Skizze.	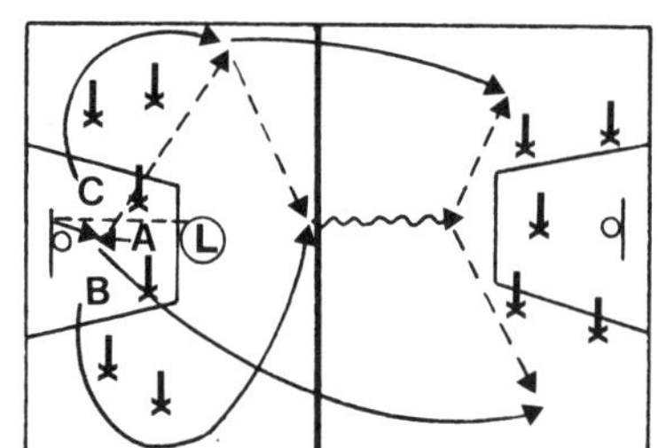

NR.	BESCHREIBUNG	ORGANISATION
17.	Wie Uebung 15., aber mit Einsetzen von Verteidigern: - Zuerst zwei passive (relativ unbewegliche) Verteidiger im Strafraum der den Angriff startenden Spieler. Sie stören die Ballsicherung und den Uebergang zum Gegenangriff. - Zwei Verteidiger greifen ab Mittellinie an: Hinter der Mittellinie werden zwei Verteidiger sinkend versuchen, den Gegenangriff zu verhindern. - Drei aktive Verteidiger versuchen, den Gegenangriff zu verhindern; zwei dürfen erst ab Mittellinie angreifen, wie bei der vorangegangenen Variation; der dritte Verteidiger versucht, den Offensivrebound zu sichern oder die Angreifer bei einem neuen zu stören.	
18.	Spiel 3 gegen 3 auf einen Korb: Drei 3er-Mannschaften, (A, B und C) stellen sich auf. A und B spielen, C wartet an der Mittellinie auf den Einsatz. Wenn die verteidigende Mannschaft (B) den Ball sichert, oder wenn die angreifende Mannschaft (A) einen Korb erzielt, wird die angreifende Mannschaft zum Verteidiger, die Mannschaft von der Mittellinie zum Angreifer und die verteidigende Mannschaft ruht sich der Mittellinie entlang aus.	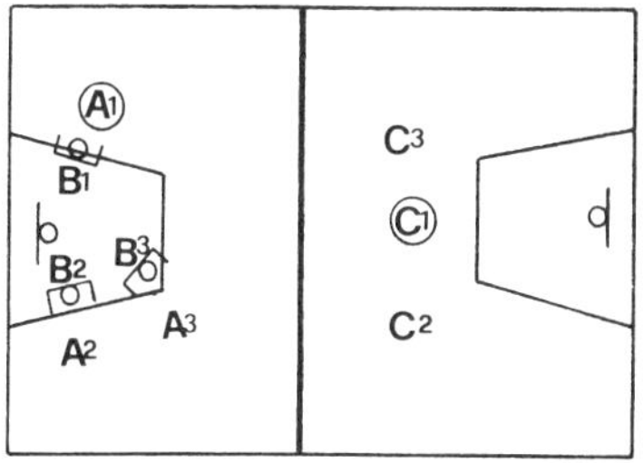
19.	Spiel 3 gegen 3 auf zwei Körbe: Ausser zu Spielbeginn ist keiner der spielenden Mannschaften ein bestimmter Korb zugewiesen. Nach einem erfolgreichen Rebound wird sofort ein Gegenangriff auf den gegenüberliegenden Korb gestartet usw.	

8.2.4 Der Gegenangriff

NR.	BESCHREIBUNG	ORGANISATION
20.	Gegenangriff zu fünft: Variation Nr. 1.: A sichert den Ball. B und C laufen zur Seitenlinie, D und E in Richtung Mittellinie. A passt zu B, C läuft im Moment der Ballabgabe in Richtung Mittelfeld. B passt zu E, D und C laufen zum gegnerischen Korb. E dribbelt in der Mitte nach vorne. Stehen C oder D frei, so erhält einer von ihnen den Ball. Sind sie gedeckt, so bricht E allein zum Korb durch und wirft.	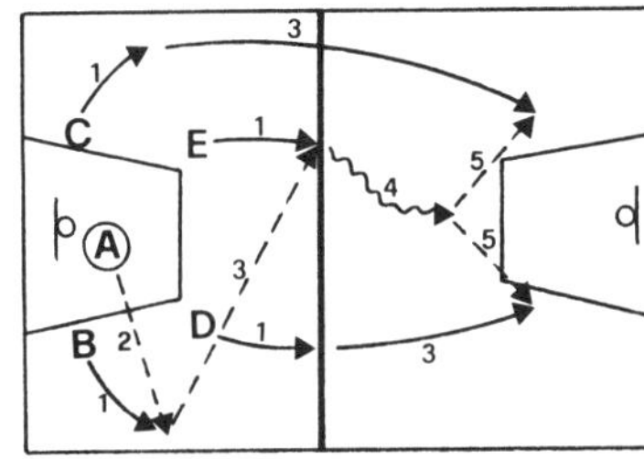
	Variation Nr. 2.: A sichert den Ball, B und C laufen zur Seitenlinie, D und E in Richtung Mittellinie. A passt zu B, der den Ball quer übers Feld zu E weiterspielt. D läuft gegen den gegnerischen Korb. D erhält den Ball von E und wirft auf den Korb. Falls die vordersten D und E gedeckt sind, können die hinteren drei Spieler, A, B und C einen Schnellangriff zu dritt durchführen. (Siehe Schnellangriff zu dritt.)	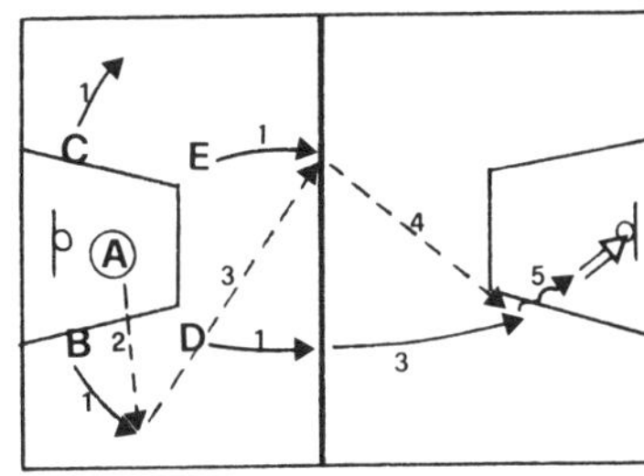
	Variation Nr. 3.: A sichert den Ball, B und C laufen zur Seitenlinie, D und E in Richtung Mittellinie. A passt zu B, B dribbelt den Ball in Richtung Mittellinie und spielt den Ball zu E. E spielt den Ball zu D weiter, der auf den Korb wirft.	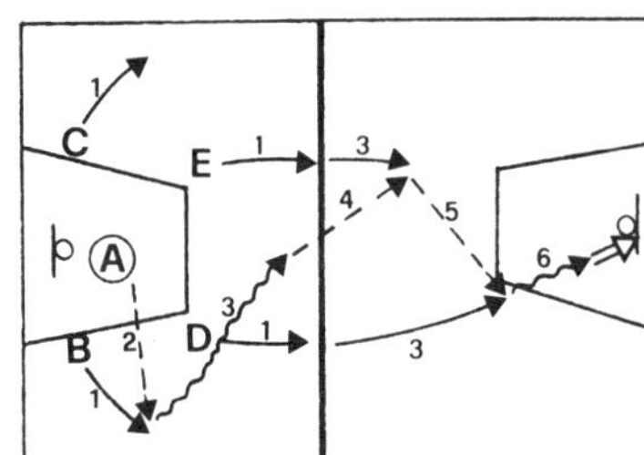

NR.	BESCHREIBUNG	ORGANISATION
21.	Aufbau eines Gegenangriffs mit fünf Spielern: Durchspielen des Gegenangriffs aus einer stehenden Zone: In dieser Phase sollen die Bewegungen der einzelnen Spieler einstudiert werden.	
22.	Durchspielen des Gegenangriffs aus einer beweglichen Zone: Die Spieler laufen von ihrer Positionen hinaus und wieder zurück. Der Lehrer wirft den Ball ans Brett. Reboundsicherung und möglichst schneller Uebergang zum Gegenangriff.	
23.	Gegenangriff aus freiem Lauf um/durch die Zone: Die Spieler bewegen sich um und in der Zone frei; sobald der Lehrer den Ball ans Brett wirft, wird der Gegenangriff gestartet.	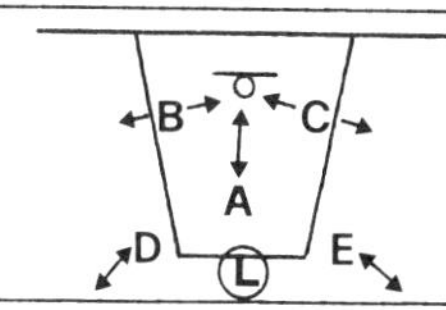
24.	Einbau von Hindernissen (siehe Uebung 16.). Einsetzen von Gegenspielern (siehe Uebung 17.).	
25.	Zwei Mannschaften stören sich gegenseitig: Zwei 5er-Mannschaften stellen sich (mit je einem Ball) unter dem eigenen Korb auf. Beide Mannschaften starten gleichzeitig ihren Gegenangriff in die entgegengesetzte Richtung. Nach einem einmaligen Wurfversuch erfolgt der nächste Gegenangriff in die andere Richtung. Bemerkung: Ermüdende Uebung; sollte ohne Pause nicht länger als 2 bis 3 Minuten gespielt werden.	
26.	Spiel 5 gegen 5: Ausser zu Spielbeginn hat keine Mannschaft einen eigenen Korb. Nach jedem Rebound wird ein Gegenangriff auf den entgegengesetzten Korb gestartet.	

8.2.5 Einführung eines einfachen Angriffssystems gegen eine Raum-Mannverteidigung nach dem Prinzip „give and go“

Ziel ist es, den Spielern ein taktisches Konzept zu vermitteln, in welchem ihnen möglichst viele Freiräume für individuelle Entscheidungen und Handlungen gewährt werden, ohne dabei den kollektiven Anteil an der Gestaltung der Spielhandlungen zu vernachlässigen.

Der Aufbau erfolgt schrittweise und versucht, den Schwierigkeiten der Spielanfänger (wie Raum- und Zeitgefühl, Uebersicht, das Aufeinander-Reagieren, die Auseinandersetzung mit dem Gegner etc.) Rechnung zu tragen.
Aus diesem Grund wird am Anfang gegen eine fiktive, später gegen eine mehrheitlich stehende und erst am Schluss gegen eine echte Raum-Manndeckung geübt bzw. gespielt.

Selbstverständlich kann man diese Einführung je nach Könnens- und Erfahrungsstand der Spieler etwas beschleunigen oder sogar einige Schritte überspringen.

Sollte man genügend Zeit zur Verfügung haben, wäre es empfehlenswert, die einzelnen Schritte (oder bestimmte Abschnitte) auf eine Tafel aufzuzeichnen und evtl. sogar die Spieler aufzufordern, dies selber zu tun.

NR.	BESCHREIBUNG	ORGANISATION
	D passt zu C und läuft neben C durch den Strafraum zu B. E läuft vor C durch zu A, B und A laufen an die Stelle von E bzw. von D. C kann die durchlaufenden Spieler je nach Reaktin der Verteidiger anspielen. Die wiederum können nach dem Pass auf den Korb werfen (Sprungwurf, Standwurf, Durchbruch). Variationen: - In günstiger Situation kann sogar C auf den Korb werfen oder zum Korb durchbrechen. - D und E können B und A einen Block stellen, die sich so freilaufend den Ball erhalten können. Weitere Variationsmöglichkeiten entnehme man aus den Uebungen zur Einführung des Spielsystems.	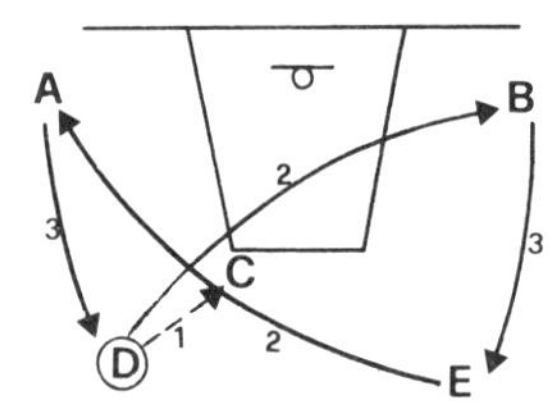

8.2.5 Einführung eines einfachen Angriffssystems gegen eine Raum-Mannverteidigung nach dem Prinzip „give and go“

NR.	BESCHREIBUNG	ORGANISATION
	Prinzipielles zum Spielsystem - Mit der Hilfe eines Post-Spielers als Schaltstation sind alle Spieler in Bewegung und wechseln ihre Plätze untereinander. - Diese ständigen Wechsel der Positionen verschaffen jedem Spieler günstige Wurfsituationen, verschiedene Durchbruchsmöglichkeiten und lassen der eigenen situativen Gestaltung des Spiels Freiräume offen. - Der Wechsel der Positionen geschieht immer mit der Sicherung des Angriffrückraumes (Möglichkeit zum Rückpass, Abwehr des schnellen Gegenangriffes). - Der Postspieler kann immer der gleiche Spieler oder aber abwechselnd (siehe Aufbauübungen) immer ein anderer sein. - Zur Sicherung des offensiven Rebounds sind in der Regel die Positionen A, B und C vorgesehen. D und E sind Anspielstationen.	
1.	Einüben der Lauf- und Passwege aus dem Stand und aus der Bewegung Reifen sind um den Strafraum herum verteilt, vor jedem Reifen steht ein Spieler. Auf Zeichen Platzwechsel.	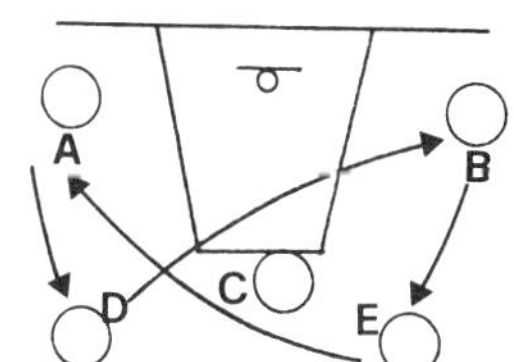
2.	Wie Uebung 1., aber die Rotation der Spieler wird nun von E eingeleitet.	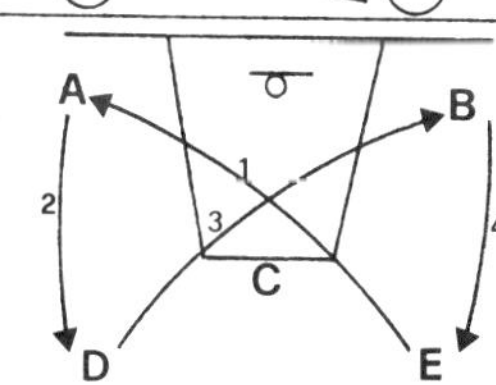

8.2.5 Einführung eines einfachen Angriffssystems gegen eine Raum-Mannverteidigung nach dem Prinzip „give and go“

NR.	BESCHREIBUNG	ORGANISATION
3.	Wie Uebung 2., aber die Rotation der Spieler wird nun von D eingeleitet.	
4.	Die gleiche Rotationsbewegung wie von der Frontseite des Strafraumes, nur jetzt von der Längsseite des Trapezes her ausführen.	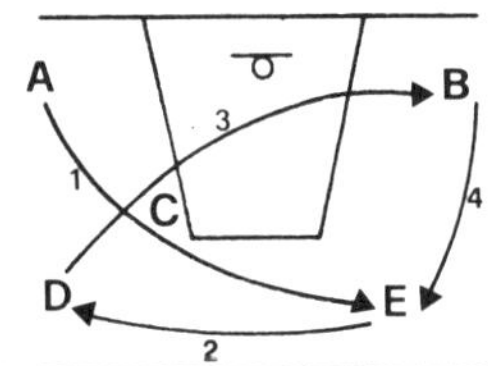
5.	Spieler C hat den Ball. Er dribbelt mit dem Ball von einer Markierung zur anderen. Bei jeder Markierung dribbelt er solange an Ort, bis die Spieler A, B, E, D die entsprechende Rotationsbewegung ausgeführt haben.	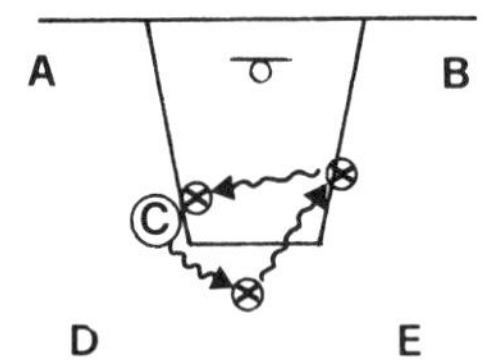
6.	Wie Uebung 5., aber C prellt bis zu der Markierung und passt zu D bzw. zu A, der mit dem Ball an die Stelle von C dribbelt. Daraufhin führen die übrigen Spieler die Rotationsbewegung aus.	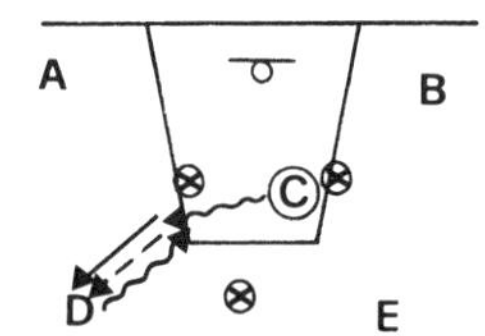
7.	C passt zu D, dieser spielt den Ball zu E, und E spielt zu B weiter. C läuft, den Passweg begleitend, von Markierung zu Markierung, erhält er den Ball von B zugespielt, erfolgt die Rotation der übrigen Spieler wie bei Uebung 2.	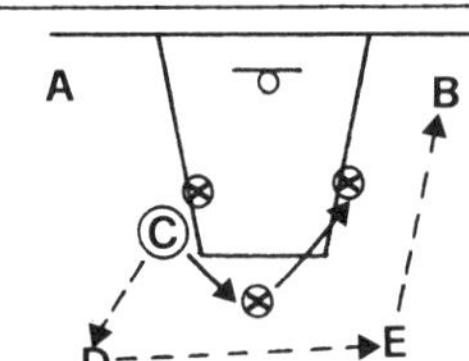

8.2.5 Einführung eines einfachen Angriffssystems gegen eine Raum-Mannverteidigung nach dem Prinzip „give and go“

NR.	BESCHREIBUNG	ORGANISATION
8	Wie Uebung 5., nur kann C den Ball bei einer beliebigen Markierung erhalten, worauf die entsprechende Rotation der Spieler um das Trapez herum erfolgt.	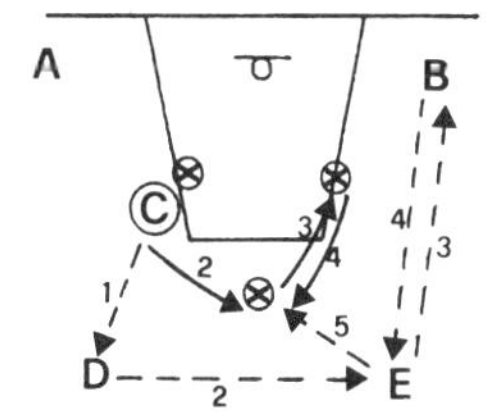
9.	Wie Uebung 7., nur wechseln E und C ihre Plätze. E prellt auf die Position von C, dieser läuft an die ursprüngliche Position von E. Sobald E bei der Markierung ist, erfolgt die übliche Rotation.	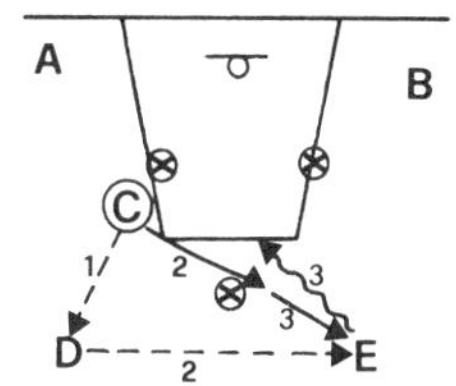
10.	Wie Uebung 9., aber E wirft am Ende seines Dribblings auf den Korb, A, B, E holen den Rebound, D und C "sichern" den Rückraum. Danach: Wiedereinnehmen der Positionen und Rotationswechsel. Statt Dribbling und Platzwechsel von E und C kann zwischen E und C ein "Doppelpass" erfolgen, woraufhin C von der Postposition wirft.	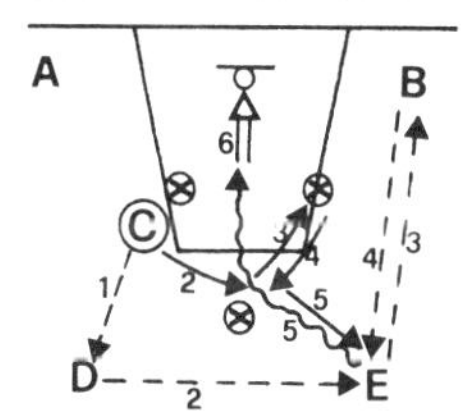

8.2.5 Einführung eines einfachen Angriffssystems gegen eine Raum-Mannverteidigung nach dem Prinzip „give and go"

NR.	BESCHREIBUNG	ORGANISATION
1.	<u>Erarbeiten von einigen Wurf- und Durchbruchsituationen:</u> D passt zu C und läuft durch den Strafraum. C spielt mit Hilfe des Sternschrittes den Ball D wieder zu, der auf den Korb wirft. C holt den Rebound und spielt D, der ausserhalb des Straframes steht, den Ball wieder zu. D setzt nun die Uebung von der anderen Seite fort.	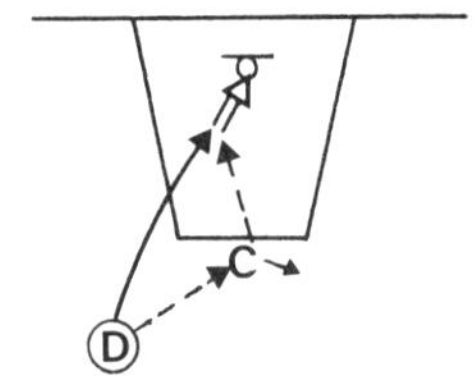
2.	C täuscht D und erhält von D den Ball zugespielt (I). D läuft durch den Strafraum. Wird er von D nicht verfolgt, so spielt C ihm den Ball zu, und D wirft auf den Korb. Wird D aber von D' gedeckt, so bricht C auf den Korb durch oder er wirft direkt auf den Korb (II). C und D' kämpfen um den Rebound. Wer diesen verliert, wird Verteidiger.	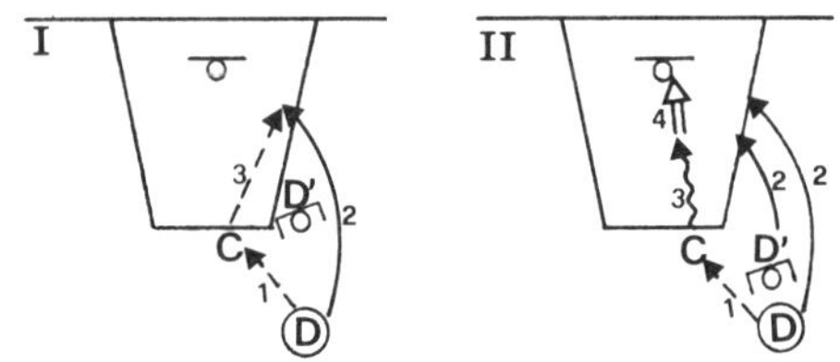
3.	D spielt den Ball zu C und läuft durch den Strafraum, um B' zu blocken. B läuft sich frei, bekommt von C den Ball zugespielt und wirft auf den Korb. C und B bzw. D' und B' kämpfen um den Rebound. Der Besitz des Rebounds entscheidet über die Uebernahme der Verteidigerrolle. D setzt die Uebung nun von der anderen Seite fort, B und B' gehen dementsprechend auf die andere Seite hinüber.	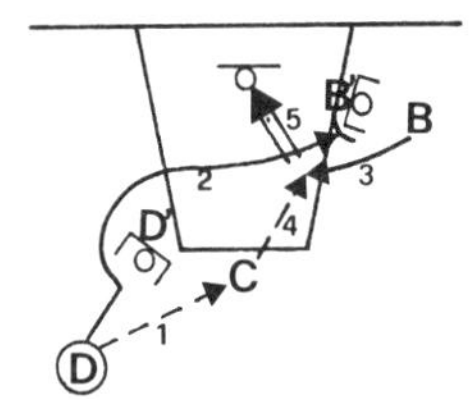
4.	<u>Wie Uebung 3., aber mit drei Verteidigern:</u> Der sich mit Hilfe des Blockes freilaufende B wird von C' gedeckt. D rollt aus dem Block ab, wird von C angespielt und wirft auf den Korb.	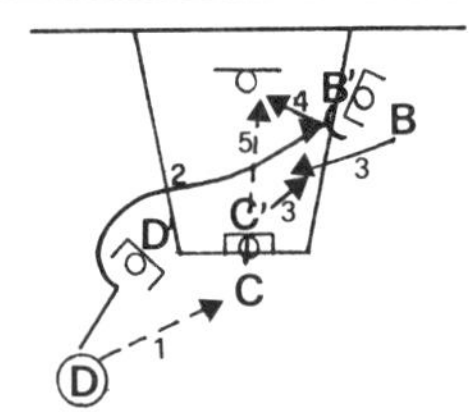

8.2.5 Einführung eines einfachen Angriffssystems gegen eine Raum-Mannverteidigung nach dem Prinzip „give and go“

NR.	BESCHREIBUNG	ORGANISATION
5.	D passt zu C und läuft durch den Strafraum. D' verfolgt ihn. C spielt den Ball dem in Richtung Strafraum gestarteten A zu, der auf den Korb wirft. C und D' kämpfen um den Rebound (und um die Verteidigungsrolle), A und D warten ausserhalb des Straframes auf ein Zuspiel und setzen die Uebung auf die andere Seite fort.	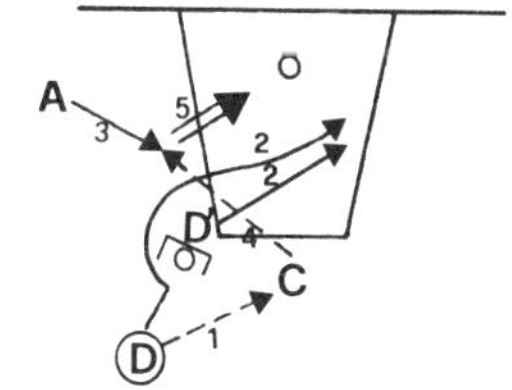
6.	D spielt zu C und läuft durch den Strafraum, D' verfolgt ihn. E läuft vor C durch, bekommt von diesem den Ball und wirft auf den Korb. C und D' kämpfen um den Rebound, D und E warten ausserhalb des Straframes auf das Zuspiel. Danach wird die Uebung von der anderen Seite durchgeführt.	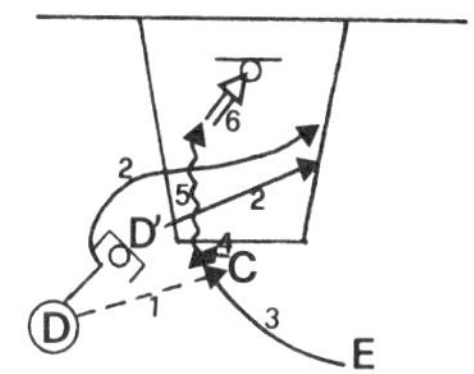
7.	D spielt zu C und läuft durch den Strafraum. E läuft vor C durch zu A', um diesen zu blocken. A läuft sich frei, bekommt von C den Ball zugespielt und wirft auf den Korb. C und A bzw. A' und D' kämpfen um den Rebound (und um die Verteidigungsrolle). E und D sind Anspielstationen nach dem Rebound, um nachher die Uebung von der anderen Seite fortzusetzen.	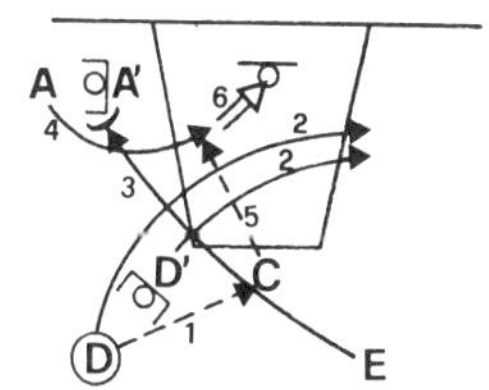
8.	D passt zu C. D und E laufen, um B' bzw. A' zu blocken. Je nachdem wie sich D' verhält, kann C auf den Korb werfen oder zu B bzw. A passen, die sofort auf den Korb werfen. A', B', D' bzw. A, B, C kämpfen um den Rebound. D und E warten auf den Pass. Die Uebung wird nun von der anderen Seite aus (E passt zu C) durchgeführt.	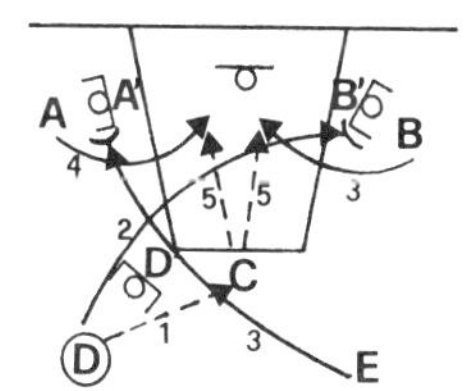

8.2.5 Einführung eines einfachen Angriffssystems gegen eine Raum-Mannverteidigung nach dem Prinzip „give and go“

NR.	BESCHREIBUNG	ORGANISATION
9.	Wie Uebung 8., es wird aber nicht auf den Korb geworfen, sondern dadurch, dass B und A ihre Läufe fortsetzen, erfolgt immer wieder ein Neubeginn. (Dreieck-Passfolge zwischen C, B und A bzw. C, A und B.)	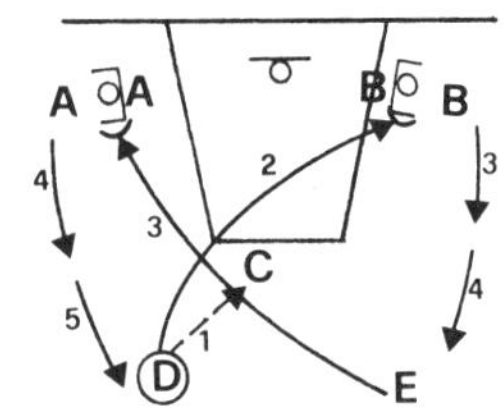
10.	Wie Uebung 9., aber nach dem Zuspiel von C zu A, läuft C zu B, der wiederum in die Postposition läuft und angespielt wird.	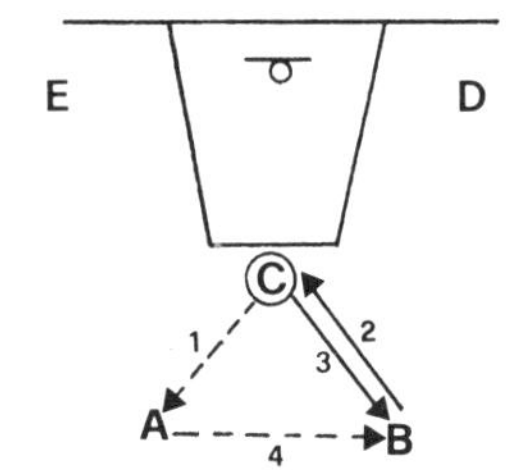
11.	Wie Uebung 8., aber nach dem Zuspiel von C zu A, läuft C zu D', um diesen zu blocken, und D läuft in die Postposition. A passt zu D weiter, die Rotationsläufe werden nun von der anderen Seite fortgesetzt.	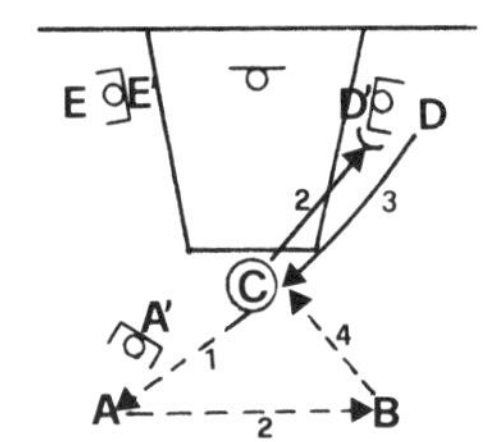

8.2.5 Einführung eines einfachen Angriffssystems gegen eine Raum-Mannverteidigung nach dem Prinzip „give and go“

NR.	BESCHREIBUNG	ORGANISATION
12.	Wie Uebung 11., aber C läuft, nachdem er A angespielt hat, zu E', um diesen zu blocken, E läuft nun in die Postposition.	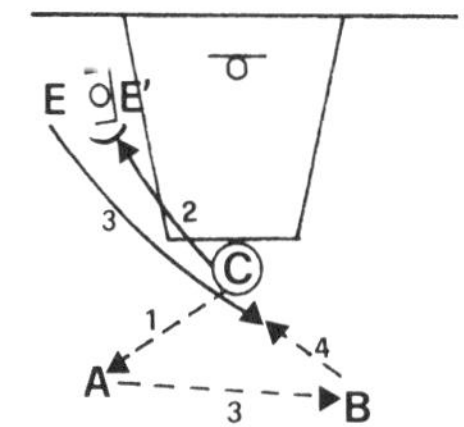
13.	Wie Uebung 9., mit den verschiedenen Variationen (s. Uebungen 10. bis 12.), aber nun aus der Aufbaubewegung. A, B, C, D und E spielen sich den Ball in einem bestimmten Raum zu (I). Auf ein Zeichen hin nehmen sie ihre Positionen um den Strafraum herum ein (II) und beginnen mit den Rotationsläufen.	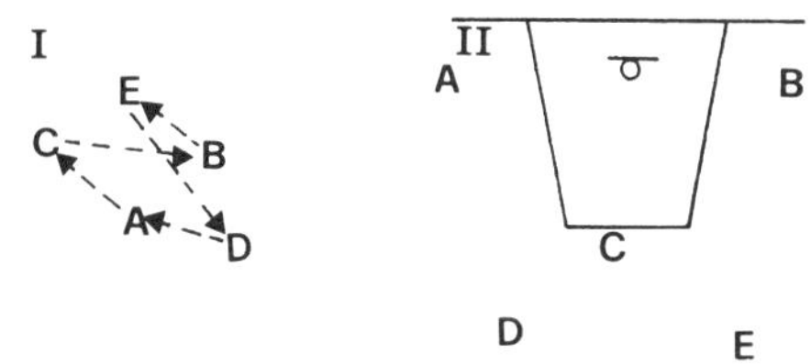
14.	Wie Uebung 13., aber die Verteidiger A', D' und B' stören schon die Aufbauaktionen der fünf Spieler (I). Auf ein bestimmtes Zeichen nehmen die Angreifer und die Verteidiger ihre Positionen ein (II). Auch mit vier Verteidigern erproben.	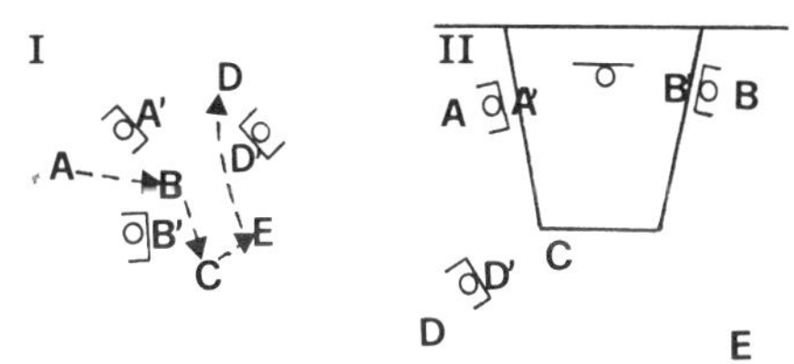

8.2.5 Einführung eines einfachen Angriffssystems gegen eine Raum-Mannverteidigung nach dem Prinzip „give and go“

NR.	BESCHREIBUNG	ORGANISATION
	Kombinationen mit dem Postcenter in der Seitenposition:	
1.	B passt zu C und läuft neben ihm vorbei in Richtung Strafraum. C passt nun zu B, der wirft. C holt den Rebound, passt zu B, der inzwischen auf der anderen Seite des Straframes steht. Dieser führt die Uebung nun von der anderen Seite durch.	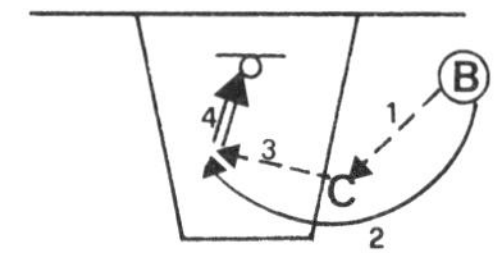
2.	B passt zu C. C täuscht einen Durchbruch vor und zieht dadurch C' mit. B läuft in Richtung Strafraum, bekommt den Ball von C zurückgespielt und wirft. C und C' kämpfen um den Rebound. Wer den Rebound verliert, wird Verteidiger. Die Uebung nun von der anderen Seite aus fortsetzen.	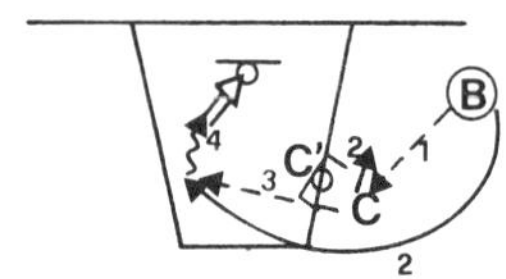
3.	Wie Uebung 2., aber C' verfolgt den durchlaufenden B. Dadurch wird C frei und kann auf den Korb werfen.	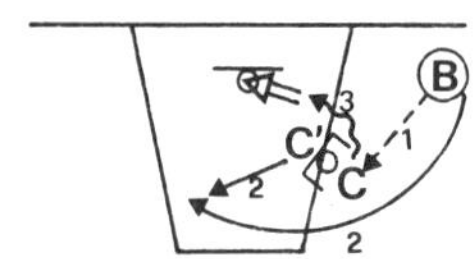
4.	B spielt zu C und läuft neben ihm durch, um D' zu blocken. D läuft aus dem Block heraus, bekommt den Ball von C zugespielt und wirft auf den Korb. C und B bzw. C' und D' kämpfen um den Rebound und damit um die Verteidigerrollen. D stellt sich auf die ursprüngliche Position von B und erhält den Ball zugespielt. Nun spielt er zu C usw., auf beiden Seiten erproben.	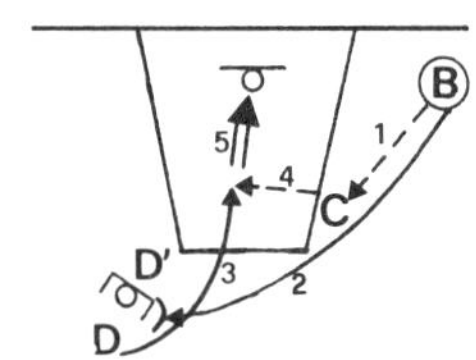

8.2.5 Einführung eines einfachen Angriffssystems gegen eine Raum-Mannverteidigung nach dem Prinzip „give and go“

NR.	BESCHREIBUNG	ORGANISATION
5.	E passt zu C und läuft durch den Strafraum zu A', um ihn zu blocken. A läuft sich frei, bekommt den Ball von C zugespielt und wirft. Wird A von C' gestört, kann C werfen. A und C bzw. A' und C' kämpfen um den Rebound und um die Verteidigerrolle.	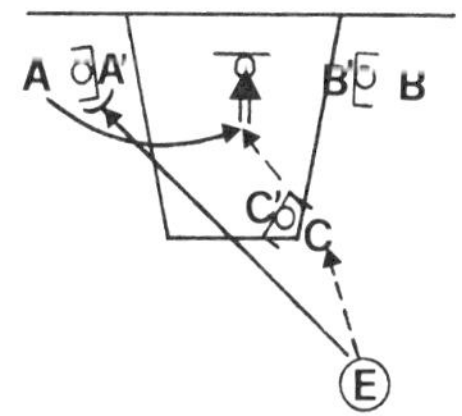
6.	E passt zu C und läuft, um A freizublocken. B läuft an C vorbei in den Strafraum, bekommt von diesem den Ball zugespielt und wirft. B, C und A bzw. A', C' und B' kämpfen um den Rebound und um die Verteidigerrolle. E geht auf die andere Seite hinüber; nun wird die Uebung von da aus durchgeführt.	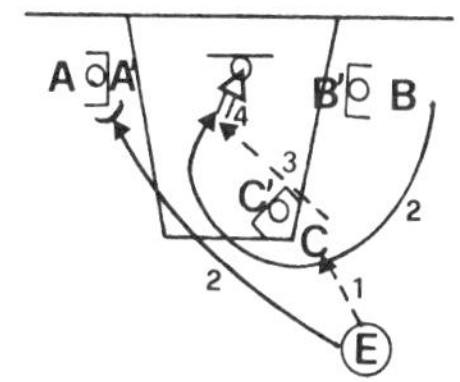
7.	E passt zu C und läuft durch den Strafraum, um A freizublocken. B läuft neben C durch, um D' zu blocken, A und D laufen sich frei. Je nachdem wie C' sich verhält kann C oder bzw. D werfen. A', C' und D' bzw. A, B und C kämpfen um den Rebound. D und E sind Anspielstationen. Die Uebung wird nun von der anderen Seite her durchgeführt.	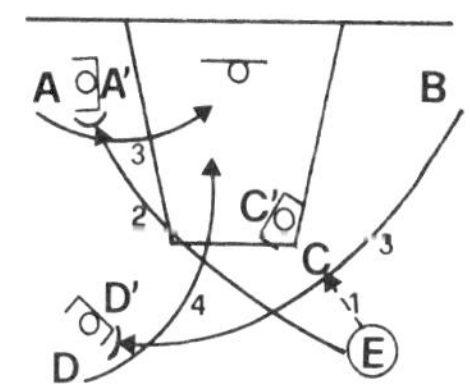
8.	Wie Uebung 7., es wird aber nicht auf den Korb geworfen, sondern es erfolgt immer wieder ein Neubeginn. (Dreieckpassfolge zwischen C, A und D).	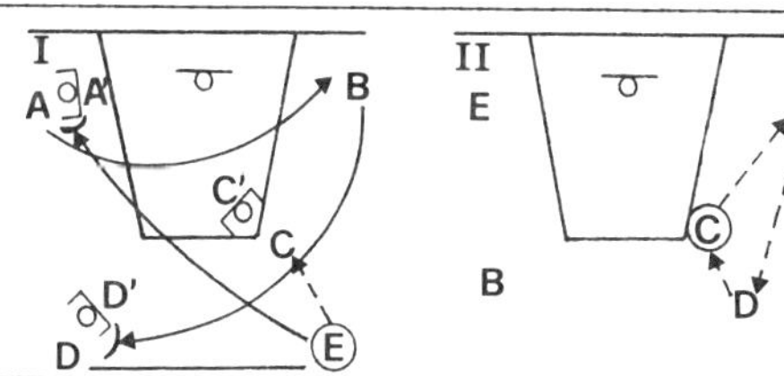

8.2.5 Einführung eines einfachen Angriffssystems gegen eine Raum-Mannverteidigung nach dem Prinzip „give and go“

NR.	BESCHREIBUNG	ORGANISATION
1.	Erproben des Spielsystems gegen eine fiktive, halbaktive und aktive Verteidigung: Spielen mit verschiedenen Variationen gegen eine fiktive Verteidigung. Es werden fünf Malstäbe als Verteidiger aufgestellt. Die Spieler versuchen, ihre Aktivitäten selber aufeinander abzustimmen.	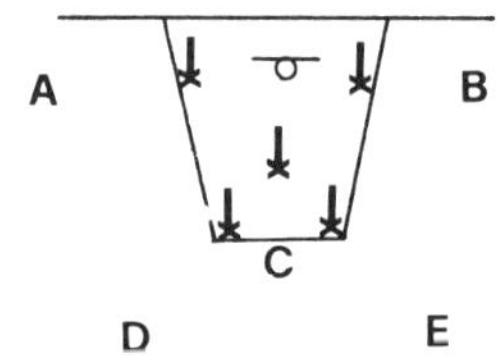
2.	Wie Uebung 1., nur werden die Malstäbe durch Verteidiger ersetzt. Deren Aufgabe ist es, anfänglich nur einen bestimmten Raum zu decken.	
3.	Zwei Mannschaften spielen nebeneinander. Jede hat ihren eigenen Ball. Jede Mannschaft ist bemüht, möglichst viele Kombinationen auszuführen. Dabei stellen sie füreinander eine Art imaginärer Gegner dar.	
4.	Wie Uebung 2., aber die hereinkommenden Verteidiger spielen nun eine Raum-Manndeckung.	
5.	Spiel auf einen Korb: Mannschaft A greift Mannschaft B an. Mannschaft B praktiziert eine Raum-Manndeckung, Mannschaft A spielt das erlernte System.	
6.	Mannschaft A und B spielen unter einem Korb gegeneinander. Mannschaft C spielt (übt) das System gegen eine fiktive Verteidigung. Verliert Mannschaft A den Ball bzw. erzielt sie einen Korb, startet Mannschaft B einen Angriff auf den Korb mit der fiktiven Verteidigung. Mannschaft C greift gleichzeitig Mannschaft A an, die jetzt die Verteidigerrolle übernimmt.	

Kapitel 9

Verschiedene Spielformen aus der Grundidee des Sportspiels Basketball

9.1 Spiel auf einen Korb

In diesem Kapitel werden verschiedene Spielformen zum und aus dem Basketballspiel abgeleitet präsentiert. Diese Spielformen können wertvolle methodische und organisatorische Hilfen beim Spielaufbau bzw. beim Spielbetrieb in der Schule leisten.

Es werden auch einige sogenannte "total verrückte" Spiele bzw. Spielformen dargestellt, die einerseits "den tierischen Ernst" etwas auflockern, andererseits den Schülern und selbstverständlich auch den Lehrern Anhaltspunkte liefern zur Erfindung von anderen eigenen Kreationen.

NR.	BESCHREIBUNG	ORGANISATION
A.	Spiel auf einen Korb Eine Spielform, die vor allem im Vereinstraining sehr oft verwendet wird. In der Schule kann sie sehr gute methodische Hilfe leisten und die Organisation (Intensität) des Spielbetriebes erleichtern. Spielverlauf: Mannschaft A greift Mannschaft B in einer Hälfte des Basketballfeldes an (I). Verliert Mannschaft A den Ball (oder sie haben einen Korb erzielt), wird Mannschaft B zur angreifenden und Mannschaft A zur verteidigenden Mannschaft. Wichtig: Die "neuen Angreifer" dürfen erst dann auf den Korb werfen, wenn der Ball zuerst über eine bestimmte, vorher festgelegte Distanz hinausgespielt oder hinausgedribbelt wurde (z.B. Strafraum etc.) (II). Variationen: - Mit verschiedener Spielerzahl ausführbar, wie: 1 gegen 1, 2 gegen 2, 3 gegen 3, 4 gegen 4, 5 gegen 5. - Mit Regeländerungen, wie: die Mannschaft, die einen Korb erzielt hat, bleibt in Ballbesitz; Dribbling verboten; die 3sec-Regel gilt auch für die Verteidiger.	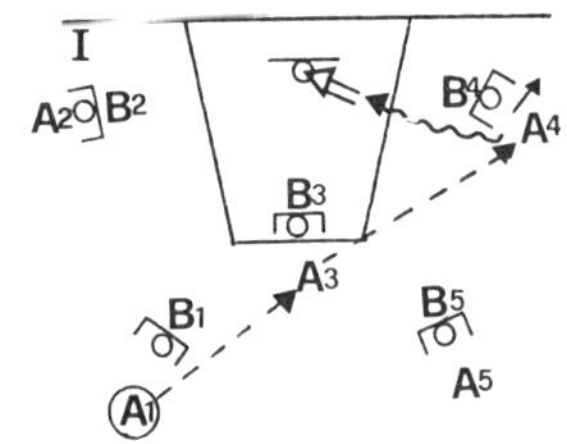 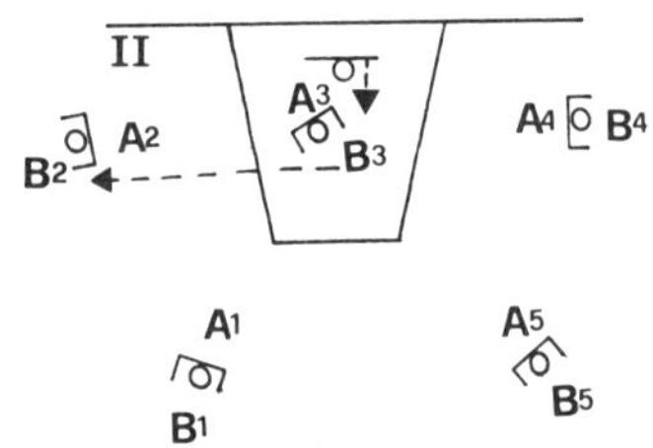

NR.	BESCHREIBUNG	ORGANISATION
1.	Ueberzahlsituation im Spielfeld: Verschiedene Spielerzahlen (2-1, 3-2, 4-3, 5-4), je nach Spieler oder methodischer Konzeption, mehrheitlich beim Spiel auf einen Korb.	3–2 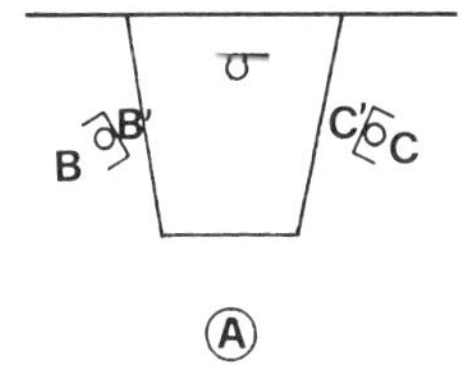
2.	Ueberzahlsituation ausserhalb des Spielfeldes: Ein Spieler oder mehrere Spieler der Angreiferpartei stehen ausserhalb des Spielfeldes und können von den Angreifern im Feld angespielt werden. Diese Spieler dürfen sich mit dem Ball nicht bewegen und auch das Spielfeld nicht betreten. Sie dienen nur als mögliche Anspielstationen (Verteilerpositionen), während auf dem Spielfeld selber die Spielerzahlen ausgeglichen sind. Sie gehören auch nicht einer bestimmten Mannschaft, sondern immer der jeweiligen Angreiferpartei an. Variationen: - Spiel auf einen Korb: 2 gegen 2 + 1 3 gegen 3 + 2 4 gegen 4 + 3. - Spiel auf zwei Körbe: 5 gegen 5 + 3 5 gegen 5 + 4 Hier ist vor allem wichtig, dass sich die neutralen Spieler ausserhalb des Spielfeldes dem jeweiligen Spielgeschehen anpassen.	3–3+2 4–4+3 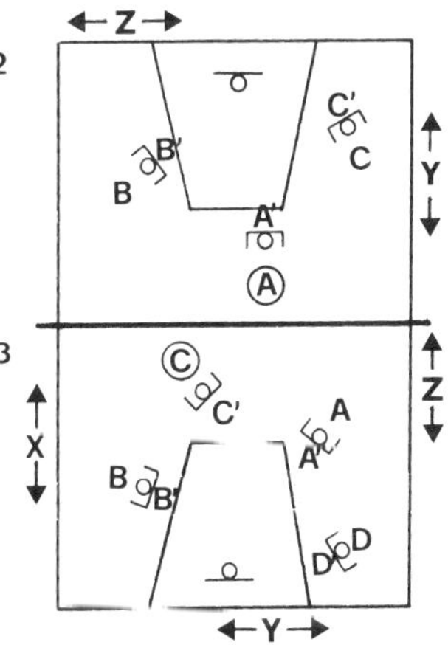

9.3 Spielformen mit Zusatzspielern

NR.	BESCHREIBUNG	ORGANISATION
	Aehnlich wie bei den Ueberzahlspielen spielen drei Zusatzspieler ausserhalb des Spielfeldes mit, nur hat hier jede Mannschaft ihre eigenen zusätzlichen Mitspieler. Diese Spielform erlaubt das "Aufeinander-Abstimmen", das "Aneinander-Gewöhnen", was sich gerade im Basketball, wo den "Reservespielern" eine bedeutende Rolle zukommt, günstig auswirken könnte. Bei dieser Spielform muss natürlich die Bewegungsfreiheit dieser Zusatzspieler (durch Angreifer- und Verteidigerzonen etc.) begrenzt werden. Die Zusatzspieler dürfen sich gegenseitig nicht behindern. Um die Beschäftigungsintensität der Zusatzspieler zu verstärken, können diese gewisse Zusatzaufgaben erfüllen (Liegestütze, Sprungübungen etc.), die evtl. in eine Gesamtwertung miteinbezogen werden könnten. Variationen: - Spiel auf zwei Körbe: 3 gegen 3 + je 3 4 gegen 4 + je 3 5 gegen 5 + je 3 - Spiel auf einen Korb: 3 gegen 3 + je 3 4 gegen 4 + je 3 5 gegen 5 + je 3	4–4+3 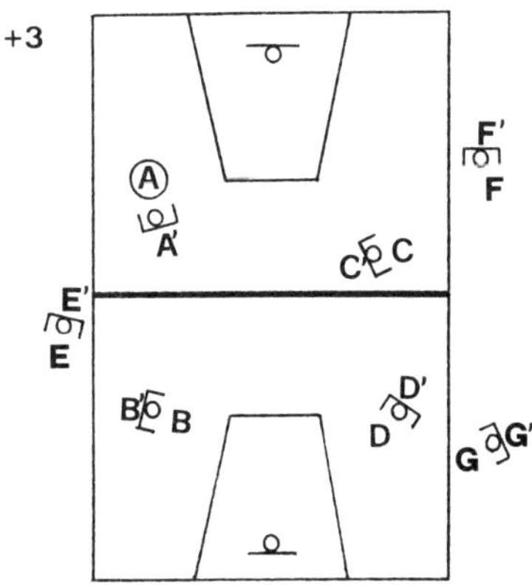

NR.	BESCHREIBUNG	ORGANISATION
	Zwei Mannschaften mit der gleichen Anzahl Spieler spielen gegeneinander. Ein Spieler, der sich entweder an einem bestimmten Punkt des Spielfeldes aufhält oder aber sich frei bewegt, dient beiden Parteien als freie Anspielstation. Dieser Spieler darf von keiner der beiden Mannschaften angegriffen werden - er ist neutral. Selbstverständlich darf er auch nicht auf den Korb werfen und muss den Ball immer der Partei zurückspielen, von der er den Ball zugespielt bekommen hat. Variationen:- Spiel auf einen Korb mit einem Zusatzspieler: 3 gegen 3 + ein freier Verteiler 4 gegen 4 + ein freier Verteiler 5 gegen 5 + ein freier Verteiler - Bleibt der freie Verteiler an einem bestimmten Punkt des Spielfeldes stehen, kann er leichter als passiver (indirekter) Block oder beim Kreuzen eingesetzt werden. - Spiel auf einen Korb mit zwei Zusatzspielern: 3 gegen 3 + zwei freie Verteiler 4 gegen 4 + zwei freie Verteiler 5 gegen 5 + zwei freie Verteiler Hier könnten die freien Verteiler hauptsächlich als Spielgestalter (Rückraumspieler) eingesetzt werden, während die jeweiligen Angreifer versuchen, sich durch Blocken freizulaufen. - Spiel auf zwei Körbe mit einem Zusatzspieler: Der freie Verteiler muss sich immer der jeweiligen Angriffssituation auf dem ganzen Feld anpassen. Er dient aber auch hier nur als Anspielstation und nicht als Werfer, wenngleich er an den verschiedenen Aktivitäten der Angreifer (Dribbling, Freistellen, Blocken etc.) in dieser Spielform stärker mitbeteiligt ist als im Spiel auf einem Korb.	3-3+1 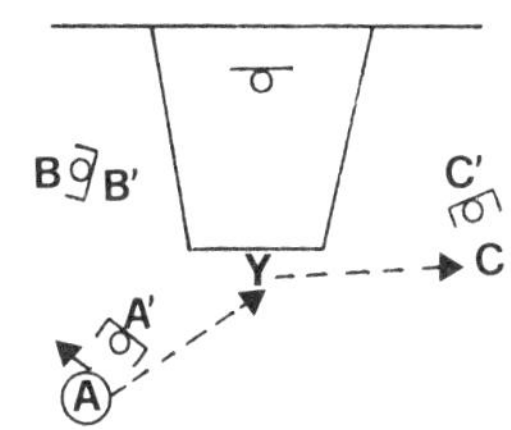 3-3+2 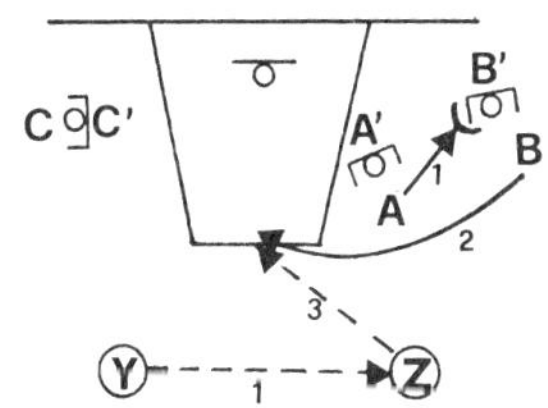 5-5+1 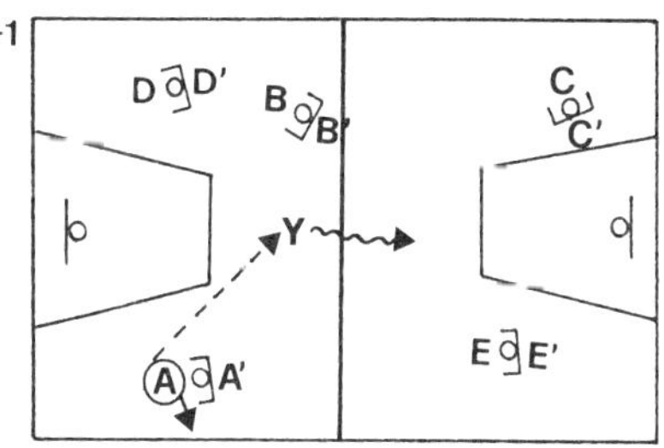

9.5 Basketball mit mehreren Mannschaften

NR.	BESCHREIBUNG	ORGANISATION

Spiel auf einen Korb

Jeweils zwei Mannschaften spielen in einer Hallenhälfte.
Die Spielerzahl kann zwischen 3 und 5 Spielern pro Mannschaft variieren:

Das Wellenspiel: - Mannschaft E verteidigt, Mannschaft A greift an. Mannschaft B, C und D befinden sich im "Warteraum" und lösen nacheinander nach einem bestimmten System Mannschaft A ab.

Beispiele für das Ablösungssystem:
- nach Ballverlust von Mannschaft A;
- nach Korberfolg von Mannschaft A mit beschränkter Anzahl Zuspiele (nach dem vierten Zuspiel - Korbwurf);
- nach einer bestimmten Zeitspanne (z.B. alle 2 Minuten).

Es ist empfehlenswert, je nach Zeitdauer des Ablösens den Mannschaften im Warteraum Zusatzaufgaben (Uebungen für die Sprungkraft oder für die Geschicklichkeit, Uebungen für den Korbwurf, für das Zuspiel etc). zu geben.

Das Wellenspiel kann auch auf zwei Körbe mit jeweils 3 Mannschaften ausgeführt werden. In diesem Fall wird der Warteraum in die Feldmitte verlegt, und die eigentlichen Spielflächen werden etwas verkleinert.

Variation: - Die Verteidigerrollen werden immer gewechselt. B greift A an: Nach Ballverlust (Korberfolg) wird B Verteidiger und wird nun von C angegriffen. Unterdessen geht A als nächster Angreifer in den "Warteraum".

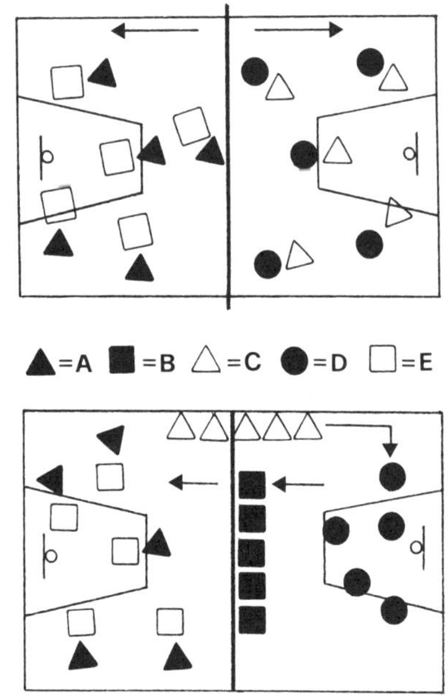

NR.	BESCHREIBUNG	ORGANISATION
	Spiel auf zwei Körbe: Einfaches Ablösespiel mit 3 Mannschaften Mannschaft A verteidigt den einen, Mannschaft B den anderen Korb. Mannschaft C greift Mannschaft A an. Verliert Mannschaft C den Ball oder erzielt einen Korb, greift Mannschaft A Mannschaft B an usw. Immer steht eine Mannschaft unter einem Korb und wartet auf einen Angriff, währenddessen die beiden Mannschaften unter dem anderen Korb spielen. Welche Mannschaft erzielt nach einer bestimmten Zeit die meisten Körbe? Variationen: - Beschränkung der Angriffszeit; - Beschränkung der Anzahl Zuspiele zum Korbwurf; - Beschränkung der Dribblingsdauer.	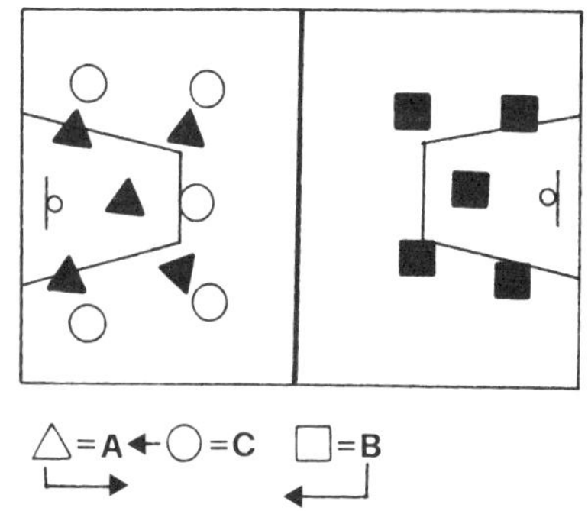
	Stafetten-Basketball mit 4 Mannschaften Es spielen vier 3er- oder 5er-Mannschaften. Rot im Warteraum hinter Korb A, Blau hinter Korb B: Beide Mannschaften mit einem Ball um bei einem Wechsel sofort angreifen zu können. Weiss ist 3- oder 6mal nacheinander Verteidiger und verlässt daher in dieser Zeit den Platz nicht. Spielverlauf: Grün greift den Korb B an, Weiss verteidigt. Verlieren die Grünen den Ball durch Foul oder Outball oder erzielen sie einen Korb, so gehen sie sofort in den Warteraum unter Korb B, und Blau startet mit dem eigenen Ball einen schnellen Gegenangriff gegen den Korb A. Weiss ist gezwungen, sich blitzschnell umzustellen und verteidigt jetzt den Korb A. Verliert nun Blau den Ball, so findet der Wechsel entsprechend zwischen Blau und Rot statt. Die austretende Mannschaft nimmt den verlorenen Ball mit. Das Spiel ist beendet, wenn jede Mannschaft 3- oder 6mal hintereinander verteidigt hat. Wer hat die meisten Körbe erzielt?	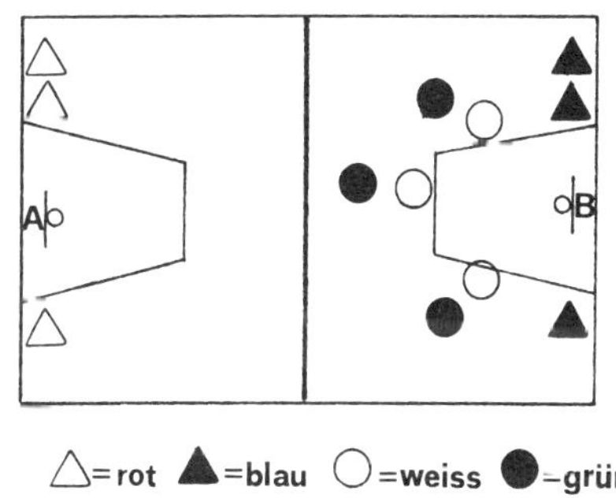

9.6 Basketball mit verschiedenen Zielobjekten

NR.	BESCHREIBUNG	ORGANISATION
	Spielformen mit Korbersatz	
1.	Wandball mit Zielwürfen: Halle in Querfelder teilen. An den Wänden bringt man mit Klebestreifen Wurfziele an. Ziel ist es, (mit dem Ball) mittels Korbwurfbewegung (wichtig!) die Zielmarkierung zu treffen.	
2.	Kastenball: Halle in Querfelder geteilt. Kasten werden ohne den obersten Teil vor der Wand aufgestellt. Ziel ist es, den Ball mit Korwurfbewegung in den Kasten zu werfen. Würfe via Wand sind erlaubt. Stellt man den Kasten oder einzelne Kastenteile auf einen Barren, kann das Wurfziel in der Höhe beliebig verstellt werden.	
3.	Reifenbasketball: An den Schaukelringen werden 3 Reifen befestigt, die als Korbersatz dienen. Dadurch könen 3 Spielfelder erstellt werden, auf denen je 2 Mannschaften gegeneinander auf "einen Korb" spielen.	
	Variation: - Bei diesen Spielformen kann durch Zusatzziele (einen oder mehrere Reifen am Boden, 3 bis 4 m vom Korbersatz entfernt ausgelegt) eine gewisse Massierung des Spiels unter "dem Korb" vermieden werden. Legt ein Spieler den Ball in einen Reifen, erzielt er einen Punkt; trifft er den Korbersatz, werden ihm zwei Punkte gutgeschrieben.	

NR.	BESCHREIBUNG	ORGANISATION
4.	Spielformen mit Korb und Zusatzzielobjekt Spiel auf drei Körbe Mannschaft A verteidigt 3 Körbe; Mannschaft B versucht, durch geschickte Spielverlagerung einen Korberfolg zu erzielen.	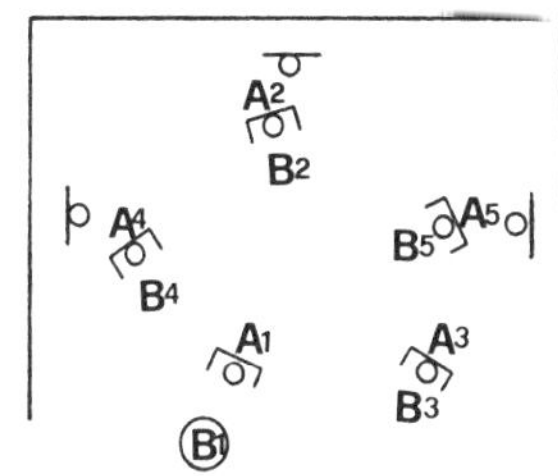
5.	Spiel auf sechs Körbe Der gleiche Grundgedanke, aber auf das ganze Spielfeld ausgedehnt. Hier könnten evtl. mehr als nur 5 Spieler pro Mannschaft spielen. Es ist möglich, die Körbe an der Hallenlängsseite durch einen Korbersatz zu ersetzen.	
6.	Spiel auf zwei Körbe mit Zusatzzielobjekt Zusätzlich zu den Basketballkörben werden noch Reifen im Spielfeld ausgelegt oder Korbballständer aufgestellt. Ziel ist es, entweder den Korb (2 Punkte) oder das Zusatzzielobjekt (1 Punkt) zu treffen. Im Falle eines Korbballständers als Zusatzziel zählt ein Treffer ebenfalls zwei Punkte. Diese Art des Basketballspiels ist selbstverständlich auch beim Spiel auf einen Korb möglich.	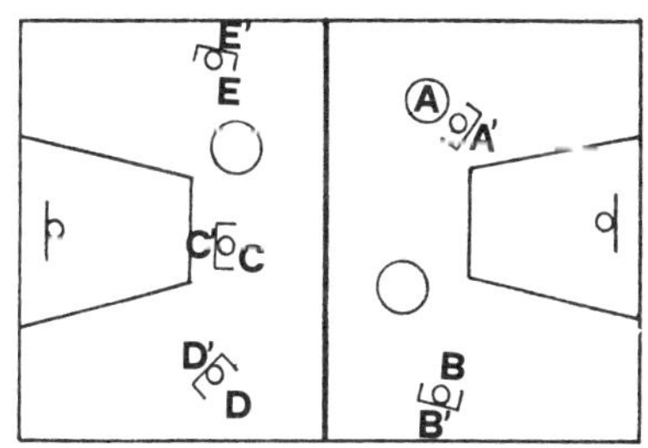

9.7 Basketball mit Zusatzregeln

NR.	BESCHREIBUNG	ORGANISATION
	Je nach taktischem oder methodischem Vorhaben kann die Handlungsfreiheit des Einzelnen bzw. der Mannschaft noch zusätzlich beschränkt und erschwert werden. Diese Erschwerung darf aber nie zum Selbstzweck werden und soll dem Könnensstand der Schüler bzw. der realen Spielsituation angepasst werden. Beispiele für Zusatzregeln: - Zeitlimite für den Angriff: Innerhalb von 1 bis 2 Minuten muss ein Korbwurf erfolgen. - Zuspielbeschränkung: Nach dem 4. bis 6. Zuspiel muss auf den Korb geworfen werden; evtl. in Verbindung mit Dribblingseinschränkung. - Zuspielausdehnung: Erst wenn alle Angreifer im gegnerischen Spielfeld den Ball einmal berührt haben, darf geworfen werden. Erst nach zweimaligem Zu- und Rückspiel zum und vom Center wird auf den Korb geworfen. - Dribblingsbeschränkung: Dribbling in der eigenen Spielfeldhälfte ist verboten. Dribbling ist auf dem ganzen Spielfeld verboten. Auf dem ganzen Spielfeld ist nur dreimaliges Dribbling erlaubt. Nur ein freistehender (nicht behinderter) darf prellen. Nur zum Durchbruch auf den Korb ist Dribbling erlaubt.	

NR.	BESCHREIBUNG	ORGANISATION
1.	<u>Spiel auf einen Korb</u> Verschiedene Mannschaften à 2 bis 5 Spieler spielen mit ihren eigenen Bällen auf einen Korb. Jede Mannschaft spielt für sich und stellt zwangsläufig für die andere Mannschaft eine Art von imaginärem Gegner dar. Nach Korberfolg (oder Misserfolg) muss der Ball über eine bestimmte Distanz hinausgedribbelt oder -gespielt werden. Die 3sec-Regel ist gültig. Eine ausgezeichnete Form zur Schulung des peripheren Sehvermögens und zur Erprobung des wirklichkeitsnahen Spielgeschehens ohne direkte Bedrohung. Auch als Wettkampf auf Zeit ausführbar.	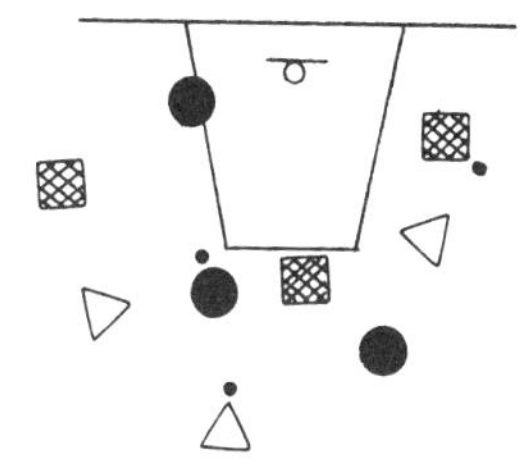
2.	<u>Basketball auf einen Korb: nebeneinander - gegeneinander</u> Hier hat zwar auch jede Gruppe (à 2 bis 5 Spieler) ihren eigenen Ball, sie haben aber eine zweifache Aufgabe zu lösen: 1. Sie sollen mit dem eigenen Ball einen Treffer erzielen und gleichzeitig 2. die Gruppe an einem Korberfolg hindern. In bestimmten Situationen kann eine Gruppe durch diese Doppelfunktion im Besitz von zwei Bällen sein und muss ihren Angriff nun mit beiden Bällen gestalten. Gleichzeitig hat sie sich auch gegen die andere Gruppe zu verteidigen.	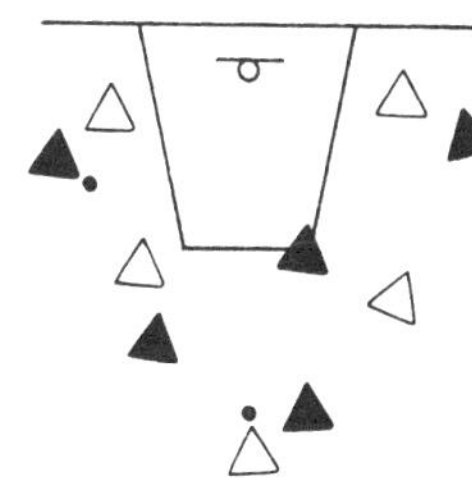
3.	<u>Spiel auf zwei Körbe</u> Zwei Mannschaften (A und B) starten gleichzeitig einen Angriff auf den gegenüber angebrachten Korb. Nach einem Korbwurf (nur ein Wurf ist erlaubt) starten sie sofort in die Gegenrichtung. Korbwürfe sind nur dann erlaubt, wenn alle Spieler einer Mannschaft eine bestimmte Linie (z.B. Mittellinie) passiert haben. Ziel dieser Spielform ist es, die Uebersicht und das Antizipationsvermögen unter spielähnlichen Bedingungen (Hektik, imaginären Gegner) zu schulen. Mögliche Mannschafts- und Spielerzahlen: 3 mit 3 mit 3 mit 3; 4 mit 4 mit 4; 5 mit 5.	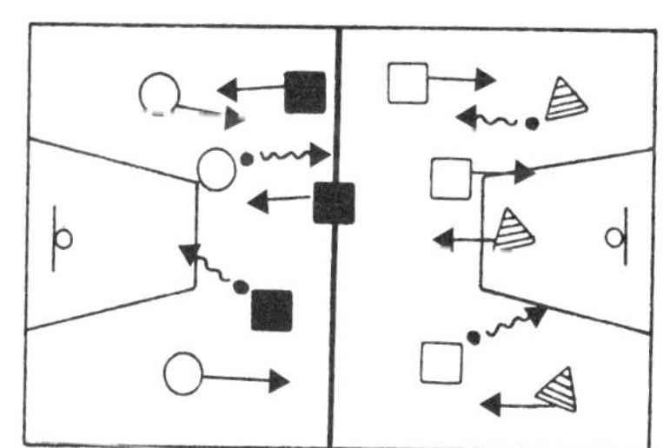 3 mit 3 mit 3 mit 3

9.9 Basketball „total verrückt“

NR.	BESCHREIBUNG	ORGANISATION
1.	Rollschuh-Basketball Gespielt wird nach den Basketballregeln oder nach vereinfachten bzw. selbsterstellten Regeln. Die Spieler bewegen sich auf Rollschuhen. (Beachte die speziellen Probleme wie z.B. stoppen, die verschiedenen Würfe aus dem Sprung etc.)	
2.	Basketball auf allen vieren Das Fortbewegen mit und ohne Ball geschieht auf allen Vieren oder im Liegestütz rücklings. Geworfen wird aus dem Sitz oder aus dem Kniestand. Es ist empfehlenswert, auf einen Korbersatz (siehe Kasten-Basketball) zu spielen. Um die Intensität zu erhöhen, sollte man statt auf dem ganzen Feld zu spielen die Halle in Querfelder einteilen, wobei jeder Mannschaft nur 3 bis 4 Spieler angehören.	
3.	Hucke-pack-Basketball Man sitzt auf den Schultern des Partners. Der Träger ist für das Dribbling, der Getragene für das Zuspielen und Werfen verantwortlich. Man kann mit je 6 Spielerpaaren pro Mannschaft auf dem ganzen Feld oder aber mit 3 Spielerpaaren auf einen Korb bzw. auf Querfeldern mit und ohne Korbersatz spielen. Spielzeit und einen eventuellen Rollenwechsel je nach Konstitution der Spieler flexibel handhaben.	

<table>
<tr><th>NR.</th><th>BESCHREIBUNG</th><th>ORGANISATION</th></tr>
<tr><td>4.</td><td><u>Zwillingsbasketball</u>

Zwei Spieler werden, Rücken an Rücken, mit einem Seil oder mit einem Fahrradschlauch zusammengebunden. Jeder muss sich zwangsläufig der Bewegung des Partners anpassen (laufen, stoppen etc.).
Die Paare können sich den Ball untereinander immer wieder übergeben (z.B. Dribbling!). Diese Tatsache kann vor allem beim Sternschritt, bei der Wurf- und Zuspieltäuschung überraschende und lustige Situationen hervorrufen. Das Laufen mit dem Ball ist nicht erlaubt.
Man spielt mit ca. 4 bis 6 Spielerpaaren auf dem ganzen Feld.
Beim Spiel auf einen Korb oder auf einem kleinen Feld empfiehlt es sich, mit 2 bis 3 Spielerpaaren zu spielen.

<u>Variation:</u> - Die Partner werden an den Beinen miteinander verbunden (rechtes Bein des einen, linkes Bein des anderen).</td><td></td></tr>
<tr><td>5.</td><td><u>Basketball "verkehrt"</u>

Basketball auf einen Korb oder auf zwei Körbe spielen, wobei für Dribbling, Wurf und teilweise für das Zuspiel nur die "schwächere" Hand verwendet werden darf.

<u>Variation:</u> - nur bestimmte Spieler einer Mannschaft haben diese Erschwerung;
- eine Mannschaft spielt mit der "schwächeren" Hand, die andere spielt "normal";
- die Erschwerung gilt nur in einer bestimmten Zone (z.B. Angriffsfeld).</td><td></td></tr>
</table>

Kapitel 10

Spezielle Beispiele für die Unterrichts- und Trainingsgestaltung

10.1 Schulung der Wurfsicherheit aus mittlerer Distanz

In diesem Kapitel werden ausgewählte Beispiele, die vor allem in den übrigen Kapiteln nicht oder nicht in dieser Ausführlichkeit behandelt wurden, aufgezeigt.
Die Schulung der Wurfsicherheit, hauptsächlich für die Trainingsgestaltung, will mit verschiedenen Uebungs- und Spielformen spielimmanente Trainingsformen für die Gestaltung des Wurftrainings aufzeigen.
In einem weiterem Abschnitt werden Uebungen und Programme für die spezielle Konditionsarbeit im Basketballspiel dargestellt.
Spezielle Beispiele für das Einlaufen mit basketballspezifischen Uebungsformen ergänzen die beiden vorhergegangenen Abschnitte, die allesamt im wesentlichen für das Vereinstraining (Schulsport) konzipiert worden sind.
In den beiden letzten Teilen dieses Kapitels wird hauptsächlich der Schulunterricht angesprochen. Der Basketball-Lehrgang für Anfänger soll eine Möglichkeit für ein neues Vorgehen in der Vermittlung zeigen.
Unter dem Titel "Vom Bekannten zum Unbekannten" wird ein Beispiel gegeben, wie man prozessorientiert in der Vermittlung vorgehen könnte, um ein Produkt, nämlich das Erlernen des Basketballspiels, zu erreichen.

A. Schulung der Wurfsicherheit aus mittlerer Distanz

Wurfsicherheit bedeutet, dass der Spieler in den verschiedensten Phasen eines Spiels unter erschwerten Bedingungen (Müdigkeit, Gegner, Emotionen etc.) mit der grösstmöglichen Sicherheit auf den Korb werfen kann.
Wenn wir im Training auf das Wettspiel vorbereiten wollen, ist es ausserordentlich wichtig, dass man dem Wettspiel adäquate Situationen erstellt und unter diesen (künstlichen) Bedingungen das Wurftraining gestaltet.
Im folgenden Beispiel wird versucht, Uebungsformen für das Wurftraining unter erschwerten Bedingungen aufzuzeigen. Die verschiedenen Formen versuchen, die Situationen des Spieles zu simulieren, um dadurch ein spielgerechtes Wurftraining durchführen zu können. Um die Bedingungen dem realen Spielverlauf noch besser anzupassen, empfiehlt es sich, bei den einzelnen Uebungsformen im allgemeinen noch die folgenden organisatorischen und konditionellen Faktoren zu berücksichtigen.

1. Vielerorts fehlt es an entsprechenden Einrichtungen und an Material, was sehr oft ein intensives Wurftraining mit mehreren Spielern erschwert.
2. Obwohl die einzelnen Uebungsformen durchwegs mit zusätzlichen Aufgaben neben dem eigentlichen Wurf aufgezeigt werden, entsprechen diese nicht den tatsächlichen konditionellen Anforderungen, die einen Spieler während des Spieles effektiv beeinflussen.

NR.	BESCHREIBUNG	ORGANISATION
	Vorschlag für die Ausführung bzw. Gestaltung der nachfolgenden Uebungselemente 2 bis 4 Gruppen führen unter den Körben bestimmte Uebungen für das Wurftraining aus. 2 bis 4 Gruppen erledigen in der Zwischenzeit spezielle konditionelle Arbeit mit und ohne Ball. Nach einer bestimmten Zeit (Intervall) wechseln sich die einzelnen Gruppen ab. Beispiel I: - Der Wechsel erfolgt in der Pfeilrichtung nach folgendem Intervall-System: An jeder Station 5 Min. üben, zwei Durchgänge, total ca. 40 Min.	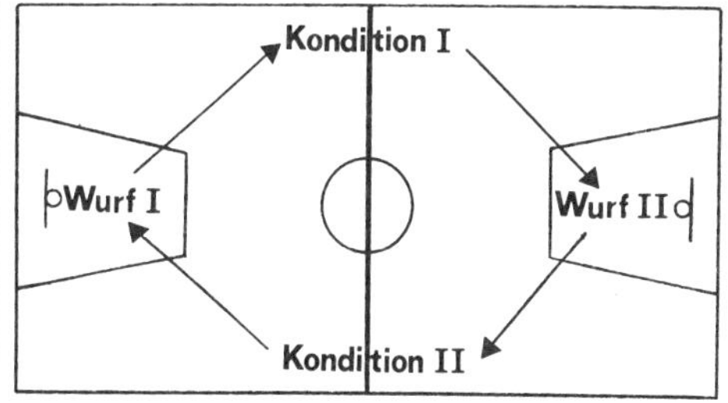
	Beispiel II: - Der Wechsel erfolgt in der Pfeilrichtung; eine Gruppe beim Wurftraining, die andere bei der konditionellen Arbeit. Intervalle: An jeder Station 5 Min. üben, vier Durchgänge, total ca. 40 Min.	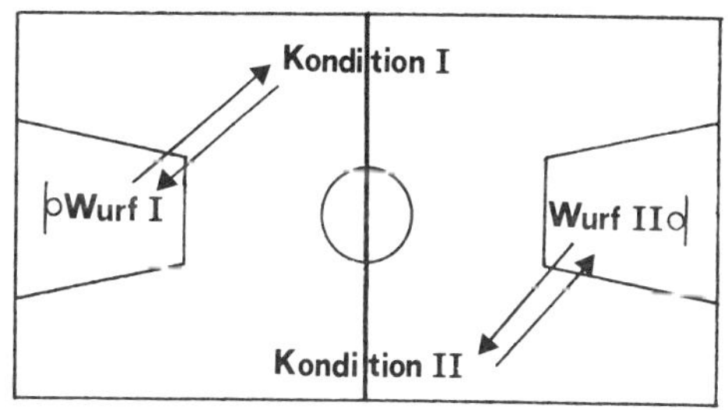

10.1 Schulung der Wurfsicherheit aus mittlerer Distanz

NR.	BESCHREIBUNG	ORGANISATION
1.	A und B und C stehen je mit einem Ball vor den Reifen (Malstäben) und werfen mit Sprungwurf auf den Korb, holen ihren eigenen Rebound, prellen wieder zu ihren Reifen zurück und werfen (ca. 20x hintereinander).	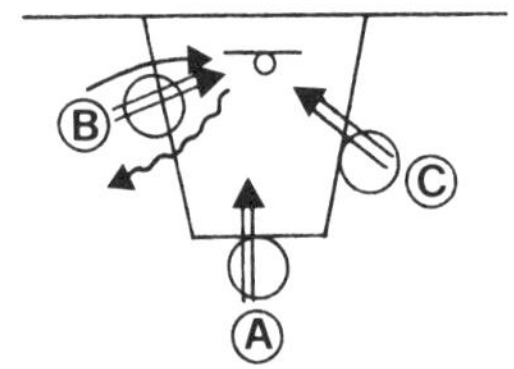
2.	Wie Uebung 1., aber die Plätze werden nach jedem Rebound gewechselt (z.B. A auf Position von B, B auf Position von C, C auf Position von A).	
3.	Statt Reifen stehen Hindernisse, wie Kasten, in einen Barren gestellte Weichsprungmatte, zwischen Werfer und Korb. Wiederholung der Uebungen 1. und 2.	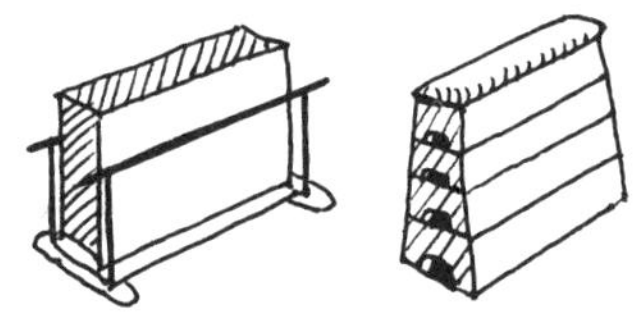
4.	A steht vor einem Reifen, A' unter dem Korb. A wirft auf den Korb, A' sichert den Rebound und spielt sofort zu A hinaus. B, B' und C, C' führen zeitversetzt die gleiche Uebung aus.	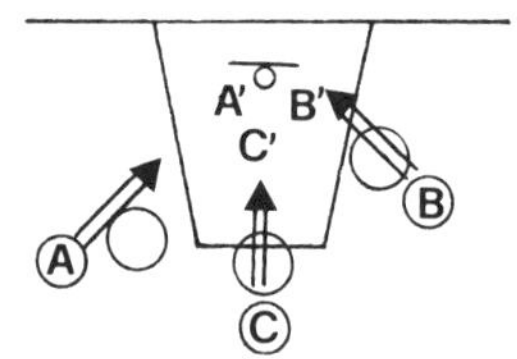
5.	Die Uebung 4. ist auch mit zwei Bällen pro Spielerpaar ausführbar (Intensität). Allerdings sollen dann nicht mehr als zwei Spielerpaare pro Korb üben.	

NR.	BESCHREIBUNG	ORGANISATION
6.	Wie Uebung 4., aber während A' den Rebound sichert, läuft A zu einer zusätzlichen Markierung und wieder zurück zum Reifen und erhält von A' den Ball zugespielt. B und C verfahren ebenso.	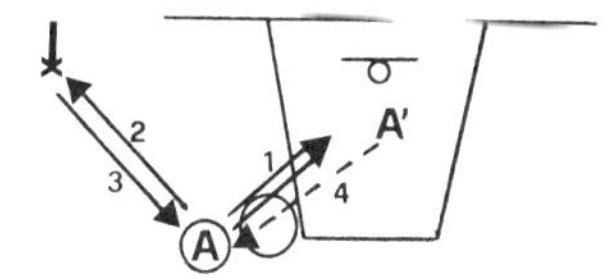
7.	A wirft einen Ball auf den Korb, der zweite Ball liegt neben ihm auf dem Boden. Nach dem Wurf nimmt er den zweiten Ball auf, prellt zu der zusätzlichen Markierung hinaus und wieder zurück und wirft. A' holt den ersten Ball, legt diesen neben den Reifen und läuft zum Korb, um den zweiten Ball zu holen. Anfänglich nur zwei Spielerpaare pro Korb üben lassen.	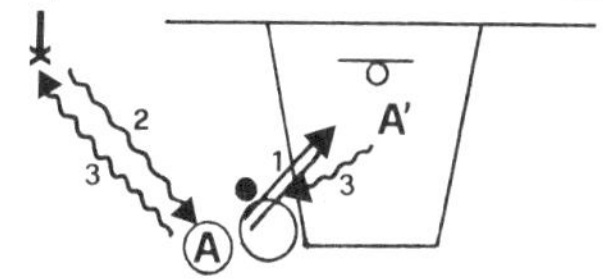
8.	A und B haben je einen Ball, A' steht unter dem Korb. A wirft seinen Ball auf den Korb, B spielt seinen Ball zu A, nachdem A mit dem eigenen Ball geworfen hat, A' holt den ersten Rebound und spielt zu B. Nur zwei 3er-Gruppen pro Korb.	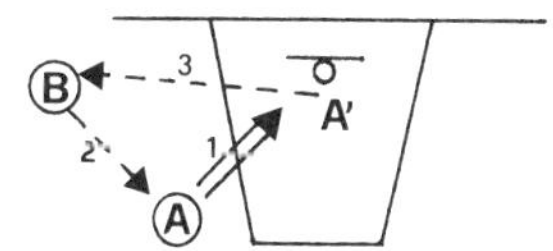
9.	Anfangs gleiche Situation wie bei Uebung 8.: A wirft auf den Korb, B prellt mit dem Ball zur Wurfmarkierung, A läuft an die Stelle von B und erhält von A' den ersten Rebound zugespielt. Nun wirft B auf den Korb usw.	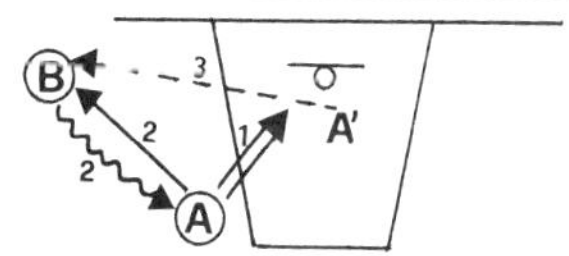

10.1 Schulung der Wurfsicherheit aus mittlerer Distanz

NR.	BESCHREIBUNG	ORGANISATION
10.	A und B haben je einen Ball, A' steht unter dem Korb. A wirft auf den Korb, B dribbelt an die Stelle von A. A' läuft an die Stelle von B. A holt seinen eigenen Rebound und spielt den Ball zu A' weiter. Nun wirft B auf den Korb usw.	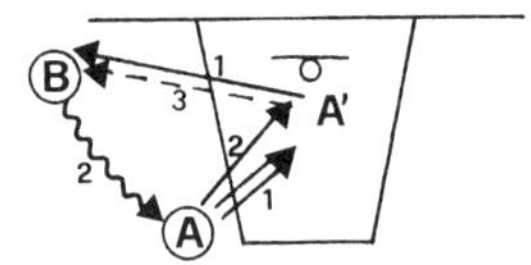
11.	A und B passen sich einen Ball zu. B' versucht, den jeweiligen Ballbesitzer zu stören. Der Spieler, der den Ball noch ungestört von B' bekommt, wirft sofort, A' holt den Rebound und spielt den Ball zu A oder B hinaus.	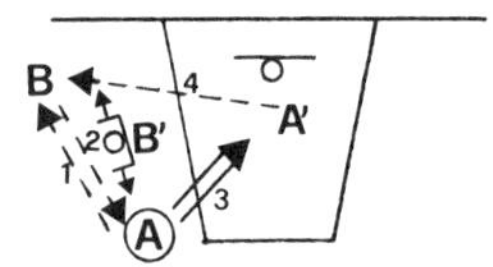
12.	Spiel 2 gegen 1: A und B spielen sich den Ball untereinander zu und versuchen, von bestimmten Markierung aus ungestört auf den Korb zu werfen. B' versucht, die beiden zu stören. Hat z.B. A auf den Korb geworfen, so bricht B zur Reboundsicherung zum Korb durch und spielt den Ball aus dem Strafraum zu A hinaus. B' wird Angreifer, B Verteidiger. Je zwei Gruppen pro Korb.	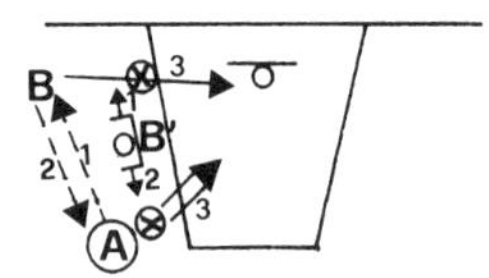
13.	Spiel 3 gegen 3 auf einen Korb: Am Boden sind spezielle Markierungen (Kreide etc.) angebracht. Die Körbe, die von diesen Markierungen aus erzielt werden, zählen doppelt. Beispiel für die Markierungsstellen: Siehe Zeichnung.	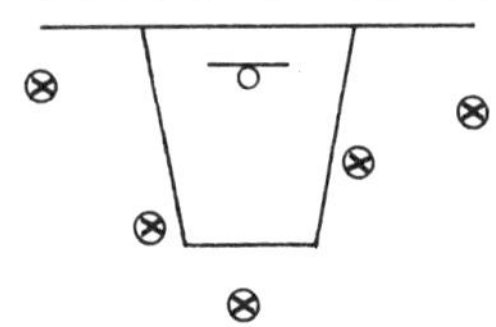

10.2 Beispiele für das Einlaufen, Einstimmen, Vorbereiten mit basketballspezifischen Übungsformen

Das Einlaufen, das Vorbereiten fristet bei den Spielern des Öfteren ein Mauerblümchendasein. Dabei ist es ein wichtiger, unerlässlicher Teil jeder Unterrichts- bzw. Trainingseinheit.
Die hier folgende Uebungssammlung soll spezifische Formen aufzeigen, die einerseits den physiologischen Bedingungen einer sportlichen Tätigkeit Rechnung tragen und andererseits als spezifische Vorbereitung für das Basketballspiel dienen.
Es sei hier noch ausdrücklich darauf verwiesen, dass die folgenden Uebungen erst nach einer allgemeinen Auflockerung (Aufwärmen) erfolgen sollten.

Diese Einlaufsformen werden wie folgt eingeteilt:

- Einlaufen mit Ball
- Einlaufen ohne Ball
- Einlaufen mit Hilfsgeräten
- Einlaufen mit dem Ball und Hilfsgeräten.

Für weitere Formen und Anregungen siehe auch Kapitel 1. und 2.

NR.	BESCHREIBUNG	ORGANISATION
	Einlaufen mit Ball	
1.	Prellen an Ort im Stehen, im Kniestand, in der Hocke (abwechselnd links und rechts).	
2.	Prellen im Stand, zwischendurch absitzen, abliegen und wieder aufstehen (abwechselnd links und rechts).	
3.	Prellen an Ort in einer grossen Grätschstellung. Schwerpunkt abwechselnd nach links und nach rechts verlagern, dementsprechend den Ball links oder rechts prellen.	
4.	Prellen an Ort in einer Grätschstellung zwischen den Beinen durch (Achterprellen) bzw. in der Vorschrittstellung (zwischen den Beinen durch und um den Körper herum).	

10.2 Beispiele für das Einlaufen, Einstimmen, Vorbereiten mit basketballspezifischen Übungsformen

NR.	BESCHREIBUNG	ORGANISATION
5.	Prellen in der Fortbewegung: Im Gehen, im leichten Trab, mit Nachstellschritthüpfen, mit Hopserhüpfen, mit tiefem und hohem bzw. langsamem und schnellem Dribbling (abwechselnd links und rechts).	
6.	Freies Prellen in der Halle mit verschiedenen Dribblingstäuschungen.	
7.	Freies Dribbling in der Halle. Zuspiel mit und ohne Zweierrhythmus an die Wand, Ballannahme und Fortsetzung des Dribblings.	
8.	Wie Uebung 7., aber nach der Ballannahme Sternschritte ausführen und erst danach das Dribbling fortsetzen.	
9.	Freies Dribbling in der Halle und verschiedene Wurfarten gegen die Wand erproben. Wichtig: den zurückprellenden Ball möglichst hoch in die Luft aufspringend annehmen (Rebound - Effekt!).	
10.	Wie Uebung 9., aber während des Dribblings verschiedene Dribblingstäuschungen einschalten und nach der Ballannahme Sternschritte ausführen.	
11.	Wie Uebung 10., aber vor oder während des Wurfes verschiedene Täuschungselemente einflechten.	

10.2 Beispiele für das Einlaufen, Einstimmen, Vorbereiten mit basketballspezifischen Übungsformen

NR.	BESCHREIBUNG	ORGANISATION
	Einlaufen ohne Ball	
1-14	Freies Laufen in der Halle: - mit schnellen Richtungsänderungen; - mit Stoppen in der Vorschritt- bzw. Parallelstellung; - mit Stoppen und Aufspringen (Nachahmung des Sprungwurfes); - mit Stoppen und Aufspringen (Nachahmung der Rebound-Bewegung); - mit Stoppen und Aufspringen (Rebound) und nach der Landung kurzer Sprint (ca. 5m) nach vorne; - mit Stoppen und Aufspringen (Sprungwurf) und nach der Landung schnelles Zurückweichen (ca. 5m) mit Gleitschritten in der Verteidigungsstellung; - mit Stoppen, Sternschritt und Aufspringen (Sprungwurf-Bewegung); - mit Stoppen, Sternschritt und kurzer Sprint (ca. 5m) nach vorne; - mit Stoppen, Sternschritt und schnelles Zurückweichen (ca. 5m) mit Gleitschritten in der Verteidigungsstellung; - mit Nachstellschritthüpfen vorwärts, rückwärts und seitwärts; - mit Zurückweichen in die Verteidigungsstellung (Gleitschritte) mit und ohne Wechsel der Verteidigungsstellung; - mit Zurückweichen in die Verteidigungsstellung und kurzer Sprint (ca. 3 bis 5m) nach vorne in schnellem Wechsel; - mit Aufspringen an Ort und halbe bzw. ganze Drehung in der Luft; - mit langsamem und schnellem Laufen im Wechsel (auch vor- und rückwärts.	
15.	Langsames Traben in der Halle ca. 5 bis 10 Min. lang. Diese leichte Laufbewegung wird durch die Ausführung der Uebungen 1 bis 14 (oder nur eines Teils davon) unterbrochen. Diese können frei nach Vorstellung der Spieler oder nach einem bestimmten Kommando des Leiters ausgeführt werden (Reaktion und Konzentration!).	

10.2 Beispiele für das Einlaufen, Einstimmen, Vorbereiten mit basketballspezifischen Übungsformen

NR.	BESCHREIBUNG	ORGANISATION
	Einlaufen mit Hilfsgeräten	
1.	Slalom-Laufen zwischen Malstäben, Reifen, Medizinbällen.	
2.	Zick-zack-Lauf mittels Nachstellschritten zwischen zwei Langbänken.	
3.	Statt Langbänken nimmt man Malstäbe oder Reifen bzw. Medizinbälle und stellt sie in einer "Gasse" in einem Abstand von ca. 3m auf. Zick-zack-Lauf von Malstab zu Malstab und jeweils vor den Malstäben in der breiten Parallelstellung stoppen.	
4.	Ein Spieler steht mit dem Rücken zum Reifen. Mit Gleitschritten seitwärts "umkreist" er zuerst rechts, nachher links herum (auf Kommando ständig Richtungswechsel) den Reifen.	
5.	Wie Uebung 4., der Spieler soll aber während der "Umkreisung" (frei oder auf Kommando) kurz vorpreschen ("hinausbrechen") und dann wieder zum Reifen zurückgleiten.	
6.	Die Uebung 5., kann man dadurch erschweren, dass im Umkreis des Reifens Medizinbälle hingelegt werden (vorzugsweise in unterschiedlichen Abständen voneinander). Nun muss der Spieler immer wieder zu den Medizinbällen "hinausbrechen", sie mit der Hand berühren und wieder schnell zum Reifen zurückgleiten.	
7.	Ein Spieler steht mit dem Rücken zum Reifen. Links und rechts vor ihm stehen zwei Malstäbe (oder Medizinbälle) in der Entfernung von ca. 3 bis 5m. Schnelles "Hinausbrechen" und Zurückweichen zwischen dem Reifen und den Malstäben (Medizinbällen).	

NR.	BESCHREIBUNG	ORGANISATION
8.	Ein Spieler steht mit dem Rücken zum Reifen, der ca.5 bis 6m von den heruntergelassenen Ringen entfernt liegt. Schnelles Hinauslaufen zu den Ringen. Hochspringen, Ringe berühren und schnell wieder zum Reifen zurückweichen.	
9.	Ein Spieler bewegt sich mit Gleitschritten zwischen zwei Medizinbällen (Abstand ca. 5m) und berührt sie mit der linken bzw. rechten Hand. Auf Kommando (oder frei) läuft er zu den Ringen (ca. 3 bis 5m entfernt) springt hoch und berührt die Ringe. Danach setzt er die Uebung zwischen den Medizinbällen fort.	
10.	Ein Spieler steht im Abstand von ca. 1/2m mit dem Rücken zu den Ringen, springt hoch, dreht sich in der Luft und berührt die Ringe.	
11.	Wie Uebung 10., aber nun weicht er von einem Malstab (Abstand zu den Ringen ca. 5m) zu den Ringen zurück. Nach der Landung dreht er sich um und sprintet zum Malstab. Stoppen und zurückweichen zu den Ringen.	
12.	Zwei Malstäbe sind von den Ringen seitlich links und rechts in einem Abstand von ca. 5 bis 8m aufgestellt. Der Spieler steht vor den Ringen, springt hoch, berührt sie und läuft nach links zu einem Malstab hinaus. Zurücklaufen zu den Ringen, aufspringen und Lauf nach rechts zum anderen Malstab.	
13.	Lauf zu den Ringen. Stoppen und Sternschritte ausführen (halbe bzw. ganze Drehung). Aufspringen, die Sprungwurf-Bewegung ausführen (Wurfhand berührt den Ring), landen und zu einem bestimmten Punkt hinauslaufen, umkehren und wieder zu den Ringen starten.	
14.	Ein Spieler steht vor dem ersten Ringpaar. Er springt hoch, berührt die Ringe etc. Beim letzten Ringpaar angelangt, führt er nun die Uebung auf die andere Seite aus. Diese Uebung können mehrere Schüler nacheinander ausführen.	

10.2 Beispiele für das Einlaufen, Einstimmen, Vorbereiten mit basketballspezifischen Übungsformen

NR.	BESCHREIBUNG	ORGANISATION
	Einlaufen mit Ball und mit Hilfsgeräten	
1.	Slalom-Dribbling zwischen Malstäben, Medizinbällen oder Reifen (Handwechsel).	
2.	Zwischen zwei Reifen (Abstand ca. 5 bis 8m) seitwärts gleitend hin- und herdribbeln (Handwechsel).	
3.	Zwischen zwei Reifen (Abstand ca. 5 bis 8m) vor- und rückwärts prellen.	
4.	In einer "Gasse" (Langbänke, Malstäbe, Medizinbälle etc.) im "Zickzack" vorwärts prellen; Handwechsel.	
5.	Mit dem Rücken zu einem grösseren Kreis stehend, um diesen Kreis links bzw. rechts herum prellen.	
6.	Wie Uebung 5., aber nun sind Medizinbälle in verschiedenen Abständen vom Kreis ausgelegt. Es gilt, zwischendurch zu diesen Medizinbällen hinauszuprellen und sie mit der freien Hand zu berühren.	
7.	Vor einem Reifen stehen und den Ball im Reifen prellen. Um den Reifen herumlaufen, wobei der Ball immer in der Reifenmitte geprellt wird (Richtungs- und Handwechsel).	
8.	Mehrere Reifen in der Halle verteilt. Im Wechsel langsames und schnelles Prellen von Reifen zu Reifen.	
9.	Wie Uebung 8., aber vor den Reifen eine Dribblingstäuschung ausführen.	

NR.	BESCHREIBUNG	ORGANISATION
10.	Freies Prellen in der Halle aus dem Dribbling. Aus dem Sprung, nach Stoppen und Sternschritt, Zuspiel an die Wand. Den Ball aufnehmen und das Dribbling fortsetzen.	
11.	Zu der Sprossenwand prellen; ca. 3 bis 4 m davor stoppen, Sternschritte und Sprungwurf ausführen. Ziel ist es, den Ball an die oberste Sprosse zu werfen. Den zurückprellenden Ball fangen und das Dribbling fortsetzen.	
12.	Ein Reifen liegt ca. 10m von der Wand entfernt. Ein Spieler steht mit dem Rücken zu diesem, Blick zur Wand. Dribbling vorwärts und Kegelzuspiel an die Wand. Den zurückprellenden Ball aufnehmen und bis zum Reifen rückwärtsprellend zurückweichen. (Auch mit anderen Zuspiel- bzw. Wurfarten ausprobieren.)	
13.	Zwischen zwei Reifen mit Gleitschritten seitwärts hin- und herprellen. Auf Kommando (oder frei) zu einem bestimmten Punkt vor der Wand (ca. 3 bis 5m Entfernung) vorprellen und Sprungwurf an die Wand ausführen. Den zurückprellenden Ball im Sprung aufnehmen und mittels Dribbling zu den Reifen zurückweichen und die Uebung fortsetzen.	
14.	Ein Reifen liegt ca. 8m vor der Wand entfernt. Ein Spieler prellt den Ball in Richtung Wand, stoppt vor der Wand (ca. 3 m entfernt), dreht mit Hilfe des Sternschrittes seinen Rücken zur Wand, springt hoch und führt einen Sprungwurf aus der Drehung aus. Er fängt den Ball wieder und weicht mit Rückwärtsprellen zum Reifen zurück.	
15.	Fortgesetztes Dribbling von Wand zu Wand; bei der Wand jeweils Sprungwurf oder Korbleger an die Wand ausführen. Auch mit Sternschritt, Wurf- und Dribblingstäuschungen.	

10.3 Übungsformen für die spezielle Konditionsarbeit beim Basketball

In jeder Sportart, in jeder Sportdisziplin ist neben einer allgemeinen Kondition auch eine sportdisziplinimmanente spezielle Kondition erforderlich.

Basketball stellt die höchsten Anforderungen in bezug auf Ausdauer, Sprungkraft, Schnelligkeit, Beweglichkeit und Konzentrationsfähigkeit eines Spielers. Typisch für das Basketball ist, dass der Spieler, während er sozusagen ständig in Bewegung ist, einem hohen und steten Wechsel der Belastungsintensität ausgesetzt ist. Er muss u.a. seine Schnellkraft/Schnelligkeit, Sprungkraft, Beweglichkeit und Konzentrationsfähigkeit (z.B Wurfsicherheit) auch unter grosser und vor allem unter längerer Belastung erbringen können.

Darum muss ein Basketballspieler nach der Entwicklung der allgemeinen konditionellen Faktoren diese mit spezieller, spielimmanenter konditioneller Arbeit festigen und weiterentwickeln.
Neben diesen Tatsachen muss hier auf Folgendes eindrücklich hingewiesen werden:
Technische und taktische Fertigkeiten, die nicht unter hoher Ausdauerbelastung trainiert bzw. geübt und gefestigt wurden, sind für die Gestaltung des Spiels auf höherer Wettkampfebene praktisch ohne Wert.

Nachfolgend werden hier, diesen Prinzipien folgend, Beispiele für die spezielle Konditionsarbeit mit einfachen Mitteln gegeben.

NR.	BESCHREIBUNG	ORGANISATION
	Beispiele für die allgemeine konditionelle Arbeit (Grundkondition) SPRUNGKRAFT	
1.	Grundkraft (Beidbeinige Sprünge) Ein Hindernisparcours wird erstellt. Abstand der Hindernisse 1 bis 1,5 m, Höhe der Hindernisse zwischen 80 und 110 cm, je nach Konstitution der Spieler; Anzahl Hindernisse: 6 bis 10. Mit beidbeinigem Absprung direkt (ohne Zwischenhalt) über die Hindernisse springen. Auf dem Rückweg ruhiges Gehen. 5 bis 10 Wiederholungen.	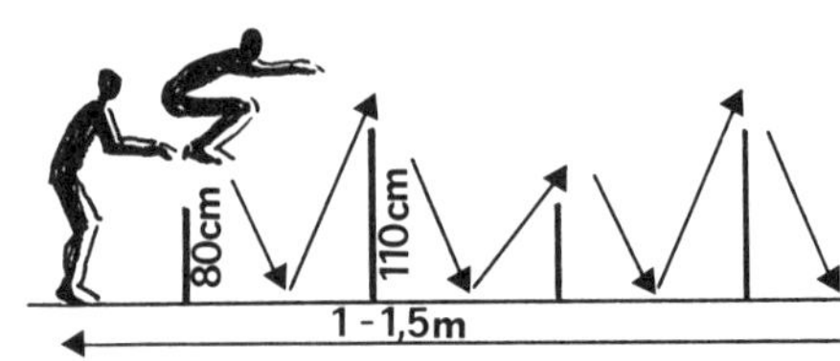

NR.	BESCHREIBUNG		ORGANISATION
2.	Aus der tiefen Hocke hochspringen, das hochgestellte Ringpaar berühren und landen in der tiefen Hocke. 5 bis 6 Serien mit 6 bis 10 Wiederholungen, Zwischenpause: ca. 30 sec. Variationen: - Das Zielobjekt kann das Brett, der Korb, die Sprossenwand usw. sein. - Das Hochspringen kann aus Sitz, Liegen auf Bauch oder Rücken erfolgen. Während des Sprunges kann eine halbe bzw. ganze Drehung um die Körperachse erfolgen. Zwischen zwei Sprünge können Seitwärtsschritte zwischen Malstäben, die berührt werden müssen, Rollen auf dem Boden (sw., vw., rw.) ausgeführt werden.		
3.	Froschhüpfen mit Medizinball; 5 bis 10x durch die Halle. Auf dem Rückweg langsames Gehen. Variationen: - "Hin- und herspringen" zu dritt, zu viert. - Dito mit Druckwurf nach drei, vier beidbeinigen Sprüngen mit dem Medizinball.		
	SCHNELLKRAFT		
1.	Ein Hindernisparcours wird erstellt; Abstand der Hindernisse: 2 bis 3 m. Höhe der Hindernisse: zwischen 60 und 80 cm. Anzahl der Hindernisse: 6 bis 10. Beidbeinige oder einbeinige Sprünge. Mit Hocksprüngen das Hindernis überspringen, danach 2x leicht hüpfen und wieder über das Hindernis springen. 8 bis 12 Wiederholungen. Auf dem Rückweg ruhiges Gehen.		

10.3 Übungsformen für die spezielle Konditionsarbeit beim Basketball

NR.	BESCHREIBUNG	ORGANISATION
2.	Ueber ein Hindernis (Höhe ca 40 bis 60 cm) seitwärts 10 bis 20x hin- und herspringen. Zwischenpause: ca. 20 sec; Wiederholungen: 6 bis 10x.	
3.	Hochhüpfen mit Medizinball: 5 bis 12x eine Hallenhälfte; auf dem Rückweg langsames Traben.	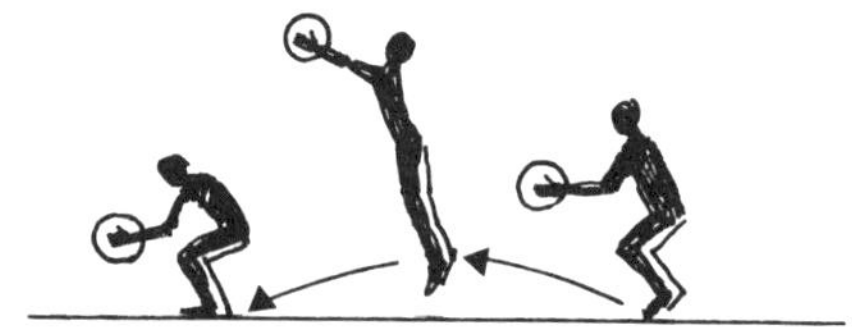
4.	Wechselsprünge: Schrittlänge x Zeit; der Halle entlang. Die Spieler sollen mit möglichst langen Sprungschritten, möglichst schnell die Halle durchqueren.	
5.	Hopserhüpfen: Höhe und Schnelligkeit, der Halle entlang. Die Spieler sollen mit möglichst hohen Sprüngen (abwechselnd rechts und links) möglichst schnell die Halle durchqueren.	

NR.	BESCHREIBUNG	ORGANISATION
	KRAFTAUSDAUER	
1.	Ein Hindernisparcours wird erstellt: Abstand der Hindernisse: 2 bis 3 m. Höhe der Hindernisse : zwischen 40 und 60 cm. Anzahl der Hindernisse : 6 bis 10. Nach leichtem Zwischenhüpfen die Hindernisse beidbeinig überspringen. Auf dem Rückweg langsames Traben. 10 bis 15 Wiederholungen.	
2.	Leichtes Seilspringen an Ort im Wechsel mit Sprints über 20 bis 30m. Beispiel: - 20x springen an Ort, sprinten über 20 m, anschliessend wieder springen an Ort. 10 bis 20 Wiederholungen. Jeweils 5 bis 10 Serien mit Zwischenpausen von ca. 30 sec durchzuführen.	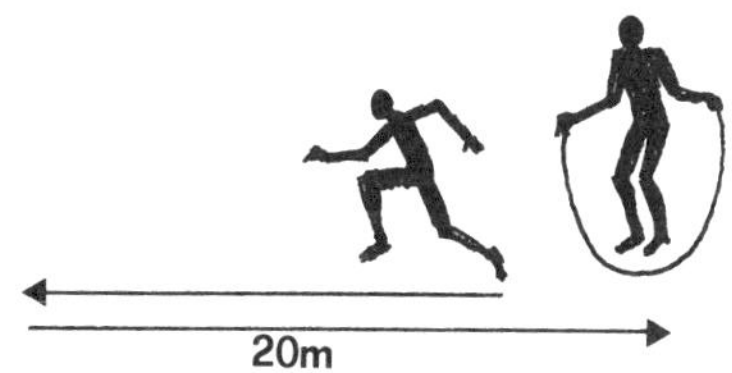
3.	Kraftausdauer für den Oberkörper: Zu zweit: Wurf eines Balles gegen die Wand und fangen im Sprung.	

10.3 Übungsformen für die spezielle Konditionsarbeit beim Basketball

NR.	BESCHREIBUNG	ORGANISATION
	SCHNELLIGKEIT	
1.	Aus der Bauchlage Sprint bis zur Hallenhälfte. Auf dem Rückweg langsames Gehen. 3 bis 5 Serien mit 6 bis 10 Wiederholungen; Zwischenpause: ca. 1 Min. Variationen: - aus der Rückenlage; - aus dem Sitz.	
2.	Vier Bälle/Reifen/Malstäbe sind von dem in der Mitte stehenden Spieler jeweils 4 bis 5m entfernt aufgestellt. Sprint zu den einzelnen Markierungen und zwischendurch immer zur Mitte zurücklaufen. Anschliessend 20 sec Pause. 5 bis 10 Serien mit 6 bis 10 Wiederholungen.	
3.	Schnelles beidbeiniges Seilhüpfen an Ort zwischen 30 und 50x. Als Zwischenpause: ca. 20 sec langsames Traben. Wiederholungen: zwischen 5 und 10x.	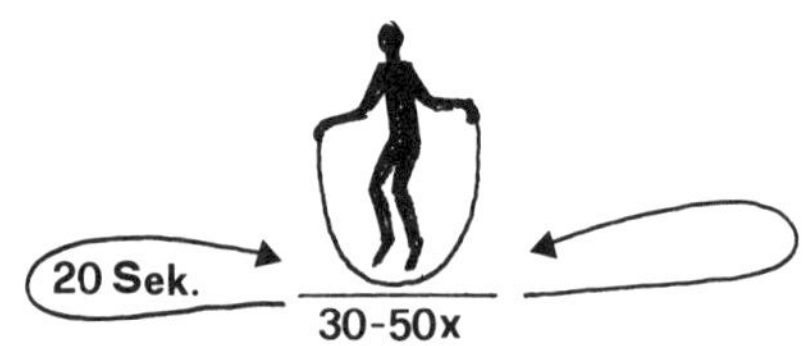
4.	Den Ball aus dem Sprung "halb-volley" an die Wand spielen, zwischen 30 und 50x. Als Zwischenpause: ca. 20 sec leichtes Dribbling. 5 bis 10 Wiederholungen.	

NR.	BESCHREIBUNG	ORGANISATION
	AUSDAUER/SCHNELLIGKEITSAUSDAUER	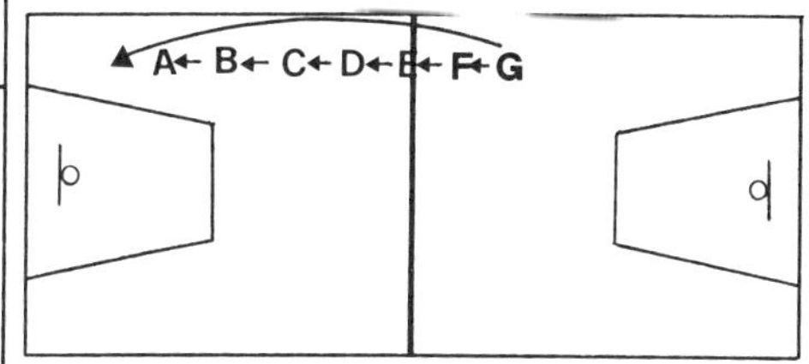
1.	Mittelzeitausdauer nach dem Intervall-Prinzip 6-Tage-Rennen. In einer Kolonne um das Spielfeld herum traben. Der hinterste versucht, mit schnellem Zwischensprint (mit oder ohne Kommando) die Kolonne zu überholen. 4x5 Min. ca. 20 sec Zwischenpause.	
2.	Leichtes Traben entlang der Hallenlängsseite, Sprint quer durch die Halle 10 bis 20x. 4 bis 10 Wiederholugen. Zwischenpause: ca. 30 sec.	
3.	Zick-Zack-Sprint in der Halle. Sprint von der einen zur anderen Seite der Halle (s. Markierung) und nachher wieder auf die andere Seite marschieren, 5 bis 10x. 4 bis 8 Serien mit je 2 Min. Zwischenpause.	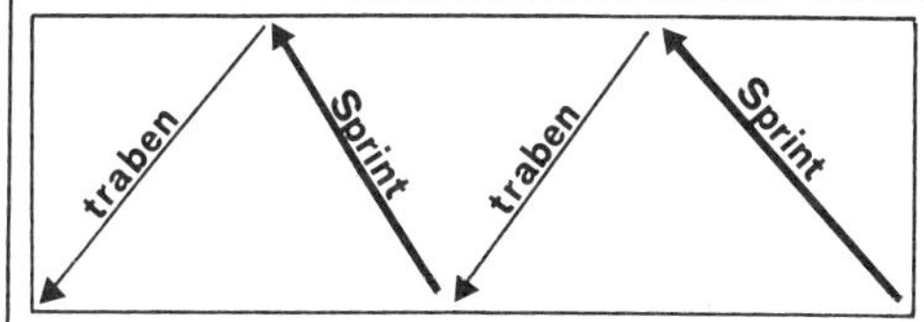
4.	Hin- und Rücksprint in der Halle. Kurze Sprints bis zur Hallenhälfte, kombinieren mit längeren Sprints durch die ganze Halle und mit kurzen Pausen nach einigen Sprints.	
5.	Seitwärts-Sprint, Rückwärts-Sprint, Nachstellschritt-Sprint.	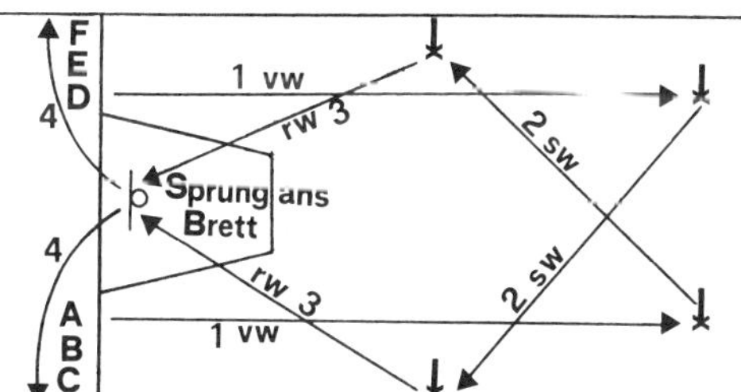

10.4 Übungen und Übungsprogramme für die spezielle Konditionsarbeit

NR.	BESCHREIBUNG	ORGANISATION
	Uebungsprogramm OHNE BALL	
I.	Schwerpunkt: Sprungkraft, Schnelligkeit, Ausdauer, Schnelligkeitsausdauer. Stationen : 1. Sprint zwischen zwei Malstäben (hin und her). 2. Imitierter Korbleger (Ring- oder Brettberührung) aus dem schnellem Hüpfen seitwärts (Nachstellschritthüpfen) und aus dem Lauf auf den Korb. 3. Schnelles "Gleiten" seitwärts in der Verteidigungsstellung zwischen zwei Medizinbällen mit Berühren des jeweiligen Medizinballes. 4. Fortgesetztes Hochspringen aus dem Stand und Berühren der Ring-Paare. 5. Kombiniertes Zurückweichen, Stoppen, Starten vorwärts und rückwärts zwischen zwei Malstäben. 6. Auf dem Hinweg Laufsprünge von Matte zu Matte, auf dem Rückweg zurücklaufen. 7. Schnelles "Gleiten" seitwärts im Zick-Zack von einem Reifen zum anderen (hin und her, beachte die "Gleitwege"). 8. Mit dem Gesicht zur Sprossenwand zugewandt: Nachstellschritthüpfen seitwärts. Bei jeder zweiten Sprosseneinheit hochspringen und die oberste Sprosse berühren. Auf dem Rückweg leichtes Traben.	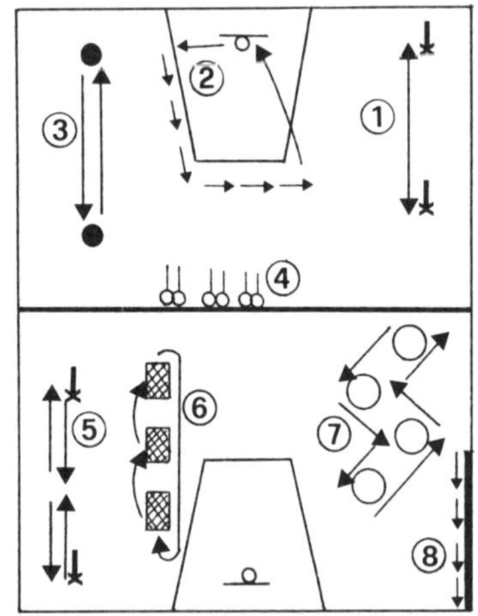
	Ausführung : An jeder Station wird ca. 30 sec lang geübt. Die Zwischenpause besteht aus leichtem Traben, Laufen frei in der Halle. 2 bis 3 Schüler pro Station. Zeitdauer: Je nach Fähigkeit der Teilnehmer 1x8 Min.: 30 sec üben, 30 sec traben; 2 bis 4x8 Min.: 30 sec üben 30 sec traben. 1 Min. totale Entspannung als Serienpause.	

NR.	BESCHREIBUNG	ORGANISATION
	Uebungsprogramme MIT BALL	
I.	Schwerpunkt: Möglichst alle konditionellen Faktoren unter Einbezug des Balles ansprechen. Stationen : 1. Slalom-Dribbling um die Malstäbe. Dribbelnd zurücklaufen. 2. Schwebesitz: Mit den Beinen ständig eine Scherbewegung ausführen. Den Ball in einer Acht unter den scherenden Beinen aus einer Hand in die andere durchreichen. 3. Den Ball ein- oder beidhändig im Sprung immer wieder ans Brett "tippen". 4. Schnelles, kräftiges Druckwurf-Zuspiel an die Wand. 5. Zwischen zwei Hochsprungständern ist eine Zauberschnur (Seil etc.) auf dem höchsten Punkt gespannt. Der Spieler steht mit dem Ball ca. 2m seitlich von der Zauberschnur. Mit Hakenzuspiel versucht er, den Ball jeweils auf die andere Seite zu werfen und den Ball selber wieder in der Luft aufzufangen. (Evtl. mit Schaukelringen statt Zauberschnur.) 6. Kauersitz: Den Ball zwischen den beiden Knien festhalten. Fortgesetztes Rückenschaukeln zum Kauerstand und kurzes Dribbling im Kauerstand. 7. In Grätschstellung den Ball zwischen den Beinen halten. Eine Hand hält ihn von vorne, die andere von hinten. Schneller Griffwechsel mit abwechselndem Vorwärtsschreiten mit einem Bein, ohne dass der Ball zu Boden fällt. 8. Mit einer beidhändigen Dunking-Bewegung den Ball auf die oberste Sprosse legen und im nächsten Sprung wieder holen (fortgesetzt).	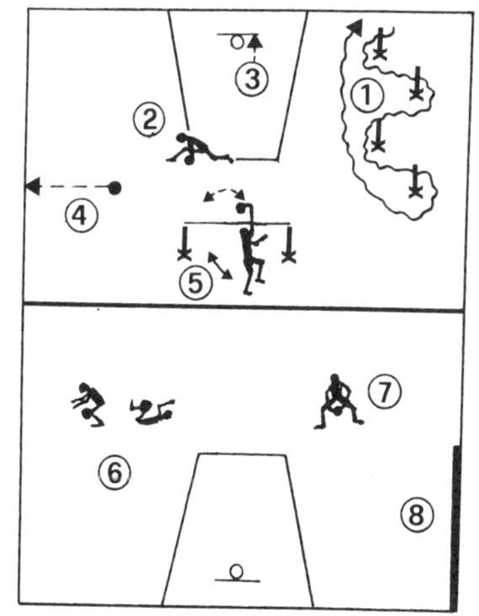
	Ausführung: An jeder Station wird ca. 30 sec lang geübt. Die Zwischenpause besteht aus Dribbling im Trab bzw. im leichten Lauf frei in der Halle. Zeitdauer: Je nach Fähigkeit der Teilnehmer. 1x8 Min.: 30 sec üben, 30 sec dribbeln; 2 bis 4x8 Min.: 30 sec üben, 30 sec dribbeln.	

NR.	BESCHREIBUNG	ORGANISATION
II.	Schwerpunkt: Geschicklichkeit, Gelenkigkeit sowie Kraft, Kraftausdauer Schnellkraft für Rumpf, Arme, Schulter (und bedingt für die Beinmuskulatur). Stationen : 1. Rolle vorwärts zum Langsitz, Rolle rückwärts durch den "flüchtigen Handstand" zum Kauerstand (fortgesetzt). 2. Wechsel-Hürdensitz. Durch Abstossen mit den Händen zum Grätschstand von einem in den anderen Hürdensitz wechseln. 3. Kernwurf mit Medizinball an die Wand. 4. Medizinball zwischen den beiden Sprunggelenken halten. Zwischen zwei Malstäben auf dem Hinweg hüpfen (Medizinball nicht verlieren) und auf dem Rückweg den Medizinball aufnehmen und zurücklaufen. 5. Ringe bis ca. 60cm über dem Boden herunterlassen. Mit den Händen die Ringe fassen. Liegestütz im Grätschstand. Achtung: den ganzen Körper durchstrecken! 6. "Break-Pass" (einhändiger Druckwurf) mit dem Medizinball an die Wand. 7. Den Medizinball mit den Händen in einer Achterbewegung zwischen den gegrätschten Beinen hin- und hergeben. 8. Langsitz mit dem Rücken an der Sprossenwand. Hände fassen auf Kopfhöhe eine Sprosse. Hochschnellen in die erweiterte Brückenlage und langsames Rücksenken in den Langsitz (fortgesetzt).	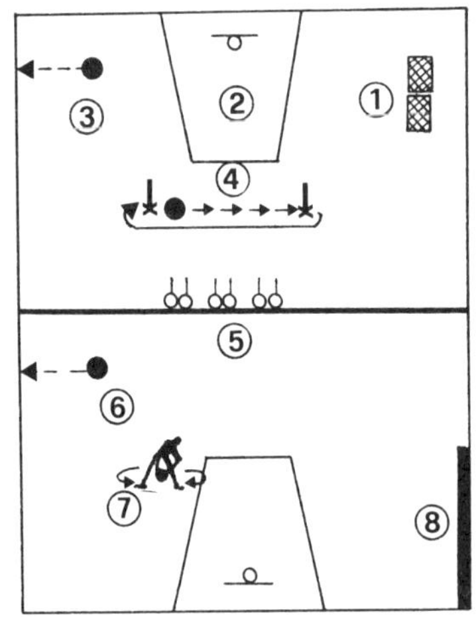
	Ausführung: An jeder Station wird ca. 30 sec lang geübt. Die Zwischenpause besteht aus leichtem Traben, Laufen frei in der Halle. 1 bis 3 Spieler pro Station. Zeitdauer: Je nach Fähigkeit der Teilnehmer. 1 bis 3x8 Min. üben, 30 sec traben. Serienpause 1 Min. Totale Entspannung. Es ist empfehlenswert, dieses Uebungsprogramm im Wechsel mit dem vorhergehenden Programm anzubieten.	

NR.	BESCHREIBUNG	ORGANISATION
III	<u>Schwerpunkt:</u> Möglichst alle konditonellen Faktoren berücksichtigend technische Fertigkeiten unter grosser Belastung üben und festigen. <u>Stationen</u> : 1. Dribbeln von Malstab zu Malstab. Vor jedem Malstab eine bestimmte Dribblingstäuschung ausführen. 2. Korbleger von links und rechts, jeweils um die entsprechenden Malstäbe herumdribbeln. 3. Den Ball ein- oder beidhändig im Sprung "halb-volley" an die Wand tippen. 4. Ball mit einem Sprungwurf an die Wand werfen. Den zurückprallenden Ball noch in der Luft fangen. Nach der Landung auf dem Boden Sternschritt ausführen und zu erneutem Sprungwurf ansetzen. 5. Sterndribbling. Mit dem Rücken zum Reifen stehend schnelles Dribbling vor- und rückwärts, vom Reifen zum Malstab, vom Malstab zum Reifen etc. 6. An Ort Sternschritte ausführen. Druckpass an die Wand. Laufen zur Wand, aufspringen und den zurückprallenden Ball in der Luft fangen. Mit dem Sternschritt eine 1/2 Drehung ausführen. Dribbling bis zum Ausgangspunkt, stoppen, mit dem Sternschritt halbe Drehung ausführen und Zuspiel an die Wand. 7. Fortgesetzte Sprungwürfe mit Dribbling und Sternschritt auf den Korb aus der Nah-Distanz. 8. Schnelles Dribbling vorwärts von einem Malstab zum anderen. Auf dem Rückweg im Dribbling mit Handwechsel leichtes Zurückweichen und erneut schnelles Dribbling etc.	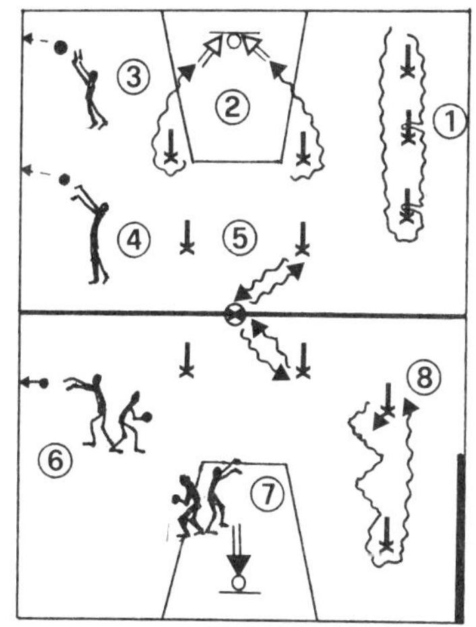
	<u>Ausführung:</u> An jeder Station ca. 30 sec üben. Die Zwischenpause besteht aus Dribbling im Trab bzw. im leichten Lauf frei in der Halle. <u>Zeitdauer:</u> Je nach Fähigkeit der Teilnehmer. 1x8 Min.: 30 sec üben, 30 sec dribbeln; 2 bis 4x8 Min.: 30 sec üben, 30 sec dribbeln. Eine Min. totale Entspannung oder 2 Min. Freiwürfe als Serienpause.	

10.5 Erlernen des Basketballspiels nach einer funktional-strukturellen Methode

Im folgenden Abschnitt wird ein Basketball-Lehrgang für Anfänger präsentiert. Die Prinzipien dieses Lehrganges wurden zwar in den vorhergegangenen Kapiteln in vielen Uebungsformen berücksichtigt und angewendet, hier aber soll einheitlichkeitshalber der gesamte Lehrgang dargestellt werden.
Der Lehrgang ist in einer für die Schule günstigen Form, nämlich das Spiel auf einen Korb, gestaltet. Er sollte zum schnellen Erlernen des Basketballspiels auf einem einfachen Niveau beitragen helfen. Eine Weiterführung im bezug auf die Ausfeilung und Ausweitung der technischen und taktischen Fertigkeiten ist selbstverständlich möglich. Hierbei kann das Grundprinzip des Lehrganges weiterhin günstige Lernhilfe geben.
Das Grundmuster ist auch auf das Spiel auf zwei Körbe verwendbar. Die einzelnen Stufen der Methode können selbstverständlich je nach Können und Anzahl der Schüler nur kurz durchgespielt, in manchen Fällen auch übersprungen werden.

Prinzipien des Lehrganges

1. Dem Schüler systematisch ein Mehr an Handlungskompetenz so vermitteln, dass er so rasch als möglich seine Fertigkeiten in realen oder in basketballspezifischen Spiel- und Uebungsformen selbständig gestalten und erproben kann.
2. Das Spielen gegeneinander wird erst in einer späteren Phase angewendet, dann wenn die Schüler durch das Spielen nebeneinander durch eine Art von imaginärem Gegner auf diese Situation behutsamer vorbereitet wurden.
3. Bei der Elementarisierung des Basketballspiels wurde hauptsächlich den Problemen Rechnung getragen, denen der Spielanfänger auf seinem Weg zum Korb gleich einer Treppenstufe begegnet.

Probleme

Einschränkende Bedingungen:

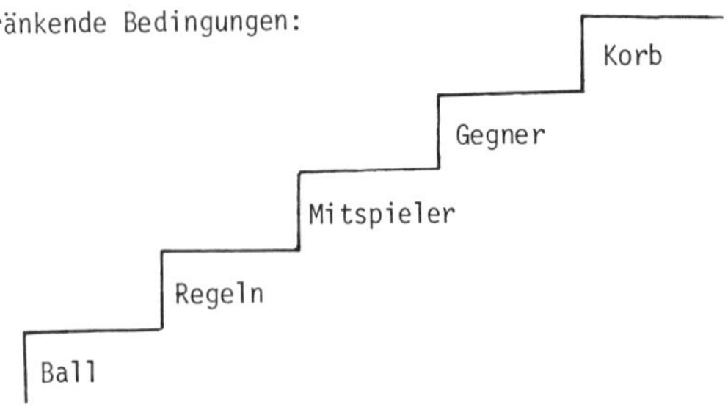

Fähigkeiten

- eine Raum- und Zeitgefühl verlangende, präzise Bewegungsführung
- die gekonnte Auseinandersetzung mit einem oder mehreren Störfaktoren
- soziale Interaktion zweier oder mehrerer Spieler
- Bewegungsverhalten
- Ballbehandlung

Der Lehrgang wurde in fünf Lernschritte eingeteilt, die versuchen, den Problemen der Anfänger Rechnung zu tragen.

1. Spiel und Erfahrung mit dem Ball.
2. Spiel und Erfahrung mit dem passiven und aktiven Partner.
3. Spiel und Erfahrung mit dem Ball, mit dem Zielobjekt und mit dem Partner.
4. Spiel und Erfahrung mit dem Ball, dem Partner, dem Zielobjekt und mit einem "imaginären" Gegner.
5. Spiel und Erfahrung mit dem Ball, dem Partner, dem Zielobjekt und eine faire spielerische Auseinandersetzung mit dem Gegner.

Diese fünf Lernschritte sollten hier als Beispiel zum Spiel 3 gegen 3 auf einen Korb wie folgt realisiert werden:

<u>Sich mit dem Ball fortbewegen</u>:

- Prellen auf alle möglichen Arten (Hand, Ellbogen, Kopf, Fuss etc.).
- Nur mit einer Hand prellen.
- Dito, nun aber kreuz und quer in bestimmten Räumen mit und ohne Hindernisse.
- Hoch und tief prellen, schnell und langsam prellen.
- Schattenprellen - Herr und Hund - führen und folgen.
- Evtl. einfache Dribblingstäuschungen zeigen und erproben.

<u>Ziel</u>:

Erfahrungen mit der Elastizität und mit der Beherrschung des Balles sammeln.
Sich mit dem Ball zusammen frei bewegen können.

<u>Mit einem neutralen fixierten Partner zusammenspielen</u>:

- Verschiedene Zuspielarten an die Wand erproben.
- Dito, aber zwischen Werfen und Fangen verschiedene Zusatzaufgaben ausführen.
- Den zurückprallenden Ball in der Luft fangen.
- Einführung des Zweierrhythmus' bei der Wand.
- Freies Prellen in der Halle und Zuspiel mit Hilfe des 2-Takt-Schrittes.

<u>Ziel</u>:

Das Problem Zuspielen, Werfen, Fangen sowie den Zweierrhythmus mit einem neutralen Partner erproben, erfahren.

Mit einem aktiven/reaktiven Partner zusammenspielen:	Ziel:
- Zu zweit sich frei in der Halle bewegen, dribbeln und sich den Ball zuspielen. - Dito, aber auf Zuruf/Zeichen werden die Räume eingeengt bzw. vergrössert. - Dito, aber zu dritt. - Parteiball (Schnappball) nebeneinander. In einem bestimmten Raum spielen 2 bis 3 3er-Gruppen (jede Gruppe mit eigenem Ball) nebeneinander. Die Rolle des imaginären Gegners. Uebersicht. Sich freistellen. Auch als Linien-, Wand-oder Reifenball möglich.	Miteinander spielen, sich aufeinander abstimmen, Spielübersicht gewinnen, die Situation erkennen. Spielen muss nicht immer spielen gegeneinander sein.
Werfen auf den Korb aus der Bewegung:	Ziel
- Isoliertes Einüben des Korblegers bei der Wand aus dem Stand und aus dem Dribbling. - Erproben des Korblegers (mit Orientierungshilfen) beim Korb. - Pro Korb ca. 3 bis 4 Schüler. Jeder hat einen Ball: Freies Prellen unter dem Korb und von einer Markierung aus Dribbling auf den Korb Wurf, und Fortsetzung des Dribblings. Dribbling und Korbleger ist nur möglich, wenn der Weg zum Korb "frei" ist.	Erfahrungen mit dem Ball und mit dem Zielobjekt sammeln, und die Handlungen den Situationen entsprechend anpassen. Ist der Korb nicht "frei", prellend warten und schnell reagieren.
Mit dem Partner auf einen Korb spielen:	Ziel:
- Laufen, prellen, zuspielen, werfen zu zweit (zu dritt) unter einem Korb. - Sich beim Werfen ständig abwechseln. - Den geworfenen Ball vom Korb abholen, sich miteinander absprechen bzw. aufeinander reagieren. - Den Ball nach einem Korbversuch über eine gewisse Distanz hinausdribbeln oder einem Partner zuspielen. - Evtl. Hindernisse zur Erschwerung der Aufgabe aufstellen.	Die gemeinsame Spielhandlungen aufeinander abstimmen. Freie Kombinationen erfinden, verschiedene "Tricks" ausprobieren. Miteinander lustvoll "Basketball spielen"!

Nebeneinander mit einem "imaginären" Gegner auf einen Korb spielen:

- 2 bzw. 3 Dreiergruppen spielen unter einem Korb. Jede Gruppe hat ihren eigenen Ball und stellt für die anderen eine Art "imaginärer" Gegner dar.
- Die spielerischen Interaktionen so gestalten, dass man nebeneinander ohne grosse Behinderung spielen kann.
- Bevor eine Mannschaft auf den Korb wirft, muss der Ball über eine gewisse Distanz hinausgedribbelt oder hinausgespielt werden.

Ziel:

Erweiterte Schulung der Uebersicht, des Freistellens, des Antizipationsvermögens und sich durch den "imaginären" Gegner auf die realen Spielsituationen vorbereiten. Erprobung der spielerischen Interaktion unter erschwerten Bedingungen.

Spielen gegeneinander auf einen Korb:

- Freies Spielen auf einen Korb gegen eine andere Spielgruppe.
- Nach Ballverlust (oder Korberfolg) der Angreifer muss die verteidigende Gruppe den Ball zuerst über eine gewisse Distanz hinausdribbeln oder hinausspielen, bevor ein eigener Angriff gestartet werden darf.

Ziel:

"Richtig" Basketball spielen in einer noch einfacher und übersichtlichen Interaktionsform (3 gegen 3).
Spielgerechte Erfahrungen im Bereich allgemeinen Angreifer- und Verteidigerverhaltens sammeln.
Eigene Vorstellungen, "Strategien" entwerfen, erproben - wir alle spielen mit!

Ein prozessorientierter Weg zum Basketball

Ueber die Art und Gestaltung der Vermittlung bei den Sportspielen gehen die Meinungen in der letzten Zeit recht unterschiedliche Wege. Sogar die Existenzberechtigung der Sportspiele im schulischen Unterricht wird von vielen angezweifelt. Wie aus dem Inhalt unseres Buches ersichtlich ist, treten wir für das Basketballspiel in der Schule ein und versuchen, so manches Beispiel für die Vermittlung aufzuzeigen.

In diesem Abschnitt wollen wir eine Möglichkeit des prozessorientierten Vorgehens beim Erlernen und Kennenlernen des Basketballspiels darstellen.
Das Wort Prozessorientiertheit bedeutet hier, dass der Lehrer und die Schüler gemeinsam versuchen, einen Weg von einem bekannten Spiel zum Basketballspiel zu finden. Auf diese Weise können verschiedene Eigenarten des Basketballs verständlicher dargestellt werden, und dadurch können die Schüler die zum Spiel notwendigen Kompetenzen besser verinnerlichen. Natürlich wäre es denkbar, dass das dabei entstehende "Endprodukt" nicht das offizielle Basketballspiel sein müsste. Aehnliche und in diese Richtung gehende Vorschläge finden die Benützer dieses Buches im Kapitel 9. Bei dem hier aufgezeigten Beispiel wollen wir von einem den meisten bekannten Spiel, Linienball, ausgehen und dieses in das Basketballspiel überführen.

Der eigentliche Uebergang vom Linien- zum Basketball wird natürlich dadurch erleichtert, dass das Linienballspiel schon den Grundzügen des Sportspiels im wesentlichen entspricht.

Das hier gezeigte Vorgehen soll als ein Beispiel verstanden werden und soll vor allem zu eigenen neuen Gedanken anregen.

ERSTER SCHRITT

Zwei Mannschaften mit je 8 bis 10 Spielern spielen in der ganzen Länge der Halle Linienball.
Nach einer gewissen Zeit könnte die folgende Frage auftauchen oder aber vom Lehrer gestellt werden:
- Sind alle Mitspieler bei einer so grossen Spielerzahl aktiv am Spiel beteiligt?
  In der Regel nicht, weil einige guten Spieler das Spiel beherrschen, und die spielerische Interaktion bei einer so grossen Mitspielerzahl entsprechend erschwert wird.

Mögliche Lösungsvorschläge:

- Als Spielfeld nur das Volleyballfeld - wobei aber nur sehr wenige gleichzeitig spielen können.
- Die Halle in Querfelder aufteilen.
- Spiel nur auf eine Linie - analog den Prinzipien des Basketballspiels auf einen Korb.

ZWEITER SCHRITT

Ausgehend vom letzten Lösungsvorschlag wird mit je 5 Spielern Linienball auf eine Linie gespielt.

Nun werden erfahrungsgemäss viele Fragen auftauchen:

- Was heisst Spiel auf eine Linie, wann können die Verteidiger Punkte erzielen?
- Darf man mit dem Ball in den Händen laufen?
- Wie oft darf man den Ball hintereinander fangen?
- Darf man prellen mit dem Ball?
- Wie steht es mit den Foul-Regeln?

Mögliche Lösungsvorschläge:

- Nach Ballverlust der Angreifer (bzw. nach einer Linienberührung mit dem Ball) müssen die Verteidiger den Ball über eine gewisse Distanz hinausspielen, bevor sie wieder mit einem Angriff beginnen können.
- Mit dem Ball in den Händen darf man nicht laufen.
- Ueberhaupt sollte man nicht mit dem Ball prellen, damit mehr abgespielt werden muss.
- Man darf nicht stossen, klammern, schlagen - man sollte durch geschicktes Stellungsspiel die Pässe verhindern oder abfangen, um nicht zu unerlaubten Hilfsmitteln greifen zu müssen.

DRITTER SCHRITT

Es wird nun also versucht, nach diesen Lösungsvorschlägen auf eine Linie zu spielen. Dennoch tauchen aber weitere Probleme auf:

- Da man nicht prellen darf, wirft man sich mit dem Ball über die Linie - Verletzungsgefahr.
- Ueberhaupt, die ganze Linie als Zielobjekt ist zu einfach, da nicht die ganze Linie verteidigt werden kann; die Angreifer sind im Vorteil.
- Ohne prellen wird das Abspielen sehr erschwert. Zudem: Wie lange darf man den Ball in den Händen halten? Dadurch, dass nicht geprellt werden darf, werden die Verteidiger zu Fouls verleitet.

Mögliche Lösungsvorschläge:

- Das Prellen mit dem Ball wird wieder erlaubt.
- Das Zielobjekt Linie wird auf eine bestimmte Länge eingeschränkt (z.B. Grundlinie des Freiwurfraumes beim Basketball).

VIERTER SCHRITT

Mit den neuen Lösungsvorschlägen wird das Spiel wieder aufgenommen.
Es tauchen aber weitere Probleme auf:

- Durch die Beschränkung des Zielobjektes kann man nun plötzlich fast keinen Punkt mehr erzielen. Es spielen sich an der "Ziellinie" rugbyartige Szenen ab. Die Verteidiger stehen stur vor der Linie.
- Durch das Prellen wird das Zusammenspiel wieder etwas flüssiger, aber die Mitspieler, die sich hauptsächlich in Liniennähe aufhalten, sind nicht anspielbar.
- Welche Regeln müssen das Prellen und die damit verbundenen Aktivitäten eindeutiger definieren?

Mögliche Lösungsvorschläge:

- Nicht eine bestimmte Linie gilt als Ziel der Spieler, sondern mehrere Reifen, die der ganzen Linie entlang auf den Boden gelegt werden. Der Ball muss in diese Reifen gelegt werden. Man versucht damit, die Verteidigung zu zwingen, sich besser zu verteilen.
- Beim Prellen gelten die folgenden Regeln:
  a.) Man kann den Ball mit einer Hand beliebig lang prellen.
  b.) Nach Ballaufnahme darf kein Prellen mehr erfolgen.
  c.) Mit dem Ball in den Händen darf man höchstens noch einen Schritt machen (kein Laufen mit dem Ball).
  d.) Das Stoppen aus dem Prellen erfolgt durch Anhalten und Prellen an Ort und nachfolgend den Ball aufnehmen.

FUENFTER SCHRITT

Durch die neuen Lösungsvorschläge erhält zwar das Spiel ein anderes Gesicht, man kann im Angriff besser kombinieren, die neuentstandene Spielform aber vermag die Spieler nicht ganz zu befriedigen.
Die noch zu lösenden Probleme könnten etwa die folgenden sein:

- Durch die Reifen als Zielobjekt wird zwar die Verteidigung auseinandergezogen, sie steht nun aber vor den Reifen, wodurch das Erzielen von Punkten wieder erschwert wird.
- Die Regeln für das Prellen erlauben eine eindeutigere Interpretation für die Ausführung, das Zusammenspiel ist dadurch aber nicht wesentlich besser geworden.

Mögliche Lösungsvorschläge:

- Um die Verteidigung vor echte Alternativen zu stellen, werden noch zusätzliche Reifen etwa 4 bis 6m von der Linie entfernt ausgelegt. Punkte kann man auch bei diesen Reifen erzielen. Die Verteidigung gerät in Bewegung und die Angreifer haben mehr Kombinationsmöglichkeiten. Das Zusammenspiel klappt darum nicht, weil die meisten. zielobjekt- und nicht partnerorientiert spielen. Man soll sich dem Ballbeszitzer anbieten.

SECHSTER SCHRITT

Nun beginnt das Spiel flüssiger, interessanter zu werden. Die Zielobjekte erlauben, mehr Punkte zu erzielen. Gleichzeitig aber wird durch die Einfachheit der Aufgabe der Wunsch nach interessanteren, schwierigeren Zielobjekten laut.
Die aus dem Spielverlauf herauskristallisierten Probleme lauten also:

- Kompliziertere Zielobjekte erstellen.
- Beim partnerorientierten Zusammenspiel sollte der Ballbesitzer noch zusätzliche Möglichkeiten beim Zuspielen des Balles haben.

Mögliche Lösungsvorschläge:

- Statt der Reifen auf dem Boden des Spielfeldes stellt man Korbballständer auf. (Evtl. mit Hochsprungständer und Reifen selber erstellen).
- Die Reifen auf dem Boden werden durch die Möglichkeit, Weitwürfe an die Wand auszuführen ersetzt. Anfänglich gilt als Trefffläche die ganze Wand, später eine bestimmte Markierung und zuletzt den Ball in irgendetwas an der Wand hineinwerfen (Korb und verschiedene Korbersatzmöglichkeiten).
- Der Ballbesitzer darf sich mit dem Ball in den Händen am Anfang und am Ende eines Prellens um die eigene Achse drehen (Orientierung, Täuschung), indem er einen Fuss (vorzugsweise Rechtshänder rechtes Bein) am Boden behält. Dadurch wird eine Art von Sternschritt ausgeführt, und die Schüler begreifen und erleben einsichtig die Bedeutung und die Funktion des Sternschrittes.

WEITERE SCHRITTE

Nun bekommt das Spiel immer mehr Basketball-Charakter und kann nun entsprechend mit weiteren technischen Elementen wie Täuschungen beim Prellen, Technik des Korbwurfes mit und ohne Zweierrhythmus etc. vervollständigt werden.

Das Zielobjekt kann nun tatsächlich der Korb sein, in den es den Ball einzuwerfen gilt. Anfänglich empfiehlt es sich aber, noch zusätzliche Treffmöglichkeiten zu offerieren, damit die Schwierigkeit gerade bei Anfängern, in den Korb zu treffen, etwas erleichtert wird, bzw. die Verteidigung sich nicht nur unter dem Korb versammeln kann, und so das Spiel abwechslungsreicher gestaltet werden kann.

Auch das Problem des 3sec-Regel kann hier aufgenommen werden, indem sie für die Angreifer und evtl. für die Verteidiger gleichermassen geltend eingeführt wird.

Literatur-Verzeichnis

Die vorliegende Uebungs- und Spielsammlung basiert in der Hauptsache auf sogenannten Eigenkreationen, wobei wir uns im klaren sind, dass es nichts gibt, was es nicht schon gegeben hat. Die nachfolgenden Autoren und deren Werke haben uns bei der Arbeit geholfen bzw. dienten als willkommene Ideenlieferanten:

Autor:	Titel:	Herausgeber:
Hagedorn, G.	Das Basketballspiel	Verlag Barz und Beienburg Köln, 1968
Hagedorn, G.	Der Schnellangriff im Basketball	Verlag Limpert Frankfurt, 1972
Hagedorn, G.	Basketball-Handbuch	Verlag Bartels und Wernitz Berlin, 1976
Jugend und Sport	Leiterhandbuch für Basketball	ETS Magglingen, 1981
Kyriasoglu, Ch.	Basketball-Zonen-Verteidigung	Verlag Hofmann Schorndorf, 1975
Lakfalvi, L	Basketball	Verlag Limpert 1979
Pader, J.	Kosárlabdázás	Sportverlag Budapest, 1981
Vary, P.	Turnen und Sport in der Schule, Band 8.	Eidg. Turn- und Sportkommission Bern 1977
Vary, P.	Verschiedene unveröffentlichte Manuskripte und Ausbildungsunterlagen	1975-1982
Waldowsky, L.	Basketball	Verlag Rowohlt Reinbek bei Hamburg, 1978